孟子文獻集成

孟子文獻集成編纂委員會　編纂

山東人民出版社

圖書在版編目（CIP）數據

孟子文獻集成. 第一二五卷 / 《孟子文獻集成》編纂委員會編. --濟南：山東人民出版社, 2020.1
ISBN 978-7-209-12336-5

Ⅰ. ①孟… Ⅱ. ①孟… Ⅲ. ①儒家 ②《孟子》－研究資料－匯編 Ⅳ. ①B222.55

中國版本圖書館CIP數據核字(2019)第227495號

項目統籌: 胡長青
責任編輯: 李　濤
裝幀設計: 武　斌
項目完成: 文化藝術編輯室

孟子文獻集成（第一二五卷）
《孟子文獻集成》編纂委員會 編

主管單位　山東出版傳媒股份有限公司
出版發行　山東人民出版社
社　　址　濟南市英雄山路165號
郵　　編　250002
電　　話　總編室（0531）82098914
　　　　　市場部（0531）82098027
網　　址　http://www.sd-book.com.cn
印　　裝　山東新華印務有限責任公司
經　　銷　新華書店

規　　格　16開（210mm×285mm）
印　　張　67
字　　數　540千字
版　　次　2020年1月第1版
印　　次　2020年1月第1次
印　　數　1-200
ISBN 978-7-209-12336-5
定　　價　900.00圓

《孟子文獻集成》編纂委員會

編　務

劉　晨　楊雲雲　孫　姣　李　濤　劉嬌嬌　張艷艷

趙　菲　呂士遠

組織實施

中國孟子研究院

山東人民出版社

序

《孟子文獻集成》是在孟子故里鄒城市委市政府鼎力支持下，由中國孟子研究院、山東人民出版社協同合作，共同致力完成的一項大型儒家文獻的搜集、整理、出版學術工程。

一

孟子是中國歷史上偉大的思想家、政治家、教育家，是僅次於孔子的儒家學派重要代表人物。戰國時期，戰争頻仍，『角戰英雄，六經泥蟠，百家飆駭』（《文心雕龍·時序》），孔學既黜，儒道中衰。孟子遵夫子之道，批邪説，正人心，發揚光大孔子學説，復興儒學，成爲孔子之後最重要的儒家傳人和先秦原始儒學理論體系的主要奠基人。韓愈論儒家道統由堯、舜、禹、湯、文、武、周公代代相傳，言及『文、武、周公傳之孔子，孔子傳之孟軻。軻之死，不得其傳焉』（《原道》），又説『自孔子没，群弟子莫不有書，獨孟軻氏之傳得其宗』（《送王塤秀才序》）。可見，後世尊孟子爲『亞聖』，稱儒學爲『孔孟之道』，實爲孟子歷史地位使然！

《孟子》一書，是孟子及其弟子編著的全面反映孟子思想的儒家經典著作。漢文帝時，即曾設立《孟子》學博士，全國推闡。六朝時期，玄學、佛學興盛，儒學式微，《孟子》亦受冷落，但唐宋以後，隨着孟子地位的大幅提昇，《孟子》一書越來越受到統治者和學者文人的廣泛重視。唐代大儒韓愈倡論中國文化道統，其《原道》之説，影響甚大，已掀『孟子熱』；北宋時期，《孟子》與《論語》俱列入『十三經』之數；南宋朱熹作《四書章句集注》，將《孟子》列『四書』之中。南宋統治者更將其正式列入官方之學，設爲科舉考試科目，欽定爲必讀經典，學孟子、讀《孟子》，蔚然而成社會風氣。此後，孟子地位進一步提昇：元文宗封孟子爲『亞聖公』，尊其爲『百世之師』；明清兩朝更大推『四書』，地位儼然超越『五經』。《孟子》與《論語》並行，上自帝王，下至百姓，家有之，户誦之，『所研究者惟「四書」，所辨訂者亦惟「四書」』（《四庫全書總目·四書大全提要》語）。孟子思想，深入人心；《孟子》之學，遍佈各地；《孟子》

文獻，汗牛充棟。

根據我們的初步調查，歷代《孟子》文獻有兩千種之多。這些文獻，依孟子學史的發展，大致形成了以下幾点較鮮明的時代特徵：宋元文獻多義理闡發，以朱熹《孟子章句集注》爲代表；明代以王夫之《讀四書大全説》爲代表，多從心性之學挖掘孟子豐富的思想内涵；清代孟子學最盛，不僅産生了以乾嘉學者戴震《孟子字義疏證》、崔述《孟子事實録》爲代表的大量考據、辨僞著作，還出現了集前人研究成果之大成的焦循《孟子正義》。大致可以説，以東漢趙岐《孟子章句》爲發端，歷代學者多所闡釋研究。尤其宋元以來，孟學實爲千年『顯學』。《孟子》文獻内容所涉注釋訓詁、義理闡發、思想挖掘、考證辨僞等所有方面，其對孟子及《孟子》文本的研究廣度、深度可謂前無古人，後難爲繼。尤爲重要的是，歷代學者秉持儒家人生理念，一生所繫，立德立言，以『爲往聖繼絶學』爲生命追求之本，往往傾一生之力終注一經。孟子文獻不僅真實地展示了孟學及儒學發展的歷史，也留下了代代學者治學的心路，實在是應該认真进行挖掘整理的傳統文化瑰寶。

然而，毋庸諱言，孟子文獻的收集整理向未受到應有的重視。這固然與二十世紀以來，儒學命運多舛有關：批孔之時，孟子亦受其累；近數十年來，『孔子熱』不斷升温，孟子受冷落的現象却未有大的改觀，歷代孟子文獻迄未收集整理即是一例。據我們不完全統計，包括臺灣在内的中國圖書館，現存宋元至清代的刻本與鈔本計有一千二百餘種之多。由於各種原因，百分之九十餘未曾整理出版，而百分之七十以上仍處於人所罕见的塵封狀態。歷史的責任，現實的需要，未來的期盼，都在呼喚能有一套《孟子文獻集成》的編纂出版。

二

二〇一三年四月底，孟子研究院在孟子故里山東省鄒城市正式成立。時值一年一度的『孟母文化節』，同時進行的還有由鄒城市、《光明日報》國學版、山東師範大學山東省齊魯文化研究院共同策劃主辦的『孟子公開課』開講儀式。來自國内各著名高校的部分主講學者和與會專家對孟子研究院成立後的學術規劃提出了許多建設性意見，多位專家提出了編纂《孟子文獻集成》的建議。

同年十月二十九日至三十日，孟子研究院學術委員會第二次會議在主任陳來先生主持下於鄒城召開。會議就《集成》的立項和編纂事宜進行了認真深入地討論，參閱審查了初選孟子文獻書目，形成了以下四點共識：一是孟子文獻的搜集、整理向稱薄弱，絶大多數迄未面世，影響了孟學研究的深度和廣度。編纂《集成》，填補空白，意義重大。二是要在廣泛搜集、精心選編的基礎上，力求將《集成》做成收羅全、質量高、權威性强的精品學術工程。三是应制定具体工作規劃，選編文獻时代可由遠及近，文獻收集範圍，宜先國内後國外，分段完成，穩步推進，確保質量。四是在孟子研究院學術委員會基礎上，应增加部分孟子研究專家，充實到《集成》學術委員會，選聘孟學研究、版本目録、館藏出版等方面專家，組建高層次、有效率的編纂部和工作班子，扎實有效開展工作。

在經過編纂部四次召開籌備會議和系列籌備工作基礎上，二〇一四年五月，在濟南召開了特邀專家選目審查論證會。來自北京大學、中國人民大學、山東大學等全國各地的十餘位孟子和孟學史專家就編纂部提供的《集成》選編總目（國内）進行了認真研析、讨论審查。這次會議的召開更堅定了大家对編纂《集成》的信心和認識，許多專家從長期孟學研究的切身感受中充分肯定編纂《集成》的重大意義，一致認爲：這是一項立足當前又澤被後世的重大學術工程；目前国内編成的經典文獻集成中唯獨没有孟子文獻集成，这不僅是文化建設的一种缺憾，也从多个方面影響了孟子研究的深入和拓展，从这个意義上説，該項目的实施确是一項填補空白、意義深遠的學術工程。專家們特别指出，這項重大學術工程，由山東，特别是孟子故里鄒城市支持，由孟子研究院、山東省齊魯文化研究院牽頭承擔，正是歷史責任與當前文化建設的最佳選擇。相信《集成》的出版，對於提昇孟學研究、促進孟子研究院發展、推动山東文化强省建設，贡献巨大，意義深遠。會議還就選目原則形成以下共識：一是《集成》應當是一套研究孟子文獻的集大成之作，所收以獨立成書的研究《孟子》專書爲主，兼顧其他，儘量收全。對孟子文獻的含義可以放得寬一些，對書名没有『孟子』的，例如以『四書』『諸子』爲書名的，也要注意在考察辨析基礎上做好，要高標準、高質量。二是《集成》應兼顧古籍的重要性與稀見性，做到常見書精選善本，重要文獻不遺漏。三是海外孟子文獻應作爲一個工作目標，與海外學者合作，广匯博收，規劃編纂。四是時代大致截止到清末，現代部分可作爲『附編』或單獨列編收集出版，部分難以收入文獻應附列存目。這次專家會議的意見，得到二〇一四年六月五日召開的孟子研究院第二次學術委員會的重視和確認。

在籌備、啓動《集成》的整個過程中，得到鄒城市主要領導及社會各界鼎力支持。山東人民出版社主動、積極地參與了各項工作。二〇一四年八月二十八日，在山東省第五届文博會上，省有關領導和衆多媒體記者見證了孟子研究院與山東人民出版社共同簽訂《〈孟子文獻集成〉編纂出版協議書》的过程。

經過編纂委員會及有關方面的共同努力和各相關圖書館的大力支持，宋元時期傳世文獻已基本全部收録，共四十八種，分裝十四冊，已於二〇一六年初首批出版發行。其中，收録宋元刻本十四種，海外善本四種，第一次影印的即有十六種，屬於披沙揀金的珍本，將爲孟子文獻及思想研究提供寶貴資料。

第二輯精選明代孟子文獻八十一種，分裝爲三十二冊影印，已經於二〇一七年三月出版。

第三輯爲明代文獻的第二批，共收入著作四十五種，分裝爲二十冊影印，其中五種來自日本，三種來自美國；其他部分也多爲稀見的珍本和善本，已經於二〇一八年三月出版。

第四輯，共收録著作六十二種。其中，明代著作四十八種，分裝爲二十四冊；清代著作十四種，分裝爲十冊。共出版三十四冊。底本皆爲精選珍本善本，其中，明代刻本四十種，清代刻本二十二種。又有二十三種來自日本，多爲國内未見，彌足珍貴。

本次出版爲《孟子文獻集成》第五輯，清代文獻之第二部分，也是《集成》編纂以來，收録文獻最多的一輯。共收入著作三百六十八種，分裝爲一百冊；至此，自康熙朝至清末絶大部分與《孟子》相關文獻已基本囊括。其中：來自日本的珍稀文獻八種；稿抄本二十六種；孤本二十二種，國内未出版者達三分之二以上。

編纂出版《孟子文獻集成》，既有利於深入挖掘孟子思想精髓，洞見《孟子》世代傳承的歷史場景，又有利於珍貴文獻的保護、傳承和共享、共用，是惠及當代、澤被後世的文化善舉。值此共出版二百冊之際，我們對國内外各有關圖書館和學界同仁的鼎力支持與真誠合作表達崇高的敬意和誠摯的感謝！

讓我們黽勉同心，共同努力，以期這一重大學術工程的圓滿完成。

王志民

二〇一五年四月十二日第一稿
二〇一八年三月八日修改第二稿
二〇一八年十二月十二日修改第三稿
二〇一九年十月六日修改第四稿

凡例

一、《孟子文獻集成》匯聚歷代關於《孟子》之著述，要其旨歸，不外經學之考證、義理之推闡、文章之批點，故舉凡注釋、析義、批點等書皆酌加收録，大致以著者時代先後爲次，俾經學之大，義理之善與夫文章之美，庶幾由此而知。

二、《孟子文獻集成》選用底本多未經整理，或孤傳海外，或秘庋深閣，學者既不能偏歷中外而窺其概貌，又不能盡探二酉而知其大略，不能無憾焉。今集爲一編，則學者循覽而知《孟子》一經之本末，歷代著述之昇沉。

三、各書或得自日本、美國，或攝自國家圖書館、天津圖書館、上海圖書館、浙江圖書館、山東大學圖書館等。底本皆經選擇，其存世孤秘，列爲首選，而後出佳槧，流佈稀少，亦資採摭。

四、諸書著録書名、卷數、著者時代、姓名、撰著方式及版本，覽者便焉。

五、著者真僞，學者所重，凡有歧異，均於著者前加『題』字，略示區别。

六、諸家解《孟》之作，或爲獨立成書者，或爲總集内别裁而出者，或以『四書』著述總題者，今所匯集，以能獨立析出者爲斷。其單篇零什，概所不收。

七、裁出之書，凡原有題名者，概依原題，而於版本項注其從來；凡無獨立題名者，則仍用大題，而括注『孟子』二字；其不能析離者，則全書收録。

八、是編博訪廣蒐，固難周偏，續有所得，拟輯《補編》，庶免遺珠之憾。伏望博雅君子，匡其不逮，補其未備，是所幸焉。

目録

四書述言不分卷

清 李福臧撰

清稿本

大學述言

辛巳四月磬上居士之
青父訂於古南林客次

此初藁將尋尚待定於
博雅君子見者幸毋
以拊尾爲笑

子程子曰

況程子矣又子之且佳稱程子明道字伊川字子程子曰四字亦不能解矣唯為按公羊傳隱公十一年子沈子何休注曰沈子稱子冠氏上者著其為師也不冠子者他師也列子天瑞篇子列子張湛注曰載子於姓上者首章是弟子之所記故也朱子自以聞於程子故浪加以子字余按紫陽初著書引明道語則曰明道引伊川語則曰伊川後以程氏兄弟學術同言辭合故去明道伊川總作一程子曰是焉讀近思錄可知矣

四書錯莫過於大學一書自二程氏改後南宋元明競自改本迄今幾千家經禍至此亦極矣近來新論尤多煩不勝載是書據經解矣輯詳見毛氏西河大學證文及大學問大學知本圖說學者識此以俟鑒鴻者

另著小啟夾在此冊之內

大學

禮記第四十二篇 釋文大舊音泰 鄭云大學者以其記博學可為政也 隋書牛弘盧植義云明堂靈臺辟雍大學同實異名 崔靈恩云學制有二 一云制與明堂同體 五室四堂在一基之上 四方堂則以其方名學 中央堂謂之大學 一云凡之學之法有四郊及國中 在東郊曰東學 並方名之 在國中謂之大學 通典引並同

朱子章句序云 王宮國都以及閭巷莫不有學 夫王宮之有學者何也 王厚齋引蔡邕明堂論曰 王居明堂禮 南門稱門 西門稱闈 故周官有門闈之學 師氏教以三德守王門 保氏教以六藝守王闈 然則師氏居東門南門 保氏居西門北門也 曹賓谷曰 章句序[redacted]

疏云謂王宮有學者也蓋謂此魯孝公之爲公子嘗入京師爲國子入稱孝宣王命之訓導諸侯紀書言國子者唯周禮焉闕按學記古之王者建國君民教學爲先鄭氏注內則設師保以教使國子學焉外則有大學庠序之官列著曰由此而言國學在內大學在外明矣洛陽記國子學宮與天子宮對大學在洛陽城故開陽門外去宮八里此可爲王宮有學及王制大學在郊之切證

崇引云王宮王朝之閭也大戴禮保傅篇注云大學在王宮之東

又按周禮師氏居虎門之左不獨以教國子弟凡國之貴遊子弟學焉貴遊子弟謂宿衛王宮者想保氏亦復宋魏華父瀘州學記曰古者國子居於王宮長教於師氏萬民居於比閭長教於塾師皆謂小學云

大學也見述言
四書課蒙錄

歸安　李福臧

大學

大學之道學之大者也

章曰四大學者大人之學也○按大學是學之大者
漢書大戴禮並云大學習大藝小學習小藝而實誼
新書引容經云大學蹍大節業大道小學蹍小節業
以道是其義也程氏西河四書改錯云朱氏改大學
補格物窮理爲學者始事而時多譏
王固心不自安乃作答胡廣仲諸人書自爲辨說
且造小學一書以爲古人涵養主敬皆在小學中

甲申嘉平四日
按學記云古之王者
建國君民教學爲
先則是建國之學
主義本在教人則
教民也王文成公
釋大學謂親民
親字依舊讀不必改
作新與字見的
書續言
此條錄在教
民題目之後此
題目後一字乃也

故入大學後便可格物窮理。因曰小學為小子之學，而於大學則添一人字，曰大人之學，從為錯解，而後添補經文，殊失經之本義。

章句曰：大學者，大人之學也。因曰小學為小子之學，而於大學則添一人字，於經之本義茶某……是民……改曰以為不宜添補經文，則識然矣，惜亦徵悟之太遲耳。余詳《改錯》。

〇在親民

章句引程子曰：親當作新。按親民古注皆謂即萬物一體之意，猶仁民、愛民、勤民，獨言親者，聚承明德入所謂民吾同胞、物吾與者，是其義也。則一親字義味深長，最宜潛玩。

古字親與新通，書金縢惟朕小子其新逆，馬融以新為親，今村塾從師經改親為新，讀作新民，擅改經文，殊失古義。

蔡傳亦不必改親為新。俗讀作新民，失之矣。趙鹿泉曰：曾見故錄云：大學之道雖由小學而入，如總從視前日之事，秋誦絃一切羽籥干戈洒埽應

謂古人曷視為新……誰曰草堂……

以身格去謬誤何
所得舊染之污
王之道宜民無至
於童蒙昏治無批政
自無批民更安所
以舊染之污歟惟
慕孔革除之改作
有新政与民更始偽
武王已往亦數百年
而一道且革革舊
政之污非徧天下之人
皆以爲污而革之新
之知虛至不忍以
行民視民如故曰
不易民而理一曰因
其道不易其俗

對進退第文爲之末迹而無閔於性命之大也首
示之曰在明之德使反而求之原於天爲剛已統
乎格物誠意正心修身矣然之視吾學之第
以爲已分而無與於民物也進示之以在親民使
廣而觀之合於人爲剛已統乎齊家治國平天下
而且親民之義大矣古之聖帝明王◐民飢由己
飢◐民溺由己溺故視天下之民皆若耳目手足之疾
痛疴癢之相關者故爲之三推三纍以親之而爲其
省秋省以親其也之老王更於太學尚年者
就是之以親其人而憂又命太史陳詩以觀民風
命市納賈以觀民之所好惡唯恐
民隱之未周然而不得相親者也

知止　維而后能得。
能得是得至善

得止於明德親民至善之所
是謂得其所止是也

知明德親民至善之所在而止之也
作文者必須以明親分股
知止是知至善

知所先後

古之欲明明德於天下者
言天下則兼乎民矣蓋明德於天下之民
所同具則推
已之明德與民共明之是也

王莽唯不然歟、乃得飾周禮、吳炎漢隆盛、而以新號於天下。王安石雖不然歟，乃創為新法，以賊有宋之國脈，而諸儒學非之。然則何新之足言哉？

先正其心

正心即孟子存其心，求其放心是也。觀下文釋以心不

在言正心不正躬之

先明德而後親民，先知止而後能得。○越此者不能知。蕝營者不能知。解然字而先後字自見矣。作文者毋將此二屬意分股。

致知在格物。鄭注云：致或為至。姚江王心齋語錄亦宋黎氏之說。

黎氏曰：格猶格也。格物是事來之物。致知，致其所先後之知。姚江王氏亦宗此說。

見宋黎氏大學發微。物者，渾天下國家身而言之也。格物者，格知身之為本，而天下國家之為末也。格然自天子以至於庶人，壹是皆以修身為本也。本經自解已明。

猶至也。窮至事物之理，欲其極處無不到也。毛西河曰：格，至也；物，此說則……

致知詳意正大學

然行二字一大錢要關目。知行不分，知者知此，行者

然則心在此正矣夫
存心之法有二一則
存乎中而不馳於
外一則存乎此事
所不移乎彼事
則時時在中而心
正矣若忿懥
好樂則心之所用
而遊乎情者蕩
正與不正外發之
驗於在中之心無與
焉

欲正其心者先誠其意
欲誠其意者先致
其知

即行此若以格物為窮至事物之理則未有所歧生
事物而所行之誠言者如謂事物只是歧誠意只是
行是歧之與行斷港絕流也如謂事物既知誠言又須
知是事物之一行誠言又多一歧也若然則前云衆
物之表裏精粗無不到而吾心之全體大用無不明
與悉未歧矣

鄭氏古注格來也物猶事也其知於善
深則來善物其知於惡深則來惡物言
事緣人所好來也疏孔申其說司馬溫公謂鄭氏
未盡古人之意復釋之曰格猶扞也禦也能扞禦
外物而後能知至道也毛氏西河據李善文選注
引倉頡篇并廣韻釋格物為量度謂但修身一量
度間便謂歧尋與改尋窮理之訓相抵牾然所釋
皆格字而畧於物字至若羅近谿訓格為式黃太

心者氣並無先後而
大學云欲正其心者先誠
其意孔穎達其字者先
致其知何也當其
未發謂之心及其
既發則謂之意
時而心時而意而知
則無時不見於
其間●用功之處
謂始終以先誠
意而後正心非心
意有次第也時
心時意時時正
時識不加●強勉
亦不可得過抑制第
但其自然而由識

冲以極為通又不足言
矣余故取蔡氏說為主

一壹是皆以

言是皆以脩身為本也壹語助耳王引之經傳釋詞曰鄭
注壹是專行是也失之。章句曰壹是一切也毛氏
謂與詩壹發五豝壹一通字不同則云一切便宜為
且之謂程是漢志於與後漢王霸傳等書程佛家一切
德功一切究家解作大凡然讀切為砌不讀竊張改本
而可為訓而其改錯之大學證文及知本圖說●解●專壹列在是
孟子志壹氣動為證●程注鄭氏舊注亦失之
者先誠其意大學五致謂古本首誠意馬王致知格物識意先
是致其知所以先改

否矣

不否同訓無也而末治者否矣言事既不無也下文厚所厚者薄而先所薄者厚未之有也與此文異而義同

蓋注曰知猶識也今更易其字者故别謂詳言之必先致知由致知方能詳言此序之不可亂也由致知不可不詳言以功之不可闕也

其所厚者薄而其所薄者厚未之有也古本此下有此謂知本此謂知之至也句

厚謂家薄謂國與天下不能修身以齊家是厚所厚者薄也而望國治天下平是先所薄者厚也有是理乎

是以古本此下直接此謂知本連此謂知之至也總結上文所示學者指歸自修以及達德王政謂示學者用功之法

右經一章 蓋孔子之言而曾子述之其傳十章則曾子之意而門人記之也

古經文是經經註是傳畫從兩書如易經有易傳周氏傳京房傳鄭書經有書傳伏生大傳鄭詩經有詩傳毛傳韓嬰傳鄭春秋經有春秋傳[illegible]公左穀三傳[illegible]周官經有周官傳李氏獻周官從無一書而分[illegible]作經傳者毛氏曰自傳曰篇者皆是也[illegible][illegible]仲長統不曉[illegible]傳是注因有周禮禮之經禮記禮之傳語繫陽因之劃大學分經傳恐非是

顧諟天之明命

此命字當以理言

漢孔鮒謂子思作大學，未必無據。故金盧氏於直獻子所編云，見人不識孔鮒有是說，而謂賈逵有言孔伋窮居於宋，作大學中庸語。

皆自明也　此上有顧諟天之明命一條，當列於前。

武王之誥康叔文　章句曰王說切　伊尹之誥大甲切尚書臣之發克詞異，以周書言其明已德之意是也。皆字最重。

盤銘　槃古盤字

槃承盥水者，銘刻戒於盤也。閱（百）詩釋地，引韋昭吳語注槃承盥器也，是也。故廣韻原註亦釋作頮面之器。按盤沐浴之盤也。章句用孔氏穎達疏。古禮皆三日具沐

內則　沐則濯髮，浴則洒身，幾乎熟矣。四書集注補云人餘日日沐浴，按內則記子事父母，不過五日請浴，三日具沐，非日日然則

蓋沐浴非若盥，故爲每日晨興所必須，故其日日

又曰銘辭未合，不如於鄭氏舊注盤銘辭戒於盥也。上

補用以同則從盤承盥水者一語，則理較優也。

8 從此以下 詩曰：此當列於作新民條之後

詩在大雅文王篇，曰言也

大學中止此詩曰，其餘引詩皆作詩云

8 康誥曰：作新民。此當在前詩曰條之前

康誥，周書篇名。作新民，武王誥康叔之詞也

武王之誥康叔也

新謂民言爲以民去紂之暴，承周之初，故謂之新民。

在上者因其新而有以作之，章句曰鼓之舞之之謂

作言振起其自新之民是已，若重上言則失之矣

詩周雖舊邦句

傳云文王受命作周也

周自大王遷岐故稱

舊邦 其[illegible]

[illegible]命謂天命

作 新乃也 維新乃

新也 言周至文王

而始新受天命也

謹評後 章句曰

附考

至於文王能新

其德始受天命

日未已

此與後條當為列

是故君子無所不用其極

極至也 所以至善也 上引盤銘康誥詩言皆言三王也 湯

無所不用其極所以止於至善也 是故總承上三節而言也

武也 文也 之用其極也 [illegible] 文王存之曰 是故新民之

君子 [illegible] 自新 [illegible] 必止於至善始有以立

新民 [illegible] 之事 新民必止於至

善始有以長新民之道而無所不用其極 [illegible] 為 文 武

[illegible] 五 氏 章句 自新新民 立

[illegible] 覺 結 解 經 則 當 [illegible] 其 新 [illegible] 親

附

周雖舊邦 其命維新 考

此當列之前

詩大雅文王篇詞 此六字當 [illegible] 命數上言

詩大雅文王篇 詩序曰 文王受命作周也 朱

氏曰受命受天命也葉氏曰虞芮質成爲文王受命之年儒者之傳固有此說矣作周造周室也古說受命皆謂受西伯七年之命見於大傳故陳氏傳疏釋序有云受命者受命爲西伯也書云考文王受命爲西伯之一年商紂十四祀斷虞芮之訟緜云虞芮質厥成是也天下聞而歸者四十餘國二年紂十五祀伐邗韓子作盂邗盂同禮文王世子疏引大傳作鬼方伐邗不見於詩書荀子云文王誅四或不數邗也三年紂十六祀伐密須皇矣云密人不共敢距大邦侵阮徂共王赫斯怒爰整其旅以按徂旅是也四年紂十七祀伐犬夷出車云赫赫南仲薄伐西戎緜云昆夷駾

矣西戎混夷皆犬戎也度鮮原宅程三州之侯咸率五年紂十
八伐耆說文耆邑殷諸侯國作黎者俗也殷因文王於牖里旋釋之
祀[redacted]此据大傳被囚渭之年書
以据大傳被囚[illegible]三年序殷始咎周周人乘黎故
鄭注被囚在乘黎前而史記大公望散宜生閎夭
又載在作西伯之後前非是
南宮适為疏附先後本走禦侮四臣六年紂十伐九祀
崇大傳云紂謂文王曰非子辠也崇侯也遂遣西
伯伐崇皇矣云以伐崇墉是也三分天下有二合六州之侯奉勤于
商呂覽古樂篇云周文王處岐諸侯去殷三淫而翼
文王散宜生曰殷可伐也文王弗許周公旦乃作

詩曰文王在上於昭于天周雖舊邦其命維新以
繩文王之德此與小雅四牡篇毛傳義合則命之新當在受命
六年中事也七年紂二十祀遷豐當在六年之末七年之初文王有
聲云文王受命有此武功既伐于崇作邑于豐是
也作靈臺辟廱文王崩而作周之興於焉始也鄭
氏詩箋曰受命受天命而王天下制立周邦春秋
繁露郊祀篇云亦云文王受天命而王天下安史記周本紀
又曰詩人道西伯蓋受命之年稱王漢書地理志並
云公季嗣位至昌為西伯受命而王當是魯詩遂以為

周公成文武之德追王大王王季不一王文以王禮追王也

天之命文王若受命之年稱王不知此詩作於成

王周公之時故以文王名篇稱王改元之說不已誣

乎歐陽氏蘇氏游氏均辨之詳矣武成曰我文考

文王誕膺天命九年大統未集王應麟詩地理考曰以

文王在位五十年推之不出九年何爲數起遠乎

曰長信書則不如無書吾於武成取二三策而已古說當

謂受西伯七年之命而陳氏曰受命者文王受命爲西伯其說未允當○周雅

書舊邦武成曰至于大王肇基王迹武王自稱至于詩緜云大王事

李肖宇而國於周周字貼大王說故陳疏云周自

大王遷岐故稱舊邦闕而詩釋曰不若集傳以周受
封始自后稷爲真舊引左傳我自夏以后稷魏駘
芮畢岐吾西土也言受此五國世爲西土之長釋
例土地名曰魏河東河北縣也芮馮翊臨晉縣芮
鄉是畢在京兆長安縣西北駘在武功岐在美陽
孔氏穎達疏曰今案其地芮在魏之西南百餘里
岐在駘之西北無百里也詩稱后稷封邰與岐畢相
近爲之長可矣許魏在郃東六百餘里而令郃國
與魏爲長道路太遥公劉居豳又在岐西北四作當

之百餘里，此傳極言遠境，而猶不及邇，並不解乎？故孔疏已改及之，當以大王遷岐改稱舊邦之說為允。

大字照行，不移入。

〇附周公攝政七年考（此周公攝政七年考當錄在年譜周公成文武之德條下）

一年（成王元年即位改元）遭喪，踰伐武庚、伐奄。（此東征一年也）作大誥。

二年（成王二年）誅武庚、誅管叔、蔡叔。（此東征二年也）鄭注大傳克殷謂誅管、蔡及祿父，是兵戮，詩以為攝政東征乃在迎歸之後，其說誣也。是年周公作鴟鴞。

三年（成王三年喪畢）閔予小子、敬之、訪落、小毖四篇

此皆等王表畢之詩是年秋周大夫作破斧伐柯
九罭冬周公歸朝廷作東山四年成王四年建侯衛
周公召公太公為三公以奄益魯以薄姑益齊
以薊益燕南方皆五百里魯又加五等附庸
方七百里成王在豐使召公先相宅作召誥
五年成王五年營成周作雒誥郊祀后稷宗祀文王
於此書周公既成雒邑朝諸侯祀文王于清廟
六年成王六年周公居鎬京朝諸侯于明堂之位制
禮作樂明堂之祭文王為祖武王為宗我將宗

文王猶在制禮前如圜丘以帝嚳配作昊天有成命南郊以后稷配作思文時享祀先王先公作天作時禘於大祖作雝大平告文王作維天之命祭文王樂作維清大武武王樂作武告成大武作酌改韎鼓爲縣鼓益崇牙以置羽作有瞽七年成王七年周公致政周大夫作狼跋周公作七月以戒成王成王即政諸侯助祭作烈文

8 邦畿千里　詩商頌玄鳥篇詞同　下句

詩商頌玄鳥篇詞　說文云畿天子千里地以遠近言

之則言畿周禮大司馬九畿故書畿為近鄭司農注
近當言畿畿近聲之轉禮王制千里之內曰甸是古
者以千里之內曰甸亦曰畿也詩殷武毛傳曰邦畿疆也傳訓
陳氏疏曰傳訓
畿為疆言王畿之疆界也千里以開方而言之也漢
書貨殖傳云唐人都河東殷人都河內周人都河南夫三
三河居天下之中王者所更居也皆不出殷
家邦畿之內斷今詩曰商凡六百四十五年祀自湯居南
亳以前紂居朝歌以前者之都河南者三括地志云南亳故
城在宋州穀熟縣西南三十五里即湯所都者是一
滎陽故城在鄭州滎澤縣西南十七里殷時敖地也

河仲丁河遷者是　一亳邑故墟在洛州偃師縣西十四里即盤庚所遷者是~~[illegible]~~都河北者四焉　一故殷城在相州內黃縣東南十三里即河亶甲所築而都者是　一耿城故耿國在絳州龍門縣東南十二里祖乙時圯是祖乙前已遷都矣　一邢國故墟在邢州外城內西南角即祖乙所遷者是　一朝歌故城在衛州東北七十三里本妹邑或曰武乙遷焉或曰武丁始遷都者是也南亳在極東耿在極西相距要實不止千里豈殷家之邦畿若是其遼廓乎不如以周家之鎬京方八百里顏師古曰八八六千四百爲方百里者六十四也雖邑方六百里師古曰六六三十六爲方百里者三十六也二都共得方百里者百故云邦畿千里然則千里

乃指國言豈如今路程之里數乎周因於殷即周可

以兼殷周既損殷何獨不爾故陳氏謂千里以開方而

言之也其說是也

緡蠻黃鳥止于丘隅 緡毛詩作緜 韓詩同

緜蠻雙聲毛傳云小鳥兒 今貌留毛意因以 黃鳥喻微臣也 稱詩章

句云文兒黃鳥喻微臣也言文而小者之黃鳥喻在 陳氏曰

下位者之微臣也詩序云緜蠻微臣刺亂也大臣不用

仁心遺忘微賤不肯飲食教載之故作是詩也是以而 其次代也

章句從長樂劉氏執中訓以為緡蠻鳥聲蔡氏釋地 召詩

詩小雅篇名 緡蠻黃鳥止于丘隅篇同也

緡蠻詩小雅篇名 緡蠻黃鳥止于丘隅篇同也 禮引作

又箋乃謂黃鳥遷毛傳之訓為是按下句鄭氏詩箋既云止謂飛行所止託也興者小鳥知止於丘之曲阿靜安之處而託息焉喻小臣擇卿大夫有仁厚之德者而依屬焉義自明矣故孟子曰於止知其所止可以人而不如鳥乎若劉氏鳥聲之訓則以當篇詩詞皆係鳥言豈能謂車載豈鳥之所望於人哉此義也有未安

丘隅丘之陬也（說文云丘之高也）謂丘之曲處與傳丘阿（集傳曰隅角也與上文丘阿作曲下文）

（丘側作旁者一例）側並同孟子取負嵎舊注山陬以嵎嵎即隅也集注（禮記注禮大學）曰山曲曰嵎是也而鄭氏禮大學注則曰岑蔚之

箋詩乃云丘之曲阿章句取之大學注曰丘隅岑蔚
之處按說文岑爲山小而高其丘爲土之高爾雅曰高別同而土與山殊不相淆且孔氏疏云岑謂巖險蔚謂草木薈蔚按則岑是
巖險非丘也蔚是木盛非隅也不如鄭氏箋詩所云
丘隅丘之曲阿靜安之處爲得其解矣
附考陳氏啟源稽古編毛詩曰黃鳥倉庚一禽也其
見於詩者曰睍睆曰熠燿目其色也曰交交曰緜
蠻指其形也其以聲音言者唯葛覃出車兩詩
俱曰喈喈耳七月云有鳴不言如何鳴也凱風
云好音不知如何好音也喈喈之外更無可

澳、詩衛風篇名
彼淇澳、淇澳篇詞也自
也經不可識證兮
甘篇詞也禮記引作淇
二年左傳同

樹似矣陸璣草木疏黄鳥黄鸝留也或謂之黄、栗留幽州人謂之黄鸎或謂之黄鳥詩爾雅疏釋文引俱無此句一名倉庚一名商庚一名鵹黄一名楚雀齊人謂之摶黍關西謂之黄鳥詩爾雅疏引無此句釋文有之一作鸝黄陶本闕四字當葚熟時來在桑間故里語曰黄、栗留看我麥葚熟[illegible]不詩爾雅疏引脱不字亦是應節趨時之鳥也或謂之黄袍詩爾雅疏引無此句

瞻彼淇澳毛詩作奥爾雅作隩按澳奥隩同毛作奥者古文假借耳昭二年左傳

淇澳二水名衛風篇名[illegible]

[illegible]澳隈崖也詩毛傳曰奥隈也 釋文同

章句因之 按爾雅釋厓岸隩隈 孫炎云隈水曲中也又曰 疏云隩一名隈也

厓内為隩外為隈 李巡曰厓内近水為隩其外為鞫 曹氏寅谷曰隩

隈一而不得分内外之名隈當為鞫傳寫誤也是也

陳碩甫曰爾雅既釋隩一名隈又釋厓以別内隩外隈之

異名渾言析言皆得互稱耳鄭讀[illegible]也說文隩水隈

厓也 澳隈厓 其内曰也其内曰澳其外曰隈而鄭注亦云澳隈厓

也許鄭讀同以隈厓連文成義毛傳訓奥為隈與鄭

讀同淇隈謂淇水深曲處也陸璣草木疏云淇澳二

水名乃以毛說與淇爲誤孔氏正義又引而非之曰鄭
答曰陸說是也人但見邶鄘衛之詩俱有淇水名不
出水經注云肥水謂之澳 按毛傳所出同所爲異爲
肥泉正義曰肥泉衛水也
又後漢郡國注引博物記云有奧澳同水流入淇是 當與
淇澳明是二水王伯厚作詩地理考將以補鄭闕之
不備惜尔未詳識之也

菉竹猗猗 菉爾雅同毛詩作綠韓詩同又楚辭 禮[illegible]引韓詩作 小雅終朝采綠
[illegible]選 通 蒼菉葹以盈室兮王逸注引詩
作菉菉本字綠假借字 孔引作 竹毛詩爾雅並同
文選李善注引韓詩作蓫毒玉篇曰蓫毒同藩毒故
釋文引韓作藩音徒沃反萹筑也石經同按
說文筑萹筑也藩水萹筑也讀若督竹者藩毒

爾雅郭注草

之假借字是毛詩作筑以為岸蔦筑竹是假今傳作也
借字韓詩作藩以為水蔦筑釋文云石經同
陸氏隋唐間人所言石經指漢熹平石經也
漢石經詩為魯詩是韓魯詩同作藩字經言
睢彼淇奧則言水蔦
筑是韓魯較毛為勝
集傳[illegible]也

菉竹二草名詩毛傳曰菉王芻也爾雅釋竹萹竹也
草文同
爾雅作萹蓄 爾雅釋文引韓詩藩萹筑也石經同說文藩水
萹筑也陸若曾竹者藩之假借字爾雅郭璞注曰菉蓐
也今呼鴟脚莎詩正義引某氏注作菉鹿蓐唐本草
舊注云蓋草俗名菉蓐草爾雅所謂王芻者也吳峽
晉晉葉因蓋草可染 本草曰菉一名蓋草一名黃茍丁一
黃綠故云綠

名莨草一名盭草說文曰莨草可以染黄漢書曰諸侯王盭綬盭草出琅邪似艾可染因以名綬即戾草也郭注又曰萹蓄水經淇水注云今通望淇川唯王芻與編草不異其興桉編草即萹蓄郭注又曰似小藜赤莖節好生道旁可食又殺蟲本經陶隱居本草注云處處有布地而生節間白華葉細綠人謂之萹竹煮汁與小兒飲療蚘蟲有驗也又蘇頌本草圖經云苗似瞿麥葉細綠如竹赤莖如釵股節間花出甚細微青黄色根如蒿根詩疏引李巡曰一物二名離騷云解萹薄與

又殺蟲下直接陶隱居本草注云云不必作注寫[illegible]

雜菜竹洪興祖補注引本草呼爲萹竹是也是菉竹爲二草矣詩傳爾雅傳注與疏均無異釋唯陸璣以爲一草其草木疏云有草莖葉似竹青綠色高數尺淇奧旁生人謂之綠竹孔疏駁其非是引小雅采綠証之謂綠與竹定是別草得之矣自集傳從陸氏以爲綠色之竹後儒不敢有異義而前說俱廢惟胡朏明氏釋也始於集傳淇奧篇所以淇上多竹漢世猶然此自謂漢武帝下淇園之竹以塞決河寇恂伐淇園之竹爲矢以給軍耳酈道元云今通望淇川無復此物善長得之目驗當不誤

又考證朱子止及漢之故未溯其由始惟晉戴凱之之言淇園衛地殷紂竹箭園也見班彪志毛詩所詠瞻彼淇澳綠竹猗猗是北土寒冰至冬地凍竹根類淺故不能植唯箭竹根深故能晚生故曰根深耐寒茂彼淇苑然則毛詩之所謂綠竹者乃箭竹非常竹也亦可以備異聞而曹寅谷又從而非之曰菉竹明是二草如詩傳依爾雅以為王芻與萹竹也疏云綠與竹別草是也酈善長有在北魏時得於目驗如其注水經淇水已言淇上所惟王芻與萹草今淇水

之向無說謂綠竹者鄭氏但據鄭之竹譜以為蔽竹

惜余考之未詳焉

又考吳本草云綠蓐草入本經下品說文謂之

莀草可以染黃漢書諸侯盭綬晉灼注曰盭草似

艾可染黃因以為綬皆謂此盭本作綟與莀即計反

羅爾雅翼綠與菉藍並稱以為皆染草也陶氏別

錄云蓋草生青衣川谷九月十月采可以染作金

色顏師古注急就篇說同唐本草注云葉似竹而細薄莖亦

圓小煮以染黃色極鮮好俗名菉蓐草[illegible]

吳本草又云莔蓄又名莔蔓名莔蒴疑作葍蔓莔間有務々生

道旁方呼為務莔草道旁草入本經下品李時珍綱

目謂葉似莔而不纖弱甚引蔓促莔之間間

細紅花結細子是也稽古編並引其說唯莔間間花紅白與黃說有小異

[illegible]傳作也

有斐君子

斐爾雅禮記大學引作斐爾雅也詩毛傳作匪云匪文章玉篇列女傳並同

貌按韓詩序有文章作訓匪即斐之假借字也釋

文引韓詩作邲美皃廣韻六至邲好皃用韓詩也

如切如磋如琢如磨磋當作瑳磨當作摩

[illegible]

爾雅釋器骨謂之切象謂之磋（象謂之磋骨角皆必須磋非止一象也）玉謂之琢石謂之磨（如作如磋二字題者可借來作一起講）毛公之傳

詩引爾雅而著其義以為治也（傳云治骨曰切象曰磋玉曰琢石曰磨）

是切磋琢磨皆治器之名非有淺深也而章句以為（磋精於切磨密於琢義有未安[illegible]編謂强經文以就己說也而改錯亦謂）

附考切釋文云本或作䶎玉篇䶎治骨也說文䶎

齒差也讀若切

磋俗作磋釋文作瑳盧氏釋文攷證云注疏本作

磋說文所無（毛傳爾雅並作磋俱未正之）御覽器物部九引[illegible]（以治作）

[illegible]骨角治玉石者各治不連用不得謂既切復磋既琢復磨且[illegible]考工記以治角為[illegible]角磋者[illegible]亦為[illegible]顧野王玉篇

錯文選束皙補亡詩采采門子如磨如錯閒關詩

也

云治象牙之名
詩爾雅傳疏以
及切韻廣韻
從集韻類篇會諸
釋字諸書並
補治象從磨
曰治角者與

磨俗作磨釋文作摩云本亦作磨攷證云注疏本

作磨說文無磨字按說文䃺礱也古作摩俗作磨

瑟兮僩兮赫兮咺兮

[illegible]也

赫戲大之貌咺宣著之貌此就章句所注爾頁倒轉補按詩之言

瑟者三一見衛風兩見大雅大雅上瑟彼箋云潔鮮也下瑟彼傳云衆皃

集傳於旱麓之瑟字皆爲傳箋自以縝密茂密釋之

獨憤興瑟兮猶遵毛傳矜莊之訓按於戴記大學引

詩改訓為嚴密，於是之瑟字皆得密義矣。陳氏稽古編陳氏曰：字訓須有徵據，瑟字訓密始於程正叔，殆臆說也。

附考：瑟，詩毛傳云矜莊貌。陳風澤陂傳云：儼，矜莊貌。陳碩甫曰：瑟、儼同訓，同矜莊，為瑟義未聞。

僩，詩毛傳云寬大也。釋文作覸也。荀子榮辱篇：塞者俄且通也，陋者俄且僩也，愚者俄且知也。皆反對成文。陋者隘陋，別僩者寬大，傳訓本此。又新書道術篇：容志審道謂之僩，反僩為野。亦與傳寬大義近。大學

釋訓（釋訓）皆云瑟兮僩兮者恂慄也（爾雅釋訓同）鄭注曰恂字或作峻

讀如嚴峻之峻言其容貌嚴栗也陳氏傳疏云案

恂栗但解瑟兮猶下威儀但解喧兮禮記爾雅渾

舉其義毛傳則分著其義文（異）意同也韓詩僩美皃

與毛合（與大學釋訓異）說文僩武皃與毛異與大學釋訓恂栗義

近然則（毛）傳云寬大也貌（依說文）（依釋）韓云美也貌說文云

武貌三解各異朱子詩集傳曰威嚴禮大學章句

曰武毅（昀依說文為訓）說文也從荀子云陋者俄且僩也僩與

陋反正是寬大之義毛為荀卿弟子字訓有本矣唐

楊倞[redacted]注引方言晉魏間謂猛爲㦜證之非荀
意如按今方言㦜作㦜二字殆相通昭十八年左
傳㦜㖃授兵登陴杜[redacted]注曰忿貌武猛忿之義相
近但此詩是美武公之德而作然取於武猛當是
寬大爲義長

詩而傳曰赫有明德赫然盛也衛公盛德[illegible]

赫猶赫赫[illegible]大雅[illegible]

耳[illegible]

赫猶赫赫之也詩毛傳曰赫有明德赫赫然盛也大雅大明篇
明明在下赫赫在上傳言文王之德明明於下故

[illegible]與[illegible]備[illegible]也

終不可諠兮

諠禮記大學引作諠毛詩作諼傳云忘也鄭氏注同釋文諠詩作諼或作暄音同忘也按諼忘爾雅釋訓文引詩作諼考槃伯兮兩皆作諼

此條在道學之前

赫々烜著見於々天故陳氏曰是赫々為德之明也

烜兮

其傳曰烜烜威儀容止宣著也

喧禮記大學作喧毛詩作咺釋文引韓詩作宣云宣顯也爾雅釋文作烜並與宣同說文心部愃寬閑心腹貌引詩作愃本三家齊韓魯為三家詩也陳氏曰威儀容止の字同義故毛以威儀容止詁咺也今改曰章句朱注赫喧宣著盛大之貌依倒錯似

盛大詁赫以宣著詁喧諠始合經之本義

道學也

此引詩同釋之之詞也下三句倣此

道讀去聲禮大學鄭注曰道猶言也某也學爲知一
德同道學

也言窮理也章句注曰學謂講習討論之事講習如

切也討論如磋也

自脩也

脩爲行一也言去私也章句注曰自脩者省察克治

之功省察如琢克治如磨

恂慄也

禮大學鄭注曰恂字或作峻讀如嚴峻之峻言其容

貌嚴栗也陳氏詩毛氏傳疏曰恂栗但解瑟兮是也

威儀也

陳氏曰威儀但解喧兮是也

無情者不得盡其辭大畏民志

上二句是夫子之辭而記傳者引之此三句是傳記者

釋夫子之言也謂民之無情實者不敢盡其虛誕之

辭是無訟也為民上者能畏服乎民之心志是使無

訟也聽訟者徒求民新是末也使無訟者明德而自

能新民是本也觀孔子此言可以見明德新民之事

矣

此謂知本
禮大學鄭注曰本謂
誠其意也是也
此謂知之至也
古本無此句在前
其本亂節下亦有
也下今從本有者
是朱子添補云
此句之上別有闕
文非也

問嘗竊取程子之意以補之、

致知格物之義之不補則無以入大學矣此非深得乎孔子之意不能補也此非深得乎曾子之意亦不能補也惟河南二程夫子宋時人大程子曰明道先生二程子曰伊川先生實始表章此經程子之意即孔子之意即曾子之意朱子自謂間嘗竊取其意而補之此節係紫陽添補以此經文併余嘗見有主司命題問有以試者不得講錄及之曰朱子特揭格致一章為大學始教意示學者門徑焉謂其補大學也余謂以之補

小學大學書讀者之觀乎會通已矣。孫奇逢曰：格致無傳，是大學最精微處，物不可指名，自誠意至康誥、盤銘、邦畿，以及身心家國平天下，無往非物，即無往非格。斯言與足之相發明。然而大學在戴記第四十二篇，鄭氏康成注之古本具在（自有改本，故曰古本），本理明辭順，次序井然，無所謂錯簡也，依古本讀講自順。紫陽朱氏以古大學一篇文理渾浩，恐學者不易得其緒，乃改定爲章句，分經分傳，三綱八目更以相從，便於讀而易曉，非忍有自我作古之心故學者讀大學從章句入門而至於詳說反約則當體會古本自然一貫豈可先而效之後爲多乎哉此安溪李文貞公所以有大學古本之釋也夫約者何謂意是也誠則所以統明德親民而止於至善知其體具於身而其用起於意人自有生即有知聖人因其知而教之學以廣其知爲行之地知與行之交則意生焉知足以生意足以奪意知日多則日歧而意因以雜知亦因以蔽將不能充其行無匡將所止矣故大學立說謂特於誠意首

丁寧焉其不釋致知格物者非云闕也無所以謂遺之
也蓋古者先入小學而後入大學自子能食能言
之數與方名以漸積長成童凡所以閑習乎耳目
手足之者莫不備而尚詳而有法曲禮文王世子內
則少儀所載是也有本存焉粗也有精焉皆古人
教子之權輿何一非物何一非格何一非知無
何一非致是當其為小子學而已具了及為大學第
因其所已知而進之以達乎無窮非有加乎其外
也殊不煩別釋也故曰致知在格物程氏言在者何

一則發文以順理，一則格致之學無窮，非直以為先而已。然而曰物格而后知至，然又結以修身為本，故曰此謂知本，此謂知之至也。則先後之義各備揭矣。後世小子廢讀書多，倒童蒙來求我，初筮告不授讀。曲禮諸篇為門人小子設，以洒掃應對進退入孝出弟謹之子焉，而就讀大學，則徒見其闊遠，淵深而無序矣。所欲精其講明，無甚然不識何所謂也。夫嘉靖間屠君著春秋宗術，首以左氏傳授讀，無失之過焉。不如三字經、小四書尚有小學遺意。

從石若曲禮文王世子內則少儀是真爲小子之書
焉緣講朱子補釋格物而並附識云及之

所謂誠其意者　下節

章句曰朱注曰誠實也
意者心之所發也朱發爲心發之爲意夫心兼善惡
俱無虛實而意則並虛實有善惡也故自善惡一起而
虛實生焉惡意易實善意不易實故大學首功則必
實去其所易實者而實行其所不易實者如此者謂之誠
意而謂之誠其意以意不自實必有爲實之者也然
存圖說曰假意發而善也則儒者之所謂理也則必

實其意以使之可行低意發而不善如此則儒者之防
謂欲也則必實其意以使之必不可行如是之久則
形漸亡形漸亡則理漸長久之而日月至焉又久之
而三月不違又久之而從心所欲不踰矩皆是功也
則皆從當下之一念始也所謂誠其意者毋自欺也
自慊自[illegible]自[illegible]如惡惡臭如好好色朱注云惡
惡則如惡惡臭好善則如好好色是也又云皆務決
去而求必得之又要於去惡務決此固然也若以為善
則祗意之發焉能必得知本固說曰易視致良知朋

在當下可行無可得若與君則虛言矣虛言亦必得
將必備此意而無失之學者於此時正當所以實
之之法度時時得為己所能為預備於心如敬乎向
為邦子張問為政程終身不為君而其所以為之
道無不實也此正所謂誠其意也若求必得則未也此
之謂自謙鄭注曰謙讀為慊朱注云慊快也是也快其好善惡
惡之心是盡是其好善惡惡之量盡也又云慊是足於
己亦可徒以狥外而為人則非也夫重人之學宜合
人己通內外忠恕一貫忠者為己恕即為人夫子老矣

少懷即孟子獨善兼善孔孟一轍況大學明德所要在新民中庸成己所以成物故古本於誠其意下即接瞻彼淇澳前王不忘兩節所以為明德在此新民亦即在此而如好如惡即與平天下之民好民惡相貫通故大學重王道由慎獨以歸治平猶中庸之達天德由戒慎恐懼而即可以進於天地位萬物育是也故君子必慎其獨也獨者何以心之所發即是意非人所知而意之所發初無大惡哉一起念即判然君子民犯上作亂則雖無跡亦無之所謂惡者不過曰私自

利而已矣自私自利則自爲也朱注云人所不知而己所獨知之地也然而自爲之念不去將久之而其患生矣久之而殘忍發浸淫漸漬不至於爲大奸大惡不止焉易曰臣弒其君子弒其父非一朝一夕之故焉故君子所以必慎其獨者已此謂慊也觀慊則凡曰務内曰自爲不爲人皆謂意之所謂惡者何自慊爲故朱注謂快足於己不可徒以殉外而爲人義有未安也非其義也

慊之謂自謙

禮記作謙章句同　鄭注曰謙讀爲慊慊之言厭也釋文

謙依注讀爲慊徐苦簟反　孔疏云謙讀如慊慊然安靜之貌心雖好惡而口不言應自然安靜也正義又云以經義之理言作謙退之字既無謙退之事故讀爲慊慊不滿之貌故又讀爲厭厭自安靜也今謙作慊字解依朱注快也足也作快慊字分二比快是快其好善惡〻〻心足是足其好善惡〻〻之量

而后厭然

禮大學作厭同　鄭注曰厭讀爲黶黶閉藏貌釋文厭於琰反一音於涉反厭讀爲黶烏斬反又烏簟反厭然閉藏貌也　孔氏正義曰厭讀爲

黶黶爲黑色如段氏玉裁校本改爲知是爲閉藏貌也

此謂誠於中形於外　此謂二字緊承上文而言

誠作實字解言實有是惡於中故形於外而不可揜也

如見其肺肝然　此條與上條爲一條

然比事之詞也

富潤屋德潤身

以上句形起下句重在下句

心廣體胖　禮記鄭注曰胖猶大也然肥多肉也解別於章　內則曰

胖安舒也朱子意思清修之士豈必長肥切

昌舊訓所不知而舒乃泰字之解矣閻子詩曰幸畢說自非如當從舊訓胖猶大也為是王存之曰有德故心廣潤身故體胖須畢說

禮大學鄭注曰胖大也有德故心廣潤身故體胖須

非安舒之樣謂也章句曰胖安舒也非安舒也

身有所忿懥

禮大學鄭注曰懥怒貌也或作懫或作疐釋文懫之音致疐音致又得計反

禮大學作身章句引程子曰身當作心今從之注身字

改身讀為心余謂依字讀為義長不必改也何以謂不必改者君子人無不私其身者有身即不能無情累忿懥恐懼好樂憂患四者皆心之所用而近乎情者其用在心實皆為身而起身之所值不同則心之所用各異累其身因以累其心而不得其正故曰所

謂修身提一身字斂起是言身不修之爲心害日甚矣所以引修其身也下更又提出文載點明心字斂起是言心不正之爲身害君子所以先正其心也

人之其所親愛而辟焉　五句辟今石經作譬校宋蔡注孫本六字又同作譬

五之字均猶於也諸之一聲之轉詳訓爲於故之亦訓爲於趙注云之猶於也是也禮大學鄭注曰之適也王引之曰也訓之爲適失之之辟鄭注曰譬猶喻也釋文辟音譬下同譬喻則也朱注曰辟猶偏也大親者當愛賤者當惡畏者當敬哀者當矜敖者宜惰若將而留惡惡而失義五者皆

人之常情何足異哉其病生辟數云好而知其惡惡而知其美者天下鮮矣、按親愛以下五項離開平日所親者當愛畏者宜敬哀者可矜都說得過惟賤惡敖惰兩項似乎平列王存之曰過平常之人原不妨敖惰病生辟字不可覺時敖惰說壞余謂賤惡亦當如此耶

莫知其苗之碩

此句亦是諺語云（禮大學釋文諺俗語也）碩只是苗科之茂不可（作此題文者）從填倉顆粟億等句復用實方實阜實發實秀等詞

○朱注云貪得無厭是題意亦可略寫題面

康誥曰如保赤子如書作若（康誥周書篇名如保赤子篇詞　上下共同　也如書作若若如也）

武王之誥康叔蓋有所以使衆之道也夫

者弟之理不待引證而自明也且以慈幼而證之康誥（作此題文者讀下須明白）赤子謂始生小兒僅長一尺也唐孔潁云尺字古通用尺（尺膜古作赤膜文獻通考古人謂赤者十寸之尺也皆是）多以尺數稱嬰如三尺之童五尺之童諺云六尺（論語曰六尺之孤）之軀當曰足尺之軀成人曰丈夫曲禮曰問天子之年對曰始服衣若干尺矣天子也曰不敢作言身長幾尺故但言衣長幾尺而可考見矣書傳曰赤子但云孩兒雜記鄭注曰嬰猶鷖彌也孟子孺子（孺字何義未詳禮）義倪謂鷖繄倪小兒也集韻吴人謂赤子曰孲㜻音鴉牙大都所嬰倪之意

心誠求之雖不中不遠矣

赤子不能自言所欲慈母之心出誠以求之以赤子

比小民言在上者之保小民如慈母之保赤子如記

此引康誥之言而釋之曰心誠求之雖不中不遠矣

此引康誥而釋之之詞也

○節彼南山

詩詠南山不必其有指實而可指實者有二焉一曹南之山郡縣志在曹州濟陰縣二十里南山於隋是也今曹縣一終南之山郡縣志在京兆府萬年縣南五十里如南山之壽與節南山節彼南山信彼南山並如今長安咸寧藍田盩厔四縣然同一南山也天保則以祝君節南山則以刺師尹山本有幸不幸哉

此節四句[illegible]

○赫赫師尹

其所令反其所好而民不從

全詩已條在後宜刪此

若所令出在仁而所好在暴是其令反其好也而民不從其令矣

民補入

此下有求諸己而后非諸人一條錄此

其儀不忒

詩曹風鳲鳩篇詞也

此節四句[illegible]其子其事[illegible]

儀詩本作威儀解引其節重儀刑儀範意

此下去節彼南山一條錄在上原稿

稿抄入條之後

儀監于殷　詩大雅文王篇詞。儀，詩作宜；監，詩作鑒。

此注當……

儀（當）道　詩作宜字解爲是

峻命不易

此命字當以數言

下惟命不于常　命字解同

道得衆則得國，失衆則失國

道去声，言也。下康誥節道善之道同。句誤解引詩詞而體會詩之情。何言也？言

得衆心則上帝眷之而得國，能絜矩而公好惡者能

也；失衆心則上帝怒之而失國，不能絜矩而辟好惡

者也。道去声，言也。康誥節同句誤解

此下有爭民掠奪一條　見補入

是故言悖而出者　一句

以言字陪起貨字耳句手說

重在貨悖一邊

上是故君子以德爲上節引詩而言國之得失由於衆之得失，君子所以先慎乎德也。是故財聚以下承德者本也而言，民之聚散由於財之聚散。此是故以下承上節，以言之出入陪起貨之出入，以言外本內末

道善則得之　一句

爭奪民施，不能絜矩者之不能有財有

引康誥而體會之
非命不于常書
何言也

之字指天命說道之也言善則得天命慎德而能絜 用也

矩者善也有人有土而民聚則得之矣不善則失天

命內末而不能絜矩者不善也爭奪而民散悖出則

失之矣

楚書曰　一節

禮大學鄭注曰楚書楚昭王時書也言以善人為寶

時謂觀射父昭奚恤也　孔氏正義曰鄭知是楚昭王

時者案楚語云楚昭王使王孫圉聘於晉定公饗

之趙簡子鳴玉以相問於王孫圉曰楚之白珩猶在

乎其爲寶幾何矣王孫圉對曰未嘗爲寶楚之所寶者曰觀射父能作訓辭以行事於諸侯使無以寡君爲口實又新序云秦欲伐楚使者觀楚之寶器王召（一作命尹）昭奚恤而問焉對曰寶器在賢臣王遂使昭奚恤應之昭奚恤發精兵三百人陳於西門之内爲東面之壇一南面之壇四西面之壇一秦使者至昭奚恤曰君客也請就上居東面之壇令尹子西南面太宗子牧（監本太作大　毛本牧作穀）次之葉公子高次之司馬子反（毛本脱三）之所寶者即是臣也唯大國之所觀秦使無以對

（葉公之昭奚恤自居西南之壇稱曰客將觀楚之寶器也楚）

（字　齕）

也使歸告秦王曰楚多賢臣無可以圖之何也有觀射父昭奚恤者案戰國策義云楚之王等坐坛昭奚恤等主於坛上楚王指之謂秦使曰此寡人之寶故也有昭奚恤等也謂長為寶者案史記云理百姓實府庫使黎甿得所有令尹子西而能也執法令奉圭璋使諸侯不怨兵車不起者有大宗子牧能也守封疆固城郭使鄰國不侵亦不侵鄰國者有葉公子高能也整師旅治兵戈使蹈白刃赴湯蹈火萬死不顧一生者有司馬子反能也坐籌帷幄之中決勝千里之外

懷霸王之業撥理亂之風有大夫昭奚恤能也是皆
為寶也引之者證爲君臣能保愛善人爲寶也
按章内朱注曰楚書楚語爲指王孫圉對趙簡子
言而鄭注以爲楚昭王時書言以善人爲寶時謂
觀射父昭奚恤也孔疏乃兼引楚語王孫圉爲新
序昭奚恤以並證之書寅説曰新序説苑皆出
劉向手其説不可據詰如説苑謂咎犯見晉平公
荀息見晉靈公石乞侍坐于屈建仲尼使人往視介子
推新序謂楚共王遇申侯晉文公遇欒武子葉公

諸梁同乘王蚡之數其人皆不同時王厚齋謂劉子政博極羣書何述作之謬也全謝山曰即如此條明是踵襲王孫圉之言而稍改其面目從又舛錯如此夫昭奚恤乃春秋以後人以國策史記考之大抵當楚宣王時而是條所指葉公子高令尹子西則昭王時人若司馬子反共王時人至太宗子敖則於人臣無所見乃昭奚恤皆與同班列其妄甚矣況昭氏出於昭王今乃使與昭王之祖共王之臣比肩是則其妄人所造也又案之新序後漢李膺傳注所引太宗

作太宰字教作子方而太宰子方在春秋之世矣並無其人及觀李園傳此上疏曰秦欲謀楚王孫圉設壇西門陳列名臣秦使懼甚為之罷兵則又笑曰列向以王孫圉之名移之昭奚恤而此又以昭奚恤之名還之王孫圉真所謂張冠傳訛者余又按皇王大紀景王二年楚公子圍至晉晉趙武子[illegible]鞅鳴玉以相鞅者武子之孫也是又以王孫圉為公子圍圍以趙簡子為趙武子而以鞅為武之子誤之誤矣故謂此數不如從朱注為允無名

行之異說為也　吳氏有曾犯者之錄於之氏附補
抄在此

秦誓曰

禮書鄭注曰秦誓尚書篇名也秦穆公伐鄭為晉所敗於殽還誓其群臣而作此篇也　孔氏正義曰秦穆公伐鄭為晉所敗於殽還誓其群臣而作此篇也尚書序秦穆公伐鄭晉襄公帥師敗諸殽還歸作秦誓又左傳僖三十三年秦穆公興師伐鄭蹇叔等諫之公不從為晉人與姜戎要而擊之敗諸殽是其事也

按邵子謂修夫霸者秦繆之謂也繆公是霸者第一條過自誓之言錄於王道此聖人所以錄於書末王厚齋曰史記秦紀繆公三十三年敗於殽三十六年自茅津渡河乃誓於軍中思不用蹇叔百里傒之謀故後世以記余過君子聞之皆為垂涕曰嗟乎秦繆公之與人周也卒得孟明之慶殽敗歸作秦誓與史記異書寓焉曰按殽晉之要境是秦襲鄭路必經之括地志云二殽山一名山嶔崟山在洛州永寧縣西北二十里即古之殽道也蘇代

如史所云誓當在敗殽歸於
封殽尸發喪
哭之後而書序
則謂敗殽還歸
而作書序與史記
王伯厚亦直其說
析義但云二書各不同

閻字鄰極書宣
疏曰云云

謂之殽塞，淮南王安謂之殽阪，司馬遷謂之殽阨，馮異謂之殽底，孔穎達謂之殽關。元和志謂東殽至西殽三十五里，在秦關之東，漢關之西是也。杜征南於左氏文三年秦伯伐晋濟河焚舟取王官及郊，但云王官郊晋地，不指其所。至張守節秦紀正義云王官故城括地志實有二：一在同州澄城縣西北九十里，一在蒲州猗氏縣南二里，此當為秦伯取者。上文時秦地東至河，若猗氏王官城近晋都於絳，絳在今太平縣南二十五里，去猗氏密邇伐取王官矣及郊及晉郊也晉人不出于是遂從公自茅津渡河封殽中尸而還正義曰茅津在陝州河北大陽縣今平陸縣此漢二縣名渡河自茅津濟渡河也晉初濟河是自西而東及茅津濟河則自北而南當是時秦國如入無人之境矣故曰遂霸西戎用孟明如斷石詩謂以左氏傳考之據古當作竹書之十三年夏秦伯素服郊次鄉師而哭之曰文三年夏書殽尸將霸西戎之時若霸西戎則其志業遂矣豈復作惱痛之辭哉說主書序但敗殽

虞子曰秦之為狀
殺戰始也闌
傳曰秦穆公之霸
戎自殺之敗極
也始也易見為乎
已遂霸也為
已是人生第
而悔即進德修
業之基也人能悔
如是自彊自彊矣
已為西不知不失霸乎 嘗論觀
愿觀夫子之悔也
者商太甲為矣
周穆王次之諸

而後中間尚有彭衙將騎之師終以用孟明卒
能封尸之烈觀其誓言有曰我心之憂日月逾邁若
弗云來時在位三十六年歲歲乎悲涼之將及也
又曰邦之杌隉曰由一人邦之榮懷亦尚一人之
慶前後情景宛然金仁山竟從宋說何不可讀書經
寧人曰然錄曰有秦誓故列秦誓有秦詩故錄秦
詩述而不作也謂夫子逆然天下云云乃為秦而
存之者鄙說子小之乎然聖人矣吳淵默默秦之興
始於孝公之用商鞅成於惠公之取巴蜀在於六

8

侯之恤逐者術

叡聖武公也

矣秦穆公論之

自此以至亦曰殆哉皆秦誓篇詞唯上多肤、我思之二句又介作介兮作猗其如有容無為字若自作如自寔作是尚亦作亦職作日月違之作為之不啻作不違與禮引小異

禮引斷斷作介

國并吞二周戰國之秦也非春秋之秦也其去夫子之卒也久矣自獲麟之歲以至始皇六國并天下二百六十年夫子惡知周之必并於秦哉穀梁子曰云云……但低一枚是也

若有一介臣

介書釋文云介一讀作介書作介斷斷書之者作兩字也正義作介云若有一臣……

斷斷兮

禮作猗書作猗猗也斷斷鄭注云誠一之貌言專一無他技正義曰斷斷猶……

復照容賢妨賢兩處並舊文多專貼好……

其心休休焉云句

上為字狀可之詞下為比可之詞均與從同義休休

言臣群之姦詐
寔古之一謹懸
是也若是語辭

尚書傳曰樂善也鄭注尚書云寔容貌何休公羊注
云美大之貌其心休休然絶無行焉粹然至善之一若作一句
疑文以（此作桂）氣如有容色悟一世優善萬物之氣象下有作
有容故見其休休二句須串說

寔能容之（神釋注曰彥或作盤義未詳）人之彥聖

禮引作寔書作是按寔是也故書作是禮引作寔之古字
與是同義也寔正字或作實借字耳

媢疾以惡之

禮引作媢釋文云媢莫報反妬也書作冒釋文云音同謂

寰蔽也章句集注曰娟忌也訓異而字義同

此謂惟仁人為能愛人能惡人　○此上有述語四字中國二字不与同在此段補

放流是能惡也注惡以其害愛相因能愛人能惡人

○若專出上九字題者則須還得清楚仁人之許流誤

若以不苟用民愛也不識用民愛也不識民以為所

能全所愛不苟用民愛乃能專論之　所謂衆庶人

也

見賢而不能舉　一節之轉宋儒讀命為慢　錢大昕曰鄭注命當作慢

命也

禮鄭注曰命讀為慢聲之誤也章句集注改之曰命

論語曰道之將行也與命也道之將廢也與命也賢者知命必能安命

鄭氏云當作慢程子云當作怠未知孰是按命分皆

蓋注改命為慢後為慢言即為慢字解余謂依字讀盡

自通理不必改也何則若賢人有安命之學者

造命之權見賢而不能舉則見不能之舉

先則舉不成其舉以為是賢之命如馮唐之老於李廣

雖封之數在賢者固當然而安之勇是操用人之柄

者而舉後待其人之命則守於賢者之所謂夫之所不然

多所徇知見賢而不能舉舉而不能先是之見不矣

而不能退退而不能遠則是昧昧惡矣而慢不矣至

終然不能保我子孫黎民而始以過期解免則何及焉
命也過也皆庸闇之所為藉口而不知其禍之不速
者也

過也

過字有二解一作過期之過是庸闇者諉以過期
自為解免焉一作過寬之過舊解云云
免矣

而過於用寬是猶有私心以畏之也因恩以害者

過於市恩是猶有私心以蔽之也

是故君子有大道一節　下有生之者衆節

君子指乎天下者而言[illegible]四句[illegible]道謂修己治人之道夫公好惡在絜矩絜矩在慎德故乎天下之君子有修己治人之大道焉得失皆君子言兩之字即從大學

[illegible]未有好義其事不終者也

下之好義則忠於上而竭力以終其事者矣

而其事不終未之有也[illegible]

[illegible]

未有府庫財

此府庫財乃好仁者之財乃好義者所聚輸之財未有

二字只宜借映不能正點（正點）須在後下發

孟獻子曰

禮記鄭注曰孟獻子魯大夫仲孫蔑 之孫 何據 以為獻子 其 固

之曰孟獻子魯之賢大夫仲孫蔑也王厚齋 或

解孟莊子之孝為獻子石林謂以獻子之子

以惠叔為惠伯誤左氏不精二者此亦

其誤 黃震說曰按穆伯即公孫敖乃孟獻子之祖

父文伯名穀叔服所謂穀也食子者惠叔名難 平 不同

公孫敖從子 叔服所謂難也收子者至惠伯為叔仲氏

父公孫茲祖叔牙與惠非适祖昆弟小功服非一人也閻百詩曰余讀左氏至宣八年東門襄仲卒而嘆魯自是以後政歸三桓矣周公其遂衰矣故年歸父謀於公欲去三桓以張公室告於晉曰魯之有季孟猶晉之有欒范也乎其季孫文子行父實為權姦之首不待宿始專國政如鄭注所云為孫獻子蔑也十四年宿不得與朱注所稱為魯之賢大夫又與春秋三之義也大凡下而盜上者必立賢行義名以外收人

管如能以操國柄自古篡竊之臣皆附此之齊若二
子者非其人乎孟詩此論自以爲頗駭世聽而余謂
之爲大學所引於楚及王孫圉於語以人猶作此人
豈皆知平天下之大道者哉君子不以人害
伐爲取畜馬家以言之意也孟子稱之
之家友德不挾寧氏編年略謂之
盛稱祖德夫豈可概論哉其然乎

伐冰之家

禮鄭注曰卿大夫以上喪祭用冰者也章句未嘗因之

按周禮凌人掌冰春始治鑑凡內外饔之膳羞
鄭注鑑如甄賈疏云漢時甄今之甕凡
也大口以盛冰置食物於中以禦溫氣
人將水士酒醴無如之祭祀共冰大喪共夷盤冰
尸於記男女奉尸夷于堂不可通
以莞訓陳為安喪大記曰君設大盤造冰設
夷盤造冰焉鄭注造猶內也士併瓦盤無冰漢禮六
槃廣八尺長丈二深三尺漆赤中士瓦為
盤併以盛水士喪禮用有冰用夷盤可也曰謂
夏月而君加賜冰也天子稱夷槃諸侯稱大盤辟天

子如其大夫言焉盤槃士喪君賜冰亦用焉盤槃卑不媒
但小耳故鄭注焉槃不焉此章明取舊說以大夫以
上喪祭用冰之說也曹寅案曰按左氏昭四年傳古
者日在北陸而藏冰西陸朝覿而出之其藏之也深
山窮谷固陰沍寒於是乎取之其出之也朝之祿位
賓食喪祭於是乎用之其出入也
興焉杜注在於廷治其職而就官食者正
食有冰下云自命夫命婦無不受冰謂賜之文以歸
在家用者也觀此則伐冰宜兼食說注但舉其重耳

何況大國之孤四命卿三命者其有采地必不待言矣

金仁山云伐斬也斬冰有國之君卿大夫則受冰非斬冰也豈喪祭則用於公故謂之伐冰歟

百乘之家（閟[illegible]曰百乘之家采地之至大……要）

禮鄭注[illegible]百乘之家乃采地者也云云

西河曰此襲舊注而錯者四書集注補之……之

富曰有宰有宰則有采地矣是再命之大夫……之然

有百乘之家而始稱有采地者漢刑法志云一同百里提封萬井定出賦六千四百井戎馬四百匹兵車百乘此卿大夫采地之大者也（是謂百乘之家要）不止有宰也

彼爲善之

小人則不善矣乃彼以爲善而善之彼世字指戰國宰者說

舅犯

禮大學鄭注曰舅犯晉文公之舅狐偃也字子犯

曰舅犯晉文公舅狐偃字子犯莊二十八左傳

公又娶二女於戎大戎狐姬生重耳杜注云

子孫別在戎狄者晉語云狐氏出自唐叔狐姬伯行

之子也實生重耳又云文子狐偃狐偃其舅也

○○無諸己而后非諸人

呂晚邨曰大學之意在於無諸己而不在於非諸人也明學者將非人之時常思無諸己之求可也毋持無己之論用爲非人之資也故曰無諸非諸人其意重於攻己過而不重於攻人過可知矣閻氏曰說經者乃所以文害辭焉

○○爭民施奪

新鄭高氏曰此謂爭民之財而先施其奪於民也民豈不以奪報我乎故下文即曰貨悖而入者亦悖而

出諸爾公曰也此段方於下面足故有理會

○生之者衆　二句

閩雲濠前明李光元此題制義前半偏於二者作解生之也天下皆生之者也不衆則其源隘矣故須八職之任焉徒以耕天下猶有不耕之民非衆也必云農而不能以分自為職者孰非閒民之源而不職天下猶有失職之民非衆也必臣妾而外以推其執事者孰非攻自效之利半偏於閒官自立御而下則冀數也此代食而不制恐於冗員吾不以罷故

加比擬之卿而內官去寡矣外官自九品而外則倖
位也然其官爲無功甚於是吏吾不以恩數爲權宜
之爵而外官去寡矣歸太僕之節文中亦有以近閒民轉移執事之
何此條詳云上句指天官之九職下句指作之
九室其文既頗簡不同雖於屬對然故化大八兩廟
舊局也
艾千子乃以三農而下臣妾而外閒民之官
九品諸句批曰生之官之其人甚多但其然則濫
矣閱者請曰九職自三農而下凡園圃虞衡藪牧

爲工商賈嬪婦臣妾及無常職之閒民皆在其故
曰以任萬民猶可謂之隨耶大司徒以頒職事十有
二於邦國都鄙先鄭解則加九職者也先鄭解
則加四爲學藝世事爲服事非生財之人不公乎
子所謂世多者又何人耶且國語曰內官不過九
御外官不過九品韋宏嗣注周禮內有九室九嬪
居之外有九室九卿朝焉此引匠人營國之文也先
鄭解九室如今朝堂諸曹治事處六卿之屬爲九
卿則率九品而之爲六十屬統是正韋句所謂者

無偉任者此矣況又並婦官言之耶詳章句所畧豈得謂之隱乎

章句云國無遊民　按遊民二字本禮王制鄭注云也謂失業者與周禮以九職任萬民其曰閒民者不同夫閒民第無常職實為九職之一所謂轉移執事傭作於人轉徙不定也說周禮者故曰養生者無一物之可闕治生者無一人之可遺先王於民隨其能而任之此國之所以無遊民而天下所以富庶也按則國無遊民原不指人之不務農

所包者廣，故淨太僕文云率天下之人以生天下之財，自三農生九穀以至於閒民轉移執事，莫非興事進業之徒，而欲為淨民不可得也，淨其義矣。

○○迸諸四夷不與同中國

中國即禹貢甸服侯服綏服方三千里之地，非若今人言中國必兼九州之域也。四夷即禹貢要服荒服二千里之地（夷蠻），非今所謂夷狄戎蠻不登版圖之區也。迸諸四夷不與同中國，唯仁人放流之也。孝經傳言中國夷狄者屢矣。中庸聲名洋溢乎中國，施及蠻貊。孟子言[illegible]中國而進之[illegible]夷，又曰東夷之人，西夷之人，得志行乎中國。左傳成七年季文子曰：中國不振旅，蠻夷入。入伐。昭十七年仲尼曰：天子失官，學在四夷。又二十三年沈尹戌曰：古者天子守在四夷，天子卑，守在諸侯。論語曰：蠻貊之邦。其曰中國、諸侯、四夷、蠻貊，均指禹貢要服之地。若是今之夷狄戎蠻不登版圖者，則四夷安肯為天下守？蠻貊亦何以[illegible]舟車人力所通？放流竄殛當在九州之內，又何以云投諸四裔耶？讀書貴在得間，學者當研究之。

中庸禮記第三十一篇陸氏釋文引鄭康成曰以其記中和之爲用也庸用也孔子之孫子思作之以昭明聖祖之德也

中庸何禮書也禮本於天地散於萬物而備於先王近在人倫居室之間遠及天下古今之大百姓日用而不知聖人君子終身而莫能盡由其無形象言之謂之道由其有節文言之謂之禮一也先王之制禮非作而設之也根極於人心之所同體察於躬行之所得以爲安天下萬世之鵠其超妙至微其爲體至備循之爲君子反之爲小人世之人唯不知禮以禮

偽（爲）以儀爲禮。於是以無爲道，道其所道，而仁義忠孝之名皆起於衰世。子思子憫之，特爲推其原於性命，極其量於位育，約乎功於先鄉，自於卑邇，証其用於鬼神，達乎天子、諸侯、大夫及士、庶人，要其實於誠明無息，而後一言以贊之，曰：大哉聖人之道！贊道也，實贊禮也。曰：洋洋乎發育萬物，峻極於天；優優大哉，禮儀三百，威儀三千。言聖人之洋洋之道以制爲優優之禮也。記所謂天高地下，萬物散殊而禮行焉，即其注腳也。是禮也，達道達德、九經之道具在於中致廣大也，致精微也，至高明也，至中庸也。有故焉，有新焉。惟聖人能作之，惟君子能崇之。所作之物，無所位者，以待有位；無所德者，以待有德，所崇之也。尊德性崇而道問學，致廣大而盡精微，極高明而道中庸，溫故而知新，敦厚以崇禮之而已矣。敦厚者，謹也。謹者，自成性。不謹無物，而禮不可以行矣。敦厚以崇禮，故時措之宜也，合內外之道也，所以行之者一也。君子不皆有所位，而德性學問無不可自盡，於一家為法於天下。若將存其唯仲尼乎？仲尼集聖人之道之所待

而為天下至聖天下取法者也然而仲尼不作也惟
其祖述堯舜憲章文武上律天時下襲水土曰君子
中庸而已中庸者聖人之所以盡禮之所以行人之
道而天之命也故終反而歸其至於天

中庸章句序引程子曰此篇乃孔門傳授心法

子思恐其久而差也故筆之於書以授孟子

謂孟子受業於子思之門人。此實錄也。自孟子趙岐題辭，以孟子幼被慈母三遷之教，長師孔子之孫子思。史記索隱引王劭以人為衍字，孔叢子晚出，乃稱子思十六作中庸，已無足據。又載孟子與子思問答語，而程子中庸序因云子思筆之於書以授孟子。是語也，據其傳述淵源而言之可也，謂其親相授受則不可。嘗觀孟子屢稱子思，或論其語，或述其事，皆道引古常例、絶無異議、至曰予未得為孔子徒也、予私淑諸人也、人者衆詞、略例、若果親受業於子思、何難明切著述、謂子思、當魯繆公、子上子、當魯平公、孔子卒以哀公十六年、而伯魚已先卒、度子思年非亦幼少、哀公二十七年卒、下傳悼公三十七、元公二十一、從悼及穆公、自哀十六至迄穆之元、共七十一年、是時子思已老矣、其卒於穆世可知也、穆公三十三年卒、下傳共公二十二、康公九、景公二十九、從悼及平公、是時六國皆稱王、孟子已老矣、自穆之元迄平之元、其九十四年。平又三十二年卒。孟子之卒於平世。又可知也。若則魯穆公三十二年中，孟子已生與否，尚難確定。子思於其時，著書雖成，豈能以授孟子，而孟子亦何從與之親相問答。是必去削世家之牘，縮諸君之年，以就之而後可也。故謂孟子非親受業子思，前儒多有援辯其間者，良非苟矣。康更謂非但受業於子思之門人，且或受業於子思再傳之門人。孟子後篇所謂去聖人之世若此其未遠者，特其厥學之謙，引而近之，故之錄錄之以百有餘歲。其實由孟子上距孔子卒時已百七八十年矣。則當孟子從學之時，孔子、子思之門人，亦多風流雲散矣。孟子惟其志在孔子，凡有能言孔子之言者，不憚廣諮而博識之，以底至正。是七十子之徒，皆嘗竊取者也，亦當如孔子之焉不學，而何常師之有。義不可有所偏屬，故不專舉名稱，而第曰私淑諸人而已。蓋亦師不必賢於弟子者耶。推究其淵源之歸，自在子思，故七篇中述子思者獨多以詳。於曾子每從，而史特繫之子思，從則雖謂之受業子思亦無不可。

中庸挑先錄述

歸安　李福臧

王存之曰：命以理言，亦以數言。凡壽言命者，指數言。[redacted]也。命而曰以天者，指理也。按禮中庸

天命之謂性。章句曰：命猶令也。性即理也。天以陰陽五行化生萬物，氣以成形，而理亦賦焉，猶命令也。於是人物之生，因各得其所賦之理，以爲健順五常之德，所謂性也。

禮鄭注曰：孝經說曰：性者，生之質；命，人所稟受度也。

曰天命，謂天所命生人者也，是謂性命。

毛西河曰：此即天命之性之解也。夫性本自然，而命爲天所付授，未免有賢愚吉凶參乎其間，故合言之可稱性命。易曰：乾道變化，各正性命是也。分言之則性是性，命是命。易曰：窮理盡性以至於命是

天有陰陽二氣，以成金木水火土五行之德，人生天地之間，天即以仁義

禮智信之性賦畀之與生俱來故曰天命之謂性率循也人能循此仁義禮智信之性即是道故曰率性之謂道修治也人能修治仁義禮智信之道成己所以成物故曰修道之謂教不曰謂之而曰之謂者是原始之辭故曰之謂若言謂之者是乃以實在言之矣故有性而后

也然以性為命別之鄭氏所云合言之者若云性即理也不特古無是訓即易之窮理盡性明分而屬者其何謂乎且云天以陰陽五行化生萬物氣以成形而理亦賦焉更復雜出不倫左傳孔氏正義引云天有六氣降而生五行至於含生之類皆感五行生矣惟人獨稟其氣之秀者故禮運曰人者天地之德五行之秀氣也又曰人受天地之心五行之端而後別聲被色以生是人物之生皆感天氣而人獨稟天心與天德而受以為質此所謂天命者命以是矣乃雜理學於形氣之後

有道有道而后有
教命之者天而率
之修之人也分言之
性是性道是道教
是教合言之教
原於道道原於
性性原於命命
出於天一以貫之而已
帝王御一世聖賢
垂萬世無非教也
而教者無非教以
率性之道人於天
命之知其性本善
仁義禮智信五者
而四子思子作中
庸以傳孔子之教

無論理不是性窮事物之理原非盡性所使理果是
性而質既然始付以性則生理絕矣夫二氣所是如
是所是靈繼善成性總在一時而形質之與亦無後先
祇可云是氣生形然未有形與而是氣反藉之以生如
又云于是人物之生因各得其所賦之理以為健順五
常之德所謂性也而不知人有天德物無天德犬之
性牛之性非人之性子思說此為人不為物也所或
亦氣五行人與物共所同而既已成性則截然分別而乃初
以性為人物之生既以是為人物然循其性之自然

故於篇首爲原即道之始曰天命之謂性率性之謂道修道之謂教道字工賅天命之性下包修道之教最重故下文直接道也者三字

從文以故爲人物之所當行者而品節之由是言之試問犬牛率性何以便是道耶且犬牛何嘗修道耶甚矣說經之難也數百年讀儒工帖括爭以朱子注爲務而古注疏有棄如梗土者良可慨夫王存之曰哄性字者以理言何以氣質作陪亦只注之更詞但不過爲小試作文者只耳

毛文輝曰命作興授解不作令解者書天命有德祇授服章教天之命但付時幾孟子明曰天不言以行與事示之示只與也特性命二字皆已成之名命仍是性而精離賢愚吉凶於其間詩維天之命

論語五十而知天命，皆兼性言。中庸首稱天命，前儒細繹不敢杜撰訓一詞，故曰合言。謂稟一付授不忘於二氣之生，繼善之成，有所分也。非謂此性字有異解也。

遠宗曰：章句兼物性，即有物性亦我性語歟，是大病。佛不云犬子皆佛性耶？

率性之謂道。章句曰：道猶路也。人物各循其性之自然，則其日用事物之間，莫不各有當行之路，是則所謂道也。

禮鄭注曰：率，循也。循性行之是謂道。毛西河謂章句路字猶是虛說也，須切實指之，道字方有着落。鄭康成禮注謂木神則仁，金神則義，火神則禮，水神則信

土神則智　此必古註之言　按周禮以天爲神火神金神猶火大金天也　天以五行爲德而人皆之　即爲性如乾有元亨利貞四德而人得之爲仁義禮信之四性本此四性則體仁長人利物和義嘉會合禮貞固幹事但只仁義禮信循行之而俱當乎道　此其銓本性之明可據者　且其字有專屬下文達道　即此其也而以當行之路處擬之　豈有[illegible]（六經）是千聖百王所共行之[illegible]（之一）道字而猶不能名言之乎

毛遠宗曰　其是德之見於行者　如天有德　中庸達道

大德是也性即是德中庸性之德是也至之稱德而行中庸爲不至德至道不凝焉是也則即以中庸解中庸而顯然矣故古記五帝三王之德爲皆稱至經荀子以人心惟危十六字爲古帝王至經之道則是自有正解孟子以人路解道此曲譬豈義訓哉

修道之謂教

禮鄭注曰修治也治而廣之人放傚之是曰教

可離非道也

可離矣。是以起之緣也，非道也；是外誘之私也，非道也。作文者宜如題反說。

是故戒慎乎其所不睹，恐懼乎其所不聞。莫見乎隱，莫顯乎微，故君子慎其獨也。

朱氏曰：戒懼做存養工夫，慎獨只是省察。又曰：存養是靜工夫，省察是動工夫。

毛西河曰：戒慎恐懼分不得靜存動察。按《樂記》「人生而靜，天之性也；感於物而動，性之欲也」，是性情可分，動靜未有同以之章，性而已發未發之頃有界限者矣。且不睹不聞，正是微也，是隱也，故是獨。無兩時，亦無兩也戒慎恐懼即生慎君子此際亦並不當有此層工夫也況大學中庸係夫子子思孟子相傳一門授受之書豈宜開卷初下手而即抵牾若是乎讀學者亟當講明古義而爲時流所困守之而不學之戒章改從身由知而不知其道爲章也

大學心意與中庸性情雖有異名而工夫總是慎獨故大學誠意則稱一察意而不稱靜也但存心即心正知與覿身文以心在爲心正可驗也如此以動爲靜也中庸率性則稱當存性也而並不察情稱謹

獨而無餘矣。易繫詞所謂成性存存乎字文所云謂性靜情逸者可驗也，以靜為動也字者於此際動靜須嘗體驗。且夫心者統性情也，而心性所制則意先而情隨，意獨而情衆，意在中而情在外，意為戒慎恐懼之所及，而情為戒慎恐懼之所不及。故大學誠意，其功在於正心之先，而忿懥將来為心之發用，則直在正心之後，即此喜怒哀樂無工夫之所驗也。是以性情心意同共一體用也，而以心意言，則心是獨，意亦是獨；以性情言，則性是獨，而情不

是獨以喜怒哀樂必將發著也以心意言則心是
中意亦是中所謂誠於中也以性情言則性可言
中而情不可言中以喜怒哀樂未發是中而發而
形外則將達之天下也毛西河四傳有用功貴在
實踐若云動察爲知有察不得者張仲謀曰喜怒
哀樂一察便偶（錢）見有察喜爲能喜察怒爲能怒
者戲偶悲歡猿狙嗔笑豈可爲訓是以太子笑歡
喃而不知爲慟迷舊館人之喪則一哀出涕豈是聖人
無喜並未動察而出此時學者入門直捷要功夫

反而遂分作靜存動察兩概以致東之西顧應接而不暇如何乎哉

喜怒哀樂合下節 毛西河曰章句自戒懼慎獨隱見微顯及此大

其達道中和位育總不以動靜存察分配到底

未達王畊野先生而先達此是徐偉另一

大要以後知仁勇天道人道分

配極多不能具載觀者當類推之

鄭淡泉曰喜怒一節不是原說起乃是說戒懼不睹聞慎獨後處再體如致中和不是又進一層工夫俱在戒懼慎獨中位育不可分屬中和亦有何以此位天地育萬物四是聖人在天子之位天地萬物外得

尋常耳，不足分外禎祥之類也。書曰：夏后方懋厥德，山川鬼神亦莫不寧，暨鳥獸魚鼈咸若。是其義也。即如位者能如此修道於身，一家中父母親族童奚相安，耕織難倚，果蔬如遂其生，亦可言位育。湛甘泉曰：中和者，人所受於天，與聖人同者也。然必有戒懼慎獨之功，方能復之者也。李延平與文公說如此。按湛氏據延平言中和大本達道，就著成後言，最是。王存之曰：致中和者，中跟戒懼來，和跟慎獨來，亦是依注而言，爲童蒙初學爲時文者言耳，不可援以釋經文也。

君子中庸

庸字宜從中字卸落，中字已得，和字須説刷分明。

要説君子能體中庸，莫占時中地步。王成齋説

道之不行也　一節

知愚貼知一邊，賢不肖貼行一邊。不行由於不明，不明由於不行，兩段是交互説，讀住自明。若專在上面，則明字不可

也是但説知字可　王[illegible]説

執其兩端

此條之上有人莫不飲食也一節，民補録於前

講不撇去惡一邊，專説貼善一邊，説善惡已先隱矣。以政言，或主寬，或主嚴；以治言，或爲質，或爲文，皆宗論之后

執其善之
兩端

也執謂擇之審說 壬戌五月

人莫不飲食也鮮能知味也 此章抄在執其兩端條之前

春秋傳曰天地有六氣以生六氣而首發之爲五味人秉六氣焉有不知味者若不知味蓋見其不食學記所云雖有嘉殽不食不知其味是也或食而不知味則或知有他用如食旨不甘聞韶不知肉味大學所謂心不在焉食而不知其味是也即或嗜有不同如屈到嗜芰文王嗜昌歜之類抑亦知所嗜之味并知所不嗜之味漢書所云食肉不食馬肝未爲不知味也兩

乃曰莫不知其人言之曰鮮能知則不知者多而知者反少何以解言之矣曰其知味當與知言同鮮能知味猶言鮮能知言焉放孔氏正義引晉書謂如張華辨鮓師曠別薪苻郎為青州刺史善能知味食雞知棲半露食鵝知色黑白之類以証此中庸雖能一如辭爵祿蹈白刃借端相形者是也嘗讀紫陽語錄以飲食譬日用味譬理毛西河曰日用之常人所共知而反曰莫知有是理乎且以味譬理尤為理之所不肯受者也

人皆曰予知　一節

以上知，引起下知。重下知，切不可平列。上予知，是自矜料事之知；下予知，是自能審理之知。予字泛說，曰字說。

陸稼山曰：名利如錦霞陷阱，使人貪而墮其中，到頭只贏得箇太不惺惺。却又云：與溺於利欲，人言猶易；與溺於意見，人言却難。昔獲陷阱能擒取禽獸者，餌啓之也；禍機能陷人者，利欲啓之也；隱怪能誤人者，意見啓之也。

而不能期月守也

期其月不違焉所謂期月者或一日或一月合稱期
月如論語日月至焉是也其義也
期者復時之名周歲曰期者謂子月復至子月丑
月復至丑月書云期三百有六旬有六日是也周日
亦曰期者如日期左傳叔孫旦而立期焉謂自旦至旦既已
復歸則亦謂之期故曰期焉章句曰期月匝一月
也毛西河曰若匝一月則論語期月而已為難通
矣且期者復時之謂名若曰一月則焉能復時故以期
字解為匝一月者固非也至作周歲解者為擇乎中庸

而周歲不守則雖顏子三月不違已踰三倍而尚
以爲智責之可乎每非也余故謂之期月是或曰
或以合稱之實不連屬期者自旦復旦周一日之
謂之也是也一匝日十二時猶匝一歲有十二月也匝周也故匝歲稱期而匝日亦得稱期所謂
自子復至子自丑復至丑謂之日可
猶乎歲也惟匝一月則不能復時
則拳拳服膺
須刻畫拳拳服膺以見其能守也句犯佛矣地乎[illegible]
天下國家可均也中庸不可能也一節
以上三節引起下[illegible]作主不可乎邪[illegible]

抑而從與　此句是起上二句是節

而安如　句誤作甚字解　與上二句句平列也　又批

君　居子居之

居之是以此居身非任其地之謂也　此君子深齋與下君子不同

觀圖

章句曰塞未達也

不復塞焉

國與適則達與而不安其未達之時宗是擇乎審達

之體而守之者如也　其觀

君子之至至而行半　達而　曰廢

章句曰旱麓詩云
詩大雅旱麓之篇毛傳云旱山名也麓山足也朱子集傳從之[illegible]
正曰麓國語作下鹿釋文本亦作鹿是也旱山名鹿山足旱鹿旱山之山足也而
毛傳朱傳均不實指所在王氏詩地理考亦止及前地理志而未及後郡國
志按漢書地理志漢中郡南鄭旱山池水所出東北入漢劉昭郡國志注
引華陽國志酈道元沔水注並謂池水出旱山華陽國志曰有池水從旱山酈注沔水篇云南鄭縣
漢水右合池水水出旱
山山下有祠池所沱字也又水經沔水及漾水篇云漾水出旱山總峽之水皆出自旱山也明統
志旱山在漢中府治西南六十五里一名旱山山上有雲輒雨峽即旱山之陂由陽
名與衆鄭氏詩箋云旱山之足林木茂盛者得山雲雨之潤澤固已是及
峽今漢山　漢中府附郭南鄭縣在古禹貢梁州之域殷周爲
梁入雍州旱山在江漢域內詩以旱山發詠是在文王爲西伯時矣

兩句連讀。重在下句。君子分淺讀。說

遯世不見知

遯世與避世不同。夫避世必隱。而遯世不必隱也。君子中庸之德。不大氣魄。人自與之相違。如天山之相違而不相親也。故曰遯也。趙鹿泉曰：此義與松陽講義同。

費而隱

費之說以其窮則隱。以費作動。隱即費中。斷不可平耶。通章全以費字作主。隱字補在題外。

故君子語大　四句

戈鳥飛戾天

鳶，正作𢦏鳥，隸書省從戈之字，𢦏省作弋。夏小正有二月鳴弋，按弋即𢦏鳥之譌，本作𢦏鳥，省作𢦏鳥，後又脫其下半，即金縢祥，曰弋當作、[redacted]鳶、當條鳥，余又謂𢦏鳥當作𢦏鳥，省出、或作𢦏鳥，何以考之，漢曹全碑攻城野戰，戰作戰。

皆言道之費，非以語夫為費，語而為隱也，特費之所以極，即隱也。

語夫、聖人之不知、不能，天地之有憾，而語小，語夫婦之與知能行也。

造端乎夫婦

此上有𢦏鳥飛戾天一條，錄上葉，當補抄。有詩云一條在前頁上欄。

端，道之始也。造，始也。此句結夫婦知能及語小句。

不可以為道

此為字作謂字，將與上為字異。上為字，當知行說。

詩云伐柯伐柯

木非生而為柯也，伐之，則為柯，故詩亦云伐柯伐

弇諸貴處作處

李翊夫人碑世有

皇分氣府裁

裁作裁張遷

碑閒之幾爵

幾作幾是也

故知幾爲字从

戈而从弋作弋爲

書錄者耳

附呈麓秀

柯木非生於為柯也伐之然後為柯故詩稱之云伐柯

伐柯如此說則與下治人反題矣

其則不遠

詩人非漫云伐柯也有其則焉 句犯執字

其字重讀

執柯以伐柯

此引詩伐柯伐柯其則不遠而釋之曰也言詩人之所以伐

柯者有所執焉執已成之柯以伐未成之柯以木非生

而為柯也故執柯以伐之以木非生而為柯也故執

柯以伐之隱然猶遠意而不可太露 上文不遠止可 於猶下頂之不

是以多

故君子以人治人改而止

執柯以伐柯視之猶以為遠此治物之知非治人之道如論治物之知則此柯究非彼柯論治人之道則豈有彼此之別哉故君子以人此人字爲君子之身即下文施諸己之己也治人以其人此人字即爲君子所治之人即其人上文治之人文句施於人之人也能改其非道而出所當出行所當行所止而歸治矣豈以難知難行強之哉改是不爽於則不過於則也

鄒國麟曰冠義云孝弟忠順之行立而後可以爲人

以中庸以衆人也可以爲人而成可以治人即中庸治之則人之人也

以必之人即爲君子之身即下文施諸己之己也孝弟

忠順之行即爲君子之道即下文子臣弟友之行也

雖義重爲人中庸重自治其身即若章内即以其人之道云

還治其人之身毛所由以治人蓋有兩人解作一人矣則

與上文兩柯是下文一己一人俱不合蓋專以暴

易暴與暴非即改易者以敵攻敵所敵非即所攻

者君子忠恕雖以自治並不治人而治人在其中

故曰惟之曰不遠若以柯伐柯從是兩柯以人治

人終是兩人。雖伐柯之則，欲其改物。修道之教則其改行於改而已，并未謂不遠也。

忠恕違道不遠

違猶云相去也。勿誤解也，看注自明。

言顧行

有餘不敢盡，則謹益至，而言顧行矣。○又須從言說起，順說則顧行一倒置，便犯下矣。下句同

行顧言

有所不足不敢不勉，則行益力，而行顧言矣。

此上有[illegible]一條

故君子居易以俟命　二句

君子居易俟命，非若小人行險徼倖也。重在君子一邊，句平邪。

俟命字以數言

正己而不求於人，上不怨天，下不尤人

一日有一日之位，一位有一位之行，自得例無求人之心，不求例無怨尤之心

射有似乎君子

射似君子，不可說君子似射。射是君子之藝，必參觀於似乎君子者，而後君子之道明；此於君子之道，必借証於似乎君子者，而後君子之道若是。蓋其惟射乎？射之揖而升，揖而下，似矣，然此其貌之似，而非其心之似焉。若實有似乎君子者焉，射之或序或爵或

序實似矣，於此序述之似，而乃非其心之似，爲君別

有似乎君子者焉

如鼓瑟琴

失諸正鵠　賓射則張布侯而設正，大射則張皮侯而設鵠

此下更有棠棣之華篇一條[illegible]

鼓字作瑟字矣，和字在下，以諧順等字代之可也

和樂且耽　宜爾室家　樂爾妻帑

耽尔樂也，帑子孫也　與孟子帑謂妻子者有别　宜尔室家頂上先

第院翁二句事，樂尔妻帑頂上妻子好合二句來

通碑又面積

體物而不可遺　孫詩選四書又道日晷碑

文選陸機贈顧交阯公真詩注引鄭易文言注曰體

孫奇逢曰：天下無二鬼神，謂宗以前爲氣精之鬼神，不使天下之所爲祭祀之鬼神，無端畧盡，未免橫生荊棘於本文之外矣。

生也。孟引之曰：不，無也。可，猶所也。不有所遺，言物無不以鬼神之氣生也。蓋物有形有聲，而鬼神以無形無聲者行之。其自無而有者，神之伸也。其自有而無者，鬼之屈也。鬼神能有無萬物，不可遺也。其有始而必有終者，鬼之歸也。其終而必有始者，神之至也。鬼神能終始萬物，不可遺也。體有生義，古訓皆然，則體物，是生物也。章句始以物之終始實，故此條首列古訓。自蓋物以下，不過依注言之耳。

詩曰妻子好合節

章句曰：詩，小雅棠棣之篇。按詩是常棣，而改常棣爲棠。

此條當列在如鼓瑟琴條之前

棣者想以左傳趙孟賦棠棣而改之也不知古人引文多别字原可得據如假樂左傳公賦嘉樂采菽國語秦穆賦采菽之類經傳書不勝校舉而本詩具在不得據引文而反改本詩也

考棠與棣是兩物亦從無合稱棠棣者采薇維常之華毛傳曰常常棣也棣亦可單稱常者以常即棣之名也與蒿常棣逸詩唐棣皆是棣木而總名栘其言常棣者白栘也言唐棣者赤栘也其實似李而小亦有赤白爾雅疏所云子如櫻桃者則白

移實也是陸氏釋文所云子如郁李今人呼麥李者，則亦移實也。若棠則名杕，杕說文牝曰杕，牡曰杜。尔雅疏亦云白曰杕，赤曰杜，而總名曰棠。其實似梨而較小，與棣迥別。毛西河曰：自常棣誤為棠棣，不識字者遂呼郁李為棠，反呼棠梨為棣矣。

齊明盛服

齊則無一物之褻，明則無一物之汙，是束於內也；盛服是束於外也。

夫微之顯

夫不見不聞微也體物不遺顯也顯不始於顯微之
顯也微不終於微微之顯也

誠之不可揜如此夫

鬼神之所微所顯如此然往而屈來而伸者不可
揜如此其始而合終而散者不可揜也不可揜者陰
陽之氣而有實理為以寓其中所謂誠也其合乎元
亨之德則由屈而伸由終而始是曰誠通其合乎利
貞之德則由伸而屈由始（合）而終散（故）曰誠復

宗廟饗之正大孝之事與下無憂達孝專指宗廟之禮之類

舜宗廟章句無，注蘇軾以舜爲堯後不自立廟，曹氏
以古之所祖宗者乃前古有天下之稱，有功則祖之，
有德則宗之，不若三代家天下必以其所自出之人
爲祖宗也。唯毛氏謂舜自立七廟，均詳說。余謂毛
說爲長。乎毛說爲虞氏，以夫子言舜大孝。祭法
有虞氏禘黄帝祖顓頊，是禘其祖，皆宗廟祭名，以宗
廟饗之，正大孝之事也。此言宗廟，下言子孫，如宗廟（宗廟與子孫相對也）
非謂其所自出之人，豈子孫亦謂非其所自出之子
孫可乎？不必以書言文祖神宗其受終受命之事疑

舜與大饗之禮也

毛西河曰舜自立七廟明見經傳孔安國論宗廟據帝嚳謂舜之七廟黃帝爲始祖顓頊窮蟬爲二祧敬康句芒蟜牛瞽瞍爲四親益稷夔擊鳴球傳云舜廟事之典而馬融以爲舜祭瞽瞍之廟祭宗廟之樂又祖考來格虞賓在位傳云丹朱爲王者後故稱賓言與諸侯助祭正義曰虞賓謂丹朱爲王者後故稱賓也夫賓者勝國之後助祭新王宗廟之稱（名姓見）堯子丹朱來助舜祭宗廟故稱虞賓若如

蘇氏以舜爲堯後，舜所繼者當是堯廟，而堯子丹朱入

堯廟，乃稱虞賓，有是理乎？且祭法有虞氏禘黃

帝而郊嚳，祖顓頊而宗堯。若禘與祖皆宗廟祭名

宗者，是明書配天之名也。是舜自立宗廟以顓祖帝立

明書以配帝堯，此歟據焉，庶有明徵矣。猶得謂舜之宗

堯乎？若舜宗堯，是立堯廟而顓頊舜親，如立堯宗

廟而改祖者，乃是舜親其世，惠洽之議禮者亦其道其世不爲也而

爲大孝之世又攜之乎

黃寅按：史遷敘舜世次，謂顓頊生窮蟬，窮蟬生

敔康敔康生句望句望生橋牛橋牛生瞽瞍今按漢劉耽呂梁碑虞幕生窮蟬窮蟬生敔康敔康生橋牛橋牛生瞽瞍世次甚明其句望即句芒乃少昊子史遷國語言幕能帥顓頊者也有虞氏報焉韋昭誤也注以虞幕為虞思大謬史記索隱曰賈逵以幕為虞思非也考之書先曲、虞舜曰虞舜曰女嬪于虞是虞為有國之稱也史伯言成天地之大功者其子孫未嘗不章虞幕能聽協風以成樂物生者也其後皆為王公侯伯則幕為有功始封之君虞幕為有國之號而舜仿自此以王天下者也左傳史趙曰自虞幕至于瞽瞍無違命鄭衆

曰幕舜之意則舜祖乃虞幕非顓頊也祭法有虞
氏禘黃帝而郊嚳祖顓頊而宗堯古之所謂祖宗
祖乃前古有天下之稱有功則祖之如書所稱文祖
藝祖也傳云文祖堯文德之祖廟藝文馬氏天為文德之說不必從有德則宗之
如書所謂神宗孔晁皆以神宗為舜祖廟宮蔡氏則據蘇氏之說謂是堯廟皆
非已之說自出金仁山亦謂舜非黃帝後辨之極
詳自五代家天下而後所謂祖宗者必其所自出
之人後世因之而上古祖宗之義不著矣王厚齋
謂鯀則舜之五世從祖也而反舜共為堯臣堯斷

舜之三從高祖而妻其女歟史記之可疑者余按
夏本紀禹之父曰鯀鯀之父曰帝顓頊而漢書律
歷志則云顓頊五世而生鯀然則鯀既仕堯與舜
世代懸殊舜既顓頊六世孫則鯀非顓頊之子
明矣班氏之言近得其實矣又曹書傳亦業世本
堯是黃帝玄孫舜是黃帝八代之孫計堯女於舜
之曾祖爲四從姊妹以之爲妻於義不可世本之
言未足據信
曹氏之說不可據從録此以備參考而已

子孫條之

章句曰子孫謂虞思陳胡公之屬別就其最著者言
之耳而舜之子孫猶不止此路史曰女瑩生義均及
季釐均封商今商之商洛有堯女墓武關西北百二
十里商城是也禹封其子於虞季釐封於繒其後為
夏桀所亢舜庶子亦[illegible]七人主胡負遂盧蒲衛甄潘
饒番傳鄒恩有何毋轅餘姚上虞濮陽餘虞西虞七錫
巴陵衡山長沙皆其封國也夫曰有虞氏者其先國於
虞始為虞氏系出虞幕書正義引其繼世相傳常有
國土至瞽瞍始失如土口

瞽瞍和家於冀，娶握登，見大虹意感而生舜於姚墟，故姓姚。夏少康奔有虞，虞君思妻之二姚，姚，虞姓也。鄭樵通志族略所謂因生以賜姓，居於姚墟者，賜以姚是也。王厚齋引左傳正義曰：世本舜姓姚氏，虞氏猶姓姚也。或胡公周乃賜姓爲嬀，謂胡公之前已姓嬀妄也。史記陳世家：陳胡公滿者，虞帝舜之後也。昔舜爲庶人時，堯妻之二女，居於嬀汭，其後因爲氏姓，姓嬀氏。舜已崩，傳禹天下，而舜子商均爲封國。索隱曰：按商均所封虞，即今之梁國虞城是也。夏后之時，或失或續。索隱曰：按夏代猶封虞思、虞遂。

也是至於周武王克殷紂乃復求舜後得媯滿封之於
陳以奉帝舜祀是為胡公左傳昭八年史趙曰自幕至
於瞽瞍無違命舜重之以明德寘德於遂遂世守之及
胡公不淫故周賜之姓使祀虞帝杜注云遂舜後
殷之興存舜之後而封遂言舜德至於遂也胡公滿
遂之後也周武王賜姓曰媯封諸陳紹舜後又襄
二十五年子產曰書昔虞閼父索隱作虞遏父為周陶正以服
事我先王我先王賴其利器用也與其神明之後也
庸以元女大姬配胡公而封諸陳以備三恪杜注云

傳云歷試二年攝位二十八年。正義曰：歷試二年，其一即是徵庸之年，［又］惟有二年耳。

云閼父舜之後，胡公閼父之子滿也。然則舜之子孫在夏殷莫著，於虞思與遂；在周則為閼父胡公，而昭八年傳以箕伯、直柄、伯戲三人與虞遂並稱，杜注當以為舜後陳氏之先，則亦其為而已。

舜攝年

章句曰舜年百有十歲，乃據書曰「三十徵庸，三十在位，五十載陟方乃死」之文而云然也。（傳云言其始見試用）不知如堯考（？）文又有三載，則以服堯之喪避位之年而混之五十帝位中，而可自為三十徵庸（可乎？舜田夫，舜以……）、攝堯二十有八載（歷試三載，命以位，受終于文祖，攝），帝乃殂落。

必得其壽

章句曰舜年百有十歲乃據書三十徵庸傳云言其始見試用

三十在位位臣位傳云歷試之年攝位二十八年正義曰歷試三載其一即是徵庸之年故云二年

五十載陟方乃死之文而云然也不出如喪考妣之

文又有三載則以服喪避位之年而混之五十帝位

中可乎夫舜以三十徵庸歷試三載乃命陟位受終

居攝相堯二十八載帝乃殂落以為堯服喪三年喪正義謂帝之殂

落即以二十八載之年為第一年而二十五月畢喪則後饒二年者喪畢避堯之子而

後反而即帝位自然則舜自三十徵庸歷試三載攝相

在位秖此年而
齒已九十五矣

二十八載服喪三年計之六十四年之中其歷試三
年一在徵庸之十之數服喪三年一在攝相二十八
年之數即帝位得兩年實有六十二矣又在位三十
三年而薦禹攝相[redacted]曰耄期倦于勤曲禮九十曰耄
百年曰期頤舜年九十有五在耄期之間是故以自稱耄
期矣而加之以禹攝十有七載[redacted]是年百有一十二矣書傳
云三十徵庸三十在位服喪之年一在三十之數為
天子五十年凡壽百一十二歲是也非止百有十四
竹書紀年又謂帝堯以元年丙子即位越一百三年

至己未而崩始即位則於畢喪後又增出一年矣張文虎曰當從書傳而竹書不足據以服喪不得越四年為武謂百十舉成數言之據不曰百年而曰百有十年餘年可有之說當亦無不必據矣

此下有刪裁者寔之其民保佑四條在後當補錄

無憂者其惟文王乎
武王憂在纘緒周公憂在成德延憂者其惟文王乎也
武王周公事業均是下不可把實

壹戎衣

周書武成文也戎衣甲胄之屬壹戎衣言一著戎衣以伐紂也章句本書傳之說也武成傳衣服也一著戎衣而滅紂言與衆同心動有成功禮記鄭氏舊注乃曰戎兵也衣讀如殷聲之誤也今人書殷聲如衣虞夏商周氏者多矣今姓有

衣者殷之冑兵書戎殷者壹用兵伐殷也正義曰
案尚書武成云一戎衣謂一著戎衣而滅殷此云一
者以繼武王繼大王王季文王三人之業一用滅殷
对三人之業爲一耳由三人之業故一身滅之鄭必
以衣爲殷者以十一年覌兵于孟津十三年滅紂是
再著戎衣和不得稱一故以衣爲殷注云齊人言殷
声如衣釋文曰依注衣作殷謂一用兵伐殷也尚書
依字讀謂一著戎衣而天下大定林氏曰漢儒以觀
政轉爲觀兵而爲
周師再
舉之說冒寅按曰蔡氏集傳謂孔氏言冥商質成爲

文王受命改元之年凡九年而文王崩武王立二年而觀兵三年而伐紂合爲十有三年此皆見於僞書泰誓之說而誤解九年大統未集與夫觀政于商之語程子曰觀兵必無此理今日天命絕則紂是獨夫豈容更待三年然則戎衣實一著未嘗再如此則詩大明篇肆伐大商會朝清明肆成之言不崇朝而天下清明之意矣毛西河讀壹爲殪遂不得不讀衣如殷耳謂甲未有言者焉抑知中庸明明曰衣書傳亦明明曰衣服也衣服附在吾身何必展而爲之辭以遷就

鄭說耶

如栽者培之　前　自此條至下保佑命之四條當在必得其壽之下

重在上句而平外

憲憲令德（下宜民、保佑、自天句同）

詩大雅嘉樂（篇）憲憲詩作顯顯也

宜民宜人

民是在野者，人是在職者

保佑命之自天申之

保其身康彊逢吉，佑其行戩穀盤並命（以穀言命）則命其爲天章句曰詩云至于大王實始翦商考魯頌閟宮篇實維大王居岐之陽實始翦商並無至于大王句章句所見恐誤且其所引之意乃作翦商解按爾雅釋詁翦勤也陶元淳曰大王翦商

子如中則保（保）佑命之而已如。題原截佑如保佑命作三股自天申之作二股或提命字作綱保字佑字一（一股）股而以命字攝之從命字渡到申字所謂申命用休如如下截再作二股亦可

武王末受命曰

禮鄭注末猶老也章句因之孔氏疏（正義）曰武王末受命此義周公之德如末猶老也謂武王老而受命平定天下如正義又曰末猶老也者謂文王受命十一年武王觀兵於孟津白魚入王舟是老而受命受命後

即王季之其勤王
家邦周為詩曰
翦字固有二義
却相反者如翦勤
也亦云斷也詩不
又云至于牧之野
與敦商之旅犆
得解作大王勤
翦於商翦毛
氏閟宮傳曰翦
齊也本爾雅釋
言也小宛傳曰
齊也翦為齊
齊又為斷陳氏
此句翦曰此一義

七年而崩故鄭注洛誥文王受赤雀武王俯取白魚皆七年是也蔡傳按伏生二十八篇本無泰誓武帝時偽泰誓與伏生今文書合為二十九篇孔壁書雖出而未傳於世故漢儒所引皆用偽泰誓如曰白魚入于王舟有火復于王屋流為烏太史公記周本紀亦載其說書傳文王受命一年質虞芮之訟二年伐鬼方三年伐密須四年伐犬夷五年伐耆六年伐崇七年而崩鄭注紂囚文王三伐儒畏懼之因於羑里在四年末五年初猶未稱王六年伐崇則稱王故詩曰是類是禡行天子禮也受命謂受赤雀丹書之命胡氏銓曰先儒謂伐崇行天子

引申例也按則實始翦商乃實於正商也言大王自豳徙居岐陽克匡戎狄以守衛中國即其正商室之功也是大王之緒也至于文王受命正伐武王受命正前皆纘大王之緒也爾雅釋言翦齊也釋詁翦勤也二訓並釋詩毛傳本翦齊立

禮則文王與紂爲二王矣安得云以服事殷乎書曰文王受命惟中身厥享國五十年是五十乃受命受命以後五十年乃崩則爲年也今云受命七年而崩已自謬矣又云受命稱王妄可知也五峯胡氏曰詩人言文王受命指其至誠動天知得天人之助用李子思曰以虞芮質成之年爲文王興王業之初則可而謂文王於是自稱王則不可擬易緯稱文王受命改正朔布王號於天加鄭氏從而用之歐陽氏則謂西伯不宜改元而改元武王何獨宜改元而反不改元乃上冒先君之元年皆妄也大傳傳云牧之野武王之大事也既事而退

訓齊義方並勤義也而鄭氏箋與周官當氏注前商為殷商身只說文作識商為滅商許鄭從三家詩為章句所本商氏從歐陽章句因義辨閔學事爲周而不自知其實違古訓也從而前寫字

追王大王亶父王季歷文王昌未追爲王何以得爲文王身稱王已改正朔如觀蔡傳於無逸受命謂爲諸侯於武成九年大統未集謂爲西伯專征而威德益著於天下故則以九年者即言享國五十年之末年也故曰受命惟中身於泰誓惟十有三年謂十二年者武王即位之十三年而非上冒文王之九年合二年而觀兵三年而伐紂也於氏從則謂文王之崩武王已八十三矣明年即居位又明年服畢觀兵孟津又三年克殷有天下（歲在己卯）年八十有七明年有疾弗豫周

究以古訓、新義
兼勤爲長若
作敬義而大王
之志誣矣

公作金縢又五年王崩，年九十三，在王位七年。如此
爲蔡於僞書之說以求合於文王世子武王九十三
而終之數。金仁山辨之極詳矣。如此則文王十五
而生武王，前此已生伯邑考矣。武王八十一而生成
王，後此又生唐叔虞，爲人情之理所必不然者。孔疏
而云年壽之數賦命自然，不可延之使長，不可減之
暴彭。陳澔而云聖人雖愛其子，豈能減己之年而益
之哉？此謂將君爲之辭，而不究其理。漢記志信其
說而莫之敢議。如劉子詩曰：不若周年紀載武王初

然仁山據竹書紀
年，武王四年五
古崩，則有天下
方四十八，與文王受
命之年同，中身
即而得謂之老
乎

周公攝政七年考
成王遭喪踰年即位
改元伐武庚伐奄此
東征一年也作大誥
成王二年誅武庚誅
管叔蔡叔此東征二
年也鄭注尚書大傳
克殷謂誅管蔡及
祿父是矣而發詩以
為攝政東征乃在迎
歸之後非也是年周
公作鴟鴞
三年成王喪畢作閔予

得天下告周公旦曰惟天不饗殷自發未生於今六十年是武王之年當於殷帝乙十一年庚辰受命有天下年六十又七年而崩乙酉年六十六故曰老庶幾近之

周公成文武之德

武王崩成王立成王幼不能踐阼周公攝政踐阼而治進王以政辨上祀以改祭七年致政於六年朝諸侯於明堂之位制斯禮以達天下所謂成文武之德者也另段低一格附錄周公攝政七年考見於故略其餘敘錄存稿錄與

小子敬之訪落小毖四篇皆成王表畢之詩是年春周公作破斧伐柯九罭冬周公歸朝通作東山

成王四年建衛侯周公召公太公為三公以奄益魯以薄姑益齊以蒯益燕開方皆五百里魯百又加五等附庸方七百里成王在豐使召公先相宅作召誥

成王五年營成周作雒誥郊祀后稷宗祀文王於明堂周公既成雒邑朝諸侯祀文王於清廟

成王六年周公居鎬京

追王

章句曰追王蓋推文武之意以及乎王迹之所起也而改諡改葬均不得而言之矣禮鄭注乃云追王太王王季者以王迹起焉則追王者改葬之矣正義曰太王王季身為諸侯葬從死者之爵則太王王季祇得為諸侯禮不得言追王之天子禮故知追王之時而更改葬用天子禮樂大傳云武王追王太王亶父王季歷文王昌也既云周公追王不同者武王既伐紂追王布告天下周公追而改葬故不同也曹寅谷曰追王是

朝諸侯於明堂之位。制禮作樂明堂之祭。文王爲祖，武王爲宗。我將宗文王，猶在制禮前也。圜丘以帝嚳配，作昊天有成命。南郊以后稷配，作思文。時享祀先王先公，作天作。時禘於太祖，作雝。太平告文王，作維天之命。象，文王樂，作維清。大武，武王樂，作武。告成大武，作酌。改鞉鼓爲縣鼓，益崇牙以置羽，作有瞽。成王七年，周公致政。周大

改稱上祀，是改祭，並不及葬，何以斯禮之達必先葬而後及祭者，則斯禮中必有葬與祭兩相合者矣。禮大傳言武王追王，是改稱也，故書武成告群后即有太王王季文王之稱。今中庸言追王，以此禮爲之固公，是改葬也。篇追王者祇稱太王王季，而不及文王，豈文王真受命改元，已先及身而王者耶？而不知非也。武王老而受命，未遑制禮，其文王墓飾想已用天子度數，太王王季不及也。至周公攝政七年，伐武庚及遷殷頑民，始制斯禮，改葬之王，故中庸直以追王專繫

夫作狼跋，周公作七月
以戒成王。成王即政，
諸侯助祭作烈文。

然周公從鄭氏注追王時（直云則）追王者改葬之矣，知非
止改稱也。而黃東萊則（謂）戴氏景魏中庸要義說
周公追王二祖，為改葬，雖以下文葬祭為證，然二祖
之葬既不必改葬，亦非追重也。如謂葬時以諸侯之禮，
則改時以天子之禮。若棺外之物，猶可改也；棺內切
身之冠冕，亦可褫之而易九（七）章為九章歟？切身者不
可改，改外物孰重輕也？況下文明言父為士，子為大夫，
葬以士，祭以大夫，則葬（祀）合因在日之舊，祭（祀）方用今日
之新。二祖之生為諸侯，葬以諸侯為也。合禮。周公祭

以天子之禮邑矣正爲不必改葬也而不知古原有
改葬禮黃氏以御豈其然乎春秋莊三年公穀有改
葬桓王之說且改葬非改其所藏也魯昭公葬墓道
南孔子作司寇紙祇溝而合之即改葬也大葬禮隆
殺全在墓位古墓列一處無有尊卑等各田度數周官
冢人掌墓地以爵等爲丘封之度與其樹數故春
秋緯謂天子封高三仞諸侯半之大夫士無殺說與白
虎通同至樹數則天子樹松諸侯樹柏大夫士無異
且有多寡之別其他如檀弓天子四碑石喪大記諸侯

卿大夫名皆二碑類是墓飾之禮類可枚舉於大夫士庶前
設墓大夫掌之明云正其位掌其度數註謂卿以爵
等為度數如父為庶人子為大夫士則父無壤樹而
子則有封有樹各依爵等正以中庸葬禮之明據如記註鄭
氏注明曰大夫葬以大夫士葬以士則追王者改葬
之矣是改葬亦所以為追王大夫士葬從死者之爵不
可言追也然則墓位相形等殺立辨豈有追王而為
天子而者止十二尺之封仍樹柏而不樹松仍二碑
而不四碑者哉手足之地無難易如切身之物不可

是時祭了
上祀大祭也故
統組紺以上言也
也無所引周頌先
王先公推先公自
組紺以上至於不窋
雲 並無后稷章大
來伸其說曰先公
自不窋以下而不及
后稷以稷本先公服
袞冕以不惟改稱
且改服也

改豈改外物也亦不可謂之改飾余故曰改飾者武王之子也〔故〕曰不遺於文改葬者文武之子也故專屬於公既〔豈〕追王者豈猶謂〔得止〕之改飾也乎

禮〔禮〕鄭注曰先公組紺以上至后稷也章句困之正義

上祀先公

曰組紺太王之父一名諸盩〔一作盩一作盩　阮元云當作盩〕周本紀云亞圉卒子太公叔穎立太公卒子古公亶父立又世本云亞圉雲生太公組紺諸盩則叔穎組紺諸盩是一人也既及毋毋太毋毋卒毋毋祀先公則其時

并書后稷如啟其組細之四后稷之業周禮司服享先王則袞冕先公則鷩冕以后稷為周之始祖祫祭於廟當同先王用袞則先公無后稷也故鄭注司服云先公不窋至諸盩若四時常祀唯后稷及太王王季之等不得廣及先公故詩天保云禴祠烝嘗于公先王是四時常祭（祀）但有后稷諸盩以下故鄭（注天保）箋云先公謂后稷至諸盩（誤也）然則享先王服袞冕（享先）公服鷩冕者蓋因先公諸侯原服襌服要不敢以袞冕臨之焉而鄭注云先公不窋至諸盩不及后稷者

以后稷之尸。原改袞冕而不服裨服。故天子改裨冕于后稷無與。后稷雖不在追王中。顧七世主廟。王者立廟以事七世。而主廟者為先公。將稱此廟為先王廟乎。抑先公廟乎。是在始封立廟已稱王。改服。國語稱契為元王。封商。武成稱后稷為我先王。建邦啓土是也。詩周頌天作序。祀先王先公也。鄭箋。先王謂太王已下。先公。諸盩至不窋。正義或緣鄭此言謂此篇本為祫祭按元鳥箋祀當為祫若鄭以為祫亦當破此祀字今不破祀字明非祫也且此詩若是祫祭作序者言祫于太廟可也何須煩文言先王先公也以此知所言祀者正是時祭。

桉周自后稷以下二代

不窋三代鞠陶四代公劉五代慶節六代皇僕七代差弗八代毀隃九代公非皆不立廟主藏太廟室中西夾室自十代高圉以下至文王爲六廟順推之則自不窋至諸盩逆數之則自諸盩至不窋其餘爲先公者皆並列孔氏詩正義四毀廟惟祫及之此言祀乃是時祭時祭及先公者天保云禴祠烝嘗于公先王彼擧時祭之名亦兼言公王此亦時祭何故不可兼言公王也曹寅谷謂上祀統組紺以上言則是大祭非常祭但周初常祭亦自有先王如武王主之高圉亞

圖其之祧也諸盤其曰親也皆先公也即成康相繼不能無遷故天作天保諸詩以先公先王並稱至共王祭廟而後文武成康昭穆六廟皆具至懿王時立文世室孝王時立武世室而後一祖二宗三昭三穆九廟皆具夫從而大祭有公常祭無公矣於時祭先王自后稷始大饗先公亦自后稷始故上祀先公以天子之禮鄭氏注明曰組紺以上至后稷也是豈非謂后稷之亦止稱公也毛西河謂章句襲鄭注而無誤者又直不知其自誤耳

余曰追王，是改葬，非止改號也。上祀乃是改祭，改
祀先公以天子之禮也，故知上祀是大祭也，非常祭也。焉其
不曰先王而稱先公者，毛氏所以有不及后稷之
說也。不知斯禮始於二王（太王、王季），既已追王，與而稷
以后稷稱始祖也。本王矣，且爲七廟之主，[illegible]不在追王
之中，實亦須改稱，其改服矣。故時祭先王，自后稷
始，而大饗先王亦自后稷始，唯自二代不窋下至
公叔諸盩（名組紺），世爲侯服，今改祝以追王之子孫之禮當改
祀以天子之禮，故曰上祀先公也。祀先公必自始祖

姒祖后稷

稷始如以先公稱而疑不及后稷豈有制禮始

定於以天子之禮而大饗之獨遺王跡所起之始

祖乎若非先公必云無是理矣何或以天子之禮乎或以上祀爲

即先公爲下讀云上祀者以二王追王改葬者必

改祭無庸再及矣惟是先公當改以天下之禮而后

稷本雖毋庸再及而上祀者獨不及乎甚明以文害辭也敢

余故以章句襲鄭之說而併毛氏不及后稷之言爲非

周公卑當得上祭祖父之追之禄祭其先人

是言追也期之喪

祀禮也達乎諸侯大夫及士庶人

以祀事上祀事。此達字是自上達下

此義乃言周公之禮非直天子所行乃下達於諸侯大夫士庶人等

斯禮也，達乎諸侯大夫及士庶人

斯，此也。達，通也。斯，此也。言此禮也。斯禮，專頂上祀來。達，通也。言此祀先之禮通乎諸侯大夫以及士庶人也。此達字是自上達下也。正義曰：周公之崇先公之禮，非但天子所行，乃下達於諸侯大夫以及士庶人等，無論尊卑，皆得上尊祖妣，以己之祿祭其先人是也。下達乎大夫，達乎天子，兩達字是自下達上，與此達字正相反。

父為大夫　八句

禮鄭注曰：謂葬之從死者之爵，祭之用生者之祿也。

章句因之。言大夫葬以大夫，士葬以士。正義曰：謂父既為大夫，祭以士禮，貶其先人，而云尊之者，欲明以己之祿祀其先人也。

王存之曰：亦頂上祀來，重在祭一邊，葬只帶說。

釋也引湯若士文云：今夫葬用爵，生乎由也；死乎由是者，所以之死也。祭用祿，不及其生也，猶逮其死者，所以之生也。是故諸侯而世其貴也，有諸侯之禮，相世焉，必不肯降而自卑也；庶人而世其賤也，有

庶人之禮相世焉必不敢引而自尊程則周公之
所以別嫌疑也必於大夫士焉如葬以大夫祭以
大夫父子世爲大夫者而後可也使父爲大夫而子
則士焉葬以大夫祭以士矣葬以士祭以士父子
世爲士者而後可也使父爲士而子則爲大夫葬以
士祭以大夫矣梳節明晰可補正義之所略
期之喪達乎大夫三年之喪達乎天子諸侯父母之
喪無貴賤一也
此兩達字是自下達上鄭注曰期之喪達於大夫者

謂旁親所降在大功者其正統之期天子諸侯猶不
降也大夫所降天子諸侯絶之不爲服所不臣乃服
之也承葬祭説三年期之喪者明子事父以孝不用
其尊卑變正義曰期之喪達乎大夫者欲見大夫之
尊猶有期喪謂旁親所降在大功者得爲期喪還著
大功之服故云達乎大夫若天子諸侯旁期之喪則
不爲服也三年之喪達乎天子者言天子皆服之不
云父母而云三年者包適子也天子爲后服期以三年
包之者以后卒必待三年然後娶所以達子之志故

通在三年之中是以昭十五年左傳云穆后崩太子壽卒叔向曰王一歲而有三年之喪二焉是包后爲三年也毛西河曰其稱三年者正以君本絕期祇當服三年之喪而是期獨不絕則是期即三年矣然杜氏明註而作士禮者誤解策書因有長子三年妻三年不娶之說直變亂典制矣直云達乎天子不云諸侯爲諸侯旁親尊同則不降故喪服大功章云諸侯爲姑姊妹嫁於國君者是也唯父母之喪無問天子及士庶人其服並同故云無貴賤一也熊氏云此對天子諸侯故云期之喪達乎大夫其實大夫爲大功之喪得降小功小功之喪得降緦服

是大功小功皆達乎大夫又云天子爲正統之喪適
婦大功適孫之婦小功義其或然但無正文耳云臣不
臣乃服之也者喪服傳云始封之君不臣諸父昆弟
封君之子不臣諸父而臣昆弟但不臣者皆以本服
服也
章句曰喪服自期以下諸侯絕大夫降而不知期
之喪有正期有旁期天子諸侯正旁俱絕大夫祇
降旁而正仍不絕故云達乎大夫焉然正期是祖父
母天子諸侯亦不得絕且天子諸侯以適孫而爲祖父母者

先君已死為喪祖母父當傳重三年非期服矣若旁
期則伯叔兄弟皆臣如臣則雖當服者故曰絕然亦
有未絕者喪服傳期合妻子與伯叔兄弟為言不知
伯叔兄弟絕而妻子不絕如正義所引周景王穆后
崩太子壽卒謂一年而有三年之喪二焉是如毛
氏曰其稱三年者以君本絕期祇服三年之喪而是
期獨不絕者則是期喪三年矣且有絕不絕通禮之
變者喪服傳云始封之君不臣諸父昆弟封君之子
不臣諸父而臣昆弟鄭氏曰不臣者當以本服服

也是也。亦有天子已絕而諸侯不降者，喪服大功章云：諸侯爲姑姊妹嫁於國君者，傳謂諸侯尊同則不降是也（此當分別考定者）。注疏甚爲明晰，何得概以諸侯絕三字概之哉。

三年之喪不但傳重疑正統之期，亦祖父母與妻子不臣者論文見前皆是也。王存之曰：父母之喪無貴賤一也，專頂三年之喪。李言其重於期之喪如然，三年之喪與父母之喪任明分別言之，豈得謂三年之喪即父母之喪哉。

說本祭法。然祭法記五廟之禮，不曰祖廟而此曰祖廟者，是始祖也。

春秋修其祖廟

禮鄭注曰：修謂掃糞。如章句曰：祖廟，天子七，諸侯五，大夫三，適士二，官師一。毛西河曰：祖廟是天子七廟若

據周禮，則宗伯脩祖廟，掌祧脩祧廟，不止七廟。然註
脩廟當云以七廟兼文武廟、祧廟爲言。若諸侯以下，
則大夫自宗卿以外，有無祖廟者，況官師一廟，則祢父
廟而已，則王考且不及，何祖廟之有哉。詳下宗廟之禮條
按大全載程子謂官師一廟，祭三代，全不知禮。朱氏[illegible]
謂祭不在廟，孫祭三代，非僭，亦非考禮之言[illegible]
[illegible]
[illegible]
然[illegible]非僭[illegible]是無論祖廟，是始祖，非王考之祖

即此王考之禰在祭法所有祭壇祭寢之禮即去壇與寢凡在祧禰經皆不許祭而皆可以薦以祭隂而薦殺却牲俎而陳黍稷鉶不受尸餕如此則祭禮有限使無廟而猶行薦禮官師下庶人亦可三代下十代亦可何限乎何必三代而後非僭乎

陳其宗器

禮鄭注曰宗器祭器也而韋昭謂是先世所藏之重器若周之赤刀大訓天球河圖之屬也毛西河曰此是大寶器不是宗器其說是也夫大寶器惟大饗大喪斯用之若獻

命陳赤刀禘祫陳玉鎮之類是也而春秋時祭必備有此耶考左傳重之以宗器陳駱鄭宗器國語其官不備其宗器皆指宗廟祭器為言如尊罍琖斝盤盛籩豆之類是也

釋地引鍾惺題文中四比云或式貢以貨物用有手澤之存焉何屺瞻謂其用經亦所謂天吳紫鳳顛倒短裋褐今試逐句摘論之周禮大府凡式貢之餘財以共玩好之用謂先給上文九式及弔用與充府庫既餘者乃以其財共玩好今所云餘財又不曰玩好而曰用物則九式弔用孰非用物而謂皆手澤之存乎或幣餘以供玩好有耳目之寄焉幣餘之賦以待賜予此以九賦給九式之

一事賜予，即好用之哉。蓋燕好所賜予，臣下者乃因好用好字，謂爲玩好耳。彼所爲列之東序、西序、東房、西房者，豈徒爲不失舊物，想其仰觀俯視之際，其思猶在其人也，有所惆悵深悲者，而以此思哀哀、不能已。有共、典、謨而傳者，天苞地符之所出焉；有因度數而列者，帶礪山川之防鎮焉。大宗伯王執鎮圭，鄭氏注：鎮，安也，以四鎮之山爲瑑飾，蓋象識方之山，鎮以爲飾，安得謂之爲山川之所鎮。又以帶礪二字，妄加塗澤耶？天府[redacted]掌祖廟之守藏，凡國之玉鎮、大寶器藏焉，若有大祭大喪則出而陳之。彼所爲出之外府、內府、典玉、典瑞者，豈以爲玩物喪志。內府主良貨賄，外府主泉布，典瑞猶漢之符璽。

即所掌玉瑞玉器與天府之玉鎮其用各異於宗
器何涉又天官有玉府冬官有玉人典瑞則一部
周禮無此官
安得杜撰也想其卜世卜年之久其人已往其器
猶稱有此稱號思者而以此思寶寶可觀已當
其傳繁弱以[illegible]賜同姓楛矢靈以賜異姓植圭琮圭以神
天地為靈而天球宏璧之屬獨不在分物薦幣之
數者曰是官府之守器也典犧牲祭禮[illegible]歲享烝
嘗者也當是時琮玉以為禮大璋以聘女執冒執
鎮以視朝巡守而大貝赤刀之類獨不列於服物
采章之內者曰是天府之守藏也典朱紘朱紘出禮記也

舞當用朱干玉戚世供清廟者也四圭有邸以祀天旅上帝兩圭有邸以祀地旅四望今錯記大宗伯蒼璧禮天黃琮禮地之文而誤爲桓圭琮圭不知桓圭乃公所執好穀圭七寸天子以聘女琬圭九寸而繅以象德今改圭爲玉又因誤因下文諸侯聘女之文誤穀圭爲大璋可乎天子巡守有事山川大者用大璋以灌中者用中璋小者用邊璋以代圭瓚也今三璋獨截用邊璋且因執冒而例曰執邊言執則昧灌之義舉邊則失璋之名可乎棹尾印不拘

不腆先君之敝器玉人尚璽之爲也守府之爲多將以用陳薦以彰賄哉玉人攻玉者即周官有掌節無尚璽尚寶司明之官也典玉尚璽乃是作文者新增之周官所且皆作守藏之人而云守府之爲多何如若主者皆爲言往而失故日時文行而古義隱晦矣

設其裳衣

禮鄭注曰裳衣先祖之遺衣服也設之當以授尸也章句因之（小異其義）曰先祖之遺衣服祭則設之以授尸也毛西河曰裳衣有兩項一以衣尸一則設之座上以為魂衣而祭之若天下斂衣有至二十稱大斂所餘悉授之掌祧而藏之廟中及祭則先以上衣授尸儀禮所云尸服卒者之上服是如其非上衣與尸所服櫝之祀則設座而祭總謂之裳衣今明曰裳衣而但以授尸為言則止設衣矣其於設裳衣何解焉

薦其時食

禮鄭注曰時食四時祭如韋曰四時食四時之食也有其物如春行羔豚膳膏薌之類是也毛西河曰時祭不備物凡牲俎鉶芼皆有限制四時不異惟豆籩庶羞爲籩人醢人所掌則每及他物如膴鱐胖腊麷蕡菱芡之類皆得隨時物實記所謂時饗是也按禮器大饗王事有四時美食如青州蟹胥荆州鱃魚之類王制時薦有春薦韭夏薦麥秋薦黍稻之類月令四時薦有薦鮪薦黍薦麥薦含桃之類然皆非

時祭不得引擩而況非其物乎若羔豚膏薌腒鱐膏臊是適和之味所以供王后世子之饍羞者而可以行祭乎考周官內饔掌王后世子割亨煎和之事而至於廟祭則但掌割烹而不及煎和以煎和褻味恐神所不享也

宗廟之禮所以序昭穆也

禮鄭注曰序次也正義曰所以序昭穆也者若昭與昭齒穆與穆齒是也章句曰宗廟之次左為昭右為穆而子孫亦以為序毛西河曰子孫昭穆與廟次不

周知工史書昔可序倫次若宗祝序昭穆則曰親二
祧多與倫次有乖反者與穆序生人而不序死者也
廟制一定無庸再序茀因天子諸侯自為一宗為氏
族涣散不得不於宗廟間序之祭統所云群昭群穆
咸在而不失其倫是也若謂宗廟昭穆子孫亦得為
序則廟次世次截然兩分假使周之懿孝姪居叔上
魯之閔僖弟在兄前而子孫依之以為序不亦亂乎
尊賓按曰宗廟之制外為都宮內各為廟凡廟制皆
南向各有門堂寢室始祖廟正北居中左為昭故

曰昭右為陰故曰穆漢氏以來論宗廟者多矣其文散見於記傳者禮器家語荀卿書穀梁傳皆曰天子立七廟以為天子常禮不辨其廟之名王制云天子七廟三昭三穆與太祖之廟而七祭法云王立七廟曰考廟曰王考廟曰皇考廟曰顯考廟曰祖考廟皆月祭之遠廟為祧有二祧享嘗乃止漢書韋玄成議曰周之所以七廟者后稷始封文王武王受命而王是以三廟不毀與親廟四而七也鄭（氏康成）通用此為說故（注）王制注即此周制七者太祖

及文王武王之祧，與親廟四，太祖后稷也。殷則六廟，契及商與二昭二穆。夏則五廟，無太祖，禹與二昭二穆而已。不然商書已云七世之廟，則天子立七廟，王者常禮，非獨周人始有此廟也。文武世室為二祧（宗不）在昭穆之數。吳氏澄謂親廟四、祧廟二，共為三昭三穆，并太廟凡七廟，有功德可宗者，則立廟為世不毀，與太祖同宗。或多或少，或有或無，故不預七廟之數。如劉歆謂天子本七廟，加二祧為九。惟朱子獨以劉說為是，又據王肅謂高祖之

父。高祖之祖。与文武二祧。則周廟宜有九。設周之
祖宗。更有功德受命如二人者。亦當更立廟以祀。
而必不僅九廟而止。理固宜然。朱子謂宗廟之
制。但以左右為昭穆。不以昭穆為尊卑。故五廟同
為都宮。則昭常在左。穆常在右。而外有以不失其
序。一世自為一廟。則昭不見昭。穆不見穆。而內有
以各全其尊。章句宗廟之次。次是廟制之次。春犆
祭。則~~無~~各祭於其廟。一廟一祭。無左右昭穆。夏秋冬
而時祫。亦止此三昭三穆之主於太祖。而毀廟之

主不與唯三年大祫則凡已毀之主未毀之主畢祭於太廟室中有朝義焉周官司尊彝所謂朝享者是也廟皆南向凡廟之主在本廟室中者皆東向及時祫大祫合祭於太廟則惟太祖主為東向是為最尊之位其群昭之入乎此者皆列於北墉下而南鄉群穆之入乎此者皆列南牖下而北鄉（案廟室北有墉無牖郊特牲亳社北牖知廟北無牖室南有牖詩于以奠之宗室牖下是也）為群廟之昭則左為昭而右為穆祫祭之位則北為昭而南為穆是皆就廟次之昭穆言也祭統之惟有子

太廟則群昭群穆咸在而不失其倫焉方及子孫之序朱子引此明其大祫一祭而何義以章句言左右不言南北疑其注之非也且廟南向則以東西為左右東向則以南北為左右左右亦可兼南北言也注又云子孫亦以為序毛西河謂祖宗廟次與子孫世次截然兩分周之懿孝樵居叔上魯之閔僖兄在弟前假使子孫依之以為序不大亂乎魯語曰工史書世宗祝書昭穆不然工史既書帝系世本之周宗祝所書者凡遷主著之位自其譜牒則謂

之世據其班秩則謂之昭穆。朱子亦曰：若武王謂文王爲穆考，成王謂武王爲昭考，則自其始祔而已。然春秋傳以管蔡郕霍爲文之昭，邘晉應韓爲武之穆，則雖其世之遠而穆不易也，所謂序也。何洵直曰：太王、文王其子對知者稱昭，曰文王之昭、太王之昭；王季、武王其子對知者稱穆，曰武王之穆、王季之穆。其爲子一也，知昭穆爲定，特左右之説則矣班之而廟次世次未始異也。又不可不辨者，宗廟之祭，異姓則西階，同姓則阼階，然分左右矣。則以阼階所立之子姓勢不能復分左右以爲之序次，故宗廟以左右爲昭穆，而子孫

確解不易

以前後爲昭穆。周官司士及賜爵呼昭穆而進之。此行補紫陽之未逮也

賈疏（公彥）曰：凡昭穆助祭者皆在東階之前西面北上。假令父行爲昭，子行爲穆，孫行還爲昭，曾孫行還爲穆。就昭穆之中，皆年長者在上，年幼者在下，秩然並列。於太廟之室中，則爲以前後爲序也。

司士一條疑羣昭羣穆皆不入室，誤也。

知以前後爲序，則太祖東向，子姓以次而西向，其不必依祖宗昭穆之位分列南北者，統於所尊也。

王守溪以子姓依祖宗昭穆之位分列南北說無可考，陳介眉駁之，甚是。

夫子姓雖猶有可知，則序以可無可考，則

序以昭穆昭穆之易明者蔡文成謂序昭穆時亦必序爵不知成周〔家〕伯叔兄弟有禄位即子姓宗婦亦當作國子之倅其爵之尊卑相去不遠固當以昭穆定世次之等若有貴者則尊列之序爵中不至混亂也或又因禮記昭穆以序長幼謂序昭穆時已序齒者全謝山曰序昭穆非漫取昭穆而序之必先序宗廟假使伯禽以周公之後稱太宗蔡衛以下俱爲諸國之子孫雖有長於魯者亦殿先也其何以序爵又必序族屬之遠近假如太〔伯〕

王之昭再傳其與文王之昭兄弟也文王之昭再傳其與成王之昭兄弟也然而又有一族何以為一列近者先遠者降祭統所謂親疏之殺是也今何以序圖兼以王人雖微列於諸侯之上則畿內之公卿大夫士序於五服公侯伯子男之上來寧周必經係周公之支屬而反序於魯君之上今何以序圖然後序昭穆之中其像因於名必別有序圖之法如所謂昭與昭圖穆與穆圖未有不序及羣昭羣穆之長幼而列之者則何待趙毛哉

陳介眉自記曰：昭穆二字，昭取其昭明，穆取其幽穆，本從廟主之左右南北而名。此章序昭穆節，蓋兼祖考言之，無不可。而朱子以《祭統》群昭群穆咸在與凡賜爵昭與昭齒、穆與穆齒之故，集註單屬子孫，亦未將不是，但所云序者，不過別其班次耳。子姓裸將，有宗祝有司之子，則各以其序；其無事者別在阼階之下，則序以昭穆，而世次秩然，此以前後爲理，非如祖考以左右爲別也。嘗觀先輩作文，多不深考，如王守溪文云：太祖而下，有列北牖而南面者，其子孫之位，穆皆因之以爲南；有列南牖而北面者，其子孫之次，昭皆因之而居北。殊不知祭在室中，太祖之主東向，九獻

之禮主與后各酌諸侯為賓在一而衆兄弟不與焉
於獻之後加爵在長賓長兄弟而群子姓不與焉
若子姓兄弟主人之黨則位在堂下阼階之東階
北面而立周禮司士凡祭祀及賜爵呼昭穆而進之
則又在兩階之間迭相酬酢故凡在室行禮時子姓
之群昭群穆不與焉何得云因之以為南因之以居
北乎
艾東鄉又與子姓昭穆似當以西向太祖祭在之左
右為昭穆否則子姓無向太祖在矣抑殊不知子
姓未嘗入室也夫室中之地有限僅列群廟之
尸主已不能容況合一姓之子孫昭皆在北穆皆

左廟雜遝讙譁神人擾雜此成何禮乎先王之制
天子之祀各有義例豈若後世家人常祭合族子姓一
時共爲揖起于形何相沿而不覺也
陶朴菴文正昭穆之次非特以治祖考也而實所以治
子孫以其南面也故謂之昭使昭與昭齒而不混於穆
以其北面也故謂之穆使穆與穆齒而不混於昭則又
合講祖考子孫混而無別者未明此題之意者也
惟陳氏之文甚後半幅平凡以祖考有祖考之昭穆
子孫有子孫之昭穆而並存於宗廟之中乃定子
孫之昭穆無殊於定祖考之昭穆而不出於宗廟之
穆之外由其禮以繹其意非所以序昭穆而何其昭

穆。在寢從祖考以得名，在各廟則左昭而右穆，在太廟則南穆而北昭，幽明之義也。故祔必以班，尸必以孫，而使昭不混穆，穆不混昭，者上下有常。固合都宮而成秩。乃序昭穆，又更由子孫以起之。義昭繼以穆，而穆之後更有昭；穆間以昭，而昭之後又有穆，父子之倫也。故就列異其行，賜爵分其等，使昭與昭齒，穆與穆齒，在尊卑不紊，尤周入廟而加嚴。武周於此見遠近之別焉，見長幼之殊焉，見親疏之殺焉。至作廟在七廟之下，宗族旁列在天潢之譜，濟濟而一以昭穆序之，則凡在昭穆者，皆得與於祭，所為繫姓綴食以聯其情，且各

爲日積知無際越其理而爲別燈照微以定其
約斯得之矣
閱了詩自定其分辨其情各即傳錦衣文尚褧
則易亂安遠則易疏之義四書中典則爲呼文盡
懷古莫過於此陳文其庶幾乎而王艾陶三家
已不足取其餘無論矣

序爵所以辨貴賤也正義云序次序

禮鄭注曰爵謂公卿大夫士如文王世子曰宗廟之中以爵爲位崇德如張文彬曰鄭以爵爲公卿大夫士者蓋以王國卿士言如章句因而改之曰公侯卿大夫則非矣夫大饗助祭除開國建都與新王即位五服到齊俱不能至安得以常祭及之毛西河曰爵亦是同姓王之同姓無爵者惟國子副倅與王族之食祿仕田者受祿位不甚相遠故序昭穆否則俱以爵序之故庶子正公族禮惟內朝不序爵外朝即序

爵而至於宗廟之中則一如外朝之禮遇有貴者則一如黨正文所云三命不齒當自爲行列此禮文也若異姓序爵則他族進來亦何事不以位序而曰宗廟當序爵非禮言矣

序事所以辨賢也

禮鄭注曰事謂薦羞也以辨賢者以其事別所能也若司徒羞一作奉牛宗伯共雞牲矣文王世子曰宗人授事以能工事賢也正義曰序謂次序所共之祭祀之事若司徒奉牛司馬奉羊宗伯共雞是各別賢能堪任

其官也而章句則謂宗祝有司之職事者非矣考周官小宗伯職有掌祭祀之序事語正所以序省牲眂滌諸事也而文王世子云宗人授事以爵以官則同牲序事皆有官爵者矣如太宰贊玉幣宗伯省牲鑊以五等爵中取其有公孫之卿諸官職者爲之故又曰宗人授事以爵官而等賢也毛西河曰以正中庸所以辨賢之解焉若宗祝有司則但執官役非助祭之人祇向職掌安辨賢否錯矣且武成祀周廟以侯甸男衛執豆籩在史記亦有毛叔奉明水康叔布茲語然

别令宗祝享祠于軍，則序子非宗祝明矣。

旅酬下爲上，所以逮賤也。

禮鄭注曰：旅酬下爲上者，謂若特牲饋食之禮，賓弟子、兄弟之子各舉觶於其長也。逮賤者，宗廟之中以有事爲榮也。正義曰：旅，衆也。逮，及也。謂祭末飲酒之時，使一人舉觶之後，至旅酬之時，使卑者二人各舉觶於其長者，卑下者先飲，是下者爲上，賤人在先，是恩意先及於賤者，故云所以逮賤也。案特牲饋食之禮，主人洗爵獻長兄弟、獻衆兄弟之後，衆賓弟子於

按特牲注：旅，行也。鄉射注：旅，序也。按旅酬一作行酬，一作序酬，詳下曹寅谷說注。

西階兄弟弟子於阼階各舉觶於其長如弟子等皆是下賤而得舉觶是有事於宗廟之中是其榮也又制（受）爵是逮賤也而章句承注疏（之）舊說則曰（造其詞曰）旅衆也酬導飲也旅酬之禮賓弟子兄弟之子各舉觶於其長而衆相酬（者）蓋宗廟之中以有事爲榮故逮及賤者使（各）以（觶以）申其敬也不獨考禮之未詳且因舊說而未免杜撰旅酬之禮矣爰錄先儒考據數條以待採證

此（毛西河曰）大祭均神惠之禮凡有三節一是致爵一是旅酬禮一是無算爵禮致爵者獻而不酬旅酬者但

一酬而不至無算爵俗以旅酬無算爵爲一種固已謬矣若註以賓與兄弟兩家子弟各舉觶以代父兄行酬謂之下爲上謂之逮賤則又大錯矣蓋兄弟弟子未嘗爲父兄代行觶如儐禮行旅酬時兄弟弟子先舉觶于其長以不過導飲耳猶其長者皆答拜受飲使弟子復位說于是賓自取觶酬長兄弟長兄弟亦自取觶答酬以至衆賓衆賓兄弟之黨彼此遍酬特不至無算爵耳則是賓與兄弟皆自取觶自酬而子弟且復位而受人之酬又何曾勞而竟

以逮賤下爲上之典禮作此究解況賓弟子舉解獻賓長亦答拜遺便位在無算禮節其于旅酬時并未嘗有賓弟子如若所謂上下爲上者祭以神爲上祭者爲下尸自止其爵而使均惠于在庭是下反爲上所酬也致爵之禮但及室中之貴者及旅酬長衆凡在庭下階下者皆得受酬是逮于賤也增韻爲被也洪史爲其所中爲字義同不獨章句杜撰旅酬禮乃其又自爲說云旅酬先一人或二人如鄉吏之屬外解酬賓賓不飲却以獻執事謂之逮賤則益非禮

矣。考鄉飲酒、鄉射、特牲皆以一人舉觶為旅酬始，至二人舉觶為無算爵始。至此其兩禮豈可或一人或二人乎？況鄉飲以鄉大夫為主人，故曰鄉吏曰主人之吏，豈有大宗伯官屬用鄉吏者乎？至于酬賓不飲，則獻酬之禮但止奠爵而俟共飲則有之，若不飲獻賤者，則將置酬于（諸）何地耶？而且喪禮不旅酬，練祭酬賓則賓不飲，大祥酬賓則賓飲而不酬，此凶喪之禮也。大饗以吉禮而以凶（與）禮行之，可乎？

曹寅按曰：旅酬禮不在燕，與祭皆有之。燕所以盡歡。

祭所以均神惠。燕禮旅酬，自上卿下仍以至大夫

士庶子，亦以爵及卑。以上及下，而曰[redacted]明貴賤，則猶

有差等。而燕義重在上，就爵長邊言；中庸重在下，

就卑賤邊言也。特天子諸侯禮不傳，今所據者，

祇士禮，故參錯不合章句。但承注疏之舊說，於逮

賤義猶未詳盡。余按獻、酢、酬三者具，而禮成。賓主酌於

西階曰獻，賓答主於東階曰酢，主又

詣西階，先自飲而後酌以飲賓曰酬。故獻之禮成

於酬，賓主之正禮然也。按練祭酬賓，則賓不飲；大祥酬賓，則賓飲而不酬也。

特牲禮大抵是禮有三節，自賓之獻以行致爵禮，尸先

致爵於主人、主婦，主人、主婦又自相致爵。然後致賓及兄弟長，衆皆遍。及致爵畢，行旅酬禮。至旅酬畢，行無算爵禮。致爵者，獻而不酬；旅酬者，但一酬而不至無算；無算爵，旅酬、無算爵者，並非一禮。即以特牲饋食禮言之，主人獻賓長，自酢，主人獻衆賓。主人酬衆賓，此旅酬之始也。主人獻長兄弟，自酢。主人獻衆兄弟，兄弟之弟子奉觶於其長。賓與兄弟旅酬，兄弟與賓旅酬，此旅酬之正也。然後賓弟子及兄弟弟子各奉觶，而無算爵，此旅酬之終也。凡受獻於階上，受酬於階下。凡宗廟獻

酬止四觶○兄弟之子、舉觶者二○賓弟子、舉觶者一○
旅酬時，兄弟弟子、先舉觶於其長○長皆答拜受觶○
使弟子復位訖○拜送行旅酬禮○至無算爵○時則賓
弟子、兄弟弟子、各舉觶於其長○長亦答拜受觶如
旅酬儀○拜送行無算爵禮○此皆旅酬無算爵之節
先舉觶以導其子○非旅酬無算爵之正禮○且弟子
舉觶○長受觶○自相拜媵○並非兩家子弟各代長揚
觶以酬此兩家之禮○又且旅酬止兄弟弟子舉觶、
至無算爵○而後有賓弟子揚觶其閒○亦並無旅酬

時有賓弟子舉觶之。鄭注謂若特牲饋食之禮

賓弟子兄弟之子各舉觶於其長也，説固未詳。孔

疏：旅，衆也。【校】旅酬，一作行酬。特牲云衆賓長受旅。【注】旅，行也，謂衆行酬也。一作序酬。鄉射

云執觶者皆與旅。【注】旅……觶。逮，及也，謂祭末飲酒之時

序也，亦不僅作衆字解

使一人舉觶之後，至旅酬之時，使卑者二人各舉

觶於其長者。卑下者先飲，是下者為上，賤者在先，

是恩義先及於賤者，故云所以逮賤也。【校】如舉觶，

即升觶。鄉飲酒、鄉射、特牲皆以一人舉觶為旅酬

始，二人舉觶為無算爵始。惟有司徹是儐尸

神。故以二人舉觶行之，旅酬之始。此大饗正祭
不當引于祭賓尸禮以爲據。朱子又謂此一人二
人，是鄉吏之屬，則鄉飲酒以鄉大夫爲主人，故舉
觶者鄉吏。若曰主人之吏，豈有大宗伯官屬用鄉吏
者哉。又按大夫士之禮獻賓獻兄弟俱主祭親之，蓋
賓。諸侯燕大夫，以膳宰爲擯主，則此獻酬宜亦有
擯主，據周禮大宗伯。又言大賓客則攝而載果，則
此攝者亦大宗伯與。
王存之曰：主人，主祭者也。祭必立尸，必擇賓
長一人，衆賓無數。衆賓者，賓之黨也，其位在堂

下西階之西，各則子孫兄弟皆會兄弟者主人
之黨也　其位在東下作階之東　有司群執事者
皆北面而立　獻尸既畢乃行旅酬　凡主人酬酒
奉賓者曰獻　賓酬以答主人曰酢　主人酬酒
先自飲以導　飲也　再酬以獻賓者曰酬　主人舉觶酬
酒自西階　酬賓　賓受之奠而未飲　兄弟弟子舉
觶酬酒自下作階　酬長兄弟　長兄弟亦奠而未飲
奠而未飲以　賓取所奠觶　酬長兄弟於作階　長以
待旅酬也　四向是旅　衆賓及
兄弟取所奠觶　酬賓於西階　酬正位

衆兄弟交錯以徧執事者亦無不徧卒飲而賓爵於篚此旅酬之大略也由是賓弟子舉觶於賓長導飲於西階之前也兄弟之子舉觶於長兄弟導飲於阼階之前也所謂下為上者如此下、指賓弟子兄弟弟子；上、指賓長長兄弟過此則賓取觶酬主黨長兄弟取觶酬賓黨無次第之數謂之無算爵

燕毛所以序齒也

禮鄭注曰燕謂既祭而燕也燕以髮色為坐祭時尊尊也至燕親親也齒亦年也孔疏曰燕毛所以序齒

也。鄭言祭末燕，惇以毛髮爲次序，所以序年齒也。章句承注疏之誤，則曰祭畢而燕，則以髮色之色別長幼爲坐次也。齒，年數也。義未安，詳下閻毛二家說。

顧麟士曰：有昭穆既序，則分定；分定，則分之尊者必是年高，而頒白者多受位在上，少而黎黑者多在下也。

閻百詩曰：章句襲舊說，固誤矣，而顧氏述之，亦非也。固不知古訓毛，老也，非髮色之謂。周禮司儀職曰：王燕，則諸侯毛。鄭司農注云：謂老者在上也。老者二毛，毛一作耄，此以經解經第一義也。

毛西河曰：祭畢安有燕？此祭畢行賜爵禮，爲祭統十倫之第九倫，所謂長幼有序者，其曰燕以任其歡，燕小雅以儐尸名燕飲是也。乃附集註者以楚茨詩備言燕私當之，則以祈禱雩報之祭而誣坐大儐，可乎？若序齒，則祭統明云昭與昭齒，穆與穆齒，乃於昭穆中序之，不專辨毛髮之色，周官司儀所云王燕則諸侯毛，正序齒也。但祭統云群有司皆以齒，則反爲異姓耳。

全謝山又以謂毛西河以燕毛序齒兼異姓言者誤讀祭統而爲此說考祭統尸飲五而後君以瑤爵獻卿尸飲七而後君以玉爵獻大夫尸飲九而後君以散爵獻士及群有司皆以齒是乃九獻時賜爵之禮注疏家謂本主序爵與爵同則序齒是固兼有異姓然所及止於内諸侯而外諸侯不與焉由是加爵既畢則行旅酬外諸侯亦預矣然而皆兼有異姓則總之非燕私之禮是也曹寅谷余謂此乃祭統十倫之第四倫明尊卑之等非序長幼西河所主

西河既曰是第九倫凡賜爵昭爲一穆爲一昭與昭齒穆與穆齒凡羣有司皆以齒此之謂長幼有序賈公彥疏云賜爵謂祭末旅酬無筭爵時陳祥道曰宗廟之中授事則以爵而賜爵則以齒爲授事主義而行於旅酬之前賜爵主恩而行於旅酬之後此時不惟昭穆以齒并眾賓及執事之同爵者亦以齒西河是宗廟之禮次燕毛於旅酬遂謂左獻爵加爵致爵酬爵無筭爵之後又行賜爵一禮以序長幼爲燕毛而又爲之說曰賜是錫予此又名燕

者以任其歡燕也大雅鳧鷖直以儐尸名燕飲者是不知公尸來燕是明日繹祭之事孔氏詩正義燕尸之禮大夫謂之賓尸即用其祭之日今有司徹是其事也天子諸侯則謂之繹以祭之明日春秋宣八年言辛巳有事於太廟壬午猶繹是謂明日也然公尸事燕是繹祭之事徐常吉曰案楚茨鼓鐘送尸神保聿歸則祭畢之燕尸不與也尸何以不與以其象神故不敢留而猶為次日之燕也燕于次日所以事尸也據鄭康成郊特牲注祊之禮宜於廟門外之西室繹又於其堂孔疏祊是求神之名繹是接尸之稱求神在室接尸在堂故云繹又於其堂是與祭畢而燕之燕在寢固判然兩禮儐尸猶有燕名耶亦非燕毛之禮祭後賜飲並未名燕

也賜爵兼同異姓而燕毛則止及同姓先王於同姓有時燕國語所謂時燕不淫也有因祭而燕楚之茨之詩所謂諸父兄弟備言燕私也集傳云祭畢既歸賓客之俎同姓則留與之燕以盡私恩又云樂具入奏正以寢在廟後故曰入雅舊注謂甫田雩祭大田報祭楚茨南山爲致福之祭不得援宗廟之禮相形證而燕之禮與燕之名並不可沒賜爵並無燕名也且燕即有異姓無非即賜爵文王世子曰若公與族燕則異姓爲賓膳宰爲主人行

葦詩祭畢燕父兄而曰序賓以賢序賓以不侮所謂異姓之賓也若君與同姓無賓之之禮故燕族之賓不以同姓而以異姓但助祭之賓皆出則此異姓乃姑姊妹女子子之夫所謂父之族四者非外族矣之為賓者也三獻禮成則賓出故曰異姓至讓而止同姓則成之異姓出則無賓無賓則亦不用膳宰為主人而君自主之所謂曾孫維主也其樂無算其爵無算厭厭夜飲不醉無歸詩曰在宗載考成也所謂同姓則成之也樂則自有識

毛一禮以年鄭注孔疏均主親親之說章內因之者

而毛氏喜在攻詐故別以一人之私意起而更定之說

不自知其己過也朱子又謂序篇之中擇一人為

上座不與衆齒全謝山據其說見有所本亦是祖朱之說曰攻毛

既曰謂孝之不得與其父齒曰今孝之不得與其父齒也

安知其非杜撰耶

是也篇最貴而德與爵又最尊者前惟召公畢公皆惟衛

之武公足以當之不應能不遂依篇為序而已

余按周官司儀王燕則諸侯毛鄭司農注咸謂老者

在上也老者二毛故曰毛毛一本作耄其禮程不見

行之於寢而坐次以毛，如祭畢而燕之禮是也。惟（則朱氏之說也）
毛者，如見周禮非由髮色之謂，章句襲舊而因誤，
不（分能）能無失，無怪後儒之口實也（者是尔），何必袒之哉。

踐其位

禮鄭注曰：踐，猶升也。其者，其先祖也。踐或為纘。正義
曰：謂踐其位者，謂踐升也，謂孝子升其先祖之位也。
楚茨之詩曰：孝孫徂位。位者，西下西面位也。先王（祖）當日亦踐其
位，行禮於此，曰踐其位。其字，鄭注謂其先祖，章句謂指
先王，最須著眼。下回卧。日其字同。

行其禮　首

禘孔疏曰行其禘者謂孝子將（卅）其先祖之位行祭祀之禘禮則九獻樂則八佾在先祖依章亦作先王當而未嘗有也先祖未爲天子則（七獻六佾而已）從行所當行奏所當奏是則行其禮奏其樂也

敬其所尊　二句

章句曰所尊謂先王之祖考所親謂先王之子孫臣庶也王存之曰先王之祖考自后稷以下皆是也先王之子孫臣庶可以兼同姓異姓言分屬

如作此題文可以分屬

事亡如事存

死而既葬謂之亡是較遠於死也故章句曰始死謂之死既葬則曰反而亡焉皆指先王也

郊社之禮所以事上帝也

禮鄭注曰社祭地神不言后土者省文章句因之曰郊祭天社祭地不言后土者省文也毛西河曰郊有數郊南郊祭天北郊祭地四郊祭五方五帝統繫以上帝概之故其郊祭內兼有地亦併方亦爲言不止祭天也若社則祇祭土祀其

云上帝正包舉之文鄭氏謂社即地神非也而章句何襲其錯說乎周禮祀地于方丘祭法瘞埋于泰折以祭地地即在郊中是以並不是社雖曰社所以神地道亦但曰地之類耳至欲以后土當地社則地原有稱后土者如春秋傳君戴皇天而履后土武成敢昭告于皇天后土然此是社不是地如謂社可名后土則社自有神自有社主后土后稷則又以人鬼之為土穀神者而寄于其中相傳后土是共工氏之子句龍為土官后稷是厲山氏之

子農爲農官故社主之外復立二人神以佐之而
謂社即后土可乎
曹寅谷郊社考曰朱子取胡五峯之説謂古無北郊止是
祭社然考之未詳也既祭天必當祭地既有南郊
必有北郊曲禮云天子祭天地歲徧是一歲之中
既祭天又祭地也祭法云燔柴于泰壇祭天也瘞
埋于泰折祭地也是兩祭之處祭天一所祭地又
一所是以禮器曰先王之制神也爲高必因丘陵
爲下必因川澤因天事天因地事地是謂天至祭

天于圜丘之上，是因郊之高而治以為壇，謂之因天。事夏至祭地于方澤之中，是因澤之下而營以為坎，謂之因地。事地孝經曰：王者事父孝，故事天明；事母孝，故事地察。說曰：事天明，必祭天神於南郊，就陽以定天位；事地察，必祭地祇於北郊，而漢志引禮記逸文：郊兆於南郊，所以定天位也；祭地於泰折，在北郊，所以就陰位也。是圜丘即泰壇，方澤即泰折。陳祥道曰：泰壇，南郊之壇也；泰折，北郊之坎也。言壇則知泰折之為坎，言折則知泰壇之為圜是也二郊之名諸經均有之不始周禮胡氏謂王者父天而母地掃地而祭者惟昊天上帝地示則惟有社祭並無所為方澤焉因大宗伯大享之禮禋祀昊天上帝血祀社稷並無地祇之說不知宗伯以蒼璧禮天以黃琮禮地典瑞四圭有邸以祀天兩圭有邸以祀地即周官又多有為莽歆所偽竄者而大司樂章則漢文帝得魏文侯時樂工竇公所獻其文亦云奏黃鍾歌大呂舞雲門以祀天神奏大蔟歌應鍾舞咸池以祭地祇司馬遷封

禪書首章虞周之祀典直引周官曰冬日至祀天
于南郊夏日至祭地示無非以地祇與天神對
言並未偏廢秦祀八神一曰天神在南郊山下二
曰地祇在澤中圜丘漢郊祀志漢文祭泰乙地
祇以太祖高皇帝配日冬至祠泰乙日夏至祠地
祇果必周末漢初古禮相沿未改漢武用祠官寬
舒等所議立后土祠于汾陰與郊雍對而後人謂
南北郊分祀始於此者非也其後成帝用匡衡張
譚諸議徙甘泉泰畤河東后土而立南北郊於長

郊社實考

按至元始中，劉歆、左咸之徒合諸儒議定郊禮，名爲元始儀。以至後漢光武兆南郊於洛陽之南，兆北郊於洛陽之陰，遂蒐其議。其或稱北郊，或稱元丘，或稱地郊，或分祀，或合祀，或以男祖配，或以女祖配，或一配、二配、三配，而要之有地祭一神，則自三古迄今，未有異也。惟是稱地爲后土，則又不拘。家語曰：共工氏之子曰句龍，爲后土。又祭法言厲山氏之有天下也，其子曰農，能殖百穀；夏之衰也，周棄繼之，故祀以爲稷。共工氏之霸九州也，其子曰后土能平九州故祀以爲社是后土與后稷俱是官名以句龍有治土之功故配食於社以周棄有播種之功故配食於稷謂社爲后稷可謂地爲后土則不可乎大戴禮公符篇祝辭曰惟予一人某敬拜下土之靈則不當作后土可知矣書武成告于皇天后土孔傳后土社也左傳戴皇天而履后土后土乃垕字之省文垕即古厚字言厚土也並非天可稱帝地即可稱后而至以句龍一祀混皇地地祇也然則中庸並稱郊社何也按祭法王爲群

牲立社曰大社王自爲立社曰王社諸侯爲百姓立社曰國社諸侯自爲立社曰侯社大夫以下成群立社曰置社社有與郊對舉者郊特牲曰郊之祭也大報本反始也又曰惟社丘乘共粢盛所以報本反始也禮運云禮行于郊而百神受職禮行于地而百貨可極王制天子出征類于上帝宜于社泰誓類于上帝宜于冢土召誥用牲于郊社于新邑皆郊與社對言但郊祭亦有大小之别周禮大宗伯二至二郊此禋祀之禮郊之最重者惟有

方丘一祭可對他若類郊旅郊四時郊五帝郊與巡狩征伐及祈禱雩報反有事之郊皆非大祭往之與社對稱禮所云報本反始爲神受職者皆是報祭如周頌良耜爲秋報豐年爲冬報並非冬至泰壇之祭故得與社之報本反始爲備可極連類並言其實方澤祭全載之地大社祭中國九州之地王社祭畿內之地諸侯國社祭其一國之地下而州社祭一州之地里社祭一社之地句龍五土之神其與祭皇地祇之尊卑輕重正不可混矣惟

天子自祭之地則諸侯大夫士無不自祭其有廣狹不同者天父道尊地母道父道尊母道親唯尊故天非天子不郊是唯親故地各以所食為社無不明此義而徒執社神地道之說謂中霤之社為祭地遂合凡社字皆以祭地目之若謂古有南郊無北郊不亦誣歟至地祇之外別有神州之祭此亦鄭孔之説於緯書者先儒已詳斥之章句不之辨而反因之不亦異乎

四書考　嘗讀黄氏溫生之題是中之說權衡郊之禮有正月行之為祈穀十月行之為報郊周為詩曰禋是仲夏之月大雩帝是又一行為季秋之月大饗帝是又一

報焉。不啻門之於郊乎。參以陳用之之言，古歲祭天者四。詩序
曰春夏祈穀于上帝，又曰豐年秋冬報。則春祈穀，
左氏所謂啓蟄而郊是也；夏祈穀，所謂龍見而雩是也；
秋報，月令所謂季秋大饗帝是也；冬報，周禮所謂冬
日至於地上之圜丘是也。以及祭地，對比武社之禮亦有四：后
土之祭在北郊，社稷之祭在國中。衛氏曰：禮祭法，王爲羣姓
立社曰大社，王自爲立社曰王社。王社所在，先儒或謂在大
社之西，或謂在藉田。參以陳用之之言，王與諸侯之社皆
三。其二社所以表祈報之誠，而勝國之社所以示
鑒戒之理也。稷亦有四焉。

上帝考

禮以郊特牲名篇周氏諝曰言郊則天神與地祇也詩序曰昊天有成命郊祀天地也書曰用牲于郊牛二蓋一則用於南郊以祀天神一則用於北郊以祭地祇是天地皆用特牲春秋繁露曰天為人子而不以父事天下莫能以為可今為天之子而不以父事何以異是是故天子每至歲首必先郊祭以享天乃敢為地行子禮此中庸郊社之禮所以事上帝之說也按周禮大宗伯以禋祀祀昊天上帝天與帝一也天言其體帝言其主以其氣之浩

浩然曰浩天以其主位乎上然曰上帝亦非以夏
為昊天冬為上天殊屬牽配無謂程子曰帝者氣
之主如東則謂之青帝南則謂之赤帝西則謂之
白帝北則謂之黑帝中則謂之黃帝豈有上帝而
別有五帝之理此因周禮言祀昊天上帝而後又
言祀五帝亦如之故諸儒附此說朱子曰周禮說
上帝是總說帝說五帝是五方帝說昊天上帝只是
說天又曰萬物本乎天人本乎祖故以所出之祖
配天地周之后稷生於姜嫄以上更推不去文武

之功起於后稷故配天須以后稷嚴父莫大於配天宗祀文王於明堂以配上帝上帝即天也聚天之神而言之則謂之上帝唐禮志曰讖緯亂經鄭氏康成主其說以禋祀祀昊天上帝此天也康成以為天皇大帝者北辰耀魄寶也非五帝於四郊此五行精氣之神也康成以為靈威仰赤熛怒含樞紐白招拒汁光紀者五天也由是有六天之說馬氏端臨曰祀天莫大于郊祀稷莫大于配天四代之郊見於祭法經文簡略後之學者莫不求之

鄭注而鄭見祭法序禘於郊之上，於是言禘之所祀者亦天。如其以爲祀天，蓋康成漢人，如西漢之郊祀襲秦制而雜以方士之說，於是以天爲有六，以祀六帝爲郊，注二禮，凡祀天處必指以爲所祀者某帝。其所爲天者非一帝，如其所謂配天者亦非一祖。其病實在於取讖緯之書解經，以秦漢之事爲三代之禮。故六天之說，遷固志之，其謬原非始於鄭氏。如孔氏亦指其清虛在上之體謂之天，因其生育之功其別有五，故謂之五帝，以五配一故謂之曰五帝，則孔國以天為帝一，不從鄭注。王肅《聖證論》今不傳，僅見《正義》一二。譏短康成，謂天體無二，郊丘為一。禘是五年大祭先祖，非圜丘及郊。祖功宗德，是不毀之名，非配食明堂，皆有功於禮學，先儒難之。皇氏侃曰：天有六天，歲有八祭：冬至圜丘一也，夏正郊天二也，五時迎氣五也，通前為七也，九月大饗八也。雩與郊禖為祈祭，不入數。孫氏奭則以至日圜丘一，正月祈穀二，五時迎氣，孟夏大雩，季秋大饗為九祭，皆主於天。崔氏謂雩亦常祭，凡九，然孟春之祈

穀亦祈也可不敬乎或又以祈雩兼祭社執中庸郊
社所以事上帝之說謂地祭只在天祭之中則大不從
天祭既祀甚多自圜丘以人鬼為神列祀典外凡
旅上帝類上帝大享以五帝六宗三辰四時四類
五嶽四瀆諸神既祀而不及五土之神惟祈穀雩
報因之以祭則社稷與焉然亦與諸望祀者有別
為古者祭天地有告祭禮雖不同義各有當亦祭
天地其禮一而專故既有定時又有定儀若告祭
則時儀皆不定如司馬御王者興師亦天地兩告

而日月星辰從天與山川冢社從地與社祭並不從地是祭天而及社猶不得謂社即是地况王者正祭祭天自服大裘祭地自服袞章祭社自服絺冕其禮降殺不一乃因賈公彥謂夏至亦服大裘而祭崔靈恩孔穎達杜佑皆爲此說議禮者病其不可行於是顧臨等請於冬至南郊合祭天地而蘇軾等遂援虞周告祭之禮以證地之正祭皆從也祭地配以后稷祭社配以句龍稷並不配社也郊之配以后稷爲報本之義取諸冬至鄭氏謂啟

蓺而郊，是祭感帝靈威仰，而配以后稷，非也。大饗之配以文考者，告成之義，取諸秋也。鄭氏明堂祭天，是祭太微五帝，而文王配五天帝，則謂之祖；武王配五人帝，則謂之宗，亦非也。鄭用特牲，而召誥言牛二者，兼稷牛也。是不特天地用特牲，即郊與配坐者，亦用特牲。祀祖莫大乎配天，中庸亦從乎其配言之，故曰所以事上帝也，而后土可賅矣。須王存之曰：言上帝誤。補一句，殆為作時文者言之，然而非矣。

禘嘗之義

郊乃上帝之事也。故曰禮禘，禘祀其先祖之也。故曰：義章句曰：禮必有其義，對章之

禘鄭氏並注言曰禘天子宗廟之大祭追祭太祖之所自出於太廟而以太祖配之也嘗秋祭也四時皆祭舉其一耳

毛西河曰此禘是時祭所云夏曰禘者故可與秋嘗對文若大禘則既非對偶且是大祭即在宗廟之禮中再出則複矣祭統曰礿禘陽義也嘗烝陰義也故曰禘嘗之義大矣治國之本也不可不知也仲尼燕居曰郊社之義所以仁鬼神也嘗禘之義所以仁昭穆也明乎郊社之義禘嘗之禮治國

其如示諸掌而已乎皆與中庸同是皆指時祭言未嘗以禘為大祭也

曹寅谷曰禘嘗之義大矣凡祭有四時春祭曰礿夏祭曰禘秋祭曰嘗冬祭曰烝礿禘陽義也嘗烝陰義也禘者陽之盛也嘗者陰之盛也故曰莫重於禘嘗葉氏夢得謂其意止及於禘嘗而不及礿烝者以陽達於春物方發動陰終於冬物已退藏故古之君子其言郊社則以禘嘗對之亦舉其盛者爾是禘嘗皆時祭也乃章句以時祭注禘而禘

則特牢大祭者周禮大宗伯以肆獻[redacted]祼享先王以饋食享先王以祠春享先王以禴夏享先王以嘗秋享先王以烝冬享先王鄭注宗廟之祭有此六享若以肆獻祼為大祫以饋食為大禘合四時之祠禴嘗烝為六享六享皆祭宗廟之禘則大祭時祭皆所以祀乎其先如據王制記春礿夏禘郊特牲與祭義並記春禘秋嘗周官則並無禘之名而鄭氏康成於郊特牲春禘改讀禴於祭義春禘直是殷禮不改字以此見於郊特牲如虞氏遂謂周官

是周禮王制祭統是殷禮郊特牲祭義是夏禮不知時祭四名有互見而無異義陳祥道曰礿禘以飲爲主所以順乎陽嘗烝以食爲主所以順乎陰皇氏侃訓禴礿爲薄謂春物未成祭品鮮薄訓禘爲次第謂夏物雖未成依時次第而祭而程子引易既濟東鄰殺牛不如西鄰之禴祭實受其福釋禴爲薄祭是礿即禴也陸氏佃訓書夏以飲爲主審諦之時也春可謂之礿亦可謂之禘夏可謂之禘亦可謂之礿祠品物少文詞多春之事而已故夏

未有言祠者白虎通云嘗者新穀熟而嘗之王安
石曰秋物初成薦新曰嘗朱嘗秋祭也孔疏謂嘗
禘皆在夏誤也烝必於冬者烝衆也孫奭云進也
冬時物成可進者衆也詩小雅礿祠烝嘗先礿後
祠從便文先烝後嘗以韻句也疏謂三代有異名
而無異制也至禘有時禘時祭有大祭四時之祭中即
兼有大禘大祫司尊彝疏謂追享朝享者是也大
禘及始祖之自出追遠之義莫深于禘故大禘謂
之追享群廟及毀廟之主皆入太廟有朝義焉故

大祫謂之殷事但宗廟歲以四舉數則爲瀆祠禴
嘗烝禴恒薄而烝恒盛四者固已不同而大禘大
祫二者即比次錯舉於其間大禘不於春則於夏
舉大禘則不復舉祠禴之祭大祫必於冬故亦名
大烝而舉時祭則不舉大祭故名數數則以而歲
祭之則四以其間舉於時祭之中總名間祭禘祫
年月先儒聚論紛紜五年一禘三年一祫舊說相
沿已久獨張子橫渠謂禘祫每歲舉行而張純亦
云禘以四月間於春夏祫以十月間於秋冬因而

春夏之時祭，還以大祭之名被之，而祠亦名禘，禴

亦名禘，春秋書禘於莊公，是不必追祖之所自

出而後謂之禘也。且周以重祭錫魯，而未聞錫晉，

何以左傳晉人有言寡人之未禘祀者，則可知其有時祭是

其禘為時祭之通稱也。爾雅云：禘，大祭。謂其比四

時為大也。周人以大禘為重，故改時祭之名，而世

猶通稱之。今但辨禘之有大祭，有時祭，不必如

吳氏澄之說，謂礿皆當讀祠，禘皆當讀禴也。從周

禮儀禮並無禘名何也。考儀禮喪服曰：諸侯及其

太祖天子及其始祖之所自出時禘也周禮稱大
祭祀大人是大祝大號亦禘也蓋禘名殷祭殷者
大也夫猶是歷祭之先王先公而獨以大稱豈非
帝嚳后稷異常殷祭莫當之矣是以大禘亦稱大
祫漢元始元年創為五年祫祭而後漢書及司馬
彪書皆稱是禘祭章懷太子謂祫即是禘并無二
名是圖作若王制天子禘祫諸侯禘一犆一祫其
祫嘗嘗祫並稱者如杜則中庸一年大祭一年時
祭而統曰禘嘗之義又何如祭統成王康王追念

周公之所以勳勞者而欲尊魯故賜之以重祭外祭則郊社是也內祭則大禘嘗是也魯頌秋而載嘗亦是七月行禘之時君以大禘禮行之於秋嘗亦謂之大祭嘗即祭統以大嘗禘連言之文公二年八月丁卯大事於太廟躋僖公亦以大禘禮行之於秋嘗也陳氏謂郊社天子之外祭之重者大嘗禘天子內祭之重者天子秋嘗以享先王謂之大嘗夏禘以享先王謂之大禘則仍是時祭非大祭天子時祭未聞稱大且時禘不可稱重祭也然則

郊社之禮大祭也禘嘗之禮大祭統時祭也郊乃上帝禘祀其先鄭孔謂郊祭即禘祭者非也以天地為大故郊對社以神人為別故禘嘗對郊社與中庸之明注也王存之曰禘大祭也三年一祫五年一禘嘗時祭也春曰祠夏曰礿秋曰嘗冬曰烝舉秋以該春冬夏耳此依注立說專為時文計非解經也

其如示諸掌乎

禮纂注曰示讀如寘寘諸河干之寘寘置也疏示如置物於掌中也若能明此序爵辨賢之旨之觀以則治理其國其易易為易

其人存則其政舉

人君以君則文武臣則周召也可以引證
人道敏政　二句
敏良合而成人道猶之剛柔合而成地道也下句是上句之
喻物手例
夫政也者蒲盧也
禮鄭注曰蒲盧蜾蠃謂土蜂也詩曰螟蛉有子蜾蠃
負之螟蛉桑蟲也蒲盧取桑蟲之子去而變化之以
成為己子政之於百姓若蒲盧之於桑蟲然疏即化蓋化民
以為己民
蒲盧也生也
若釋文引爾雅即蜾蠃蒲盧即今之細腰

蜂也一名蠮螉章句引同時人沈存中說以爲蒲葦
[redacted]也按爾雅果蠃蒲盧郭注云即細腰蠭也俗呼爲
蠮螉 螟蛉桑虫又云俗謂之桑蟃亦曰戎女其注山
海經直云蒲盧螟蛉也蓋以螟蛉能化蒲盧故詩嘗其
名鄭注引詩螟蛉有子蜾蠃負之以爲人存政舉之
証按詩小雅小宛篇毛傳云螟蛉桑虫也蜾蠃蒲盧
也[redacted]說文蠣蠃蒲盧細要土蠭也天地之
性細要純雄無子引詩螟䗡有子蠣蠃負之（蛉作䗡）蠣或作
蜾又云螟䗡桑虫也詩小宛箋蒲盧取桑虫之子負

此句在上[illegible]
[illegible]

待而教誨之以象己子詩正義引陸璣義疏云
螟蛉桑上小青蟲如似步屈其色青而細小或在草
萊上尒雅釋蟲蝎桑蠹蛣蜛蝤蠐蝎桑蠹即桑蟲
一名蝎一名蛣蜛一名蝤蠐蛣蜛即步屈蝤蠐
與螟蛉一語之轉自是一物也詩東山傳蜀桑中蟲
轉[redacted]尒雅釋蟲謂之烏蜀郭注大蟲如
指似蠶蓋蜀之為獨如獨有大義故桑
蟲之大者曰蜀亦螟蛉之類如[redacted]蜾蠃土蜂如
似蜂而小腰取桑蟲負之於木空筆筒中七日而化
為其子唐韓偓安貧詩窗隙日光翫野馬案頭筠管
長蒲盧言日影中見飛塵筆管中棲蜾蠃如
是也里語曰祝云象我象我如法言學行篇螟蠕之子
殪而逢蜾蠃祝之曰類我類我久則肖之矣考大玄

取青蟲子祝使似之也

親次三云螟蛉不為蜾蠃取之莊子天運篇云細要者化庚桑楚篇云奔蜂不能化藿蠋釋文引司馬彪注奔蜂小蜂也一云土蜂淮南子說山篇曰貞蟲之動以毒螫高誘注云貞蟲細要蜂也蜾蠃之屬無牝牡之合曰貞然則螟蛉為桑蟲蜾蠃為蒲盧蒲盧即土蜂土蜂取桑蟲◎子變成己子是也皆舊說相承無異詞也唯梁陶宏景本草注蠮螉云今一種蜂黑色腰甚細銜泥於人壁及器物邊作房如併竹管者是也其生子如粟米大置中乃捕取草上青蜘蛛滿中

塞口以擬其子大爲糧也其一種入蘆管中者亦取
草上蜘蛛青蟲待其螟蛉有子蜾蠃凡負之言細腰物無
雌皆取青蟲教祝便變成己子之說爲謬唐宋以降都區
陶爲舊說廢矣
故毛西河曰細腰蜂無取螟蛉爲己子詩小雅小
宛篇詞可以作人存政舉之証是寡語載哀公問政
章指孔子曰夫人道敏生地道敏樹人道敏政夫政也者
蒲盧也待化而成其着田待化的能以解蒲盧其而着田致
的生則不必以蒲盧不敏樹可也乃改盧作蘆以章句

蒲與蘆並未連文者而强爲連之不信舊說而信
同時人言未免取脆說而解經者異哉其可笑也而推其
夢然獨以章句說云蒲葦二者經皆以爲生之物
但以樹喻政又以蟲喻文武之政而如云以地種
樹其成速矣而蒲葦又爲生之物尤速也又黄
東發謂戴氏景魏中庸要義其發明先儒未及處
極多惟以蒲盧爲蜾蠃雖本爾雅然蜾蠃蟲類恐
於地道敏樹不相應也若以改盧字爲蘆字則如
司馬相如子虛賦蓮藕觚盧注盧讀爲魯也史記作

蒹葭蘆盧蘆盧本通（此曾黃二氏之說爲異）然漢唐舊注遂果無有以蒲盧

爲草爲者，鄭注蒲盧蜾蠃，謂土蜂也，此真千古不易

之解也，豈得以時人臆說而遂改千古不易之解哉

修道以仁

仁主愛之理，說即彝倫之脫執手處也

仁者人也　四句

有仁因而有義，舍義無以行仁，須從仁字出義字而（毋作文之法）

通，俾仍是平列始是

曰果如

其如　親是身之即，賢是身之輔，如親親爲仁之本

尊賢爲義之本

禮所重也

親親仁也而親親之殺則仁之不可混者即禮也尊賢矣

義也而尊賢之等殺則義之不可紊者即禮也○等殺是禮

生出來的非等殺生出禮也此二

句本許氏四書較爲直捷故從之

在下位不獲乎上民不可得而治矣

禮鄭注曰此自其屬在下○舊說誤重在此章句因之

余謂此節不甚重但當時諸侯久不知有上安知爲

下○哀公爲一國之君其於周天子猶是下位也聖人

將與言政告以三五達○九經全之道上安下全之道也自

修身始。修身可以治民，未有治民而不由獲上者，故如此言修身先以治民，由於獲上，上之告之，此是提領。下文乃詳言所以然之至，而策厲之，何重誤哉。（解詳下）

天下之達道五

禮鄭注曰：達者，常行百王所不變也。章句解作共由之路。（釋達道爲讀道爲去聲之道，訓道爲路，四庫本文義）天下又加以古今，四庫排印又改所書所謂五倫，引孟子所謂父子有親，君臣有義，夫婦有別，長幼有序，朋友有信，是而實非也，蓋當時所謂五倫者只父母、兄弟、子孫五者，有天合而無人合。虞書慎徽五

典、徽敷五典、臯陶謨敕我五典、周官君牙弘敷五典、
皆以父義、母慈、兄友、弟恭、子孝五常之教謂之五倫，
則與春秋義方、大學慈孝、康誥友恭相左。証古經重
名實，凡立一名，必如其實，數不得相混。如管子稱六
親，衛石碏稱六順，王制稱七教，晏嬰稱十禮，禮運稱
十義，祭統稱十倫，自為名義，亦自為部目，要之十倫
非十義，五道亦非五常，猶之三達德斷非洪範之三
德。如其匡輩長幼以官府僚友鄉黨序齒為言，並非
兄弟。故禮運十義以兄弟長幼判為二義，則五達道

之必非五倫所長幼二字有所証如論語以長幼之節與君臣之義為大倫之二揆而則以主客為長幼則所缺兄弟矣五倫何可缺兄弟此與十倫之偏舉長幼不及兄弟者不同抑與孟子之言人倫者亦自有別是以漢唐諸儒從不有以五達道為五倫之說且亦並不使孟子人倫闌入一字自章句誤以五達道為五倫援引孟子人倫為証從此天下遂不知有父母兄弟子古之所謂其五倫者矣若是五倫夫子何不直曰五倫而必謂之五達道哉

所以行之者三

行之是行達道

所以行之者一也

則以達德行達道者必也實有是知實有是仁實有是勇其統貫乎知仁勇者一而已矣一一固是誠然作文者不可見只點三五字一側看

或生而知之一節 皇氏曰所知所行謂上五道三德

此節是夫子勉人以困知勉行故而特告之重在困知勉行一邊故曰知之一也成功一也且知仁勇之者所不過知之行之

二字爲功夫要領如章句所云則以生知安行爲知[與]學知與利行爲仁困知與勉行爲勇猶知仁勇分等已爲非是況又云所以知者知也所以行者仁也所以至於知之成功而一者勇也是又[不]獨支離破碎而且所解者是道理耶是功夫耶[耶]是文字語氣耶解者令人廢解[illegible]

或利而行之

行之而有益則其心欣慕而利之也行之而即至則其心喜悅而加利之也（禮鄭注曰利謂貪榮名也正義曰貪其利益而行此五事）

得其榮名於己無害則利而行之
之也論語[illegible]與同非是
子曰好學近乎知節
章句以爲術也非也
尊賢則不惑
不惑謂不疑於理●與不眩異
來百工則財用足
章句曰來百工則通工易事農末相資故財用足毛西
河曰若如此則是日中貿易兩相通業矣豈有以朝廷
而與小民市販者有是理乎嘗考來百工者正是周禮

冬官庀飭一大經制其所云制財者即天官九職以
百工飭化八材之材焉所云用者即考工辨器用之
用焉百工不一財不一用亦不一必木工攻木財則得
木用金工攻金財則得金用今試以金工言之鳧㮚
段桃其金如金錫諸齊其財也削鐘量鑄其用也化工
視此

齊明盛服非禮不動

齊無思慮之雜明無物欲之汚一塵內如盛服齊其
外也屬靜存工夫指未應事時言正是動是動靜云屬動察工夫指應事時言

所以勸親也

閻百詩曰上親字宜衍以有勸之字故

賤貧而貴位

此上偏下全作此題者須補出纔是

忠信重祿

禮鄭注曰有忠信者重其祿也章句曰忠信重祿謂待之誠而養之厚也西河曰祿者錄也錄官以給祿有有定制惟親之無官故可重祿今士俱從一官也豈得獨重其祿或若謂士祿原重何以班祿無輕於士者蓋考舊說有以忠信之士得重其祿大抵王朝公卿位尊祿厚無可上下獨士近大夫皆授之以官

可以勞逸爲進退苟有忠君信國則猶是諸士而下士
得食中士之禄中士得食上士之禄所謂倖其勞逸
以功之也即外諸侯同寀而可薦賚其土地之意焉爾王存
因今作時文者依注忠信是待之誠重禄是養之厚
兩平列誠字在下亦不可泥只說上以實心待之
而無疑忌
之心可也

日省月試既廩稱事

禮鄭注既讀曰餼稍食如稾人職曰乘其事考其
弓弩以上下其食章句因之曰既讀曰餼餼稟稍食
也其語録又曰餼是牲餼如今官員請受有生羊肉是

也校日省者省其勤惰月試者試其巧拙稱之疏云

計算其所為之多校其勤惰分其巧拙量多以校食

矣但餼廩一名祿廩周禮地官廩人給稍食即禾米

也若如章句所云牲餼則有生牲腥牲二餼春秋傳

謂之餼牽多作饗賓告廟送師贈遠之用未詳為工

亦給牲餼者矣多字為重所謂勤惰巧拙既分則（至存之曰作此題文者二句串看須提）

可以量多以授食矣唯云同食曰餼

穀食曰廩只可拖行文不可以解經

一皆以功百為也

曹寅以合田周官三百

六十多以士為之考

工記所列直百工為尔

夫玉府有工有賈而

巾車弁師追師屨

人之屬府史胥徒而

外咸有工以執事亦

猶太府典絲典婦功

庖人羊人馬質之

各有其賈如賈

不與士齒工顧可

送往迎來

章句往則為之授節以送之來則豐其委積以迎之

而不必送往迎來均有符節委積周禮夏官懷方氏冬官承缺則鄭氏以考工記為司空之官非也典絲則頒絲典掌皮則頒皮革與稾人則掌其弓八矢四弩與是諫絲者○而頒絲外內者考工者也○函鮑韗韋者○以武氏頒皮革者考工者也刮摩攻木以為弓矢者○而受財於職金以齎其工書其等乘其事試其弓

掌其遠方之民而達節以送逆之且治委積以續食

地官遺人掌委積以待往來之用是節與委積乃往

來迎送俱有之明證也如以符節為送往委積為迎來

未免來者無憑去者無資矣九經曾如是乎

繼絕世舉廢國

絕世是有國無人廢國是有人無國

治亂持危

亂是本國自起壞法亂紀是也危是為異國所危敵國

縈參考工者也考卯者識之謂非卯工之謂且五官皆有工之作也六官三十也而說周禮所謂六官不亡散見五官中自臨川俞氏而後多以意取五官之屬强補冬官則鑿也

非惠王也恰在亂以接生危節

朝聘以時

章句四王制比年一小聘三年一大聘五年一朝毛而何四比年一小聘三年一大聘是諸侯聘諸侯之禮爲五年一朝是夏殷朝禮爲當考周官書六年五服一朝又六年王乃時巡諸侯各朝于方岳此乃是真周禮也而周官經析言之大略十二年中王一巡狩諸侯兩朝凡巡狩之次年侯服一年七年朝甸服二年八年朝男服三年九年朝采服四年十年朝衛服五年十一年朝

要服六年十二年於是六年中六服各一朝而尚書
言五服者以要與荒鎮藩四服在五服外也於是天
子巡狩方岳諸侯又朝於方岳之下此常朝也乃又
有不期而會如王國有大事諸侯皆至謂之時見王
如十二年不巡狩則諸侯共朝於京師謂之殷同此間
朝如此且五服殊方各以時至東方以春至則曰朝南方以夏至則曰
宗西方以秋至則曰覲北方以冬至則曰遇是見於諸侯者不同
如此若聘則天子於十二年中每間歲下問於諸侯
以一三五七九十一年為慶謂之六問而六服則皆

以應朝之次年遣卿入聘繼此則間年又聘共六聘凡十二年中侯服以一七年兩朝則有二四六八十十二年六聘甸服以二八年兩朝則有三五七九十一年一年六聘皆除巡年外以次而周所謂陽年朝則陰年聘陰年朝則陽年聘也朝聘不重複此大聘也按且天子有歸脤賀慶致禬諸小聘而諸侯於天子則遇王國有事即遣大夫不時入聘謂之時聘亦謂之小聘周制可見約略如此按左傳鄭子太叔晉叔向所言歲聘間朝諸侯皆晉霸所定諸侯朝聘要之禮而已義強合周禮鄭非也且鄭氏周官注一往訛錯以朝聘一大禮而漢唐至

以範括與章句注九經
因說傳撰其所為之序
所以行之者一也
行、是行九經一、即誠也、括作文者講字不可忽要存
之止（曰）以一字對九字、處以此一、統貫乎九者則法非
徒法而九經無所奉也、以此一、分屬乎九者則文非
徒文而九經無所遺也
凡為歸則之
道也、德也、經也、凡此皆為也、（作文者）宜頂上一字專歸存此
一者則無（豫）此、一有識歸此、一有力識、無下擇字力、無此
下執字可以識力

分股。若出二句題，重在上句。

言前定

前定，即豫也。作文者須處處點醒以達道達德九經先之於口，則爲言。下事謂措諸也，行謂行諸身，亦跟達道達德九經事。

道前定則不窮

道字包上言事行也。不窮，包上不跲、不困、不疚。窮，作盡字解。不窮，言道有本原，用之不盡也。與困，是窒礙難行，作不通解，有別。此道字與達道之道不同，切勿混看。達道專指五達道，此道字乃盡吾身所知

所作凡日用云爲皆是。如○此與上三項亦有四平

講者若出四句題而合講之,却亦不可不知。如

在下位　獲　王引之曰:矣猶也,也亦矣也。荀子、孟子矣均作也。

王存之曰:此節須跟獲字來。余謂獲字諸從上獲字

遞出誠字,而不知已遺却經何以言在下位者,引句與

按前言修身治人爲天下國家有九經,終之以懷諸

侯,盡以文武之政布在方策者,如已全乎周天子治

天下之道矣,而於此突提下位臣以見爲人君爲人

臣皆不可以不誠。如此理則是,而語未晰,說者概以

獲上信友順親第為當世士大夫靠而不知其對君金切
特[illegible]知其此時至於正是聖人所以深屬哀公者夫
哀公為魯一國之君其於周天子猶是下位如不特
從在下位引起當時周室積弱未能修文武之政各
國諸侯久不知有上安知為下魯政充之重哀尤闇
弱而有此問方且冥下之不可治住之不克何期
獲上是皆由不明乎善不識其身以至路疾困窮廣
非一端如孔夫子特為提醒之而歸之果能由此道公
如不能困勉擇善而固執之反諸身而無不誠則以

其謂施於親，即前所謂仁（親）之仁，而無不順焉。以其謂之順乎親者（責）施於朋友，即前所謂尊賢之義，而無不信焉。由是之，立行九經，秉文武之政，承文武之人存，周天子賴之以振王靈，而復周之其為（為）獲效，當不僅如二伯之錫命為侯伯者，豈不上安下（而下）全哉？夫何民不可治之有？聖人言政，從未有如告（哀）公之備者；所告哀公者，從未有如此章之（大）者。則安魯為東周志見於此（書）矣，我乎其中，如若以上下親友常友（節）以解孟子所述，則所要不只以語此知。

謂之者
之字是着力字言未能誠而求其誠也
從容中道
楚辭王逸注曰從容舉動也同廣雅謂一舉一動莫不
中道猶云動容周旋中禮也正義曰從容閒暇而自
中未道王引之曰失其解矣
擇善而固執之者也
之字即指善字擇善是未能不思而得字也固也者
也是未能不勉而中利行勉行者也作文者宜備分

講串講互講之語以還兩字神理不可擘處○者字

对上聖人節

博学之　五句

五之字皆指善字說博学審問慎思明辨四項是学

知者之擇善如寫行一項是利行者之固執如

有弗学　節

有弗学四弗是困知者之心必明如此如有弗行一

弗是勉行者之心必明如此如人一能之四節方言

困勉之功夫字指学知利行而已字指困知勉

行者須點醒能字並知行說。此一節專指困勉

果能此道矣

此道字即人一己百人十己千。信其功之道也。作文法講下須點醒能字不輕。果字亦宜點

自誠明　謂

禮鄭注曰自由也。由至誠而有明德，是聖人之性者也。由明德而有至誠，是賢人學以知之也。王存之曰

就誠明者言之有天道之誠即有本体之明性之所自有也故謂之性。自明誠者言之有格致之明乃有人道之誠由教而入者也故謂之教。首章曰之謂

直指天命

須逐提

性之謂、修道之謂教為無誤認有直指解辨故云之謂此謂之

性謂之教，别名即順入。性即天命之性之田〔玉存〕
天命之性，人物所同也，全乎
天之所授，聖人所獨也，非是教與脩道之教，精異脩
道而教，聖人之事也；由教而入，賢人之事也。

誠則明矣，明則誠矣。

禮部注曰：有至誠則必有至〔明〕德，有明德則必有至誠
兩句平列
未嘗低仰
章句曰：誠則無不明矣，明則可以至於誠
矣。已〔有〕緩〔低仰〕其間矣。毛西河曰：此正承夫子所言誠者
誠之者而合人於天，合教於性，合困知勉行以進於
一誠，惟恐稍露參間，使誠與誠之啓低仰之漸故也。

兩則字與子言及其知之一也學功一也兩一字剌
切肯綮前段照應豈能分别低仰而語之乎王存之
者立言如依經回識上句識無不明則字自接下句為作文
明可以誠則字有工夫中股可平列後幅段補出其
人道以合天道
天人同歸之意

為能盡其性

不思而察之極其精不勉而行之極其至此真是天
道須說得自然

則可以贊天地之化育

此可以字作有以解蓋盡其人物之性即是贊天地與

〇贊與天地同用參與天地同體

其次致曲

至存之曰作此題迎講下須提出至誠則其次方有
着落但題只不可見至誠耳

曲能有誠

此曲字是一偏之已致者對則全體之謂如能字有字
須點醒

誠則形　六句

形是見於容止發於言為　著是容止可度言為可
御　明則容止之可觀者瑟僴赫喧言為之可法者

日新富有　動則物來應而　發、是奇玄感物　化、

則移風易俗，有不知為之者，如王者之民皞皞，孔子

立道綏動是也。

唯天下至誠為能化

誠而至於能化，能之者為誰乎？唯天下至誠也，則不

得僅謂之次矣，須貫出天人合一矣。

至誠之道可以前知

若是一章之冒，只說其道可以前知，至末句方指其人。

○通章說自

誠明來

國家將興必有禎祥　六句

道存之。曰言乎理先見之機，其道可前知者此也。顧涇陽曰：禎祥，興兆也，非興本也；有所以興者焉。妖孽，亡兆也，非亡本也；有所以亡者焉。鬼神於所以當知之，故顯出禎祥妖孽乎？至誠於所以當然之，無論在位不在位，可為不可為，到處有精神斡旋，非但知之而已，故曰如神。又曰：必有二字，是從興亡、妖祥，非以妖祥卜興亡也。將興之國，雖妖不為災；將亡之國，雖祥亦為興。雉升鼎耳，殷道以興；鸞集於重，隋煬以亡。豈

不以人哉若見祥而不爲善則祥反爲妖見妖而爲
善雖妖亦爲祥也

禍福將至　三句

此方貽前知之人說禎祥蓍龜之吉四體之動即福
之將至也妖孽蓍龜之凶四體之失即禍之將至也
重在將字福即善禍即不善也重在三見字二先字

故至誠如神

以實理顯其幾者神如以實心察其幾者至誠也故
曰如神

椶章句曰 四体謂動作威儀之節如執玉高卑其容俯仰之類曲禮游氏解曰古之觀人者於一指顧一瞬視一謦欬之間其人之賢不肖是非禍福皆可得而知焉古人以禮爲常一失其節則爲改常則人之禍福宜可得而知也禮運鄭氏解曰 三百之經三千之儀皆若不勝其繁要皆此心之用操而常存者則要蛇曲折不失尺寸一念之差則視而弗見聽而弗聞食而不知其味語默動止皆非故態與觀於草木則一葉之黄一枝之瘁皆本根之病也觀

於天地則一星之隙一系之決諸元氣之爲如聖人
爲禮以制天下之心威儀之中亟以驗其神明精
爽之存也觀可揖登降與俯獻酬裼襲以爲末節
而不之察乎先王盛時禮教達於天下士無賢不
肖皆周旋於禮文之中其節奏度數耳目習焉手
足之安焉三代之衰列國公侯卿大夫猶知奉禮以
從事一不中節則占死生禍福之說若越椒之執
幣傲叔仲惠伯知其必滅若敖氏之宗郤錡乞師
於魯而將事不敬孟獻子知郤氏之亡也若此之

類不可勝窮而民之信若龜筮者先王所以制人心之意猶泯滅而秉禮君子既能以自檢其身故能以身察乎人也

誠者自成也而道自道也上道字上聲下道字去聲作行字解

此承上文言誠之道可以前知章來此誠道二字即言誠之道之誠其道也故道即天道人道之道猶率性之為道中和之為達道是誠之見於行者即誠也章句曰誠者物之所以自成而道者人之所當自行也誠以心言本也道以理言用也以誠為心為本以

道爲理爲用，不但支離破碎，而且誠者、誠之者只有兩處，亦不容得許多名目。詳如斯言，試問至誠之道可以前知者，是心本可前知乎？抑是理用可前知乎？況經有上文，有下文，下文誠者物之終始，即是此誠者與相頂接，而又曰天下之物皆是理之所爲，則□詳又是理是用，不是心不是知，即一上下句未免冒瞀矣。且以自成爲物，自道爲人，不知天命之謂性並無物字而必合人物，然誠者物之終始並無人字而必分人物，抑又何也？

王存之爲時文者作解於誠者自成也，好亦曰：此誠字指實理，凡有

形者得此實理而自成其形凡有質者得此實理而
自成其質自字不著力於而道自是也句亦又曰
以實心備實理而為率性之道人之所當自行也下
道字作行字解自字著力程依注而言不若注之支
離矣又云可以五倫之事分曉
上的懸空說下由始貼人講非也
孫奇逢曰誠者自成一句已盡自原備萬物一物有
遺即已一處有缺則自成之功得乎然則道非自道
而誰道哉趙鹿泉曰此於兩自字不可分兩解最正確
第三節非自成已而已如除一己字則自之義更顯
知為首言誠所以成己次申言不可不誠後更隱成
己推出成物即講家謬以自成之自為自物自道之

自道方爲自己，亦徒支離其見矣。

誠者物之終始　一節

一反一正　表出

本文三誠字，皆言至誠能盡人盡物贊天地化育，惟此誠之二字，是由致以進於化者，則此誠之二字是眼目，當提之字往曰：誠者物之終始，不誠則無物矣。悟得極其明白，若曰：誠者盡己性以盡人性物性之自成，始而誠者之道，亦合天道人道以歸於誠身之自道，始然而盡其性者，必盡人性盡物性而曲能有誠者，亦必自誠明以出於成物，化物爲以物必有始終。

自有而至無物必有始自無而至有總在此實德耳

夫子曰未知生焉知死則生是誠即死亦是誠故易

繫明言原始反終知生知死只一誠彌綸天地之道具

之間為誠也物有生時物死有候若不誠則無候矣生

物旋死死物旋生若不誠不旋生矣故曰物之終始

則是成物易曰萬物之所以其終而其始者是始是

其終亦成也若無誠則終是敗矣故曰不誠無物言

無此實德則無此物無中和則無喜怒哀樂無忠恕

則無子臣弟友是故君子能誠則誠不能誠則因而

誠之者爲貴章句於以上句言人物下句專屬人乃一概混言而又分章分節每分天道人道夫祇言至誠致曲皆實成物故下以至誠無息至悠久所以成物者告之明有一誠字接之而分析配搭謂之不支離破碎不得矣（詳見毛氏西河中庸說）

至存之爲課錯解說於誠者物之終始句曰此誠字亦指實理說跟自然事此物字概該萬物於不誠無物句曰此誠字指實心說跟自道事的同誠之不誠言不得實心備實理此物字作事字解以立

目謂不誠則無所謂明聰，即無所謂耳目。不誠則無所謂恭從，即無所謂貌言。以至倫常不誠則無所謂忠孝，即無所謂子臣。不誠則無所謂恭信，即無所謂弟友。誠之亦亦可以立倫立身，分所繇為行文而作，勝於章句多矣。

此語當在誠者非自成己而已也節後

又校舊本章節與章句不同，自自誠明始，其分性教，分天道人道，祇在能盡其性與其次致曲兩節，以下皆合言之。如此章三誠者皆性皆天道，惟誠之一字屬教屬人，則誠者成己，誠者成物其已性其人性如曰性之德豈可與至誠無息分作兩截況經文題有如字天下無道章首而可以如字作讚語者舊本以誠者起至下文無爲而成判作一截以爲誠者必歸已必歸物必合仁知內外以爲其性之性與天道人道之道則其所以致誠者非一朝一夕之故與物不殊成而誠無偶至自非本健行之實立可久之業歷廣大高明以底於有成不至此者誠哉天下之至一而無間者也如下文復以一言推之

誠者非自成己而已也

王存之曰：此誠字方貽人說，跟君子誠之而言。

按：誠者言至誠，誠之者謂致曲，何處不貽人說，而王氏於至誠此神以實理貽，神以實心貽。至誠於誠者自然而謂誠字指實理，而道自道而謂以實心存實理；於誠者物之終始而謂此誠字指實理，於不誠無物而謂誠字指實心，於此誠字謂方貽人說，不過為作試文者依注而言，殊非所以解經也。

性之德也

王存之曰仁知皆性之德非從超也非學無也性即天命之理

合內外之道也

王存之曰仁固在內知亦非外二者皆具於性乃內外合一之道也

故時措之宜也

王存之曰今既能誠之矣則時而措之已已無不宜時而措之物物無不宜唯仁者能全知仁故時措之宜也按此段言成己成物一本於仁知之性故外內人己時措之而皆得其宜經文最爲明快乃章句添出

乃字且當屬之物使同德合道 以故字統承者而忽作偏旁非也且據本文於仁知道德日外別無此字 經文其可任意添補乎 說詳毛氏西河中庸說

不息則久

無息則不息矣 久不息之積也

久則徵

王存之曰 徵言功業著見也 此句以下至無為而成皆是王道題

博厚所以載物也 之句

王存之曰 題序之手但悠久遞跟博厚高明來須醒

出天地字不可見

悠久無疆

悠久復配博厚高明無疆配天地

無爲而成

其博厚高明之悠久固治功有成矣然不待有所作爲也亦須復配博厚高明

悠即久也

悠是不息迫言天地之運行有序也久則有常之意

悠久須復配博厚高明耳

斯昭昭之多

此不過昭昭之多，雖不可謂非天也。其餘可類推矣。

及其無窮也

王引之曰：及猶若也。及其，若其也。言自其一處言之，則唯此昭昭之多；若自其無窮言之，則日月星辰萬物皆在其中。下文及其廣厚、及其廣大、及其不測，並同此意。非謂天地山川之大由於積累也。舉華嶽即以該五岳也

載華嶽而不重

華嶽二山與河海二水正相對文。凡山嶽瀆鎮浸

經典此最重者何[redacted]章句獨遺注耶若不注明則止太華
[redacted]一山有偏[redacted]椅矣爾雅釋山河南[redacted]曰華注華陰山河西[redacted]曰嶽
注吳嶽釋地河南曰豫州華在豫州故曰河南華河西
曰雝一作雍州嶽在雝州故曰河西嶽周官職方氏九
鎮河南曰豫州其山鎮曰華山正西曰[redacted]雍州其山鎮
曰嶽山虞夏書言四嶽周禮大宗伯大司樂皆有五
嶽之文鄭注大司樂云五嶽岱在兖州衡在荊州華
在豫州岳在雍州恒在并州據爾雅文為釋也書疏
引李巡云華西岳華山也此沿於舊說郭注以下文

河西嶽例之周以嶽山爲西岳則華當爲中岳故不從李注但以爲華陰山（漢書地理志京兆華陰縣太華山在南有祠豫州山晉書地理志宏農郡華陰縣華山在縣南太平御覽引孫按今華山在同州府華陰縣南十里）炎云嶽雍州鎮有吳嶽山孫氏但以爲雍州鎮甚未核折衷於鄭志定吳嶽爲西岳也禹貢云導岍及岐職方雍州其山鎮曰嶽山漢書地理志扶風汧縣吳山在西古文以爲汧山水經注云汧水又東會一水發南山西側國語所謂虞兵禹貢本名汧山爾雅職方因其在西嶽故稱爲嶽山俗謂之吳山又合稱吳嶽

吳或作虞以其聲近字同也史記封禪書以吳山吳嶽為二誤也按吳嶽今在隴州爾雅釋山又云泰山為東嶽華山為西嶽霍山為南嶽郭注衡山南嶽漢武帝以衡山遼曠因讖緯皆以霍山為南嶽故移其神於此今其土俗人皆呼之為南嶽恆山為北嶽嵩高為中嶽此後世所稱之五嶽也漢初諸儒以嵩高配五嶽之數後世仍之余按白虎通義云嶽者何謂也嶽之言桷也桷功德也唐虞三代帝建諸侯巡狩所至必於名山穹窿之望爽塏之區聚一方所觀瞻致其明禋修其曲禮桷功考德慶讓遂行唐虞以霍太山

為岳是為中岳名見禹貢而不著於常典者霍太山
在冀州帝都之內非巡狩所至故略而不言周營成
周華山在王畿之內故為中嶽西方諸侯必當有所覲
之所故吳嶽為西嶽中庸載華嶽而不重舉華嶽可
以該之岳邦畿喬嶽四方所作止東岱北恆南衡所
為三面環拱如說五嶽者因國語崇山之文而增益
為嵩高因嵩高之名而傅會於詩之崧高維嶽遂以
嵩高為中岳之名又引尚書大傳所云五嶽謂岱山
霍山華山恆山嵩山何休公羊注引書巡狩之文而

蓋上下云還至嵩如初禮以此為唐虞五嶽有嵩高之證豈知此皆據漢以言之詩所謂崧高維嶽者固指四嶽而言哉按應劭風俗通義始誤以詩嵩高維嶽為專指中嶽而言職方氏掌天下之圖以掌天下之地九州之山鎮曰會稽曰衡山曰華山曰沂山曰岱山曰嶽山曰醫無閭曰霍山曰恒山而無嵩高以會稽沂山醫無閭霍山為四鎮則華嶽岱恒衡為五嶽而不指嵩高其以證矣昭四年左氏傳司馬侯云四岳三塗陽城太室太室即嵩高山别太室於四岳之外明乎太室之不稱

岳也知周以前不稱嵩高爲岳則無疑於吳嶽之爲
岳爲成周五岳之定名豈得以執於華山爲西嶽之
國語里革曰登川禽韋昭注川禽鼈蜃之屬閩石詩曰鼈鼉何蟲也是亦可謂
之禽獨考工記之大獸五有鱗者鱗水蟲也亦可謂之獸乃以禽獸限已
是廣不必二足之而羽四足而毛者而後謂之也
鼈鼉
不曰康命矣乎
維天之命
此命字專以指理言
於乎不顯

不顯顯也章句曰猶言豈不顯也是也其不顯維德異

純一不已

天固不已矣文王之德之純亦不已也然字從天字生出

大哉聖人之道

峻處冒題也道無所不該然照洋之所無所不有照優之所。

發育道非聖人之道也聖人之道四字須連點

洋洋乎

至存之日須從理氣之充塞流行處發揮流行立柱可以充塞

優優大哉

王存之曰下二句道極於至小所以贊其大也唯無所不入故大無所不有故大。優優是充足有餘從其最精密中勘出耳乃與下文有關

禮儀三百威儀三千

王存之曰

禮儀猶言禮制吉凶軍賓嘉是也威儀凡揖讓周旋皆是乃禮儀中之繁文曲節耳余按湛氏若水二禮經傳測自序曰夫禮二而已矣曰曲禮曰儀禮先其小後其大禮之序也始乎敬禮之本也子思子曰優優大哉禮儀三百威儀三千夫威儀者其曲禮乎禮儀者

其儀禮乎？故曰禮一而已。然則中庸雖是道書，實是禮書。錢氏穀中庸說并證中庸爲言禮之文。劉康公曰：民受天地之中以生，所謂命也。是以有動作威儀之則，以定命也。中庸曰禮儀、曰威儀，兩言儀者焉，專指儀禮言。邱瓊山曰：古禮之傳於世也有三，儀禮、禮記、周禮也。後世則履吉禮者必自儀禮始。於儀禮止有士大夫禮，而無有所謂天子禮者，必合彼二禮與他書有及於禮者錯綜成全書焉。朱子曰：自漢以來，凡天子之禮皆是將士禮特增加爲之。河間獻王所得五十六篇，却有天子諸侯之禮，故班固謂愈於推士禮以爲天子諸侯之禮者。班固作漢書時，此禮猶存，

不知何代何
年失了可惜某如朱子曰今之儀禮其存者十七篇
班氏曰禮古經五十六卷經十七篇朱子曰案此即
今儀禮也十七本作七十臨江劉敞云當作十七計
其篇數則
得今從之而其逸散見於他書者猶有投壺奔喪遷
廟釁廟中霤等篇王氏應麟曰禮古經五十六篇今
其篇名頗見于他書若學禮見賈
誼傳天子巡狩禮見內宰注朝貢禮見聘禮注朝事
儀見覲禮注烝嘗禮見射人注中霤禮見月令注疏
詩泉水疏王居明堂禮見月令禮器注古大明堂禮
昭穆篇見蔡邕論本命篇見通典聘禮志見荀子又
又奔喪投壺遷廟釁廟曲禮少儀內則
弟子職諸篇見大小戴記及管子等書其不可見者
又有古經增多三十九篇朱子曰五十六卷除十七
正多三十九王氏曰孔壁
古文多三十九篇康成不注遂無傳焉注謂古文作
某者即十七篇古文也論衡以為宣帝時河內女子

壞老屋得佚禮恐非閻百詩曰謂漢隋牛宏傳兩明
文傳始出書云于隋以前如隋經籍志無其目
堂陰陽王史記數十篇漢書藝文志隋經籍志並云
明堂陰陽記三十三篇王氏
史記二
十一篇及河間獻王所輯禮采古百多至五百餘篇
王氏曰河間獻王得仲尼弟子及後學者所記一百
三十一篇獻之今逸篇之名有三正記別名記親屬
記明堂記曾子記禮運五帝記見白虎通王度記見
白虎通禮記注後漢輿服志周禮疏王霸記見夏官
疏瑞命記見論衡及文選注辨名記見春秋疏孔子
三朝記見史記漢書注月令記大學志見蔡邕論
儻或有逸在其間者大學且以春官所領五禮之目
約之別其初固當有三百餘篇無疑矣此禮儀三百
之說如孔氏穎達曰儀禮之別有五名一則孝經說

春秋說及中庸並云威儀三千，二則禮器云曲禮三千，三則禮說云動儀三千，四則謂爲儀禮，五則漢書藝文志謂儀禮爲古禮經（王氏曰：藝文志謂之古禮經，未有儀禮之名。張淳云：疑後漢學者見十七篇中有儀有禮，遂合而名之）。凡五名。所以三千者，其履行周官五禮之別，其事委曲，條數繁廣，故也，非謂篇有三千。今行於世者惟十七篇而已，外此則逸禮也。此威儀三千之說也。審是則三百三千並主儀禮。儀禮可統三禮言，故朱子曰：周官一書固爲禮之綱領，至其儀法度數，則儀禮乃其本經，而禮記郊特牲冠

義等篇乃其儀禮疏再又曰儀禮是經禮記是解儀
禮如儀禮有冠禮禮記便有冠義儀禮有昏禮禮記
便有昏義以至燕射之類莫不皆然是則二禮皆可
言經而所以條而析之于禮經之中者並謂之曲葉
氏夢得曰經禮制之凡也曲禮文之目也此則中庸章
句之說也張子曰言得儀禮則曉得周禮與禮記余
故謂中庸之專指儀禮言或因禮器鄭氏注以經禮
曲禮分配周禮儀禮者固非王氏曰禮器經禮三百
鄭氏注謂以周禮三百
三百六十官漢志禮經三百臣瓚注云周禮三百是
官名也禮經謂冠婚吉凶蓋以儀禮為經禮也朱子

注瓚說謂周禮乃設官分職之書，禮典亦在其中，而非專為禮設也。或因漢書臣瓚志以經禮曲禮分配儀禮禮記者，亦非也。王氏曰：三禮義宗云儀禮十七篇，吉禮三，凶禮四，賓禮三，嘉禮七，軍禮皆亡。禮總注謂曲禮謂今禮也，所指儀禮，而儀禮疏云亦名曲禮。朱文公從漢書臣瓚注，謂儀禮乃經禮也，曲禮皆微文小節，如今曲禮、少儀、內則、玉藻、弟子職，所謂威儀三千也。毛西河引梁徐勉上表、晉刑律志、尚書陳寵上疏及漢陳忠傳，皆作禮經三百，威儀三千，而以中庸兩儀字連出，謂禮儀或是禮經之誤，豈其然哉？陳懿典序周氏從龍中庸發覆編曰：余嘗竊疑中庸性命之書，而古者乃置之禮經，豈以武周祭葬郊社為禮之

大者故以入禮經中乎論語終篇云不知命無以爲
君子也不知禮無以立也禮之三千三百無非性命
也而不可認禮爲性命外之物也聖人之政中和無
非性命中事則謂中庸爲性命之言可也謂爲禮經
亦可也孝雲解禮儀威儀爲道之愈析愈大愈待其
人而後行謂行即禮君子尊德性要歸於崇禮真發
前賢也陳氏澔謂前聖繼天立極之道莫大于禮
後聖垂世立教之書亦莫先于禮後世議禮或行或
不行而聖人之道無不行呂氏祖謙曰周公制禮立於一時而萬世不易自非

聖人議禮制未有久而不廢如貞觀之禮不可行於顯慶而顯慶之禮不可行於開元是也唯禮之道不行斯禮之所以不行也如又曰待其人而後行陳氏祥道曰漢興叔孫通之綿蕝禮儀徒規當時之切近而其治失之于太卑魯二生之論禮樂必期百年俟後興而其言失于太高賈誼有修禮之志而困於絳灌曹褒有定禮之議而沮於酺敏傅咸極論于晉而詘於流俗劉蕡發策于唐而棄於一時繇漢以來千有餘載禮之道終不明禮之所以不行也挹而昌黎大儒且謂儀禮無所用王氏曰韓文公讀儀禮謂考于今無所用甚謂天秩有禮小大由之冠婚喪祭必于是稽焉文公大儒猶以為無所用毋怪乎冠禮之行不非鄭尹而快孫子也莫怪乎王安石變亂舊制廢罷儀禮而獨存禮記之科也哉語類言儀禮舊與五經並行王介甫始罷去

苟不至德

王存之曰：上言其人，即至德之人也。王引之曰：不非也。正義曰：不非即是也。苟不，苟非也。下苟不固不字同

至道不凝焉

至道即上極於至大、極於至小者

故君子尊德性節　二道字皆去声

王存之曰：尊德性、道問學是綱，下四句是目。致廣大、極高明、溫故、敦厚，是尊德性事，乃存心之事；盡精微、道中庸、知新、崇禮，是道問學事，乃致知之事。君子是修聖人之道者

余按此節以尊德性承洋洋之言謂尊天德也道問
學承優優之言謂行禮教也則下四句分承或以廣
大高明敦厚推發育之原精微中庸新與禮循經
曲之數是也豈得謂尊德性是存心道問學是致
知致廣大極高明温故敦厚是存心之屬其精微
道中庸知新崇禮是致知之屬哉王存之依注作
解略專屬行文非以解經也 大全又以四句上截只存心下截盡精微
道中庸知新屬知道 且無論廣大高明與存心慎
中庸崇禮屬行亦非
獨不睹不聞不慮合天下豈有道中庸與崇禮而

所言致知者乎

致廣大而盡精微

解略云致廣大跟着從性盡精微跟着向學中比乎列於股頭醒出而字後比必須交互以盡而字之意

餘同因不以一毫私意自蔽私意自生於內者解致廣大不以一毫私欲自累私欲自誘於外者

解下句極高明三字須有分別○若出二句則兩排偶而以致廣大盡精微以極高明盡道中庸

溫故而知新

解略曰溫性之所昭徹者故也尋繹以溫之而學問之所啓發者新也極致以然之須跟得清醒

敦厚以崇禮

解略曰厚字從性中之出能者敦以尊之禮字學問中之有叙者崇以益之以字只作而字解但不能於點於股頭於串講處點醒可也

其言足以興

解略曰其言即位育經曲之言興是興起身以在位也

既明且哲

解略曰明是明於理就大概説哲是察於事就逐事説

其此之謂與

解略曰其以修德進漸道而上上謂居下下謂為治謂國亂有道

謂國寡之無不宜之謂興無道

愚而好自用　節

解略曰通章說為下不倍自宜重賤而好自專句結

在夫子口中三項且平說末句總承上三句

非天子　自此下至亦不敢作禮樂焉為皆子思之言

解略曰非天子即賤矣此為下者也　自曰

不制度

解略曰度指服物采章文官須制作之法有司計奇

襄二辭說謂韵也

不考文

禮記鄭注曰文書名也章句因之而其大全又曰文是字形名是字声毛西河曰此錯據秋官文而合兩為一音鳥據文書名三字出自鄭注皆訓作字周官外史達書名于四方正是書同文也聘禮束帛加書為名以上書于策不及百名書于方百名所為字也如謂名是声則秋官大行人諭書名聽声音明以教文字共譯言語分作兩為烏得混合

解略曰其以修德治道而上上謂居下下謂爲治謂國有道亂
謂國處之無不宜之謂典
無道
愚而好自用　節
解略曰通章說爲下不倍自宜重賤而好自專句說
在夫子口中三項且平說末句總承上三句
非天子　自此下至亦不敢作禮樂焉爲皆子思之言
解略曰非天子即賤矣其爲下者也　自曰
不制度
解略曰度指服物采章等宮須制作之法有司計奇

不孝文開通

閒寶詩曰訓詁之字至宋失之或曰大儒閒出著書所述小小訓釋可以自爲作古題之之天子孝文一般余曰亦有別

馬援當漢光武時以所假伏波將軍印書伏字犬外嚮與縣長吏印文不同恐天下不正者多所宜齊同薦曉古文字者奏上以爲可此孝文也憲宗元和十二年敕曰朕每讀洪範至無偏無頗頗字於韻不協宜改作陂若爲陂則文亦會意爲頗則聲不成文正所刊正以免魯魚此又孝文也閒寶詩曰訓詁之字至宋失之或曰大儒閒出著書所述小小訓釋可以自[illegible]作古題言之天子孝文一般然而亦有別[illegible]宜何以[illegible]附錄以備參觀

名其聲則秋官大行人諭書名聽音聲明以數文字

典釋言語分作兩卷爲得混合

按文即名，皆字也。古曰名，今曰字，統謂之文。論語子曰：必也正名乎！夫正名即考文之謂也。馬曰：正百事之名也。鄭曰：正名謂正書字也。古者曰名，今世曰字。禮記曰：百名以上則書之於策。孔子見時教不行，故欲正其文字之誤。陳氏仲漁曰：按周禮外史掌達書名于四方，注：古曰名，今曰字，使四方知書之文字，得能讀之。賈疏：古者文字少，直曰名，後代文字多，則曰字。字者，滋也，滋益而生，故更稱曰字。正其名字，使四方知而讀之也。大行人九歲屬瞽史諭書名注書名書之字也古曰名聘禮曰百名以上峽注引禮記者聘禮記文彼云百名以上書於策不及百名書於方注名書文也今謂之字賈疏引此注以證是文字通謂之名然則論語正名之名即此不考文之文解以名分則誤矣謂名是義亦非也

今天下　節

綱略曰車同軌跟制度等書同文跟考文等行同倫跟禮儀等

雖有其位　節

解既曰以上兩形起下兩重在下兩言有位無德者

尚不敢作禮樂況有德無位者 玩亦字自見

子曰吾說夏禮　節

舊本以吾從節合下王天下節章爲一章以三重是德位

時從愚而好自用章耳

杞

陳留雍邱縣注云故杞國也先春秋時徙魯東北按

今安邱縣正在魯東北惟先春秋而徙故入春秋邑

輒爲莒得閒石詩曰明樓至此以杜元凱之博洽爲

不直引此文乃云推尋其跡始知之耶

有宋存焉

論語杞宋並不足徵中庸易其文曰有宋存焉豈聖人之言述於賢人之口而輒改易若是乎蓋孔子七世祖正考父得商頌十二篇於周之大師歸以祀其先王而至孔子錄詩時已亡其七篇正宋不足徵之明證也且子思作中庸自中庸其至矣乎以及明乎郊社之禮皆隱括論語之文增損其間獨此改論語宋不足徵而曰有宋存者闕為詩曰子思困於宋作中庸

三三七

而中庸既作於宋易不足徵而曰有存殆爲宋諱是也按荀子禮居是不非其大夫況宋實爲其宗國仲尼次春秋爲有所褒諱貶損不可書見也口授弟子又定哀多微辭孔叢子稱僞書所載大夫樂朔與子思論爲書朔以爲辱己起徒攻子思子思既免於難是擬中庸之書似亦未必全無因則書中存宜直爾時杞既亡而宋獨存亦與爲實合

王天子有三重焉其寡過矣乎

聖人之道以三千三百治世是以崇禮必有德有位有時聖人其德如天子其位也今天下其時也夏商非時矣故王天下有三重始能寡過否則災必及身矣何則不信從也禮鄭注曰三重三王之禮固非而

章句引吕氏説以議禮制度考文三事當之若如其
説則官府制作與保氏書數皆在周禮六官中焉得與
議禮相峙而三若從則禮又有樂不敢作禮樂將四
重矣況此居禮儀威儀敎學崇禮其專重禮教安容
襍及又況三重苟與思而苟正相反惟聖人不思天
子不賤今天下不生今反古如得寡過者正不
自用自專灾不及身之謂也毛西河曰今章句錯注三重將寡過之字全無
解説乃謂人得寡過夫以聖人治世謂致曲所及安
代有之未有民物信從而謂遵伯王寡過之學者陸
氏釋文引之重作德位時而北宋儒者尚有德重位
重時重之説豈可以吕氏臆見而鑿鑿實之○遠宗

曰祭統夫祭有三重焉下即承以祼獻升歌舞武三者此下承以時位德而不及制度考文則于文例已不合況考據乎

王者之為課藝作解略則曰王天下是居上者三重須是議禮制度考文是隱寓德性道字面而有之者也寡過貼臣民說民字在下不可見只以國不異政家不殊俗分股可也此依注為行時文計非能以解經也

上焉者

解略曰謂時王之前如夏商也特借說不可入口氣

○是無時

下爲者

又曰不必鑿出孔子，止時用孔子爲實可也。○是無位

本諸身

又曰三重止是治具，本諸身則實有其位矣。議禮本諸敎倫飭紀之身，制度本諸聲律身度之身，考文本諸仰觀俯察之身。○註經六字，從出全節（見究），可提本身作主

徵諸庶民

又曰自此以下句句跟三重。○民之信從可以見制

作之善故必徵之信從可以分股

考諸三王　二句

又曰

三王禹湯文武也○忠質文即三王之禮時輅冕即三王之度渾噩灝即三王之文

建諸天地而不悖

又曰

陰陽剛柔健順簡易動靜高卑覆載等字皆可用○高下散殊即天地之禮垂象獻圖即天地之度日星河嶽即天地之文

質諸鬼神而無疑

又曰屈伸往來消息盈虛生成造化等字皆可用。動靜著爲禮所議者因乎此也，消息著爲度所制者因乎此也，微顯著爲文所考者因乎此也。無疑是有無疑此句是隱建諸天地句深一層說，言不但天地也，即質諸鬼神而無疑。

百世以俟聖人而不惑

又曰百世雖遠而所因革所損益先後同揆。文質去其繁而禮不可廢也，輅冕酌其中而度不可易也，形聲備其解而文不可改也。不惑是我不惑此句朱注考諸三王句深一層説，言不但三王也，即百世聖人而不惑。

質諸鬼神而無疑，於天也。

又曰：知天運有剝復，則知鬼神有屈伸；知天之有盈虛，則於鬼神有變化。禮有秩敘，天之禮也；數有奇偶，天之度也；行有經緯，天之文也。於天而可質鬼神，則天地之不悖可知也，固補出。

百世以俟聖人而不惑，知人也。

又曰：人之有五常，乃百世聖人所同得；人之有五倫

乃百世聖人所共由〇禮即所謂人紀也度即所謂人事也文即所謂人文也〇當人而可俟後聖則鬼神之無物可知也須補出

動而世爲天下道　三句

又曰首句總冒作二比下二句分發二比斷不可串列三比觀注自明〇此言王化之不限於時重世字以三重之道動作於一身其見之設施者行也其宣之誓告者言也天下道天下法則即所以寡臣民之過也

遠之則有望　二句

又曰遠近以地言此言王化之不限於地也○二之字指君子言謂遠於君子近於君子者○總是制作之美善故遠有望而近不厭制作所指三重

在彼無惡　二句

又曰在彼指二王之後之在杞宋說○在此指二王之後之在周說

以永終譽

又曰無惡無射是有譽矣此重永字終字

君子未有不如此 二句

又曰譽之永從必本於無惡無射故王天下之君子為也

道德本於身信從徵於民三王俟聖可合天地鬼神

可通如此而成垂法則服遠近並有譽於天下也不

然而欲永譽於天下未之有也 六句而簡括之 別本

身徵庶而又考建質如此

仲尼祖述堯舜 節

又曰此節以帝王上下四字總括。中庸之統必歸

仲尼照君子中庸句作結脈。以堯舜之道為祖而

繼述之博約契精一之旨時中紹允執之傳心原若

一也以文武之道為憲也憲法而表章之存方策而奉九經作春秋而明王始法守常昭也天而運之以時春夏秋冬運而不滯以仕止久速之無定者律之水而限之以土東南西北定而不遷以用舍行藏之有定者襲之

辟如天地之無不持載

又曰

辟如二字直貫通篇為仲尼祖述憲章且不待天字論矣上律下襲取辟也豈無不覆幬豈可不銷納補幹乎故此句未上全下偏題但題中有二之字只將天字銷入地字中讓作

可也不忍截偽

萬物並育而不相害

又曰只須天覆地載耳○天地中有植物焉植物之不襍乎動物夫人而知之矣而植物之中有臭物與香物不相雜焉植物之中有穀物與荚物叢物又不相雜焉天地中有動物焉動物之不妨乎植物夫人而知之矣而動物之中有毛物與羽物不相妨焉動物之中有鱗物與介物羸物又不相妨焉

道並行而不相悖

又曰只係四時錯行日月代明耳○時行於二十四氣而中氣節氣不紊其次焉時行於七十二候而初候末候不易其經焉○日生東月生西而出没迭徵之運東與西不相違焉日行遲月行速而終有交會之時遲與速不相越焉○夏行冬令則寒暑失其宜春行秋令則慘舒失其當似乎悖矣於偶也非常也月而掩日則日爲月食日而亢月則月爲日食似乎悖矣於災也非祥也

小德川流小謂可以語小莫破耳

又曰：專須不害不悖看。○德之見爲不害者，物有動植，動者一從植者一從，故動無妨於植，植無妨於動也。如川之流而可分其支也。德之見爲不悖者，四時與日月有往來，往者一從來者一從，故已往無假於來，來無假於往也。如川之流而可尋其派也。

大德敦化小講可照語大莫載來

又曰：專須並育並行看。○大德之著於並育者，物之形生矣而化統會於乾元，則成形無數之化，物之氣別矣而化互根於太極，則稟氣有數之化。大德之著

於並行者時分爲四而時以四而通者德以一而復則寒與暑敦此化日月分爲兩而日月以兩而化者德以一而神則晝與夜敦此化

此天地之所以爲大也

又曰題面止贊天地之大而仲尼之大一點便是

唯天下至聖　節

又曰此章言小德故以德之散殊者言○首兩言生知之質包下四德首兩宜另講下四兩平說○至聖不思不勉從容中道而純乎天道者也

爲能聰明睿知

又曰 聰無不聞，明無不見，分貼耳目，而所以聰明者心也。睿是思之通微，知是識之周物。睿是能識來事，知是能藏已往。

寬裕溫柔

又曰 寬與狹隘反，裕與急迫反，溫與慘刻反，柔與乖忤反。○若出一裕字照，則優裕、恬裕、安詳、舒泰等字是正面；急遽、倉猝、迫蹙、躁烈等字是反面。裕非如形容舒緩如，裕非如手足優游如。書德裕乃身，可引作不講。

發強剛毅

又曰發與廢弛反，強與懦弱反，剛與屈撓反，毅與作輟反。○若出一強字題，則強而義、強哉矯是正面，力之怯、心之餒是反面，強禦、強梁是翻。易乾象君子以自強不息可引作小講，不息者乾之強，自勝者壯之強，亦可作二比。

齊莊中正

又曰齊與憧擾反，莊與怠慢反，中與偏倚反，正與邪曲反。○若出一莊字題，則務莊端莊，莊則未有不敬，莊則未有不肅是正面，侈肆怠惰是反面，莊非僅修其

容如莊非僅飾其貌也是翻○莊字指心不指外貌

松可畏可象式玉式金等詞可作撇筆襯色實莊可引作分講誌

須以根心生色立論○莊

字有敬字在下不可犯

文理密察

又曰文與昏暗反理與混雜反密與疏略反察與浮

泛之反察是研究極精而無纖悉之辨○若止一理字題則如條理之

有始終條理而不可淆如如倫理之有親疏秩然而

不可紊如凡綜理乎萬幾者必尋其理而析之而至聖

則已蘊於中藏也凡統理乎庶務者必順其理而求

之而至堅則已涵於內含也其緒不可分其端不可雜是正面糾紛然錯等字是反面窮理心理性理凡講於此理字乃條理指一字皆可作小分明之理須剔得醒

溥溥溥淵泉

又曰溥博訓周遍言其德之無所遺也博訓廣淵言其德之無可限也淵訓靜深亦可犯如淵句泉訓深有本

而時出之

又曰時而容執敬別而仁義禮智之德出焉兼各出互出二意日生然之質只附在四德上見注程見五者總

須以聰明睿知裝在仁義禮智之上不可另作一件也

溥博如天　句

又曰天淵以形言如之以心言必須實是至德發揮

見而民莫不敬　三句

又曰見是至德之動於容言是至德之發於口行是

至德之措於身三項平列

自上焉者至此均錄自解略為民存之為時文立

說如俱依章句所言而言解經者當分別觀之

施及蠻貊

集見章句音現顯也露也與相見之見音義都別據朱注希所述文云天下時入而見天子爲天子時出而見天下爲竟作如字解

蠻貊則禹貢要服荒服二千里夷蠻之地是也非今所謂夷狄戎蠻不登版圖之區者矣若非要荒是九州域外不登版圖者乃今所謂夷狄戎蠻何以能舟車所至人力所通耶詳大學四夷條下

遠諸論語衛靈公篇雖蠻貊之邦集注曰蠻南蠻貊北狄而不知北方可曰貊矣詳論語

天之所覆　旁

上古聖人德化所感人民畢至非若後世秦漢務勤遠略開地斥境快其心志以為者觀顓頊本紀動靜之物大小之神日月所照莫不砥屬與帝本紀日月所照風雨所至莫不從服皆無遠不屆之驗也此天之所覆地之所載日月所照霜露所隊其之謂也焉

凡有血氣者

解曰東陰之重濁而為營者則有血東陽之輕清而為衛者則有氣有血有氣則有性情可知矣

夫焉有所倚

解曰不思而得是不倚於思不勉而中是不倚於行

勉峯乎其先生不倚於後起者至乎其内生不倚於

外者

肫肫其仁　三句

解略曰　首句跟經綸耳次句跟立本耳末句跟知化耳　只玩注不可忘

苟不固　德者

王引之曰不非也　詳上至從下　苟不　解略曰唯聰明聖知

達天德天德即仁義禮智之德也　苟字固字須着眼

惡其文之著也

解略曰　文理錦之文非惡其文惡其文之著也　須點醒　此句是

解詩句亦貼衣服說起，後下處須補出君子爲己之心。

故君子之道　四句

解略曰：四句不平，須於重君子一邊。○闇是絅也，日章錦也，仍不可脫詩意。

淡而不厭　三句

解略曰：此歷舉爲己之心須鞭辟入裏。○庸言而不尚新奇，庸行而不爲詭異，是淡也。核言其庸而有至味，行其庸而皆至道，疑淡而不厭也。無浮言蔓說，無戲容繁說，是簡也。核言寡而中，觀質而恭，其簡而自有文也。

不露圭角不立廉隅是溫也然人之質厚者之患非涇渭昭然妍媸不混是溫而自有理也

知遠之近　三句

解略曰此言君子之慎幾○遠貼人近貼身家國之治忽由吾身之有風貼身自貼心風度之在身者有得失由心之有邪正風只是身之得失也風度風範風采風流非風俗風化之風微指心之初動顯指已發邪正之有諸內者甚微善惡之形於外者甚顯也遠不遽遠風不徒風微不徒微須指幾字作主○上二此字由表以之裏下一此字由內以達外語氣參差然須三平說串重末句亦可然非

正格也

可與入德矣

王引之曰與猶以也言可以入德也解略亦曰可與猶言可以須留心照題中寫錯

詩云潛雖伏矣　二句

解略曰潛伏孔昭只作一念之隱微無聞說從隱字逼出詩云潛雖伏矣六字題文竟貼無說通篇貼無而未題結出正旨亦未始不可

內省不疚　兩

解略曰此節是慎獨工夫重內省二字曰內省其天

理人明而加以存遏之功始能不疚不疚則質之初心而無負故無惡於志便說得有工夫注中無愧二字直題

君子之所不可及者　二句

解略曰不疚無惡是君子之不可及也則內省是人之所不見也須字〻清醒

詩云相在爾室　二句

解略曰引詩以言至靜之地不可忽以引起君子靜存之功耳按左作文者不妨就衛武公抑篇屋漏言屋漏之神附解詳後

屋漏解

相在爾室尚不愧于屋漏無曰不顯莫予云覯神之格思不可度思矧可射思詩文本一串所謂屋漏中有神以戒君子而中庸兩引是詩章句注未詳備其義余按詩鄭氏箋惟釋屋為幄異耳其云漏隱也禮祭于奧既畢改設饌于西北隅扉隱之處此祭之末也正義曰屋漏者室內處所之名漏隱之處正謂西北隅也屋漏之處有神居之故言祭時于屋漏有事之節特牲禮尸謖之後云佐食徹尸

薦祖敦設于西北隅几在南扉用筵納一尊佐食闔牖户降匡云不見神之所在或者遠人乎尸謖而改饌爲幽闇庶其饗之是其事也趙鹿泉曰古人室多南向東陽而西陰西北隅又陰之陰故以爲屋漏暗處而神之所棲謂室神也此與室西南隅爲奧分上下此皆有祭但奧向明人常居之故尊者主奧屋漏背陰人不居之獨以奉神故禮有設饌之事詩言向言尚不愧獨主屋漏而子思引以言君子之戒懼至爲警切其祭在正祭後此繹不

同繹祭在次日屋漏之祭在每日久爲因性說不知

如君子不動而敬　二句

解略曰此是靜存工夫敬信指君子之心言言無時不敬信

也解句誤

詩曰奏假無言　二句　釋文奏詩作駿子公反　假古雅反

解略又曰奏進也假感格也無言指主祭者說靡有爭言

與祭者化之皆無爭競之心耳串講

詩曰不顯惟德　二句

禮鄭注曰不顯言顯也解略曰此不顯竟作不顯解幽

遠之意（依章句說）與於乎不顯之不顯異，為辟諸侯也。刑法之也。

予懷明德不大聲以色（以字句誤與）

解略曰：上文上帝謂文王，予字設為上帝之自稱也。上帝即天帝，但天（上帝即天帝但天字在下宜避之）明德乃文王之明德，聲謂號令，色謂容儀。

聲色之於以化民末也

解略曰：此二句是孔子另一時說話，不專駁詩。子思引來證詩言之不足形容不顯耳，不可將文王說壞

德輶如毛

解略曰輶輕也（■禮鄭注）從此處以作微細字解

毛猶有倫

解略曰此是子思駁詩之詞謂之曰毛似乎微矣然猶有倫類可比也（猶字區點醒）

上天之載　二句（禮鄭注曰載讀曰栽謂生物也）

解略曰載事也上天之載猶曰天之命天之道耳非實載之載無思也無爲也故以無聲無臭擬之至矣言如此詩之言乃爲不顯之至耳○若（出）無臭二字題

所用借賓定主法矣之因於聲者聲可聞矣而聞也矣之異於氣者聲可聽矣不可聽也氣之鬱而不舒者則有臭臭必附於形也故既散而爲臭則不復以形著矣乃猶曰無之乎氣之積而必發者則有臭臭必麗於質也故既蒸而爲臭則不復以質名矣乃猶曰無之乎黍稷之馨所以示明德言有臭之可升也而詩若不必以臭喻則帝載之無爲可知矣鬱鬯之裸所以降神祇言有臭之可達也而詩若不必以臭言則帝載之無極可知矣詩曰其馨始升上帝居歆胡臭亶時小讀中

可以此
亦作翻

八〇商点

校尉十行本毛本作校校勘記曰毛本作校者避明熹宗諱也後改條閒於不能章較此考周禮校人釋文云校户教反字從木若從手旁作是比校之字耳今人多亂之據此則校尉字亦當從木從手作校者非。琅邪皇侃義疏本作瑯琊釋文出琅字云音郎本或作瑯校勘記曰瑯琊乃琅邪之俗字琅本作郎唐元度九經字樣云

述論語古本姓氏書目考

魯論語傳 漢中壘校尉劉向言魯論語二十篇皆孔子弟子記諸善言也

太子太傅夏侯勝 太傅釋文序錄作少傅二太字唐石經並作大釋文大音泰毋則字當作大 前將軍蕭望之

丞相韋賢 韋玄成 韋賢之子

齊論語二十二篇有問王知道多於魯論二篇其二十篇中章句頗多於魯論

琅邪王卿□ 膠東庸生

昌邑中尉王吉

張侯論

安昌侯張禹 本受魯論兼講齊說善者從之號曰張侯論為世所貴

郎邪郡名。郎，邑也。邪，道也。以地居鄉魯人有吾道，故為郡名。今經典相承郎字，玉篇作良。邪字或作耶者，訛。

包咸。皇本包作苞。後包氏並放此。校勘記曰：按廣韻包下云包裹。亦姓。楚大夫申包胥之後。漢有大鴻臚包咸。皇本作苞非也。

魯共王。皇本共作恭。校勘記曰：案共恭古字通。

包咸章句　周氏章句不詳何人

古論語魯共王時嘗欲以孔子宅為宮，壞，得古文論語。分堯曰下章子張問以為一篇，有兩子張，凡二十一篇，篇次不與齊魯論同。

博士孔安國訓解皇本作訓說集也　南郡太守馬融訓說

魯論篤考齊古

大司農鄭玄注釋文作十卷，隋書三十二作九卷。就魯論篇章考之齊古為之註。皇本為上有以字，註作注集也

司空陳群義說　太常王肅義說

博士周生烈義說

右一十六家。見魏何晏論語集解序

晉太保河東衛瓘字伯玉
晉廣陵太守高平欒肇字永和
晉司徒濟陽蔡謨字道明
晉著作郎濟陽江淳字思俊
晉中書郎江夏李充字宏度
晉散騎常侍陳留周瓌字道夷
晉中書令瑯琊王珉字季琰
晉中書令蘭陵繆播字宣則
晉黃門郎潁川郭象字子元
晉江夏太守陳國袁宏字叔度
晉撫軍長史蔡系字子叔
晉廷尉太原孫綽字興公
晉中書令潁陽范甯字武子
右一十三家爲江熙大和所集，梁皇侃論語義疏敘

鄭玄注十卷 隋書三十二作九卷

虞翻注十卷

譙周注十卷 字允南巴西人晉散騎常侍不拜陽城亭侯

衛瓘注八卷 廿二卷宋明帝補闕

晉尚書左中兵郎

李充集注十卷 東晉人

孟整注十卷 一云孟陋陋字少孫江夏人東晉撫軍參軍不就

綦毋邃注十卷 天水人東國子博士

王肅注十卷 隋書三十二同

何晏集解十卷

崔豹注十卷 字正熊燕國人

孫綽集注十卷 字興公太原人東晉廷尉卿長樂亭侯

盛氏注十卷 不詳何人

晉袁喬注十卷 字彥叔陳國人

東晋益州刺史湘西簡侯

尹毅注十卷

江熙集解十二卷 隋書三十二作十卷

張憑注十卷 字長宗吳人東晋司徒左長史

孔澄之注十卷 字仲淵會稽人宋新安太守

虞遐注十卷 會稽人齊員外郎

二同

二同

王弼釋疑三卷 隋書三十

欒肇釋疑十卷 隋書三十

徐邈音一卷

右二十一家見唐陸德明經典釋文序錄

漢

孔安國

古論語傳一 釋文

馬融

古論語注一 釋文

何休

論語注 後漢書七十九下

鄭玄

論語篇目弟子 史記注六十七

一卷 隋書三十二

論語孔子弟子目錄

魏

周生烈

論語義例 魏志注十三

王弼

論語音 釋文引

吴

韋昭

論語解 羅願爾雅翼引

晋

何晏

論語音 釋文引

衛瓘

論語集注 隋書三十二作六卷 舊唐書四十六作十卷

繆播

論語旨序 隋書三十二作三卷。舊唐書四十六作二卷

論語音 引釋文

欒肇

論語義 史記索隱十八

論語駁 舊唐書五十六作三卷。○通典六十三作二卷

論語釋 新唐書五十七

李充

論語釋隋書三十二

謝道韞

論語贊藝文類聚引

梁

武帝

論語音釋文引

皇侃

論語義十卷梁書四十八

論語音釋文引

論語音釋文引

論語義疏隋書三十二

此條當先列隱義注次列隱義注

唐

韓愈

論語注十卷（新唐書五十七）

論語筆解二卷

姓氏無考

論語隱義注三卷（隋書三十二）

論語隱義（御覽引）

書目無考

夏侯建（釋文序錄引）

范甯（釋文引。案晁武公讀書後志一卷，曰皇侃論語疏引范甯說，列隋志范廙論語別義十卷，或失范甯之誤）

繆協（論語疏引）

顏延之論語疏引

梁武帝釋文引○李匡義資暇集引○論語

右自漢迄唐凡一十有六家書目計二十有四有其書而人不詳者凡二有其人而書並考者凡五此只集解一十六家義疏一十三家釋文二十一家外復層樓討而得掇限於見識讀書未備掛漏良多隨見輒錄聊資備攷採輯之功何敢預焉乙丑仲夏芝青文識於維揚客舍述古本姓氏書目考

述阮氏論語校勘記說並引用書目

阮宮保自序曰春秋易大傳聖人自作之文也論語門弟子所記載聖言之書也凡記言之書未有不宗之者也魯齊古本異同今不可詳今所習者則何晏本也元於論語注疏舊有校本且有箋識又復據經注疏釋文善本雖其同異親訂成書以詔學者云

引據各本目錄

漢石經十卷 據洪适隸釋所載石刻殘字

唐石經十卷 唐開成時石刻本

宋石經 宋紹興時石刻本

皇侃義疏十卷 日本寬延庚午

根伯修《孫志》校正付刻，每葉十八行，每行二十字。前有彼國人平安服元喬敘。

高麗本據海寧陳鱣《論語古訓》本作。

十行本二十卷每葉二十行，每行二十三字，上邊書字數，下邊書刻工姓名，中有一葉下邊書泰定四年年號，知其書雖爲宋刻，元明遞有修補。又元、徵、宏、桓、慎、殷、樹、匡、敦、讓、貞、懲、崩、完、恒等字，字外並加一墨圈。書中誤字雖多，然其勝於各本之處亦復不少。

閩本二十卷明嘉靖間閩中御史李元陽校刊，每葉十八行，每行二十一字，下邊書刻工姓名，間有書字數者，當出於修補之手。雖有訂正十行本之處，然亦有不及十行本之善。

北監本明神廟間北國子監所刊，行數字數與閩本同，上邊書「萬曆十四年刊」六字，字體惡劣，誤字亦多。

毛本明崇禎間汲古閣毛子晉[illegible]校刊，行數字數亦與閩本同，下邊大書「汲古閣」三字，據校正付刊，誤字少於北監本，然

較之十行本其善處遠不可及矣

辛巳孟秋中元前一日容古

南林述挍勘記

述論語齊魯古考現

班氏藝文志論語者孔子應答弟子時人及弟子相與言而接聞於夫子之語也當時弟子各有所記夫子既卒門人相與輯而論篹故謂之論語凡論語十二家二百二十九篇楊氏簡曰今世所行乃魯語陸氏邢氏皆以魯論即今所行篇次是也然考今所行者唯篇次從魯而其中字句則或非孔壁中古文從齊或從古不復夏侯蕭章之舊矣

按魯共王時嘗欲以孔子宅為宮壞得古文論語分堯曰下章子張問以為一篇曰從改篇有兩子張凡二十一篇今則合之篇次不與齊魯論同隋書古論語與博士古文尚書同出

孔安國爲之訓解（當作說）而世不傳至順帝時南郡太守馬融亦爲之訓說是古文也魯論語二十篇龔奮夏侯勝蕭望之韋賢及子玄成等傳之齊論語二十二篇多問王知道兩篇王吉宋畸貢禹庸生皆以教授唯王陽名家（師古曰王吉字子陽故謂之王陽）安昌侯張禹本受魯論兼講齊說善者從之號曰張侯論爲世所貴包氏周氏章句出焉漢末鄭玄就魯論篇章考之齊古爲之注（王肅）而陳羣周生烈皆爲義說所見互有不同何晏集諸家之善有不安者頗爲改易名曰論語集解

宋邢昺疏云今十三經所傳論語注疏本是也邢疏之前作論語疏者有三梁皇侃撰疏十卷又舊唐書經籍志有賈公彥論語疏十五卷褚仲都論語講疏十卷晁補之曰齊論多二篇詳其名未必非夫子最致意者何說而張禹獨遺之馬端臨則謂此亦孔壁中所無度必後儒依倣而作非聖經之本真所以不傳非禹能刪也晁公武曰禹身不知王鳳之邪只其不知此固宜然勢位足以軒輊一世使斯文興喪惜哉如淳曰問王知道皆篇名說者謂是內聖外王之業也傳會如論語二十篇皆就首章字義名篇非有包括全篇之義今逸論語見於說文初學記文

選注太平御覽等書其銓玉之屬特詳曹寅谷曰竊疑齊論所逸二篇其一乃問玉非問王也考之篆法三畫正均者爲王中畫近上者爲玉或譌玉爲王王伯厚云問王疑即問玉是也今且果逸者無論也即其二十篇中章句頗多於魯論焉然魯讀又不如齊古釋文云案鄭校周之本以齊古讀正凡五十事皇覽引魯讀六事今就釋文音義所載藉以考見得失焉如傳不習乎鄭注云魯讀傳爲專今從古可使治其賦也孔云兵賦也鄭云軍賦梁武武云魯論作傳崔子弒齊君鄭注云魯讀崔爲高今從古吾未嘗無誨焉

魯讀爲悔字今從古五十以學易魯讀以爲亦今從古正唯弟子不能學
也魯讀正爲誠今從古君子坦蕩蕩魯讀坦蕩蕩爲坦湯今從古冕衣裳者鄭本
作弁魯讀弁爲絻今從古爲絻今從古鄉黨篇上總下如授魯讀下爲趨今從古瓜祭魯讀
瓜爲必今從古鄉人儺儺戶多反魯讀爲獻今從古君賜生魯讀生爲牲今從古車
中不內顧魯讀車中內顧今從古仍舊貫魯讀仍爲仁今從古詠而歸鄭本
作饋饋酒食也魯讀饋爲歸今從古片言可以折獄者魯讀折爲制今從古好行
小慧魯讀慧爲惠今從古謂之躁魯讀躁爲傲今從古歸孔子豚鄭本作饋魯讀
爲歸今從古古之矜也廉魯讀廉爲貶今從古天何言哉魯讀天爲夫今從古
惡果敢而窒者魯讀窒爲室今從古已而已而今之從政者殆

而（魯讀期斯已矣今之從政者殆今從古）孔子曰不知命章（魯論無此章今從古）以上唯兩歸字之讀爲合餘皆字義之異讀者如洪適謂季氏篇多稱孔子曰或以爲齊人所傳（是爲齊論）若耕老謂堯曰篇無不知命一章者論語則有之是齊與古同而今本無孔字殆失校也瓜祭集注獨從魯論並引載陸氏云不知陸自從古不從魯注疏同哀公問社孔注曰凡建邦立社各以其土所宜之木宰我不本其意妄爲之說今集注所本如釋文云社如字鄭本作主云田主正義曰張包周本以爲哀公問主於

宰我先儒或以爲宗廟主杜氏元凱何氏休用之以解春秋今不取則亦從古不從魯之明證也今稱論語概之曰魯論殆未審別焉爰詳識之以俟稽古者考訂云辛巳七月阮望容古南林以述之

述論語重出既考概

考四書重出唯中庸哀公問政章在下位三句或是錯簡預重後文於前餘皆無可刪置論語疏曰篇中所載各記舊聞意及則言不爲義例或亦以類相從夫既由各記自不免重複參差既以類從即非無義例爲聖人原非一時一事之言或前爲彼而後爲此無嫌重也如吾未見好德如好色者也據史記爲衛靈公發也已後篇止多已矣乎三字爲此喻益詳矣今並通之餘皆此例也是以古注概未嘗言重出迨邢氏

正義始同言之，亦有不甚指者。自集注概以重出置之，而後人遂竟從刪，不復讀矣，其誤可勝言哉！吳縣吳鍾駿殿撰視學我浙，專命重出為題，亦正誤之意。故為次而解述之。如里仁篇子曰「三年無改於父之道，可謂孝矣」，邢疏曰：「此與學而篇同，當是重出。學而篇是孔注，此是鄭注，本或二處皆有。」按上事父母幾諫章，疏曰：「此并下三章皆明孝。」如則亦以類從之，而上下兩章言事父母存時，此專言殁後，與前篇不同，未豈得謂之遺其半，不當刪置一如。

〇子罕篇子曰：「主忠信，毋友不如己者，過則勿憚改。」

疏曰此章戒人忠信改過也學而篇已有此文記者異人故重出之按此非重出也因上章而及之也人之所以說而不繹從而不改由其素不忠信其比匪而畏改過也又聖人無忍棄人之心故雖至於無如之何而猶有餘望焉記者體此以示勉抑或即聖人之承上言而復言此未可也不當刪置之也○如論鄉黨篇入大廟每事問按前子又篇子入大廟章是記言也此是紀事也鄉黨本是一篇而中分節次與他篇然自分章者不同安得以此六字為前篇之重出乎

如邢疏不言重是也○顏淵篇子曰博學於文約之以禮亦可以弗畔矣夫按此比前（雍也）篇少君子二字君子以成人皆當如是也猶之多已矣乎三字者是爲一時之言不當以重出刪四也○憲問篇子曰不在其位不謀其政曾子曰君子思不出其位孔注曰不越其職邢疏曰此章戒人之僭濫侵官也言君已不在此位則不得謀議此位之政也曾子遂曰君子思慮當不出己位言思慮所及不越其職按此以夫子繫易之言申釋平日之言也夫子繫易取諸易象有

不當刪置三也

以字。曾子引之，非爲言易，故無以字。前泰伯篇專爲夫子之言，此爲曾子述夫子之言而解之，記者並記以相發明，故爲一章耳。如上節非重出也。且上節其位是人之位，下節其位是己之位。謀非其位，則必思出其位，而人己兩失矣。猶中庸言君子素其位而行，不願乎其外；孟子言人病舍其田而芸人之田也。此章並具其義，更不當連古讀而云重出者五也。○陽貨篇子曰巧言令色鮮矣仁，邢疏以此與學而篇同，弟子各記所聞，故重出之。按此下章惡利口以類從

若記者有意蓋存焉、亦當從古並讀、不當刪置、亦也
以上六條、集注或云重出而逸其半、或云重出、以臆
云按、的惠古訓、概宜並讀、不當刪置、迺為歷述、以並
古讀、而存古義、庶幾村學、俗師、不終惑圄焉、幸甚、述
重出、

述論語注釋考

曹氏寅谷引宋雪坡姚氏云：六經之傳行於世者，詩禮箋注自鄭康成，始於東漢；易春秋注自王弼、杜預，始於魏晉。出西漢者獨孔安國書傳耳，然安國書傳亦出僞託，唯論語集解中所引孔氏訓解，則經首功矣。何晏所集孔氏而外，有包咸、周氏、馬融、鄭玄、陳羣、王肅、周生烈諸家，而唯鄭氏爲最著，其注與今文不同者，如衆星共之〇共作拱，先生饌〇饌作餕食餘曰餕云，舉直錯諸枉〇錯作措云，子張問十世可知也〇無也字，必也射乎〇必也截句。

哀公問社。社作主云田主謂社主。無適也。無莫也。適作敵莫作慕云無敵無貪慕如。

吾黨之小子。截句則吾黨在汶上矣。無則二字。吾子之慈。

居。莒作晏。子疾病。無病字。冕衣裳者。冕作弁。異乎三子者之

撰。撰作僎讀曰銓詮之言善也。詠而歸。歸作饋云饋酒食也。有是哉子之迂

也。迂作于往也。直躬。躬作弓云直人名弓。子貢方人。方作謗。丘何為是

栖栖者與。無為字。在陳絕糧。糧作粻音長下糧也。而謀動干戈於

邦內。內作封。歸孔子豚。歸作饋。惡徼以為直者。徼作絞云。齊人

歸女樂。歸亦作饋。朱張。張作侏張陽留反。直厲己。厲讀為賴恃賴也。又以申

棖為孔子弟子。申續。子桑伯子為秦大夫陳曰賤為人弟女

陳司敗為人名齊大夫老彭為老聃彭祖太宰是吳太宰嚭亦莊子為秦大夫典諸家異義林先生謂鄭氏溺於章句其竄宜未

必當也鄭氏而外莫詳於唐德明明釋文所集注訪引陸氏也

於麑裘引王弼注云公麑也又逸民注朱張字子弓荀卿以比孔子於無適

也無莫也引范氏寧論語注云適莫猶厚薄也又子謂公冶長范氏謂公冶長名芝字子長

梁書南史本紀不載武帝訓釋論語而釋文

於子君數引武帝云數色具反數已之過當也又可使治其賦也賦作傳

隋唐志不見蔡謨論語注而釋文於夫子矢之引蔡氏說矢陳也又引繆氏播論語旨序云誓也亦可為備已

自予所否者否方有反

唐人通經者惟文公名冠一代，田氏書目有韓愈論語十卷、筆解兩卷，別已見，謂皆門人所托，徒玷前賢。邵博曰：今世所傳寧子畫寢，以晝作畫字；三月不知肉味，以三月作音字；浴乎沂，以浴作沿字，至爲淺陋，伊川程氏取之何耶。王楙曰：觀閱見錄引三月不知肉味，三月作音字，今所筆解無此語。王讜曰：論語寧子畫寢，梁武帝讀爲寢室之寢，晝胡卦反，言其繪畫寢室，故夫子歎朽木不可雕，糞土之牆不可杇也。今人皆以爲韓文公說，非也。又傷人乎不問馬，今亦以文公讀不爲否，言大德聖人豈仁乎人不仁乎馬，故貴人所以前問，賤畜所以後問，然不字上豈容更助詞，其亦曲矣，況又未必是韓文公所說。張籍祭韓退之詩云：魯論未訖注，手跡今微茫。是退之嘗有論語傳未成也哉故四庫邯鄲書目皆無之若虛論語辨惑自述曰解論語者有三過焉過於深也過於高也過於厚也聖人之言人情而已明白而易知中庸而可久學者求之太過則其論雖美而要爲失實亦何貴於此哉夫子之言性與天道子貢自謂其不得聞而宋儒皆以爲實聞之問死問鬼神夫子不以告子路而宋儒皆以爲實告之從羲堯舜禹湯之書寥寥殘缺不當強解而或謂聖學所傳所以著明二十篇之大旨若是之類皆過於深也聖人雖無名利之心但嘗

就名利以誘人使之由人而識天理故程中下之人皆可跂而及然其所以爲教之周如此不患莫己知求爲可知也此正就名而使之求實也而謝顯道曰是猶有求名之意非聖人之心論子張學干祿夫子爲言得祿之道此正就利而使之思義耳而張九成曰聖人之門無爲人謀求利之說祿之爲義亦自足而已甯武子邦無道則愚夫子以爲不可及楊龜山曰有以愚之名則非行其所無事言不可及則過乎中道矣蘧伯玉邦無道則卷而懷之夫子以爲君子

而張南軒曰此猶先儒之意未及乎潛龍之德愚果聖人之言乎若是之類皆過於高也凡人有好則有惡有喜則有怒有譽則有毁聖人亦何以異而子者一以春風和氣求之凡忿嫉譏斥之詞必周遮護諱而爲之說子曰十室之邑必有忠信如某者焉不如某之好學也此爲篤實教人則其知所勉耳而衒耀以爲宰予自言爲聖人不敢以不學待天下也此亦繆矣君子成善之子曰四十五十而無聞焉斯亦不足畏也已年四十而見惡焉其終也已人固有晚

而改前者，往往概見之，亦可以見其終身矣。而蘇東坡皆掇其有為而言，子貢、宰予之從，改者夫子比之斗筲，而不足數焉；師事商，譯真語僞，害於德，而張九成極論以為自稱之詞，歸於杖門承壞，嗚呼，亦為賊矣。其鄙棄無復可疑，而范純夫猶有因其才而教誨之語，若是之類，皆過於厚也。善夫楊氏守陳《論語私抄》自序有云：「徒以注而明，亦以注而晦；注之不復有注，宜益明而反愈晦者，若燭龍添骨，則障其所也與？」余謂長廢宋注而獨存古注，則經庶可長明而不晦也矣。

述朱子論語序說

魯昌平鄉陬邑

史記世家曰孔子名丘字仲尼其先宋人父叔梁紇母顏氏以魯襄公二十二年庚戌之歲十月庚子生孔子於魯昌平鄉陬邑

此序說引史記孔子世家文也按太史公生平所最宗尚者老子最服者孔子著於其書址貫見之曰老子者楚苦縣厲鄉曲仁里人也是以國統縣以縣統鄉以鄉統里曰孔子生魯昌平鄉陬邑是以國統鄉以鄉統里考昌平本山鄉名以山得名括地志亦在兗州泗水縣南六十里故鄒城在泗水縣東南六十里故闕里又在縣南五十里此則以曲阜之闕里名其地

非真闕里也。真闕里，但緝之曰：背洙面泗

適周問禮於老子

孫序說所引史記世家文也。按孔子世家載適周問禮於老子，在昭公之二十年，而孔子年三十。莊子云孔子年五十一，南見老聃，是為定公九年。水經注云孔子年十七，適周，是為昭公七年。索隱謂孟僖子卒，南宮敬叔始事孔子，實敬叔言於魯君，而得適周，則又為昭公之二十四年。朱曰：說者宜何從？閻百詩曰：其昭公二十四年乎？曾子問孔子曰：昔者吾從老聃助葬於巷黨及堩日有食之唯昭公二十有四年夏五月乙未朔日有食之法推是年癸未歲中積六十五萬六千七百○九日○七刻五月定朔三十一日三十七刻乙未日巳時合朔交泛二十六日三十八刻恰入食限是書秋此則孔子從老聃問禮時也若昭二十、定九年皆不日食昭七年雖日食然恰入食限而敬叔尚未從孔子游何由適周若余說通歷法而後爲是定論

陳幾亭曰使孔子與佛相遇佛必不滿孔子孔子必與佛佛老雖皆至人然皆自大者也惟至人終不自大者也許以一晤老子虛懷求教老子頗加

識仙聖人歟以猶龍使晤釋迦達摩之倫見其虛曠眇明嘉賞必又在猶龍之上後人見孔子歎服老子而釋氏廣大寬又過之遂將孔不及老老不及佛不知道同者未悟之人必服聖人顏孟服孔子也道不同者大能服小小不能服大老子不能服孔子者也非過之也孔子能服老子者也非不及之也仁人以大事小亦其意焉爾為詩曰聊以詩人論甫能服白白不能服甫也

又為大司寇世家又曰定公以孔子為中都宰一年四方則之遂為司空又為大司寇

史記世家文也孟子曰孔子爲魯司寇未嘗言大（序說所引）
司寇也按司寇魯官名也魯官司徒司馬司空三桓
世爲之閻百詩曰三卿之下侯國率無大稱世家作
大司寇史記誤也序說何故而引乎此考司寇魯有
以初命之大夫爲者孔子是韓詩外傳猶載孔子爲
魯司寇辭曰宋公之子弗甫何孫魯孔丘命爾爲司
寇而無大字有以再命之卿爲之者臧孫紇是襄二
十一年季孫謂武仲曰子爲司寇及後二年出奔邾
也書於經以爲卿故若孔子雖與聞國政實止大夫

而非卿故經沒而不稱稱者人專歸鄹謹邑陬田聖人未嘗以己功而沒之豈有孔某出奔載諸策書脩春秋時竟削之哉若原非其卿孔子生平官爵宜昭揭萬世是故質言之如此

誅少正卯　又曰十四年乙巳孔子年五十六攝行相事誅少正卯

亡序說所引史記世家文也按少正卯之誅朱子嘗極辨其無而序說猶引載此乃釐革之未盡者也陳幾亭曰若聖人行誅必於人有顯罪與眾棄之未有如出人不意但爲其宿昔奸雄桀未具而遽行大戮者也

此穰苴孫武行兵立威之法，豈聖人爲政之道耶。

至河而反又曰衛靈公不能用晉趙氏家臣佛肸以中牟畔召孔子孔子欲往亦不果將西見趙簡子至河而反

亦序說引史記世家文也。閻百詩曰：據史記孔子既不用於衛，將西見趙簡子，至河而反，可以昭集傳河廣篇衛在河北之誤矣。按衛本都河北，懿爲狄滅，戴廬於曹，杜氏通典：曹邑，滑州白馬縣也。文遷楚邱，通典：楚邱，滑州衛南縣也。並在河南，去宋都睢陽雖遠，而無復河阻。孔氏穎達詩疏曰：此假有渡者之辭非喻夫人之嚮宋渡河也衛文公時國已在河南自衛適宋不渡河劉曰斯曰河廣詩作於宋襄公初立衛在河南已十一二年不必渡河而仍以衛國之山川為言者其有深情歟抑夫歸為婦人所諱也真可謂解頤新語

孔子如楚及蔡

亦序說所引史記世家文也朱子注曰是時陳蔡臣服於楚若楚王來聘孔子陳蔡大夫安敢圍之金仁山謂陳蔡從楚之耳非為之臣兼蔡又兩屬於吳考圍

孔子乃哀公六年壬子，乃先是元年楚子圍蔡，蔡叛楚即吳，請遷，二年蔡遷吳之州來，州來今壽州，所謂下蔡者是。三年楚放其大夫于吳，并不見屬於楚之六年。吳伐陳，楚昭王救之，卒軍中，止陳屬楚之前編之辨核矣，而猶未精也。

弟子蓋三千焉，身通六藝者七十二人

亦序說所引史記世家文也。按孔子世家：孔子以詩書禮樂教，弟子蓋三千焉，身通六藝者七十有二人。閻百詩曰：此古今學問大關鍵處，朱子引載序說而刪孔子以詩書禮樂教教字不知太史公重挑叙教法之為不身通六藝者張本刪之殊失其意何為乎失其意者曰古者樂正崇四術立四教順先王詩書禮樂以造士故孔子亦曰興於詩立於禮成於樂又子所雅言詩書執禮如是四者而已至周易者卜筮之繇辭春秋者侯國之史記掌於大卜職於大史非士子之所肄習惟孔子晚年喜贊易懼修春秋始合所刪之詩書所定之禮樂而成六經一名六藝故曰言六藝者折中於夫子當日亦時教以以正業正業者

詩書禮樂，其能兼通是春秋二徒者七十有二。弟子列傳首引孔子曰：「受業身通者七十有七人，皆異能之士也。」若以六藝與周官同，則是禮樂射御書數，司徒以之教萬民，保氏以之養國子，豈必異能之士哉？集註弟子章於文云：「謂詩書六藝之文。」六藝本爲射御等而冠之以詩書，精矣備矣。

惟子貢廬於冢上

右序說所引史記世家文也。按世家：「惟子貢廬於墓上。」索隱曰：「家語無上字。」曲禮云：「適墓不登壟。」豈有合廬於冢上乎闓爾詩曰所謂上者爲邊側之義也不若孟子云築室於場之爲得也考築室當在今孔墓之右十數步戶向東反云者不敢違諸弟子各歸去而獨還次於墓所或曰反復也 而諸儒每講禮鄉飲大射於孔子冢冢誤 寫作冢供冢字供贊曰以時習禮其冢合

二子以子稱

此序說引程子曰論語之書成於有子曾子之門人故其書獨二子以子稱而不出至門諸賢別有稱例 按唐柳子厚早有是說但柳亦不專以稱子爲據也 釋文名曰論語鄭云仲弓子游子夏等撰曰風俗風子夏之門人論語則鄭康成以匡其子思不姓曾子不字諸書其稱 錢月 子 禮記家語大 孟子中有稱

爲仲弓子夏
所撰定也。後
漢書卽徐防
上疏曰詩書禮
樂定自孔子發
明章句始於子
夏此其證云

曾與若有子未知何學有子之稱駁見檀弓豈檀弓又爲其弟子作耶毛西
者河曰杜撰無據之言不足信也
魏華父曰昔柳宗元謂論語所載弟子必以字惟
曾子有子不字遂謂是書出於曾門不知字與子
皆得兼稱如門人之於孔子進而稱子不敢字退
而稱仲尼亦言子其次亦以況子且字如閔子之
等不一二人或字或子者亦數人從瑞弓至游夏
最號高第弟子而不稱子也有子曾子子而不得字
也就二者而論則字爲常蓋子惟有師道之稱儀

於氏者不過男子之美稱耳如孝經字仲尼而子曾子禮運字仲尼而名言偃至於子思字其祖孟子字其師之祖相傳至今人人字仲尼者無敢以為疑仲尼作春秋二百四十年間字而不名者僅十有二人而游夏諸弟子之門人亦知字孔師相承至於漢初猶未敢輕以字許之則此字不易於子也聞之詩曰此論亦妙論足廣序說之未備

按論語二十篇四百六十二章一萬一千七百五字孟子七篇二百六十一章三萬四千六百

八十五文其文辭之繁簡由於風氣之升降雖聖賢亦有不能自主而強合者也如其體例名目不同論語一書諸賢之稱聖人曰夫子亦曰子聖人稱諸弟子則曰小子二三子其專稱則呼名呼爾女從無稱子稱字者唯孝哉閔子騫乃舉人言非例也諸賢自稱皆以名以弟子其相稱於聖人前亦必以名從無稱子其字其自稱吾我者唯曾皙兩稱三子者乃統舉之詞則仍名之矣子貢曰我不欲人之加諸我二語意

為較量人已。乃設為非自稱如。漆雕開一稱吾。
僅見而已。至孟子七篇之中。則諸人之稱孟子。
曰夫子。而不復稱子。而子乃為孟子稱其弟子之
稱。無復呼名爾汝者矣。諸弟子唯自稱仍以名、
以弟子而相稱、則不復名、如公孫丑問、樂正子強
乎、公孫丑曰、高子曰、公都子曰、告子曰是已。高子
告子、宋時定為孟子弟子。封爵從祀。即一師弟稱謂間而升降殺
殊如此、為子者男子之美稱、故春秋襃則書子。
古者用之以稱師長。有天子而稱子者書之後

子明辟詩則不如子之說是也諸侯而稱子者
公羊高姓安子諸侯說矣又左氏稱子是也卿
大夫稱子爲衆著矣其又以爲男子之通稱則
用之敵體尤衆著矣然未以爲卑稱流及後降
而子之稱稍輕於是師弟朋友通用之其爲師
稱也者則子公羊子子沈子之類重冠子以示
別有不得不然者其爲門人子稱也者則孟子之
書即其例甚或自稱亦曰子諸子之書皆是也
下逮秦漢而師儒之稱曰生長老之稱曰公逸

其名者亦曰公皆風者之精移為之也然而論
語則自載於不混論語有論語體例孟子有孟
子體例今有代聖人其篇子語而用孟子之稱
不名之爾汝之而子之以諸弟子自稱相稱於
聖人之前而肆於稱吾我稱字稱子豈不大相
左哉且記者紀述然有體例凡書孔子對曰者
皆以對君對執政而重其詞然於孟懿子武
伯即不於以懿子與南宮同受業而武伯其子
也懿子不得列弟子之數為當　今或一例而言
時以其助季氏逐君黜之也

對可乎茲乃於諸弟子間用之豈理乎孟子
稱梁惠齊宣曰王於齊宣又自稱臣以為卿如
其於滕文則稱世子後稱君中間稱子既葬
未踰年之子也自稱止曰吾若文公有師弟之
義孟子未嘗仕滕也今皆一例無別可乎俗學
既闇於大較而高明乃以為無關要領絕不顧
其隨筆之失如春秋戰國第後人為論借為分
別時代名即並作孔孟當日有以其世為春秋之
世戰國之世者如而作者動以闌入本書語中

不之察。且夫先正之論制義，斤斤焉以代聖賢立言，無他，體例不同故。其辨題義，雖有斷斷，非用我法也。今將并八股之體例決裂而不顧，又遑與論經書之體例哉！於是益不勝風氣之升降之有感也。述序說。

四書述言

歸安 李福藏

述論語學而篇

按集註貶抑聖門自從夫子始朱子語類於論語首章即曰禪家一棒一喝却撇翻了也得个快活學而時習之務耳好支離又曰如今不敢說時學須看得見那物了方許時習其挾墨以攻儒如此但未經大全所採則說不勝載概不入錄毛西河曰集註貶抑聖門〻之有名爲補救而實妄

以敢題正夫子之失第說煩難以標列爰采釋非
錄等列於逐條之右或適有遺漏不便標入觀者
因以類推可也

子曰學句連下讀者非

子曰學而時習之不亦說乎王引之曰亦語助也不亦說乎不說乎也下不亦[illegible]並同
皇侃義疏說作悅按古喜說論說同字漢後增从心字別之悅和見廣韻徐
鉉新修字義云經典只作說毛詩說懌女美
陸氏釋文云又作悅爾雅釋詁悅樂也悅服也
皆書作悅而孟子但用悅字則二字通寫已久
說字見二十篇者如公冶長篇子說雍也篇非
不說子之道子路不說子罕篇能無說乎子路
篇近者說陽貨篇子路不說堯曰篇公則說皇
本俱作悅惟先進無所不說
子路易事而難說仍如監本

皇氏義疏曰今此云明學者少時習也謂為學者白虎通云學覺也悟也言用先王之道導人情性使自覺悟而去非取是積成君子之德也時者凡學有三時一是就人身中為時二就年中為時三就日中為時也一就身中者凡受學之道擇時為先長則捍格幼則迷昏故學記云發然後禁則捍格而不勝時過然後學則勤苦而難成是也又內則云六年教之數與方名七年男女不同席八年始教之讓九年教之數日十年學書計十有三年學樂誦詩舞勺十五年成

童舞象並是就身中為時也二就年中為時者夫學隨時氣則受業易入故王制云春夏學詩樂秋冬學書禮是也春夏是陽陽體輕清詩樂是聲聲亦輕清輕清時習輕清之業則為易入也秋冬是陰陰體重濁書禮是事事亦重濁重濁時習重濁之業亦易入也三就日中為時者前身中年中之時而所學並日日修習不暫廢也故學記云藏焉修焉息焉游焉今云學而時習之者而猶因仍也時是日中之時也習是修故之稱也言人不學則已既學必因仍而修習

日夜無替也、之之於所學之業也

一集注曰：學之爲言效也。毛西河曰：學有虛字，有實字。如學禮、學詩、學射御，此虛字也；若志於學、可與共學、念終始典于學，則實字矣。此開卷一學字，自實有所指而言，乃注作效字，則訓實作虛，既失詁字之法，矣且效是何物，何以時習？又且學字並無此訓，即有時通效作倣，亦是虛字，善可效，惡亦可效，左傳尤而效之，若效人尤而亦習之，可乎？夫學者，道術之總名。賈誼新書引逸禮云：小學

業小道大學業大道以學道言則大學之道格致誠正修齊治平是也以學術言則學正宗曰術凡春秋禮樂冬夏詩書皆是也以上則學如

趙鹿泉曰聖人教人莫先於學而論語以學而第一天下無人不當學禮王制文王世子是也無事不當學小學大學是也無時不當學皇疏所謂時有三時身中、年中、日中時如孝弟不待學必資學以成之聖人不易學猶須學以幾之古者以學執業之名謂之學即以學所居之地謂之學所學

無以易也未有文字以前聖人學於天地崇效
天卑法地既有載籍以後學者學於詩書故曰
必則古昔稱先王皆言必有所效也故學必有
師必擇師師之者將以效之師以所效使人
效之謂之教謂之斅書惟斅學半是也至其效
邦君效所數也教也乃使其甚自教工大傳作
學工言效天下之動也所數典學皆得言效矣
一是以效使效一是效其所效集注學之為言
效學去諸訣古訓學為覺是明學之意學之言

效是釋字之爲乃毛氏以字止是業而駁言效之非通矣甚矣非吾誰得而知矣

戚桉效效法之謂也義獨習也下文明言時習此字當作實字解爲是毛氏駁詁誠甚而趙氏左袒亦實通之然攟經詁字訓學字爲實字欲當以匡毛說爲長

有朋自遠方來

釋文出有朋云有或作友非桉白虎通辟雍篇引朋友自遠方來又鄭氏康成注此云同門曰朋同志曰友是舊本皆作友字王若虛誤謬雜辨曰論語稱有朋自遠方來而皮周蕭大圜云

有朋自遠揚擢古今豈咸語哉然歐公集古錄載後漢一碑已有此語則其繆久矣

皇疏曰明學業稍成能招朋聚友之由也既學已經時故能招友為次也學記云一年視離經辨志三年視敬業樂羣五年視博習親師七年視論學取友謂之小成是也

人不知而不慍

鄭曰慍怒也釋文何曰慍怒也集解唐釋元應一切經羅雲忍辱經音義又本行集經音義並引此文陳氏古訓曰按一切經音義引倉頡篇云慍恨也詩邶風毛傳云慍怒也是慍有二義鄭訓本倉頡篇何訓本毛傳然慍怒聲合鄭訓為長

有子曰其為人也孝弟而好犯上者鮮矣

王引之曰也所以窮上成文也顏氏家訓書證篇曰也語已及助句之辭有結上文者有在句中助語者有起下文者若呋也字之屬是在句中助語也若下文夫子至於是邦也之屬是起下文者也弟作悌皇本高麗本弟作悌釋文弟本或作悌下同詩大雅思齊篇正義孝經事君章疏並引孝悌而好犯上者鮮矣邱光庭兼明書亦作悌

集解曰孔子弟子有若

[redacted]集註[redacted]因之而云有子孔子弟子有若也皇本作孔安國[redacted]弟子有若也案孔子疑孔曰之譌皇本凡孔曰皆稱孔安國曰古訓作孔曰弟子有若也是也鄭曰魯人[redacted]

考有子曾子獨以子稱柳子謂孔子之沒諸弟子

以有若爲似夫子立而師之其後不能對諸子之問乃叱避而退則固常有師之號是以稱子宋景文公曰然鄒魯間野人語耳觀孟子書則始嘗謀之後弗克舉安有撤坐之論乎朱子云其言行氣象有似之者如檀弓所記子游謂有若之言似夫子之類是也真德秀嘗言之曰二十篇中莫非仁也以首章言時習之說以熟乎仁而說如朋來之樂以輔乎仁而樂也至於人不知而不愠則庶幾安乎仁矣次章即述有子孝弟爲仁之本語繼

聖言而立則開口便與諸賢不同黄東發讀孟子有若似聖人章謂有若雖不足以比孔子而孔門之所推尚一時皆無有若比咸淳三年升從祀以補十哲衆議必有若也祭酒為書力詆有若不當升而升子張不知論語一書孔子未嘗深許子張據此章則子張正欲事有若者也子張之未能為有若昭昭也陸象山天資高明指心頓悟不欲人從事學問故嘗斥有子孝弟之說為支離奈何習其說者不察因嚴攻之於千載之下耶王伯厚曰孝

弟務求此入道之門積德之基學聖人之學莫先
焉未能服行斯言而別凌高厲空造一貫忠恕之
識將見厚自大而無得也學曾子者當自有子孝
弟之言始然則記者不書名不書氏與曾子並稱
職是之故而如謂論語乃二子之門人所撰故稱
子則將如是章直書參名抑何說已
再考有曾二子名不列於四科行無僃乎十哲
而有子更未聞一及聖人問答經品藻而論語
紀其言承夫子言學之次曾子言三省之前曾

子之後次以子夏子貢例皆稱子而繫氏如孔子
例者唯有曾二子而已若當時以有子似聖人
曾子爲傳道之宗門人服膺者衆故用師稱而
不名字之參乎之呼唯聖名之參也之記述聖
言之有若一書記對君也師前弟名君前臣名
其餘無聞焉且史記列傳有若少孔子十三歲
家語有若字子有少孔子三十三歲今家語作
少孔子三十六歲者誤正義引家語史記作少
四十三則在七十子中齒唯亞於子路計當孔
歲亦誤
子卒時年已六十矣蓋莫或先焉而禮記記其

卒在魯悼公世，悼公弔之，不異哀公之誄尼父為傳。又稱孔子既沒，弟子相與立有若為師，他日問以月宿畢不雨及商瞿之無以應，遂撤師席。景文公謂鄒魯間野人之語，則誠然矣。且觀孟子云子夏、子張、子游以有若似聖人，欲以所事孔子事之，強曾子，曾子曰不可，知當時已不果行，豈有立而師之，試以一二術數小故不應而撤，其事不已誣且甚哉。然繹論語所紀，則有子之學本源孝弟已可概見。雖論語所載曾子言行較之

有子為已多孟子禮記之述二子亦曾為多而
曾子問孝經大學獨以名篇成書者而有子之
學不殊曾子非諸子所可及也何集注引謝氏
說獨惜曾子嘉言善行不得傳於後世未一
表章有子使論語所記孝弟等章之言僅存於今耶宋世
知尊諸賢崇祀而獨遺有子顓孫子明之三
氏學尚遺曾子其後始以子張與朱子請並列為
十一哲仍遺有子至我
朝大典爰舉於是有子祠墓裔孫幸得以覈其實

補其缺以大賢之靈千古不墜而
聖治光昭一時無右矣
何晏曰上謂凡在己上者而正義引皇氏熊氏以
爲上謂君親違謂違背注意其義恐非犯謂犯顔諫爭
皇疏引熊氏曰以好見侮則生陵犯之漸以犯見
塞則抑匡弼之心
君子務本本立而道生
説苑建本篇引此爲孔子語
孝弟也者其爲仁之本與

後漢書延篤傳　北史孝行傳序　隋書孝義傳序　引弟俱作悌

○日本山井鼎七經攷異云足利本其仁之本與無爲字　陳暘樂書曰孔子以孝悌爲仁之本悞有子爲孔子　王恕石渠意見曰爲仁之仁當作人蓋承上文其爲人也孝弟而言孝弟乃是爲人之本　捫蝨新語曰古多假借字如論語孝弟也者其爲仁之本與觀過斯知仁矣井有仁焉猶謂此仁字當作人　管子戒篇曰孝弟者仁之祖也

集注孝弟爲仁本謂行仁自孝弟始孝弟是仁之一事謂之行仁之事則可謂是仁之本則不可　毛氏曰孝弟是仁事孟子所言甚明仁之實在事親則仁本孝弟也親親仁也則孝弟生仁也夫實者本也草木從實生猶仁從孝弟生也考諸書解此前後一轍如呂覽夫孝三王五帝之本務則直用論語務本二字他若管子曰孝弟者仁之祖也祖亦本也唐宗孝經序孝爲百行之源源亦本也後漢仁孝先後論夫仁人

之有孝猶四體之有心腹枝葉之有根本也則直言仁是枝葉孝是根本若李延壽孝義傳序謂仁之所資生房玄齡管子注謂仁從孝弟生是不惟本立甚明即道生亦甚明乃以千百年不易之理從而一旦顛之倒之直反諸所言而經亡矣抑且自爲訓詁改爲仁爲行仁改本作始不知本字古字書從倉頡文至說文玉篇切韻類並無訓始字者自程氏說出而宋之增廣韻注者直增始字一訓於本字下即字書亦亡

矣章本文具在兩本字無二訓如若孝弟是行仁之始謂君子務始始立而道生可乎明崇禎壬午科浙江試君子務本題其中式結尾有辨朱注如此句者一時皆傳誦之或曰始雖非本從與本為類故可借訓如物有本末事有終始以始貼本可證如曰不從下論推末如本之則亡而以有始有卒貼之則始反貼末卒反貼本何以解之

集注程氏曰為仁以孝弟為本論性則以仁為孝弟之本　仁是性也孝弟是用也性中只有

箇仁義禮智四者而已曷嘗有孝弟來　胡氏曰有子以孝弟為仁之本程子以仁為孝弟之本譬之木有子説枝葉程子説根本程子之言所以補有子之所不及也　毛氏曰有子不及程氏處由不識仁義禮智是性不識性中無孝弟故説言皆枝葉而不知古無言仁義禮智者惟易文言始有仁義禮三字至孟子始增一智字名為四德是仁義禮智之名創自孟子然而孟子明言孝弟是仁義禮智之本並未言仁義禮

智是孝弟之本其曰仁之實義之實禮之實智之實皆只孝弟皆只事親從兄二者是事親從兄二者爲曰德之實實者本也根荄也非枝葉也今明襲孟子曰德之名而其言本言實則恍從反之曰仁不本孝弟且不惟反之又從而決絕其説曰人性曷嘗有孝弟是併其良知良能孩提親長堯舜之道孝弟而已諸所言皆一切悖戾而論語開卷即立此説是不特程氏勝有子即孔孟之學亦全與程氏相反而言藉以救正聖門

尚有賴歟且有子言枝葉程氏言根本和同歟況不覓慚愧及讀後漢杜篤傳亦以枝葉根本解孝弟也者二句探而孝是根本仁是枝葉曰夫仁人之有孝猶四體之有心腹枝葉之有根本也夫孝天之經地之義人之行也孝弟也者其為人之本與則是誰言根本誰言枝葉所藉有學者之審焉言

子曰巧言令色鮮矣仁皇本作鮮矣有仁案包注及疏文當作有仁大戴禮曾子立事篇曰巧言令色難于仁矣

色氏曰巧言好其言語令色善其顔色皆所以令人
說悦之少能有仁也
王氏曰巧言無實令色無質
集注專言鮮則絶無可知　人所肆而本心之
德亡矣　或問夫子言鮮仁程子直言非仁何
也曰程子恐讀者不察或于巧令中求些許之
仁是以直斷以不仁所以解害辭之惑也　毛
氏曰若是則夫子是言本已害辭而讀者惑之
故程氏直發鮮仁爲不仁以解其惑殊不知夫

子他日更有巧言令色左丘明恥之之語其絶之未嘗少寬特仁之有無須有分寸巧言原不是險詖狡譎誣罔抄发陰陽二三請習辯其言甚好其色甚善不過從言色上做工夫猶好言自口色莊者乎已耳未嘗絶天良也且人不知學亦當讀書表記情欲巧毛詩令儀令色則巧令原是善字故左傳師曠善諫叔向引詩巧言如流以頌之夫以善諫之人而目爲巧言向使果屬不仁則師子野頗知書將必拂衣而起矣

毛詩戴記左傳作肆將之書師子野外向作亡
心德之士三經所戴並不害於乃以論語開卷
第二條而言之不檢遂有流弊則將置夫子何
地乎所爲讀四書集注而不禁憤懣也
文輝曰堂堂乎張也難與並爲仁矣堂堂即今
色難並爲仁則正是鮮意未聞子張絶無仁者
朱樟曰鮮爾雅訓罕訓寡訓少並不訓無況絶
無乎且壽言祗言也祗言鮮則壽有可知今則
補救聖人而先自生以訓詁之流弊誰補救之

曾子曰吾日三省章

集注引謝氏曰諸子之學皆出於聖人其後愈遠而愈失其真獨曾子之學專用於内故傳之無弊觀於子思孟子可見矣　毛氏曰此論語開卷記曾子傳道之言乃就其三者按之皆爲人之學其所云傳不習乎者舊注謂以我之所習傳之於人與上文爲人謀與朋友交一類朱氏認其有流弊於爲人謀與朋友交絶不注一字但曰盡己之謂忠以實之謂信而於傳習則一反舊注曰傳謂受之於師習謂熟之於

已殊不知曾子 三省正一貫忠恕之學與大學絜矩
中庸成物子貢能近取譬孟子强恕而行互相發明
總只去自私自利之念使人已之間了無間隔矣
聖道聖學四書開宗一大緊要者也乃讀其書而不
曉其義反曲爲補救弊祇摘忠信二字謂忠信是傳
習之本而於忠字上抹却爲人謀而不五字信字上
抹却與朋友交而不六字則所云傳爲學之本者
非頌曾子實自頌以隱愧之矣且聽挪至門特引謝
顯道語謂學愈失真傳之有弊單借曾子 子思 孟子

三人以詬詈其餘何亦獨何歟

日三省

集注曰曾子以此三者日省其身　毛氏曰日三省

而曰日三者省不通且必增以此者三字則添出矣

然添出仍不通開口但云三省而曰吾以此三者省

可乎三省三次省如荀子勸學篇君子博學而日參省

乎己日三省三字連屬不是三件與三畏三樂前後

各以畏樂字並應者不同

傳不習乎

集注曰傳謂受之於師習謂熟之於己　毛氏曰舊註傳是傳於人何曰凡所傳之事得無素不講習而傳之乎今改作受於師從來無以傳之一字作受字解者傳者授也非受也授受不得溷是以傳曰傳業漢儒林傳傳業者寖盛後漢甄宇三世皆傳業是也受曰受業後漢包子良受業長安杜林杜撫受業於薛漢是也故孰先傳焉是傳於人總是授字即曲禮七十老而傳亦是傳於人凡單下一傳字乃以授為受以授於人者而反曰受於人則詁字先錯矣況古人論學但恐教非所習未有受教

逃不習者若受教不習則直一游惰廢生三者何有正家曰傳惡穿鑿以當時九家蠡起異術並作惟懼有誤故曰家傳於人得毋非素所服習者乎然如董仲舒傳公羊春秋其所傳弟子惟東平嬴生不乖所傳餘以門受徒轉相浸易故申公設教勿使傳疑疑者則闕而勿傳此明証也且以一傳字自漢唐至宋注疏別解則集注所引謝氏說之是傳於人如云諸子之學皆出于聖人其後愈遠而愈失其真獨曾子之學專用心于內故傳之無弊觀于子思孟子可見

矣其曰愈遠則非當下受傳曰傳之則必傳于人曰觀子思孟子可見則必指曾子所傳之人乃其所習然是舊說與受之師而熟之已何涉而引以爲証豈然并謝氏所說亦錯解矣

錄附舊稿姜兆熊問於毛氏西河曰傳不習乎原是傳之于人與忠謀信友合作三省皆是爲人之事上下一串但學原爲己曾子大賢開卷便以爲人自省似非聖學故朱氏特將此句反解以補救之未審是否毛氏答曰使爲人果非聖學則一連

而有（忠謀信反）早已叛去單單挽回傳習一着亦不足以救
曾子之不賢且儒者何等故補救曾子明明之正文
有為人二字便非聖學則錄論語者亦必是身通
六藝諸君曾是之不察而開口便謬非孔子徒矣
夫所謂今之學者為人不是求見知于人如集注
所云如為者助也古學務躬行今學徒見諸言辭
但解立義以助人而躬行不足之故是為人猶大學
云本亂而末治謂欲求新民而不求明德即是治
末非謂大學不可新民古學不當為人也且於知

聖學何在乎？論語所云曾子傳道惟有一貫，而一貫之道只在忠恕。忠者爲己，恕者爲人也，即大學所云明德、新民，中庸所云成己成物，孟子所云獨善兼善也。是以大學絜矩則曰藏恕，中庸以人治人則曰忠恕，孟子反身誠而萬物備則曰强恕。據此，聖學在是，聖□道亦在是。子貢多學謂之聖學，曾子曰吾道，曰夫子之道，即謂之聖道。在聖道曾子直下承當，而在聖學則子貢以三章三進之，其一是一言終身章，一是不欲無加章，一是能近取譬章，皆所〻以忠恕爲聖是聖學由漸入深而宋儒於聖是忠恕則曰借兵己推己之目以著所〻於聖學強恕又曰從博施濟衆馳騖高遠故又借指指月而以強恕假應〻則直是門外人語絡塵不知有痛癢者也夫百工技藝皆有一下手工夫如大匠規矩射者彀率彼此畫一即或異端外士亦且羽士隸水火槃門領句子襍有一門別無岐路而獨聖道聖學自北宋以迄于今言人〻殊或曰主靜或曰主敬或曰涵養或曰窮理彼差此別將何下

手獨不思大學言學民下乎只在慎獨去私利之意由好善惡惡以推之民好民惡即忠恕也中庸言道其下手處只在慎獨去誡謹之意由大本達道以推之天地位萬物育忠恕也於此不曉遂聖道聖學而割作兩橛且云周公没千古無治道孟軻死後世無真儒夫天下有無治之儒無道之學無外王而謂之內聖者乎大學無新民不成為學中庸無成物不成為天道人道而乃博治術畢子功讀全部四書而茫然不知道學為何物余嘗

謂論語有三着眼一子貢問士以使四方者加孝弟之上而且詬言行信果爲小人一子路問成人極推知廉勇藝禮樂而反以屬義利信久要見危授命者鄙之爲今之成人一子貢問管仲既稱管仲爲仁人爲民到今受賜而斥召忽爲匹夫匹婦自經溝瀆之必有故所最當着眼而思其義者而乃于問士則曰譬子貢硜硜之行于問成人則曰以是子路鄙固之言于問管仲則無可推卸直詬厲夫子以言害義之甚啓天下萬世反覆不忠之

亂此書可讀四書可稱聖門之學者乎夫老而廿懷不是參大方六七十如五六十不是速禮配分趙佛肸公山之召並非游戲之詞寧爲丹呂仁焉決非故爲此無理之問而乃尚殘守缺大言爲已將孟子所稱君實爲人原以匡君濟民爲爲人之實而一概掃去毋怪乎今世么小蔣毀陽明大儒爲異學而不自反也此正道學是非一關鍵也

道千乘之國

集注云千乘諸侯之國其地可出兵車千乘者也

朱氏曰乘車之說疑馬氏爲可據馬說八百家出車一乘包說八十家出車一乘一乘甲士三人步卒七十二人牛馬兵甲芻糧具焉恐非八十家所能給也　又云此等處只要識得古制大意細微處亦不必大段費力考究　吳氏曰八百家出一乘則千乘爲八十萬家矣古車無實稱故據耳　許氏曰馬氏謂公方五百里其食者半則爲十二萬五千井比上數爲多侯方百里其食者三之一則爲五萬三千三百三十三井有奇比上數爲少　又有一說王畿百里

之內爲六鄉一鄉一萬二千五百家出軍則家一人每乘戰士七十五人合六鄉僅得千乘故以天子六軍孔子之言亦可該天子之國但不能兼畿內耳按集注之誤據甸車司馬法爲成車司馬法爲毛氏曰自周制失傳春秋戰國間人皆各據一說言人人殊及群儒繼起而錯雜尤甚然亦須彼此參酌以求可安宋儒既不讀書無考究而一有不得便云不須太極費力則其自改大學補格物明云十物格九物不妨一物格九分不可乃當此論語開卷一手面典

故人人所當講析者而一分不曉格物安在問盧峽
千乘舊注作馬融包咸兩注俱錯趙寧所包注者古
侯國百里以開方計之則方百里者萬里也方里為
一井每井八家則萬里者實有萬井八萬家而包注
公羊之說以為言注疏云融依周禮包依王制孟子疑義故兩存焉謂軍賦
十井不過一乘公侯封百里當有千乘伯七十里便
降為四百九十乘子男五十里纔二百五十乘毋今
以侯國而稱千乘則適與十井一乘之數恰合故曰
尚可取也若馬注則據齊景公時司馬穰苴所著司

馬法一書爲言謂百畝爲井井十爲通通十爲成成出革車一乘則是百井出一乘與包注之十井一乘已增十倍該云侯國百里有萬里萬井者核之不過得百乘爾徑明云千乘之國而祿以百乘解之而猶曰馬說爲可據乎彼且駁包說之謬謂每出一乘當有甲士三人步卒七十二人牛馬甲兵備具非八十家所能給也曾略考此數語出自何書可經與馬包兩注較合與否而朗朗言之夫此非周制并非今所傳周禮與春秋內外傳策書之文不過司馬法之見

經注者而司馬法亦有兩出車制其在春秋注有甸車之制凡一甸六十四井出一車則每車甲士三人步卒七十二人牛馬甲兵具備如朱氏所引者若馬氏所據在周禮注是成車之制一成百井出一車則每車甲士十人步卒二十人合三十人雖成包溝洫其百井與甸之六十四井相等而士卒牛馬與甸大別至包氏以筆說則併徒役畜輦一概無有今所據成車之制以難包氏而其所引者是甸車而非成車豈舉引而亦可不考究乎

又

按包氏所據亦非是。古者國地不盡井，井地不盡賦，百里之國必先去宮城都邑陂池園囿山川沈斥墓廬徑術三千六百餘井，又去三鄉三遂都邑邊鄙但任役而不征稅者三千七百餘井，其任車役（賦）者止十之三耳，以三千未盡之井而十井一乘，則三百乘尚不足，何以云當千乘乎？

按馬氏自知成車之法與千乘不合，因自校其數，謂一國千成，須得地方三百一十六里有畸，唯公侯之國乃能容之，然自爲立說，（並）不引周禮公方五

伯里侯曰百里為言其直據周禮解經者唯鄭氏云非
馬氏融也經俱非是者尚書列爵惟五分土惟三正
與王制孟子公侯百里伯七十里子男五十里三等
並同故易曰建侯象雷震地止百里而春秋傳亦明
日列國一同一同者百里也周禮戰國人書耳說馬
氏之說殊據司馬法並非周禮而東陽許氏又謬引
周禮以相難其以鄉遂賦人之法強合千乘且謂王
畿亦從更為多寡不知周禮鄉遂公邑賦徒役與都
鄙縣甸計地出車乘兩不相合即其所賦徒役在民

祭蒐狩外從佐軍政亦稱爲甲兵行兵并以充輜
仗輦輂諸役並不与與車卒相爲比配以其所配者
仍是甸車之司馬法大荒唐如
此制在春秋昭五年論焉車賦有云十家九縣長
轂九百長轂者兵車也是一縣出車一百乘矣又
云其餘四十如四縣尚遺守四千乘是十縣何出
一千乘乃考之周禮小司徒注則四甸爲縣縣方二
十里實得二千井一萬六千家計之約二井十六
家共出一車而牛馬甲士皆不在內則以百里計

之不及十國之三而千乘已備具矣然且由稍鄙
都别有邑縣抑或國制易有法與周官司徒諸職
别有同合皆未可知然其策書本文較之公羊司
馬法之見經注者頗爲可信不知前儒何故無引
及者乎如備諸說之詳而獨弗及之

敬事而信　三句

集注引程氏曰此言至淺然果能此亦足以治其國
矣聖人言雖至近上下皆通　引楊氏曰此特論其
所存而已未及爲政也　毛氏曰按此五者非條非

件亦全不偏似鮮倫脊指聖人立言比之雲靄在天隨意卷舒與後人脩詞但取齊習者有別然不過舉民要者言之大抵治國祇治己治人二端敬己則己無不治愛人則人無不治所二者已約略具之矣乃復參舉三大政一在約信如傳別禮命質劑要會皆是也一在節用如九貢九式斂弛均節皆是也一在時使如力政徒役師田簡稽皆是也然亦有何流弊而又以爲其言淺近引程楊諸說謂此特論其所存未及爲政夫未有行政而不先存心者亦未有行政

而程存心者且猶是五者何以行之只淺近存心便
深遠且此時存心不是學問究將見諸行爲者不知
存心而已將終及爲政斯不及爲政又不知存心舉
何時可及爲政此皆周章無理之極至者猶且曲爲
補救不但不及爲政并引程氏不及禮樂刑政以補
救夫子淺近之弊夫節用時使謂不及禮樂刑則有
之未爲不及政如且敬爲何爲禮本兼樂而禮職刑
職則必敬中之二爲是夫子之言無所不該而宋儒
致之必謂並不一及何哉且觀其又云五者以敬爲

至乃刪去事字，獨存敬字，則直作事為虔功用之字

清班居官主敬一大流毒，此聖學之禍，不可不察也

嘗考宋代理宗時吳興沈仲固有云：道學附和實

黨有徒，原有噓枯吹生之勢，援徒取自便，全不為

用世起見，聞有言政事者，便斥為庸官俗吏；偶有

治財賦者，必以聚斂目之；宦閫域者，必以麤才起

釁罪之。凡為郡守、為監司，務營建書院，刊註語錄

便是能事。後至讀誥，向每見達官，物士慣慣冬烘

敝衣菲食，高巾破履，講主敬之學。其時賈似道欲

口久焉大柄遂用此輩列之清班幸其結舌寒蟬口無所掣肘以陵蔑乃不理貴身亡國禍不在典、午清談不矣、此沈氏所言救時君所切中存心主敬不及為政之弊故附錄之以備講孟子者徒務虛名不求實学為前車之覆轍焉

敬事而信

集注云敬其事而信于民也　毛氏謂信于民錯矣此信是君信不是民信此与大学與國人交止于信論語民信之矣、上好信恭寬信敏惠信則民任焉君子

信而後勞其民諸信字皆同而集注于此六處皆曰信于民並不注一信字實義一似信是為政之效則信字亡矣不知此信字原有傳別稱命質劑要書諸實政也且信是五德之一與仁義禮智同有本體有功夫至施之為政又各有作用何曾是效說詳民信之矣君子信而後勞其民諸條

使民以時

集注云時謂農隙之時　吳名錫問于閻氏曰集注時謂農隙之時朱子亦嘗云古者四時之田皆于農

隙以講武事是四時皆有農隙也孟子徒杠輿梁成注則云九十月農功已畢可用民力二說不同將孰是閻氏曰隙字不是當改作畢字為左傳春蒐夏苗秋獮冬狩皆於農隙以講習若為役之事惟自九月農務畢起冬至而止無有於春夏者莊二十九年左傳云凡土功龍見而畢務戒事也火見而致用水昏正而栽日至而畢周語單襄公曰雨畢而除道水涸而成梁清風至而修城郭宮室皆謂秋冬際也參以鄭注王制用民之力歲不過三日云治宮室城郭道渠

益徵其用民力於農畢時此等處仍集注未穩不必
過泥而不足深信也
毛氏曰使民有使民之時非農時也若葛以農隙爲
時則是不違農時不奪農時非使民之時也嘗考王
制用民之力歲不過三日而周官均人又以歲凶較
公旬之政豐年三日中年二日無年一日則凶已
成何有農隙況使民不止公旬有焉即何農而使民
者如三之日于耜四之日舉趾則使民耕植之時九月築
場圃十月納禾稼則使民刈穫之時詎見而畢務火

見而致用則使民興築之時仲夏斬陽木仲冬斬陰
木則使民樵採之時十月徒杠成十二月輿梁成
則使民謹出入脩橋道之時故春秋傳曰凡啟塞從
時謂凡為之啟興為之塞皆當從其為之時此時字
明註也若農隙之時則但以治兵言左傳治兵振旅蒐
苗獮狩皆於農隙以講為講為者講武為也孟子當
戰國時日講武為故曰不違農時不奪農時今明云
使時而行之以農隙為言可乎所以互錯兵漢食貨志
古有出民入民之時凡春出冬入朝出夕入皆有官

使之使其時使即比年入學三年賓興亦引論語使
民以時爲說斯真善於說經之言
按使民以時者凡可使民均有其時不得僅以農
隙專指使民講武可也閻氏易農隙爲農畢較集
注爲長而毛氏謂時使當從其可之時較閻氏
訓說爲義更長當取以說解經者得[illegible]矣

則以學文

集注云文謂詩書六藝之文　毛氏曰宋人不識六
藝擬（祇）周官以禮樂射御書數六物當之不知此非六

藝係晚周言禮者一家之言，徧考群經無一合者。間按其實，古有六藝家，取先聖所傳經文而解斷之，定之為六，名曰六藝。孔子經解有詩教、書教、易教、禮教、樂教、春秋教，其六教皆以藝名。淮南泰族訓云六藝異科而同道，經解六教是也。但六教所解其文甚夥，孔子前後外有所遺，劉向校其簡編，合其子歆輯成之，名六藝略，而班固作藝文志，尚得核其數目，有云凡六藝一百三家，序為九種，其說有三千一百二十三篇，散在周秦間，目睛手輯，無有編冊可指數，並非

儒者一言可以彼亦各見爭是非者某以孔子世家
謂孔子成六藝序書贊易刪詩定禮正樂修春秋六
藝全備而以之教人則通詩書禮樂者弟子蓋三千
焉身通六藝者七十二人謂通四經者多而通六經
者寡也乃自漢以來凡通一經者謂之通一藝儒林
傳博學乎六藝之文淮南主術訓篇孔丘通六藝之
論皆指六經言自鄭氏康成與林孝存爭周官而失
偏袒周官移于少儀學記中藝字凡藝文之藝皆註
作周官藝物之藝以致徐幹作藝記直實以六物而

宋人無子但知彼不知此矣集注阮曰詩書又曰六藝假古六藝耶則詩書在其中焉得詩書又六藝今六藝耶則禮樂有文而射御書數未必有文也此皆不識古今有刪六藝而隨意引證者況小學習書數但習其而未聞學其文若禮樂射御則禮二十始學禮長曰能御幼曰未能御又是非弟子職矣

張遠民曰周官六物並列顯與經悖樂射義天子以射進諸侯卿大夫士因而飾之以禮樂則以射專藝物須禮樂飾之此正與論語冉求之藝文之

以禮樂同出禮樂非射御無善矣況禮運明云禮者本乎天殽乎地達乎鬼神者祭射御冠昏朝聘是射御徒禮中之物必由禮達要何有禮樂射御並列之乎

子夏曰賢賢易色　節

按子夏氏孔曰子夏弟子卜商也而集注則云子夏孔子弟子姓卜名商不知古男子無稱姓者獨未聞乎子夏氏卜猶子禽氏陳子游氏言子貢氏端木子張氏顓孫子華氏公西皆氏也非姓也乃有取之

姓可考而仍以氏作姓者若令尹子文姓不曰芈而曰
鬭齊宣王之姓不曰嬀而曰田總緣不識姓與氏之
別也
集注吳氏曰子夏之言其意善矣然詞氣之間抑揚
太過其流之弊將或至於廢學　其言傾側而不平
正險絕而不和易狹隘而不廣大　毛氏曰子夏是
節詞氣抑揚與有子孝弟章正同有子重孝弟子夏
重力行未嘗廢學也孟子曰人之所不學而能者其
良能也是明言不學尚非廢學今但云未學而謂實

其有廢學之弊，此何說與？

集註游氏曰：子夏以文學名，而其言如此，則古人之所謂學者可知矣。　毛氏曰：宋儒改大學，倡格物之說，凡論孟中言學處，必曲為回護，以伸己意。如于開卷說此，尤極狠，屬不知子夏在文學之科，先聖六學全藉傳述，如易傳、詩傳、喪服傳、詩大小序，數為七十二賢身通六藝之首，而詬詈屬廢學，豈教如此？試問朱氏四書之注，其于學為何如者？廢與不廢，必能自曉。是於二氏之說，實不願聞。

嘗考子夏氏聖門之高弟也，科列文學，業（著）傳述。毛
氏謂為七十二賢身通六藝之首是也。論語記其
言論多矣，而集注每每貽柳詒屬（殴）引言以營（試）毀之，
其意何居？殆欲屈辱聖賢以伸己，而適足以貽笑
於今也。於此章引游氏曰：子夏以文學名，而其言
如此，則古人之所謂學者可知矣。引吳氏曰：子夏之
言詞氣抑揚太過，其流之弊將或至於廢學。於問
孝章引程子曰：子夏直義而少溫潤之色。於子
謂子夏章引謝氏曰：子夏文學雖有餘，然意其遠

者大者或昧焉　於司馬牛憂章引吳氏曰子夏
四海兄弟之言意圓而語滯且子夏以哭子喪明
則以蔽於愛而昧於理　其於子貢問師與商也
章自云子張才高意廣而好爲苟難子夏篤信謹守
而規模狹隘如斯之類不一而足誣聖毀賢妄自
著大晚元明俗儒無此學爲悠悠之信彼數百年耳莫問
妄言之罪矣追哉
朝經學昌明大儒輩出辨誣正誤學往信傳不從爲
僞學所困亦我生之大幸焉拔彼等從從從食廟

應接不及

王章之眩黜何以逃聖門之斧鉞乎　餘詳司馬憂章

賢賢易色

集注云賢人之賢而易其好色之心　毛氏曰據一色字必添好字已過矣況好色安可易又必添好色之心猶將是誰之心又必添其好色之心則以一字添出如許字天下必無此文理且經言色字多矣若其次辟色亦曰吾辟其好色之心可乎不知易色有二義一作改易之易音翼則色是顏色謂改容而

禮之舊註云易顏色是也皇疏云上賢字猶云重
云重賢人改易平常也下賢字謂賢人也言
之色更起莊敬之容一作輕易之易音異則色是女
色謂云重賢則輕女色李安溪論天家有云少微在前女
宮在後賢賢易色取色法于此顏師古所謂云上賢
人輕略女色（於色）是也

吾必謂之學矣

集註云吾（我）必謂之已學矣（也）　毛氏曰惟未學故斷謂
之學今除一已字則于未學句何解且已字亦何
必曰（必）未學須斷已學不須斷也又且本文既非其于

已說兩一往矛盾皆非生質之美必其務學之至猶兩下卜度如若已學則生質之美又覺遜矣添補之驂駁如此猶何謂之救正乎

子曰君子不重則不威學則不固章是一　主忠信

無友不如己者過則勿憚改又是一章子罕篇文複簡于此

毛氏曰此分章錯者君子不重十一字自爲一章主忠信三句自爲一章此與子罕篇文而複簡于此集註沅註重出乃不註此不重章而反註之子罕篇則云重出而遂其半以致此章之威重忠信上下相承處

齟齬不接或以威重為忠信之基或以取友改過為固守之地而不知其皆非也朱子集注誤以君子不重十一字合下主忠信三句為一章又復錯注子罕篇為重出貽誤後學於今無窮矣

子禽問於子貢曰　節

王引之曰夫子至於是邦也若與也字之為是起下文者也詳上其為人也孝弟下求之與抑與之與抑詞之轉也漢石經作意字又作噫又作億又作懿並同與玉篇曰與語末詞古通作與皇疏曰與語不定之辭　王

存之疑題解略云抑與之與者抑邦君虛懷下問自以其政與夫子而夫子聞之與作此題時文者當縮重求字

按子禽氏陳子貢氏端木皆作姓然而集注則曰子禽姓陳名亢子貢姓端木名賜皆孔子弟子以氏為姓則已錯矣又曰或曰亢子貢弟子毛氏曰從其說諸書並無言子禽是子貢弟子者或人之說不知何所據前儒謂此係錯讀註疏所致鄭玄註曰子禽弟子陳亢也子貢弟子謂子禽子貢皆弟子也而子禽讀子貢不

讀與錯之頗可怪者今按陳氏仲魚論語古訓載鄭氏曰子禽弟子陳亢也字子禽也子貢弟子姓端木名賜字子貢也徧考家語七十二弟子傳與史記弟子列傳均無有以子禽爲子貢弟子之說

子貢曰夫子溫良節

王引之曰其諸擬議之詞也　集注曰良易直也毛氏曰舊注行不犯物謂之良即善也不知何據又改作易直之解考說諸書有賢良精良安良諸釋而總是善義如周禮良車是精車儀禮良席是安席尚書以賢居爲元良孟子以善於倡率者爲良人善於調

御者爲良工匠無以易直解者皆簡易伉直善良各
自爲義故孔子經解以易字良字並出如廣博易良
不可謂之廣博良良師乙論樂以直字與良字並出
如正直宜歌風肆直宜歌商溫良宜歌齊未可謂歌
齊宜良歌風與歌商亦宜良也若樂記則又以易直
與良三字並出如樂以治心則易直慈良之心由然
以生僞如彼注則良良慈良一連三良心非笑話乎
張文彬曰樂記易直子諒原讀慈良陳澔集說
謂之朱氏說已不可解及考之謂朱氏和不信有

此讀及見韓詩外傳竟以子諒作慈良字始信不誤則此非朱氏說矣且朱氏既解良字且觀見韓詩外傳文而注論語又自相矛盾何也

三年無改於父之道

魏環溪謂三年無改於父之道此道字是鐵案故不能改且父之道是心法更不能改三年則體認熟擅當定矣所有當改之事必無可改之道若非其道也豈有踏襲因仍不改前愆之孝子乎　集注尹氏曰如其道雖終身無改可也如其非道何待三年然則

三年無改者孝子之心有所不忍故也又游氏曰三
年無改亦謂在所當改而可以未改者耳　曹氏曰
舊說三年皆主居喪說三年解坊記子云君子弛其親
之過而敬其美論語曰三年無改於父之道可謂孝
矣高宗云三年其惟不言言乃讙程子曰坊記不然何人所作觀其引
論語曰則不可以為孔子之言鄭康成注三年不言有父小乙喪之
時而孔安國論語注亦曰孝子在喪哀慕猶若父存
無所改於父之道黄氏日抄晁集注尹游二說皆因
禮有三年之喪而釋三年為親喪之三年因孟莊子

不改父之臣與父之政而釋不改爲親沒三年之間不改其行之竊意此章本意不爲親沒而發特三年字與不改字與他處說人子居喪之偶同耳夫人子於其父之道雖不必體之而待久爲難父在之時隐於志者三年無改於父之道父殁之後見於行者三年無改於父之道則其孝之於親而不敢違始爲可也耳三年者概言其久似與顏子三月不違仁語脉相近且夫子此章父在與父沒兩之而言則非獨指居喪而言也此言於父之道又非獨指其居喪行之而

言也。余謂東萊此論較勝舊說。又公是弟子記或曰：子三年無改於父之道，若是其不善也，亦無改乎？曰：否。改其惡，無改其道。謂之道矣，若之何改之？三年不改焉，雖終身不改矣。此尤可見晦庵之說而完其義，正不必謂尹氏得用心之本，游氏得制事之宜也矣。

有子曰禮之用　兩節　亦不可行句。王引之曰：若此小字之下屬，是結上文者也。

集注程子曰：禮勝則離，樂勝則流。　毛氏曰：此分節錯者。禮之用，和為貴，先王之道斯為美，禮樂本同原也，此一截也。　小大由之，有所不行，苟細行璅屑適

于拘曲則窒而不行禮勝則離也然又一截也知
和而和不以禮節之亦不可行也乃若然必和而專
于和不以禮節則過曲不可行而過通亦不可行矣
勝則流也然又一截也舊注不分節依義疏畫截如
是集注既引樂記禮勝樂勝八字于注下而分節則
以小大由之與先王句作一節不矛盾乎

有子曰信近於義　節

集注曰言約信而合其宜則言必可踐矣致恭而中
其節則能遠恥辱矣不則因仍苟且之間將有不勝

亦因失之悔吝矣　毛氏曰此章大旨在重信恭因上
句開揭下句申明所謂信則近義以其言可復也恭
則近禮以其遠恥辱也因則不失親以其亦可宗也
從無異解乃集注劇輕信恭因而特重義禮與親謂
約信必近義而後言可復是則以字論之信者誠也
諒也踐言也從來字書無以約信解信者曲禮約信
曰誓謂要約而主于信則謂之誓若約信而又曰信
者自何書且信是信不是約信也以此論之則信必
近義而後言可復實用矣字不當用也字蓋矣字是

承然詞也字是申然詞矣不相借也況以文義論則況曰信雖或不近義而言亦可復若尾生未嘗不踐言也此撲之字尚與文義而無一當者援經解以信義並稱曰信與義而表記引子言直曰恭近禮儉近仁信近情明以近義近禮屬之恭信聖言有明証矣何故爲紛紛改其句例爲哉

張文檒曰有子教人恭信因集註教人不徒恭信因便自相反子服景伯謂若陷失寧近于恭闵馬父猶非之謂先聖王以恭相傳豈有失道而猶近恭者若

信則从人从言 言而不信不可為人 故增韵以慤實
不疑不差爽為訓 因則左傳德虐之 行因以為常 詩
因心則友 毛傳因即是親 總是信必近義 恭必近禮
因必不失親 故有子教人如是 否則反以此為戒 大
非經旨矣

按信有以行信為信者 越告糴于吳 使素忠為信 謂
之使信 漢律當乘傳者持尺五寸木為信 謂之傳信
總行信也 又有以踐信為信者 左傳再宿為信 謂宿
復留也 信罪之有無 謂審覆驗也 總踐信也 若約信為

信則聖本無有

君子食無求飽居無求安

薛綜東京賦注曰無猶不也言不求飽不求安也

始可與言詩已矣

王引之曰已為語終之詞則與矣同義連言之則曰已矣八佾篇已矣同

四書述言述論語學而篇終

四書講義尊聞録（孟子）七卷（一）

清　戴鋐辑

清雍正懷新堂刻本

四書尊聞錄序

蓋嘗觀於六經諸子而後歎四書之語切也觀於古註疏及有宋以來諸儒講義而後歎朱子之心細也讀六經諸子者但即四書以爲權衡焉足矣讀四書者但究研朱子集註及或問語類諸書以爲參會焉足矣明成祖詔儒臣修四書大全其擇焉不必

精語焉不必詳然會聚講解以資考核有功於學者不小嗣後蒙存淺達說約諸書發揮衍繹要之皆使人體之於身驗之於心發之於文措之於事焉斯已矣誦聖門之問孝也則宜返之已曰我當如此以盡孝誦聖門之問仁也必返之已曰我當如此以求仁誦誠身之旨則曰我擇善固執

以誠吾身誦知言養氣之說則曰我
可使天下有未窮之理乎可使吾之
氣有怵於私利而不能剛大充塞乎
夫苟不能體之於身驗之於心發之
於文措之於事雖遍觀廣取何益於
我苟能體之於身驗之於心發之於
文措之於事雖單詞隻句皆可以勉
之終身進而上希賢聖然踐履必先

以講明參考會通而後心靜理明庶其有以體之於身驗之於心發之於文措之於事乎則講明之功亦烏可緩也長洲戴生景亭閉戶窮經十餘年志尚不凡自四書大全以及蒙存淺達諸書罔不究覽又參之我朝平湖陸先生安溪李先生講解擇而存之彙爲四書尊聞錄求序於余余

讀其書力索潛思簡而該詳而有要不必旁搜遠覽而儒先義藴畢具讀是書者可以體之於身驗之於心發之於文措之於事矣夫今之士但思發之文而已其三者皆視爲不甚切之務夫不能驗之身心其文亦不能親切有味不能措之於事則所謂道聽塗說而已我

國家正學昌明超軼前代我
皇上崇聖右儒學貫天人每當
經筵進講輒剖示精微心原若接
聖教之所薰蒸天下學術日進於醇戴生之爲是書也其以勉人者自勉以不負發憤下帷之苦心以應文明之會而讀是書者益復體驗之身心以措之於事無徒思以發之於文焉則幾

矣

雍正七年三月上巳日漳浦蔡世遠

書

四書尊聞錄序

四書有集註而後大義明集註得大全而後微言析大全之翼註猶集註之明經也然大全成於前明永樂時一仍道川倪氏輯釋之舊而加增損之紛紜瞀眩使人靡所適從余少讀之始而駭繼而疑久乃稍見涯涘庚子以後博觀程朱語錄或問諸書反覆潛翫頗有所得因以己意點次然脉絡精神猶未融貫元明以後諸儒

之說猶多闕如丙午重加訂正每章列總旨於前附諸解於後復採元明諸儒論說以疏其義有不合則以鄙意參之一句一字務期不悖於註而後已非敢謂自有所見凡以尊所聞而已由此以觀大全庶乎黑白分明不至如向者紛紜瞀眩靡所適從乎書成略識始末以問世願學者共加訂正焉

雍正戊申秋七月長洲戴鈜景亭識

孟子集註序說

史記列傳曰孟軻 趙氏曰孟子魯公族孟孫之後漢書注云字子車一說字子輿 騶人也 騶亦作鄒本邾國也 受業子思之門人 子思孔子之孫名伋索隱云王劭以人爲衍字而趙氏註及孔叢子等書亦皆云孟子親受業於子思未知是否 道既通 趙氏曰孟子通五經尤長於詩書程子曰孟子曰可以仕則仕可以止則止可以久則久可以速則速孔子聖之時者也故知易者莫如孟子又曰王者之迹熄而詩亡詩亡然後春秋作又曰春秋無義戰又曰春秋天子之事故知春秋者莫如孟子尹氏曰以此而言則趙氏謂孟子長於詩書而已豈知孟子者哉 游事齊宣王宣王不能用適梁梁惠王不果所言則見以爲迂遠而闊於事情 按史記梁惠王之三十五年乙酉孟子始至梁其後二十三年當齊湣王之十年丁未齊人伐燕而孟子在齊故古史謂孟子先事齊宣王後乃見梁惠

王襄王齊湣王獨孟子以伐燕爲宣王時事與史記荀子等書皆不合而通鑑以伐燕之歲爲宣王十九年則是孟子先游梁而後至齊見宣王矣然考異亦無他據又未知孰是也當是之時秦用商鞅楚魏用吳起齊用孫子田忌天下方務於合從連衡以攻伐爲賢而孟軻乃述唐虞三代之德是以所如者不合退而與萬章之徒序詩書述仲尼之意作孟子七篇趙氏曰凡二百六十一章三萬四千六百八十五字韓子曰孟軻之書非軻自著軻既沒其徒萬章公孫丑相與記軻所言焉耳愚按二說不同史記近是

韓子曰堯以是傳之舜舜以是傳之禹禹以是傳之湯湯以是傳之文武周公文武周公傳之孔子孔子傳之孟軻軻

之死不得其傳焉荀與楊也擇焉而不精語焉而不詳程子曰韓子此語非是蹈襲前人又非鑿空撰得出必有所見若無所見不知言所傳者何事○又曰孟氏醇乎醇者也荀與楊大醇而小疵程子曰韓子論孟子甚善非見得孟子意亦道不到其論荀楊則非也荀子極偏駁只一句性惡大本已失楊子雖少過然亦不識性更說甚道○又曰孔子之道大而能博門弟子不能徧觀而盡識也故學焉而皆得其性之所近其後離散分處諸侯之國又各以其所能授弟子源遠而末益分惟孟軻師子思而子思之學出於曾子自孔子沒獨孟軻氏之傳得其宗故求觀聖人之道者必自孟子始程子曰孔子言參也魯然顏子沒後終得聖人之道者曾子也觀其啓手

足時之言可以見矣所傳者子思孟子皆其學也　○又曰楊子雲曰古者楊墨塞路孟子辭而闢之廓如也夫楊墨行正道廢孟子雖賢聖不得位空言無施雖切何補然賴其言而今之學者尚知宗孔氏崇仁義貴王賤霸而已其大經大法皆亡滅而不救壞爛而不收所謂存十一於千百安在其能廓如也然向無孟氏則皆服左衽而言侏離矣故愈嘗推尊孟氏以爲功不在禹下者爲此也

或問於程子曰孟子還可謂聖人否程子曰未敢便道他是聖人然學已到至處愚按至字恐當作聖字　○程子又曰孟子有功

於聖門不可勝言仲尼只說一箇仁字孟子開口便說仁
義仲尼只說一箇志孟子便說許多養氣出來只此二字
其功甚多○又曰孟子有大功於世以其言性善也○又
曰孟子性善養氣之論皆前聖所未發○又曰學者全要
識時若不識時不足以言學顏子陋巷自樂以有孔子在
焉若孟子之時世既無人安得不以道自任○又曰孟子
有些英氣才有英氣便有圭角英氣甚害事如顏子便渾
厚不同顏子去聖人只毫髮間孟子大賢亞聖之次也或
曰英氣見於甚處曰但以孔子之言比之便可見且如冰

與水精非不光比之玉自是有溫潤含蓄氣象無許多光耀也

楊氏曰孟子一書只是要正人心教人存心養性收其放心至論仁義禮智則以惻隱羞惡辭讓是非之心爲之端論邪說之害則曰生於其心害於其政論事君則曰格君心之非一正君而國定千變萬化只說從心上來人能正心則事無足爲者矣大學之脩身齊家治國平天下其本只是正心誠意而已心得其正然後知性之善故孟子遇人便道性善歐陽永叔却言聖人之教人性非所先可謂誤

矣人性上不可添一物堯舜所以爲萬世法亦是率性而
已所謂率性循天理是也外邊用計用數假饒立得功業
只是人欲之私與聖賢作處天地懸隔

四書講義尊聞錄卷之十四

長洲戴　鉉景亭手輯

孟子

梁惠王章句上

凡七章

孟子見梁惠王章

總旨徐儆弦曰義利二字是治道學術大關節明此則純王雜伯君子小人皆一時勘破故大學之書以此而終七篇之論以此而始

孟子見梁惠王、

梁惠王魏侯罃也、都大梁、僭稱王、謚曰惠、史記惠王三十五年卑禮厚幣以招賢者、而孟軻至梁、

本義 孟子在當時、以道自重、不見諸侯、適梁惠王以禮招賢、遂自鄒至梁以見之、欲行道也

附解 〔存疑〕見梁惠王、舊或謂答其禮、或謂欲行道、要孟子本意、是欲行其道、而惠王卑禮厚幣以招賢、則有可見之義爾、

王曰、叟不遠千里而來、亦將有以利吾國乎、

叟、長老之稱、王所謂利、蓋富國彊兵之類、

本義 王問曰、叟不憚千里之遠而來、夫豈徒哉、亦將有深謀長策、可以利益吾國乎、

附解 西山真氏曰、當時王道不明、人心陷溺、惟知有利而已、故惠王利國之問、發於見賢之初、○〔翼註〕利是功利之利、

孟子對曰王何必曰利亦有仁義而已矣

仁者心之德愛之理義者心之制事之宜也此二句乃一章之大指下文乃詳言之後多放此

【本義】孟子對曰王有志於致治興邦何必曰利亦有仁義而已矣蓋仁者心之德愛之理義者心之制事之宜此是君國子民立綱陳紀的大道舍此不言而言利豈予千里見王之心哉

【附解】朱子曰心之德是渾淪說愛之理方說到親切處心之制是說義之體程子所謂處物爲義是也事之宜是就千條萬緒各有所宜處說事之宜雖若在外然所以制其宜則在心也○雲峰胡氏曰心之德是體愛之理是用心之制是體事之宜是用○蒙引不必說亦有仁義可以益王之國只是對利字言不必要對吾國字○說統言利而曰何必有斷然不必言之意言仁義而曰而已矣有舍此無可言之意這兩句且只就理欲上看到中間乃直陳利害出來

王曰何以利吾國大夫曰何以利吾家士庶人曰何以利吾身、上下交征利、而國危矣、萬乘之國弑其君者、必千乘之家、千乘之國弑其君者、必百乘之家、萬取千焉千取百焉、不爲不多矣、苟爲後義而先利、不奪不饜

此言求利之害以明上文何必曰利之意也征取也上取乎下下取乎上故曰交征國危謂將有弑奪之禍乘車數也萬乘之國者天子畿內地方千里出車萬乘千乘之家者天子之公卿采地方百里出車千乘也千乘之國諸侯之國百乘之家諸侯之大夫也弑下殺上也饜足也言臣之於君每十

分而取其一分亦已多矣若又以義爲後而以利爲先則不弑其君而盡奪之其心未肯以爲足也

本義夫利欲之非正固不可求況求利又自有其害乎王一國之表率也王若惟利是求曰何以利吾國但見利風一倡人皆效尤爲大夫者便曰何以利吾家爲士庶人者便曰何以利吾身上以利取下下以利取上上下交相征利而國從此危矣將見萬乘之國或以征利而弑其君者必是千乘之家千乘之國或以征利而弑其君者必是百乘之家地位相近則凌奪易生必然之勢也夫公卿於天子萬乘之中十取其一而得千乘焉大夫於諸侯千乘之中十取其一而得百乘焉所得不爲不多此正義之所在而可以相安矣若以義爲後而以利爲先則縱欲貪饕不弑其君而盡奪之其心必不饜足也求利之害何如哉

附解存疑王曰何以利吾國一定是取之於臣民所謂損下益上也大夫曰何以利吾家一定是取之君與民所謂攘奪

其君。剋剝其民也。故曰上下交征利。○〔新安陳氏曰〕以制地定法言。天子萬乘。諸侯取十之一。得千乘。諸侯千乘。大夫取十之一。得百乘。千乘之家。大註分明謂天子之公卿。蓋本萬章下天子之公卿受地視侯說。大抵是要家字端的。未可輕疑妄議。○〔說統〕後義先利。雖主下之人說。却根上好利來。○〔蒙引〕萬乘之國至不奪不饜。皆是說國危之事。萬取千焉至不奪不饜。又只是申萬乘之國弑其君四句。○〔說統〕以首句爲綱。王爲大夫士庶之表帥。利風一倡。不至攘奪不止。可見利之端自王啓之。害之寔亦自王受之。利之不可言如此。○〔新安陳氏曰〕此章始末兼言仁義。中單言義者。蓋仁有溫然慈愛之意。義有截然斷制之意。取其斷制以勝私去利。則義之用爲尤切。兼言仁義該體用之全也。單言義取功用之切也。

未有仁而遺其親者也。未有義而後其君者也。

此言仁義未嘗不利。以明上文亦有仁義而已之意也。遺猶

棄也後不急也言仁者必愛其親義者必急其君故人君躬行仁義而無求利之心則其下化之自親戴於己也

本義 仁義之至正固所當行況行仁義又自有其利乎是故仁主於愛而愛莫切於愛親未有人仁而或遺其親者也義主於敬而敬莫大於尊君未有人義而或後其君者也誠使上有躬行仁義之君則下有感化仁義之人人既感化於仁義心必愛戴於君親然

則爲君者尚亦有利哉

附解 梁無知曰上說危說弒說奪則遺親後君極矣若夫仁義斷無此禍未有二字是反上文而決言之○雲峰胡氏曰本文仁義二字指下之人而言集註必自人君躬行上說來者蓋上文先言王而後言大夫士庶惟上之人求利而後下皆求利故集註於此揭人君躬行仁義而無求利之心故其下化之而自有仁義之利也○蒙引細看大註躬行仁義與仁義未嘗不利兩箇仁義字與本文仁義字及註中仁者義者不同蓋仁義未嘗不利亦是就人君言非是謂仁者自享

愛親之利義者自享敬君之利也

王亦曰仁義而已矣何必曰利

重言之以結上文兩節之意○此章言仁義根於人心之固有天理之公也利心生於物我之相形人欲之私也循天理則不求利而自無不利徇人欲則求利未得而害已隨之所謂毫釐之差千里之謬此孟子之書所以造端托始之深意學者所宜精察而明辨也○太史公曰余讀孟子書至梁惠王問何以利吾國未嘗不廢書而歎也曰嗟乎利誠亂之始也夫子罕言利常防其源也故曰放於利而行多怨自天子

以至於庶人好利之弊何以異哉程子曰君子未嘗不欲利但專以利爲心則有害惟仁義則不求利而未嘗不利也當是之時天下之人惟利是求而不復知有仁義故孟子言仁義而不言利所以拔本塞源而救其弊此聖賢之心也

本義 夫求利之害如彼仁義之效如此則天理人欲之間關於治亂安危者大矣王欲爲國亦惟曰仁義而已矣何必曰利以啓危亡之禍哉

附解 覺軒蔡氏曰學者細玩而已矣與何必之辭見孟子語意嚴厲斬釘截鐵斷斷然只說仁義更不向利上去○說統王亦曰仁義直是要他行仁義何必曰利直是要他不求利不只說不可說便罷○東陽許氏曰君子利己之心不可有利物之心不可無孟子不言利是專攻人利己之心絶利己之心然後可行利物之事然利物乃所以利己也至於不遺親

後君則已亦無不利矣。但
不可假仁義以求利耳

孟子見梁惠王王立於沼上章

總旨 東陽許氏曰。此章關鍵。全在偕。樂。獨。樂。上。文王與民同樂夏桀結怨奉己。與亡乃其效也○新安陳氏曰揭大指於前而分開照應於後。此孟子諸章例也首章及此章皆如此。此後當以此法觀之不一一提掇。

孟子見梁惠王、王立於沼上、顧鴻鴈麋鹿曰賢者亦樂此乎、

沼池也鴻鴈之大者麋鹿之大者

本義 孟子見梁惠王、適王立於池沼之上、因顧鴻鴈麋鹿以問孟子曰賢者之君亦樂此乎蓋衒其所樂之不正也。

附解 龜山楊氏曰。梁王顧鴻鴈麋鹿以問孟子則是曰字當連上也○蒙引賢者。是指人君之賢者如宣王問賢者亦有此樂乎。是指以下賢者○此字指鴻鴈麋鹿。不兼臺池言

孟子對曰、賢者而後樂此、不賢者雖有此不樂也、

此一章之大指

本義 孟子卽因其所樂而引之以當道。故對之曰、王勿謂賢者不樂乎此。正惟賢者而後能樂乎此。若不賢者雖有此、亦不能樂也、

附解 雙峰饒氏曰、王意謂賢者未必樂此。自家有慙。孟子說惟是賢者樂此。出王之意外。○南軒張氏曰、王所謂樂、人欲之私。以自逸爲樂也。孟子所謂賢者樂此、天理之公。與民同樂者也。○困勉錄、二句只虛說。爲是下二節方發明其意。存疑、謂賢者而後樂此、能享其樂也。不賢者雖有此不樂、不能享其樂也。似非此節語意。

詩云、經始靈臺、經之營之、庶民攻之、不日成之、經始勿亟、庶民子來、王在靈囿、麀鹿攸伏、麀鹿濯濯、白鳥鶴鶴、王在靈沼、於牣

魚躍、文王以民力爲臺爲沼、而民歡樂之、謂其臺曰靈臺、謂其沼曰靈沼、樂其有麋鹿魚鼈、古之人與民偕樂、故能樂也、

此引詩而釋之、以明賢者而後樂此之意、詩大雅靈臺之篇、經、量度也、靈臺、文王臺名也、營、謀爲也、攻、治也、不日、不終日也、亟、速也、言文王戒以勿亟也、子來、如子來趨父事也、靈囿靈沼、臺下有囿、囿中有沼也、麀、牝鹿也、伏、安其所、不驚動也、濯濯、肥澤貌、鶴鶴、潔白貌、於、歎美辭、牣、滿也、孟子言文王雖用民力、而民反歡樂之、既加以美名、而又樂其所有、蓋由文王能愛其民、故民樂其樂、而文王亦得以享其樂也

【本義】何以見賢者而後樂此詩云文王始作靈臺方經度營謀庶民已相與攻治之不日之間卽已成之雖經始之時王恐煩民戒令勿亟而庶民踴躍如子趨父事所以不日而成也臺旣成矣臺下有囿也王在靈囿則見夫麀鹿馴伏而不驚麀鹿濯濯而肥澤白鳥鶴鶴而鮮潔囿中有沼也王在靈沼則見夫魚之跳躍者充滿於池中詩之所言如此夫文王以民力爲臺爲沼宜乎民以爲厲已而民乃趨事亟成而歡樂之且稱其臺曰靈臺稱其沼曰靈沼言其倏忽而成若神靈之所爲者而又樂其囿中之有麋鹿沼中之有魚鼈而歎美之無已民樂文王之樂如此文王果何以得此於民哉蓋由文王平日愛民所欲與聚所惡勿施而與之偕樂故民亦樂君之樂而文王遂能享其樂也此臣所謂賢者而後樂此也然則凡爲君者可不常懷偕樂之心以保其樂乎

【附解】東陽許氏曰靈臺之作所以候日景占星象望雲物也其下有囿囿中有沼併以遊觀爾○【蒙引】於歎美辭此乃民樂之辭與上文麀鹿同皆是民樂文王之所有不可謂文王自歎美○民反歡樂之指庶民子來不日成之也不是包謂

其臺曰靈臺以下。古之人與民偕樂。是說平日有恩惠及人。治岐之政是也。不必兼言勿亟之命。故能樂也。全在民樂其樂上。故集註用此句以發揮其義。〔困勉錄〕古之人即指文王與民偕樂二句。俱貼文王講。當於言外推開以見凡爲君者皆當與民同樂。而後能有其樂也。〔徐元扈曰〕此節申明賢者樂此句。文王以下。只就上詩詞中衍出其意。至與民偕樂。方是孟子議論。

湯誓曰。時日害喪。予及女偕亡。民欲與之偕亡。雖有臺池鳥獸。豈能獨樂哉。

此引書而釋之。以明不賢者雖有此不樂之意也。湯誓。商書篇名。時。是也。日。指夏桀。害。何也。桀嘗自言。吾有天下。如天之有日。日亡吾乃亡耳。民怨其虐。故因其自言而目之曰。此日

何時亡乎若亡則我寧與之俱亡蓋欲其亡之甚也孟子引此以明君獨樂而不卹其民則民怨之而不能保其樂也

本義 何以見不賢者雖有此不樂湯誓曰是日曷時而喪乎予寧及女偕亡書之言如此夫桀獨樂而不卹其民至於民怨之而欲與之偕亡則當此之時雖有臺池鳥獸豈能獨樂於上哉此臣所謂不賢者雖有此不樂也則凡爲君者安可稍存獨樂之念以失其樂乎王亦勉爲賢者而已矣

附解 困勉錄民欲與之偕亡二句似亦當貼桀說註引此以明云云亦當補在言外〇說統豈能獨樂句不必說到覆亡民情到偕亡地位滿目皆愁慘之象君心下自是不樂豈能晏然稱快於臺池鳥獸之間故能豈能相叫應正見人君不可不公樂於民耳

梁惠王曰寡人之於國也章

【總旨】說統按。通章當以盡心二字爲主。蓋王者之政。王者之心爲之也。看他許多經制區畫。那一件不從不忍之心做來。有不忍人之心。斯有不忍人之政。惠王自謂盡心。乃其所移者。特民間之粟耳。而況不知檢。不知發。心忍極矣。安得言盡耶。孟子抉出病源。以動其不忍之良。

梁惠王曰。寡人之於國也。盡心焉耳矣。河內凶。則移其民於河東。移其粟於河內。河東凶亦然。察鄰國之政。無如寡人之用心者。鄰國之民不加少。寡人之民不加多。何也。

寡人、諸侯自稱。言寡德之人也。河內、河東、皆魏地。凶、歲不熟也。移民以就食。移粟以給其老稚之不能移者。

【本義】梁惠王自負其恤民之政。誇示孟子曰。寡人之爲國也。其於恤民之事。可謂竭盡其心而無以加矣。如河內凶荒。則移河内之壯民於河東以就食、又移河東之粟於河内、以給老稚之不能移者、或河東凶荒、其移民移食亦有如救河内者、然我徧察鄰國之政、非無歲凶之時、然皆漫無料理、無有如寡人之用心者、宜乎民之去鄰國而歸寡人也。乃今鄰國之民不見其加少、寡人之民不見其加多、其故何也、

附解 說統：盡心、就救荒上說。河内四句。正、盡心之事。何也二字、是推到歲凶上去、見得人力無如之何、便含罪歲意。

孟子對曰、王好戰、請以戰喻、填然鼓之、兵刃既接、棄甲曳兵而走、或百步而後止、或五十步而後止、以五十步笑百步、則何如、曰、不可、直不百步耳、是亦走也、曰、王如知此、則無望民之多於鄰國也、

填、鼓音也。兵以鼓進、以金退、直、猶但也、言此以譬鄰國不卹

其民惠王能行小惠然皆不能行王道以養其民不可以此而笑彼也楊氏曰移民移粟荒政之所不廢也然不能行先王之道而徒以是爲盡心焉則末矣

本義 孟子設喻以曉之曰王素好戰請即以戰爲喻夫戰者兩軍相當塡然鼓之兵刃既接勝敗以分敗者棄甲曳兵而走或至百步而後止或至五十步而後止以五十步之近笑彼百步之遠則王以爲何如王曰不可戰以克敵爲功兵以死敵爲勇彼五十步者但未至於百步耳同一敗走也烏可以其近而笑遠者之無勇哉孟子遂就其明而通之曰王若知五十步之不可笑百步則無望民之多於鄰國矣蓋均之未能行王道也

附解 孫疏塡塞也滿也言鼓音充塞盈滿於戰陳之際○東陽許氏曰集註兵以鼓進以金退亦大約言之周禮大司馬辨鼓鐸鐲鐃之用大抵鐲進鐃退鐸兼進退也後世戰陳蓋專以金聲退○蒙引鼓之之字非虛蓋指戰士而言也○存

疑戰以勝敵爲上。走之遠近弗計也。猶治以王道爲上。小惠之能行與否弗計也。行小惠不可望民加多。欲民加多。惟在行王道爾。故下二節遂言王道。

不違農時、穀不可勝食也。數罟不入洿池、魚鼈不可勝食也。斧斤以時入山林、材木不可勝用也。穀與魚鼈不可勝食、材木不可勝用、是使民養生喪死無憾也。養生喪死無憾、王道之始也。

農時、謂春耕夏耘秋收之時。凡有興作、不違此時、至冬乃役之也。不可勝食、言多也。數、密也。罟、網也。洿、窊下之地、水所聚也。古者網罟必用四寸之目、魚不滿尺、市不得粥、人不得食。山林川澤、與民共之、而有厲禁。草木零落、然後斧斤入焉。此皆爲治之初法制未備且因天地自然之利而撙節愛養之事也然飲食宮室所以養生祭祀棺槨所以送死皆民所急而不可無者今皆有以資之則人無所恨矣王道以得民心爲本故以此爲王道之始

本義 王欲得民亦惟盡心於王道而已。王道何如彼爲治之初法制未備且因天地自然之利而爲撙節愛養之宜如農時乃五穀所自出必愛惜民力勿妨其務農之時則民得盡力於南畝而五穀不可勝食也洿池乃魚鼈所聚必禁絕密網勿使入於洿池之中則川澤不竭於漁而魚鼈不可勝食也山林乃材木所生必限制斧斤直待草木零落之時方許其入則萌蘖得有所養而材木不可勝用也穀與魚鼈不可勝食材木不可勝用則飲食宮室有所資而民之養生者得遂其願祭祀棺槨有所藉而民之喪死者得盡其情是使民養生喪死兩無所憾也養生喪死無憾則民心得而邦本固

法制自此而可立教化自此

而可與矣王道之始事如此

附解蒙引古者四時之田皆於農隙以講武事則四時皆有農隙不專謂冬也然註云至冬乃役之者蓋田以講武則四時皆可伺農隙以役民凡有興作則決須至冬也興作與徒作事也田獵以講武不與興作之目○洿池二字平看洿地勢自然者池是人所鑿者○山林之分其高者爲山平而多草木者爲林○厲禁厲與禁也非謂嚴禁也○雲峰胡氏曰此所謂山林川澤與民共之卽是澤梁無禁澤梁無禁者不禁民之取而有厲禁者禁民之不以時取也○說統不可勝食勝用只說生殖繁多尚未到人食用上養生喪死無憾方是食用無憾二字最重蓋王道本乎人情使生計稍立人心不至渙散然後可以擬制立法以圖經久○蒙引養生喪死皆無憾則民心自不能舍是而他適此亦應前面加多之意○新安陳氏曰法制未備謂聖人未行井田法以前天地自然之利謂穀魚材木之類撙節愛養謂不違農時不用數罟斧斤時入之類王道之始謂王制未備王道未成不過初焉事下節集註云是王道之成也正與此王道之始相對○三

魚堂遺編此節雖云民生已植。民心已得。然法制未備。則民生植而猶未盡植也。民心得而猶未盡得也。此可以粗安而不可以長治。故下節遂詳立制之事。王道之始。要見王者猶未敢自謂盡心之意。

考 周禮地官司徒。山虞掌山林之政令。物爲之厲。而爲之守禁。仲冬斬陽木。仲夏斬陰木。凡服耜斬季材。以時入之。令萬民時斬材有期日。註厲遮列也。物爲之厲。每物有藩界也。別其地以限之。然後命其人以守之。設其法以禁之。○澤虞掌國澤之政令。爲之厲禁。使其地之人。守其財物。以時入之於王府。頒其餘於萬民。○禮記王制。獺祭魚。然後漁人入澤梁。豺祭獸。然後田獵。鳩化爲鷹。然後設罻羅。草木零落。然後入山林。○國語山不槎蘖。澤不伐夭。魚禁鯤鮞。獸長麑麌。鳥翼鷇卵。蟲舍蚳蝝。蕃庶物也。古之訓也。註槎斫也。以株生曰蘖。草木未成曰夭。鯤魚子也。鮞未成魚也。

五畝之宅、樹之以桑、五十者可以衣帛矣、雞豚狗彘之畜、無失其時、七十者可以食肉矣、百畝之田、勿奪其時、數口之家、可以

無飢矣謹庠序之教申之以孝悌之義頒白者不負戴於道路矣七十者衣帛食肉黎民不飢不寒然而不王者未之有也

五畝之宅一夫所受二畝半在田二畝半在邑田中不得有木恐妨五穀故於牆下植桑以供蠶事五十始衰非帛不煖未五十者不得衣也畜養也時謂孕字之時如孟春犧牲毋用牝之類也七十非肉不飽未七十者不得食也百畝之田亦一夫所受至此則經界正井地均無不受田之家矣庠序皆學名也申重也丁寧反覆之意善事父母爲孝善事兄長爲悌頒與斑同老人頭半白黑者也負任在背戴任在首夫

民衣食不足則不暇治禮義而飽煖無教則又近於禽獸故旣富而教以孝悌則人知愛親敬長而代其勞不使之負戴於道路矣衣帛食肉但言七十舉重以見輕也黎黑也黎民黑髮之人猶秦言黔首也少壯之人雖不得衣帛食肉然亦不至於飢寒也此言盡法制品節之詳極裁成輔相之道以左右民是王道之成也

【衍義】由是而欲使百姓家給人足各遂其生各復其性須定爲經制一夫受田百畝外又有五畝宅舍牆下都種植桑樹以供蠶事則絲帛有出而五十非帛不煖者可以衣帛矣雞豚狗彘之畜無失其孕字之時則生息繁盛而七十非肉不飽者可以食肉矣百畝之田不妨其耕耘收獲之時則民得盡力農畝數口之家可無飢餒之患矣凡此皆養民之事民

得其養○則教化可施○於是謹脩庠序之教、所教之中、又以孝悌爲重、丁寧告詔、以致其申重之義、則民知愛親敬長、樂爲代勞、彼年高頒白之人、無有負戴於道路者矣、凡此皆教民之事、夫教養兼舉○而治化大行、以至於七十者衣帛食肉、黎民不飢不寒、則人心無不愛戴、四方無不歸往、如是而不能一統天下○以至於王者、理之所未有也、此王道之成也。

附解 蒙引 二畝半在田曰廬、二畝半在邑曰里、廬各在其田中○而里聚居也○春令民畢出在野○冬則畢入於邑○豚稚豕也○彘牝豕也、狗有三○守狗、獵狗、豢狗、此是指豢狗也○或問既曰魚鼈不可勝食矣、又言老者始可食肉何也、曰魚鼈自生之物、養其小而食其大○老幼之所同也○至於芻豢之畜人力所爲、則非七十之老、不得以食之矣○南軒張氏曰 衣帛食肉○必曰五十七十者○民之欲無窮○而蠶桑畜養之利有限不爲之制○則爭逐其欲○而老者或不得衣之食之矣、又使知老者之當養其老幼之有別○教亦行乎其中矣、日用飲食無非教也、不待庠序而後教也○趙氏曰 古以百步爲畝、今以二百四十步爲畝○古百畝、當今之四十一畝也○蒙引 上文不違農時○猶未有百畝之制○至此方一夫受田百畝、然雖受田百畝而奪其時。亦無益矣。故又須弗奪其時。與上句雞豚狗彘無失其時同。或謂勿失其受田之時者非也。○庠序指鄉學。非謂國學也。舉俊秀及凡鄉之民皆教之。所謂使契爲司徒。教以人倫者也。所教之中。又以孝弟爲重。蓋春秋教以禮樂。冬夏教以詩書。無非教也。豈特孝弟在所教耶。○存疑、七十者衣帛食肉。黎民不飢不寒。內含教民意。○蒙引、饒氏謂五畝宅百畝田。是法制、五十衣帛。七十食肉。是品節、此說亦無憑據。蓋法制固所以品節之也。況此節重五畝宅。百畝田及雞豚狗彘之畜。上。其曰五十七十足以衣帛食肉者。乃其效耳。本意非以此論品節也。觀上節註有法制未備字。可見法制亦兼得品節了。又或以五畝百畝爲法制、勿奪其時勿失其時爲品節、亦牽强。○上節因天地自然之利而撙節愛養。此亦是先王制度品節處。但未盡其詳也。○盡法制品節之詳。所以極裁成輔相之道也。○存疑、裁成輔相之道。即所以左右其民。輔氏陳氏以輔相當養說。左右其民當教說。不是。○困勉錄、上節雖云民生已植。民心已得。然法制未備。則民生植而猶未盡植也。民心得而猶未盡得也。此可以粗安而不可以長治也。故此節遂詳言立制之事。

【附考】禮記月令孟春之月命樂正入學習舞乃脩祭典命祀山林川澤犧牲毋用牝禁止伐木無覆巢無殺孩蟲胎夭飛鳥〔註〕胎懷孕者夭始生者○〔書大傳〕大夫七十而致仕老其鄉里大夫爲父師士爲少師耰鉏已藏祈樂已入歲事已畢餘子皆入學年十五始入小學見小節踐小義焉年十八始入大學見大節踐大義焉距冬至四十五日始出學傳農事上老平明坐於右塾庶老坐於左塾餘子畢出然後皆歸夕亦如之餘子皆入父之齒隨行兄之齒鴈行朋友不相踰輕任併重任分頒白者不提攜出入皆如之〔註〕祈樂當爲新穀餘子猶衆子古者適子恒代父而仕上老父師庶老少師

狗彘食人食而不知檢塗有餓莩而不知發人死則曰非我也歲也是何異於刺人而殺之曰非我也兵也王無罪歲斯天下之民至焉

檢制也莩餓死人也發發倉廩以賑貸也歲謂歲之豐凶也

惠王不能制民之產，又使狗彘得以食人之食，則與先王制度品節之意異矣。至於民飢而死，猶不知發，則其所移特民間之粟而已。乃以民不加多，歸罪於歲凶，是知刃之殺人，而不知操刃者之殺人也。不罪歲，則必能自反而益脩其政，天下之民至焉，則不但多於鄰國而已。○程子曰：孟子之論王道，不過如此，可謂實矣。又曰：孔子之時，周室雖微，天下猶知尊周之為義，故春秋以尊周為本。至孟子時，七國爭雄，天下不復知有周，而生民之塗炭已極。當是時，諸侯能行王道，則可以王矣。此孟子所以勸齊梁之君也。蓋王者，天下之義主

也聖賢亦何心哉視天命之改與未改耳

本義今王平日不行王道養民無法乃厚斂於民以養禽獸反使狗彘奪人之食而食之而不知檢制至於塗有餓莩又不知急發倉廩以行賑貸如是而民飢以死者乃王之罪非關歲凶也王乃曰非我也歲也是何異於以兵刺人而殺之乃曰非我也兵也夫兵能代操兵者之罪而歲能代失政者之罪乎王誠惕然反己無歸罪於歲而勉行王道之始終則天下之民皆將望風而來歸矣豈但加多於鄰國而已哉

附解〔蒙引〕狗彘食人食而不知檢既有以致人之死塗有餓莩而不知發又無以救人之死○〔說統〕無罪歲內便含罪己脩政意此二句通章歸結在此與上文何也二字相應○〔蒙引〕當時惠王若遂用孟子之言而見之施行必先發倉廩而賑貸以紓目前之急次行王道之始事而後及王道之終事耳

寡人願安承教章

總旨 新安陳氏曰此章戒梁王厲民自養率獸食人勉其行王道以爲民父母爲心也○黄貞父曰此章提醒惠王處喫緊在爲民父母四字而無後四字尤極痛切凡人主雖至愚不肖莫有不思利及子孫者借是以動其不忍之心此孟子極善開導處

梁惠王曰寡人願安承教

承上章言願安意以受教

本義 梁惠王因孟子之言而有感復曰行小惠不若行王政宜罪己不宜罪歲夫子所以教我者至矣然而國政多端善言必再寡人願安意以承教夫子幸盡言而無隱也

附解 蒙引 安者出於中心之誠而無勉強也○淺說 承教還有求教之意不是承上文之教也

孟子對曰殺人以梃與刃有以異乎曰無以異也

梃杖也、

【本義】孟子曰、與一利不如去一害。虐政除。然後仁政舉。今試問王殺人者或以梃或以刃兩者有以異乎、王曰梃之與刃其器雖不同而同一致人於死無以異也

以刃與政有以異乎曰無以異也、

孟子又問而王答也、

【本義】又問殺人者或以刃或以虐政、兩者有以異乎、王曰政之與刃其事雖不同而同一致人於死無以異也

【附解】新安陳氏曰、政謂虐政梃刃政殺人承上章歲兵之意而敷演之

曰庖有肥肉廄有肥馬民有飢色野有餓莩此率獸而食人也

厚斂於民以養禽獸而使民飢以死則無異於驅獸以食人

矣。

本義 孟子曰、王如知此、則今日之政。當有在更張者矣。蓋王厚斂於民、以養禽獸、庖中有肥肉、廐中有肥馬、於是窮民有飢餓之色、野外有餓死之人、此何以異於驅禽獸而食人乎。然則王以虐政殺人、有與兵刃無異矣。何不反求而亟圖之乎。

附解 新安陳氏曰、此因前章狗彘食人食。塗有餓莩之意而究言之、即以虐政殺人也。

獸相食、且人惡之、爲民父母行政、不免於率獸而食人、惡在其爲民父母也、

君者、民之父母也。惡在、猶言何在也、

本義 且如獸本異類、其自相吞噬、與人無預、人之見者猶且惡之、況人君乃民之父母、民皆賴以爲生者、乃今恣行虐政、

至於率獸而食人、其視赤子之軀命、反獸類之不如矣。殘忍如此。何在其爲民之父母也。

附解 新安陳氏曰、以率獸食人、儆其昏迷之錮習。以爲民父母、觸其惻隱之本心。○蒙引、獸相食節、極言人君以子民之責、而反爲殘民之事。作俑節、又痛言民之不可殘也。

仲尼曰、始作俑者、其無後乎。爲其象人而用之也。如之何其使斯民飢而死也。

俑、從葬木偶人也。古之葬者、束草爲人、以爲從衛、謂之芻靈、略似人形而已。中古易之以俑、則有面目機發、而太似人矣、故孔子惡其不仁、而言其必無後也。孟子言此作俑者、但用象人以葬、孔子猶惡之、況實使民飢而死乎。○李氏曰、爲人君者固未嘗有率獸食人之心然徇一己之欲而不卹其民則其流必至於此故以爲民父母告之夫父母之於子爲之就利避害未嘗頃刻而忘於懷何至視之不如犬馬乎

【本義】仲尼有言曰始初作俑以從葬者其人殆無後乎夫仲尼深惡作俑之人者爲何蓋因其用生人之形爲送死之具意涉於殘忍故也夫象人以從葬非眞致人於死也而仲尼猶惡之如此況實以虐政殘民使民飢餓而死其爲不仁尤甚於作俑者矣

如之何其可哉

【附解】蒙引象人而用不必說到殺人殉葬之漸處只謂天地間難得者人今作俑者象人以殉葬猶未至於眞殺人也然以其用於死地孔子猶惡之○按惠王曰寡人願安承敎是欲孟子敎之也今孟子但直斥其虐政之殺人者而終無一言敎之何歟蓋斥其虐政之殺人者是欲惠王之除其虐政而更施以仁政也此即其所以敎之也況王政之詳前已告

之矣。上章所

云云是也

晉國天下莫強焉章

總旨 說統 通章總以百里可王一句爲主。以施仁政三字爲綱。以省刑薄斂爲目。而精神全在暇日二字上

梁惠王曰晉國天下莫強焉叟之所知也及寡人之身東敗於齊長子死焉西喪地於秦七百里南辱於楚寡人恥之願比死者一洒之如之何則可

魏本晉大夫魏斯與韓氏趙氏共分晉地號曰三晉故惠王猶自謂晉國惠王三十年齊擊魏破其軍虜太子申十七年秦取魏少梁後魏又數獻地於秦又與楚將昭陽戰敗亡其

七邑比猶爲也言欲爲死者雪其恥也

本義 梁惠王曰吾晉國在先世時地廣兵衆天下諸侯之國莫有如其强盛者焉叟之所素知也及傳至寡人之身則東與齊戰兵敗而長子被殺西爲秦人所侵喪失河內外之地凡七百里南又困辱於楚不能與抗此寡人貽恥於先人也今願爲先人一洗其恥如之何則可

附解 說約寡人恥之存疑曰言辱及先人也故曰願比死者一洒之死者即先人也淺說達說皆從之然孫疏云寡人心甚愧恥之則下句另作一項亦似可

附考 史記魏世家惠王三十年魏伐趙趙告急齊齊宣王用孫子計救趙擊魏魏遂大興師使龐涓將而令太子申爲上將軍與齊人戰敗於馬陵齊虜魏太子申殺將軍涓軍遂大破○十七年魏與齊戰元里秦取我少梁○商君傳秦孝公使衛鞅將兵伐魏魏使公子卬將而擊之軍既相距衛鞅遺魏將公子卬書曰吾始與公子驩今俱爲兩國將不忍相攻

可與公子面相見，盟，樂飲而罷兵，以安秦魏。魏公子卬以爲然。會盟已，飲，而衞鞅伏甲士襲虜公子卬，因攻其軍，盡破之以歸。秦魏惠王恐，使使割河西之地獻於秦以和。而魏遂去安邑，徙都大梁。○楚世家：懷王六年，楚使柱國昭陽將兵而攻魏，破之於襄陵，得邑八。

孟子對曰：地方百里而可以王。

百里，小國也。然能行仁政，則天下之民歸之矣。

【本義】孟子對曰：王勿患喪敗之後不足以自振也。苟有志自强，雖地僅足於百里，亦可以王乎天下，況以堂堂千里之梁乎？

【附解】〔蒙引〕地方之方字，不是與地字相連，如今之言地方之類，乃是海內之地方千里者九之方字也，正與方寸、方丈之義同。○〔存疑〕地方百里而可以王，則瑣瑣復讐皆不足言矣。把惠王所圖底都抹了，是何等規模，何等議論。○〔說約〕註能

行仁政透下不可用

王如施仁政於民省刑罰薄稅歛深耕易耨壯者以暇日脩其孝悌忠信入以事其父兄出以事其長上可使制梃以撻秦楚之堅甲利兵矣

省刑罰薄稅歛此二者仁政之大目也易治也耨耘也盡己之謂忠以實之謂信君行仁政則民得盡力於農畝而又有暇日以脩禮義是以尊君親上而樂於效死也

【參義】所謂百里可王者何如蓋王天下在於得民得民在於行仁政而已王如施仁政以及於民於刑罰則省之而用法以寬於稅歛則薄之而取民有制使民得以安其生業盡力於農畝春而深耕夏而易耨而民之壯者又以其閒暇之日

修明其孝悌忠信之義。入以此事其父兄。出以此事其長上。夫民在平居之時。既不失所有之常心。則於有事之時。必能尊君親上。而樂於效死。可使制梃以撻夫秦楚之堅甲利兵矣。何强大之足慮乎。

附解 慶源輔氏曰。仁政在於養民而已。省刑罰。則民不至無所措其手足。而得以安其生。薄稅斂。則民不至有所闕於衣食。而得以保其生。故孟子言仁政。首及此二者。下面數句。則又其效驗也。○蒙引 仁政。是統言綱領字也。省刑薄斂。是仁政裏面事。故曰目。然仁政先於養民。而其事莫有大於此二者。又當時切務也。故曰大目。○存疑 省刑罰。只刑當其罪。便是。不是入罪當死都宥了。薄稅斂。只是惟正之供。○說統 脩卽脩整之脩。不但是講明。入事出事。正是脩也。○存疑 出事長上之道。卽入事父兄之道也。大學曰。孝者所以事君也。弟者所以事長也。故孝弟忠信不分者爲是。○蒙引 可使制梃以撻秦楚之堅甲利兵者。謂吾民樂於效死也。非不用斷殺也。若不用斷殺。則亦不用制梃矣。○註尊君親上。屬本文可使制梃。何出事長上。以平時言也。尊君親上而樂於效死。指有事時言也。惟其知尊君親上。故樂於效死。○困勉錄 可使

制梃是在我有必勝之形下二節是在彼有必敗之勢

彼奪其民時使不得耕耨以養其父母父母凍餓兄弟妻子離散、

彼謂敵國也、

本義　夫秦楚之堅甲利兵未易當也而可以制梃撻之者正以彼秦楚之君不能省刑薄斂奪其民時使不得耕耨力田以養其父母使其父母凍餒而衣食無所給兄弟妻子離散而家室不能保此惟救死而恐不贍何暇脩孝弟忠信之行哉

附解　困勉錄奪民時只是以嚴刑重斂奪之不必開說○蒙引彼奪其民時云云何暇治禮義哉貼此一句自與上文相應而意亦方足

彼陷溺其民王往而征之夫誰與王敵

陷陷於阱溺溺於水暴虐之意征正也以彼暴虐其民而率吾尊君親上之民往正其罪彼民方怨其上而樂歸於我則誰與我爲敵哉

本義 彼爲政不仁以陷其民於阱溺其民於水如此民怨之深矣王乃率吾尊君親上之民往而正其暴虐之罪彼民方樂歸之不暇夫誰有與王爲敵者乎此彼之堅甲利兵無所用而我之所以制梃可撻也

附解 蒙引彼陷溺其民指奪其民時使不得耕耨云云○夫誰與王敵非敵不過也自不與我爲敵如紂之前徒倒戈是也

故曰仁者無敵王請勿疑

仁者無敵蓋古語也百里可王以此而已恐王疑其迂闊故
勉使勿疑也○孔氏曰惠王之志在於報怨孟子之論在於
救民所謂惟天吏則可以伐之蓋孟子之本意

本義是以古語有曰仁者無敵知仁者之無敵則知百里可
王非無實事而徒爲是迂闊之談王請勿疑而決然行仁政
以王可也何
雪恥足云哉

附解淺說勿疑者勿疑百里可王之言也非勿疑仁者無敵
之言也○慶源輔氏曰註引孔氏之言蓋怨有當報者有不
當報者若惠王之事則所謂不當報者也不當報而報則是
忿懥者之所爲耳其心熏灼焚燒愈撲愈熾不至於大敗極
壞而不已若所謂志於救民則至誠惻怛成己以成物一日
有一日之功其曰唯天吏則可以伐之其所以自治者嚴矣

孟子見梁襄王章

總旨

說統 通章大旨只重不嗜殺人四字。然要得久旱易爲雨勞民易爲仁意

孟子見梁襄王

襄王惠王子名赫

本義 梁惠王子襄王嗣位孟子見之

出語人曰望之不似人君就之而不見所畏焉卒然問曰天下惡乎定吾對曰定於一

語告也不似人君不見所畏言其無威儀也卒然急遽之貌蓋容貌辭氣乃德之符其外如此則其中之所存者可知王問列國分爭天下當何所定孟子對以必合於一然後定也

本義 知其不足與有爲，乃出而語人曰：吾之見王也，遠而望之不似人君之度，近而就之不見有可畏之威焉。且卒然急遽而問我曰：今列國分爭，天下當待何時而後定也？吾對曰：天下之勢分則爭，合則定。人君能合天下而一統之，則號令出自一人，而無有敢違命者，天下自此定矣。

附解 新安倪氏曰：左氏傳云：有威而可畏謂之威，有儀而可象謂之儀。不似人君，無可象之儀也。不見所畏，無可畏之威也。○說統：定以勢言，指兵革寧息說；一以權言，指政歸一統說。○或問：問孟子以梁襄王不似人君，不見所畏而譏之，然則必以勢位自高而厲威嚴以待物耶？曰：不然也。夫有諸中者必形諸外，有人君之德則必有人君之容，有人君之容則不必作威而自有可畏之威矣。曰：言之急遽亦何譏耶？曰：艮之六五以中正而言有序，而呂氏亦曰：志定者其言重以舒，不定者其言輕以疾。然則言貌固皆內德之符，不惟可以觀人，學者雖以自省可也。曰：孔子居是邦不非其大夫，而孟子誦言其君之失如此，何耶？曰：聖賢之分固不同矣。且孔子仕於諸侯，而孟子爲之賓師，其地有不同也。抑七篇之中無復

與襄王言者。豈孟子自
是而不復久於梁耶。

孰能一之

王問也、

本義 王又問曰、今列國之
君勢均力敵、孰能統一之

對曰不嗜殺人者能一之

、、嗜甘也、、

本義 對曰、必也以愛人爲心。以好生
爲德而不嗜殺人者、爲能統一之

附解 與註、不嗜殺人。包得廣。如刑罰稅斂。皆能殺人。不但操
刃也。○覺軒蔡氏曰、好生不嗜殺。天地生物之心也。必得天
地此心。然後可爲天之子。爲民之父母。此言萬世人牧之龜
鑑也。○慶源輔氏曰、不嗜殺之對。以見理勢之當然。非有爲

而爲之者也

孰能與之

王復問也與猶歸也

本義　王又問曰當此之時地各有封守民各有統屬叛君者有罪去國者有禁雖有不嗜殺之君孰能舍彼趨此而歸之也

附解　翼註　孰能一之以君言孰能與之以民言

對曰天下莫不與也王知夫苗乎七八月之間旱則苗槁矣天油然作雲沛然下雨則苗浡然興之矣其如是孰能禦之今夫天下之人牧未有不嗜殺人者也如有不嗜殺人者則天下之

民皆引領而望之矣誠如是也民歸之由水之就下沛然誰能禦之

周七八月夏五六月也油然雲盛貌沛然雨盛貌浡然興起貌禦禁止也人牧謂牧民之君也領頸也蓋好生惡死人心所同故人君不嗜殺人則天下悅而歸之○蘇氏曰孟子之言非苟爲大而已然不深原其意而詳究其實未有不以爲迂者矣予觀孟子以來自漢高祖及光武及唐太宗及我太祖皇帝能一天下者四君皆以不嗜殺人致之其餘殺人愈多而天下愈亂秦晉及隋力能合之而好殺不已故或合而

復分或遂以亡國孟子之言豈偶然而已哉。

本義 對曰、當今天下之民、莫不願得所依賴而歸與之也、王知夫苗乎七八月之間旱則苗之生意槁矣正亟於望雨之時也天忽油然作雲沛然下雨則苗之槁者浡然興起發生甚速矣其苗之興如是孰得而禦止之耶知苗則知民矣今夫天下之君以牧人爲職者皆重刑厚斂爭城爭野以致民於死而不恤、未有不嗜殺人者也如有不嗜殺人之主、出於其間則天下之民欣然向慕、就如旱苗之望雨一般、莫不延頸舉首皆欲得之以爲君矣夫誠望之如此其切也則其民之相率歸附其勢猶流水之就下、沛然一往孰得而禦止之哉此所以謂天下莫不與也。王與我問答如此。

附解 折衷 天下莫不與也此句且虛下以苗喻民正言莫不與之意。蒙引 其如是孰能禦之就指苗之浡然興言。翼註 望以心言歸以身言。蒙引 此節重在今夫天下之人牧未有不嗜殺人者及七八月之間旱則苗槁矣二句因襄王不曉而問孰能與之。故以其時勢開曉之如此。

齊宣王問曰齊桓晉文之事章

【總旨】存疑通章主意在是心足王一句是就齊王見牛一事而許之也此心之所以合於王者何也是齊王不知是心足王底道理老吾老一條是答他所謂是心足王者在舉斯心加諸彼耳即註所謂擴而充之也五畝之宅一條乃舉斯心加諸彼實事〇【翼註】全章分五段看首節至是心足王是黜霸崇王而許齊王之足王內保民二字乃一章之大指不忍二字乃是保民之源頭次段至遠庖廚是啓王以察識次段至善推其所爲是啓王以擴充次段至孰能禦之是揣王不能擴充者病在求大欲發其病而藥之末段說到制民恒產正是保民之實政〇【困勉錄】自王說曰至折枝之類也另是一段是明其可以保民而王自不爲也

齊宣王問曰齊桓晉文之事可得聞乎

齊宣王姓田氏名辟疆諸侯僭稱王也齊桓公晉文公皆霸

諸侯者、

本義 齊宣王問曰、五霸迭興、桓文爲盛、其當時取威定霸之事、亦可得聞乎、

附解 〔趙氏曰〕田氏本陳公子完之後、初以陳爲氏、後改姓田氏、至田和始簒齊而有之、辟疆和之曾孫、是爲宣王。○〔蒙引〕所問在此、所志在此也。

孟子對曰、仲尼之徒無道桓文之事者、是以後世無傳焉、臣未之聞也、無已則王乎、

道言也、董子曰、仲尼之門、五尺童子羞稱五伯、爲其先詐力而後仁義也、亦此意也、以已通用、無已必欲言之而不止也、

王謂王天下之道

【本義】孟子對曰臣學本之仲尼仲尼之徒羞稱五霸無有言及桓文之事者既無所道是以後世無傳焉臣未之聞也若王有志圖治必欲臣言不已則有王天下之道乎此固臣之所聞可爲王言者也

【附解】朱子曰無道桓文之事事者嘗霸之事儒者未嘗講求如桓公霸諸侯匡天下則誰不知至於經營霸業之事儒者未嘗言也○【蒙引】王謂王天下之道道至重對上文桓文之事說

曰德何如則可以王矣曰保民而王莫之能禦也

保愛護也

【本義】王曰人君之德當何如乃可以王乎天下曰王道甚大其要只在保民人君之德誠足以保民則得民心而王天下其勢莫之能禦也

【附解】存疑德字虛下保民即德也○【慶源輔氏曰】保如保赤子之保○【新安陳氏曰】保民而王一句爲此章之綱領○【說

統此處保民。慢露心字。

曰若寡人者可以保民乎哉曰可曰何由知吾可也曰臣聞之胡齕曰王坐於堂上有牽牛而過堂下者王見之曰牛何之對曰將以釁鐘王曰舍之吾不忍其觳觫若無罪而就死地對曰然則廢釁鐘與曰何可廢也以羊易之不識有諸

胡齕，齊臣也。釁鐘，新鑄鐘成，而殺牲取血以塗其釁郄也。觳觫，恐懼貌。孟子述所聞胡齕之語而問王，不知果有此事否。

本義 王曰：保民乃人君之大德，如涼德若寡人者，亦可以保民乎哉？對曰：可。王曰：夫子何由知吾之可以保民也？對曰：臣嘗聞之王之臣胡齕曰：王一日坐於堂上，有牽牛而行過堂下者，王見之，問曰：牛將何之？牽牛者對曰：將殺之以釁鐘。王

曰舍之、吾不忍此牛之觳觫恐懼、其狀似無罪而就死地、誠可憐也牽牛者對曰王旣不忍殺此牛、則將廢釁鐘之事歟

王曰釁鐘大事何可廢也、其以羊易之、臣所聞胡齕之言如此、不識果有此事乎

附解○蒙引釁本釁郤、今曰釁鐘、則是因鐘之釁而釁之○謂塡釁也作活字看○說約若無罪而就死地又自解其不忍意○說統○若字○從觳觫上形狀之辭不必將人形說○

曰有之曰是心足以王矣百姓皆以王爲愛也臣固知王之不忍也

王見牛之觳觫而不忍殺卽所謂惻隱之心仁之端也擴而充之則可以保四海矣故孟子指而言之欲王察識於此而擴充之也愛猶吝也

本義王曰此事誠有之孟子遂就此開導之曰王天下之道不必他求即此不忍之心自足以保民而王矣然百姓無識則皆以王爲愛其財而以羊易牛也臣由王不忍其觳觫之言思之固知王之痛其死而不忍也故許王之足以王也

附解新安陳氏曰是心足以王矣一句最緊切觀王有此愛物之心即可知王有仁民之心而可以保民矣所以指言王之此心即是足以王天下之本眞氏曰王道不外乎保民而保民又不外乎此心是也○蒙引所謂是心者即指此不忍之心也不忍二字此一章之骨子孟子只得齊宣王吾不忍其觳觫一句遂堅執著不忍字一開一闔百方開導要他察識而擴充之○是心足以王不是愛一牛便足以王天下爲有此心在擴而充之則可以王天下矣擴充之實在老吾老以及人之老云云○存疑既曰是心足以王便罷又說百姓皆以王爲愛又說以小易大彼惡知之又說牛羊何擇何也此是孟子機關見識欲轉撥齊王處蓋欲使轉輾深思自得其以羊易牛之故也以羊易牛之故見牛未見羊而已然直告之則他不醒都無意味了故用百姓皆以王爲愛一語去起發他○蒙引察識如下文註所謂乃知此心不從外得者

蓋人皆有不忍之心也。擴充則須是自親親而仁民。仁民而愛物。所謂反其本而推之。有所不忍而達之於其所忍者也。○說約察識擴充。足王內尚不可用。○困勉錄集註所謂擴充者。只是擴充其心而政自該在內。後面說推恩說發政說制產。雖俱就事上說。然皆本心上來。

王曰然誠有百姓者齊國雖褊小吾何愛一牛卽不忍其觳觫若無罪而就死地故以羊易之也

言以羊易牛。其迹似吝。實有如百姓所譏者。然我之心不如是也。

本義 王曰。夫子之言誠然也。易牛之事。其迹似吝。誠有如百姓所譏者。然齊國雖褊小。吾亦何至愛一牛之小利。特不忍牛之觳觫。若無罪而就死地。故以羊易之也。

附解說約「然」字亦大槩首肯之辭。誠有百姓照上爲愛句，齊國以下照上不忍句，俱是依樣葫蘆語。

曰：王無異於百姓之以王爲愛也，以小易大，彼惡知之？王若隱其無罪而就死地，則牛羊何擇焉？王笑曰：是誠何心哉？我非愛其財而易之以羊也，宜乎百姓之謂我愛也。

異，怪也。隱，痛也。擇，猶分也。言牛羊皆無罪而死，何所分別而以羊易牛乎？孟子故設此難，欲王反求而得其本心。王不能然，故卒無以自解於百姓之言也。

本義孟子因難之曰：百姓以王爲愛，王亦無怪其然也。蓋羊小而牛大，以小易大，迹本可疑，彼百姓惡知其爲不忍之心也。王若果是不忍牛之觳觫若無罪而就死地，則牛無罪，羊亦無罪，牛畏死，羊亦畏死，何所分別而乃以羊易牛乎？誠有難於自解者矣王至此亦無以自明乃笑曰我當日此心誠何心哉我若非愛惜一牛之財而胡爲易之以羊也不忍於牛而獨忍於羊卽我亦有不能自知者百姓之以我爲愛不亦宜乎

【附解】【翼註】古人文字意在筆先先有仁術一解乃有何擇一難也○【蒙引】我非愛其財而易之以羊也是反辭非直辭言我若非愛其財何故以羊之小易牛之大所謂是誠何心而宜百姓之謂我愛也○註孟子故設此難故字是故意之故

曰無傷也是乃仁術也見牛未見羊也君子之於禽獸也見其生不忍見其死聞其聲不忍食其肉是以君子遠庖廚也

無傷言雖有百姓之言不爲害也術謂[illegible]者蓋殺牛既所不忍釁鐘又不可廢於此無以處之則此心雖發而終不得施矣然見牛則此心已發而不可遏未見羊則其理未形

而無所妨故以羊易牛則二者得以兩全而無害此所以爲仁之術也聲謂將死而哀鳴也蓋人之於禽獸同生而異類故用之以禮而不忍之心施於見聞之所及其所以必遠庖廚者亦以預養是心而廣爲仁之術也

本義孟子又爲之解曰以小易大雖難解於百姓之疑然亦無傷也仁雖無所不愛而見聞感觸之時亦自有斟酌變通之術今王於難處之中得善處之法是乃仁之術也何也蓋時當見牛則此心已發而不可遏時未見羊則其理未形而無所妨故以羊易牛得以兩全而無害所謂仁術者如此大凡君子爲仁莫不有術其於禽獸也見其生則不忍見其死聞其聲則不忍食其肉而祭祀奉養賓客之需亦禮之不可廢者將何以處之是以君子身遠庖廚使其死不接於目聲不聞於耳固所以預養不忍之心而廣其爲仁之術也王所爲正合於君子又何傷哉

附解 蒙引 此仁字就發用上說。其本體具於心。用不得術也。○朱子曰 術本非不好底字。只緣後來把做變詐看了。便道是不好。却不知天下事有難處。須看有箇巧的道理始得。當齊王見牛之時。惻隱之心已發乎中。又見釁鐘事大。似住不得。只得以所不見者而易之。既周旋得那事。又不抑遏了這不忍之心。此心乃得流行。若當時無箇措置。便抑遏了。這不忍之心。遂不得而流行矣。此乃所謂術也。○翼註 不忍一牛。是仁。曲全不忍一牛之心。而不爲禮所妨。得是爲仁術。勿以牛得全鐘得釁乎說。○朱子曰 見牛未見羊也。未字有意味。蓋言其體則無限量。言其用則無終窮。充擴得去。有甚盡時。○宋羽皇曰 見牛未見羊。此句正釋牛羊何擇。○蒙引 庖廚庖取烹炰之義。周禮有庖人。廚庖屋也。○預養其心。卽廣其爲仁之術也。重在預字上。養之也預。則不至有是心而抑遏不得施者矣。故其仁術自廣。○雲峰胡氏曰 一本心也。已發在於擴充。未發在於預養。○蒙引 君子之於禽獸也。至遠庖廚也。此因見牛未見羊及之。孟子開導齊王本意不重在此。

王說曰。詩云。他人有心。予忖度之。夫子之謂也。夫我乃行之。反

而求之不得吾心夫子言之於我心有戚戚焉此心之所以合於王者何也

詩小雅巧言之篇戚戚心動貌王因孟子之言而前日之心復萌乃知此心不從外得然猶未知所以反其本而推之也

本義 宣王聞孟子之言有感於心而說曰詩有云他人有心予忖度而得之夫子今日之謂也夫易牛之事我乃自行之及反之吾心求以小易大之故則有不能以自得者夫子以見牛未見羊言之遂於我心戚戚然有動於中而當時不忍之意宛然而形焉向非夫子忖度吾心則我何自而得吾心哉但此心甚微而王道甚大夫子乃曰是心足王吾不知此心之合於王者果何在也

附解 蒙引夫子言之專指仁術一條○於我心有戚戚焉此句最重所謂乃知此心不從外得者在此○新安陳氏曰此

心之所以合於王者何也王此句亦問得緊切與孟子是心足以王矣一句相照應○存疑此心不從外得若是從外得底物一過就無了今有感觸而前日之心復動可見此心原是固有底不從外得也未知反本而推之本對末言親親是本愛物是末因其愛物而知此心不從外得反諸其本自親親而推以仁民愛物也○雲峰胡氏曰齊王於其本心畧能察識自此以下孟子皆教之以擴充

曰有復於王者曰吾力足以舉百鈞而不足以舉一羽明足以察秋毫之末而不見輿薪則王許之乎曰否今恩足以及禽獸而功不至於百姓者獨何與然則一羽之不舉爲不用力焉輿薪之不見爲不用明焉百姓之不見保爲不用恩焉故王之不王不爲也非不能也

復白也鈞三十斤百鈞至重難舉也羽鳥羽一羽至輕易舉也秋毫之末毛至秋而末銳小而難見也輿薪以車載薪大而易見也許猶可也今恩以下又孟子之言也蓋天地之性人爲貴故人之與人又爲同類而相親是以惻隱之發則於民切而於物緩推廣仁術則仁民易而愛物難今王此心能及物矣則其保民而王非不能也但自不肯爲耳

本義 孟子因齊王未知不忍之心可擴充以保民乃設辯以詰之曰有告於王者曰吾力足以舉百鈞之重而不足以舉一羽之輕明足以察秋毫之末之細而不足以見輿薪之大王亦將信其言而許之乎王曰否人未有舉重而不能舉輕見小而不能見大者也曰王既知此則知是心之合於王矣蓋物與人異類用愛頗難民則與我相親加恩甚易今王恩

足以及禽獸是能舉百鈞而察秋毫也而德澤不加於百姓是不能舉一羽而見輿薪也其故獨何與然則一羽之不舉非無力也只爲不用其力焉輿薪之不見非無明也只爲不用其明焉百姓之不見保非無恩也只爲不用其恩焉旣不肯用恩因以不王故王之不保民而王者乃能之而不爲也非欲爲之而不能也

附解 雙峰饒氏曰集註惻隱之發是就心上說推廣仁術則仁民易而愛物難是就術上說○蒙引用恩與推恩有別單言親親亦爲用恩仁民亦用恩愛物亦用恩也推恩則有次第○說統用力用明用恩此用字最好人皆有力有明有恩但自不用耳爲不用恩正獨何與之故

曰不爲者與不能者之形何以異曰挾泰山以超北海語人曰我不能是誠不能也爲長者折枝語人曰我不能是不爲也非不能也故王之不王非挾泰山以超北海之類也王之不王是

折枝之類也

形狀也挾以腋持物也超躍而過也爲長者折枝以長者之命折草木之枝言不難也是心固有不待外求擴而充之在我而已何難之有

本義王曰不爲者與不能者固甚異矣敢問其形狀果何以異曰泰山至大北海至廣挾泰山以超北海乃天下所必無之事以此語人曰我不能是誠不能也至於奉長者之命而爲之折枝則初無難事以此語人曰我不能是不肯爲也非不能也不爲者與不能者之形其不同如此今王有不忍之心自可以保民而王天下然而不王者非挾泰山以超北海之類而阻於不能王之不王乃折枝之類而由於不爲也

附解姚元素曰孟子既要王擴充何不就以老老幼幼說明與他只緣齊王認保民而王甚難故先分疏其難易緩急使

之了然而後告以用力處

老吾老以及人之老幼吾幼以及人之幼天下可運於掌詩云刑于寡妻至于兄弟以御于家邦言舉斯心加諸彼而已故推恩足以保四海不推恩無以保妻子古之人所以大過人者無他焉善推其所爲而已矣今恩足以及禽獸而功不至於百姓者獨何與

老以老事之也吾老謂我之父兄人之老謂人之父兄幼以幼畜之也吾幼謂我之子弟人之幼謂人之子弟運於掌言易也詩大雅思齊之篇刑法也寡妻寡德之妻謙辭也御治

也不能推恩則衆叛親離故無以保妻子蓋骨肉之親本同一氣又非但若人之同類而已故古人必由親親推之然後及於仁民又推其餘然後及於愛物皆由近以及遠自易以及難今王反之則必有故矣故復推本而再問之

本義夫王之不王固繇於不推恩今之欲王惟在於推恩而已必也先盡孝弟以老吾之老而後推之及人之老使人亦得以老其老焉先施慈惠以幼吾之幼而後推之以及人之幼使人亦得幼其幼焉如是則舉天下之老幼無一人不被我之恩澤以之措置一世特運諸掌耳何難之有詩云刑于寡妻至于兄弟以統御乎家邦蓋言人具此心心具此仁舉斯心而加之寡妻兄弟家邦而家齊國治總不外於此心之運用而已夫自寡妻而兄弟而家邦皆不外乎一心之推如此然則老幼吾老幼以及人之老幼者獨非是心所推乎故誠能推心以施恩則包含徧覆雖四海之大可以保之而無

難、不能推此心以施恩、則衆叛親離、雖妻子至近、亦不可得而保矣。考之上古帝王、其功業隆盛、所以大過於人而非後世所能及者、豈有他道哉。亦惟親親而仁民、仁民而愛物、自近以及遠、自易以及難、善推其所爲之恩而不失其當然之序而已矣。今王恩足以及禽獸、而功不至於百姓、倒行逆施、不能善推者、豈無其故哉。

附解　存疑：老吾老以及人之老、意當屬上文百姓之不見保、爲不用恩句、方語脈相貫。其所以及人之老幼者、在後面五畝之宅一條是也。○蒙引：引詩重在序上。解詩就揭一心字出、以應前是心字。○以心對彼而言、則寡妻兄弟家邦盡是彼也。此一章心字是骨子。○故推恩故字緊承言舉斯心說來。○蒙引：古之人指二帝三王言。大過人是以保四海之功業言。○心之所加者即恩也。以其見於行事、故又謂之所爲。○註故復推本而再問之。此推本與前面反其本而推之之本字不同。蓋即是上文故字也。推字亦不同。○翼註：今王恩及二句與前段辭同意異。前段承有復於王來、是說易其所難而反難其所易。此段承善推其所爲來、是說先其所後而反後其所先。前獨何與、是起下不能不爲。此獨何與、是起下與兵構怨。○存疑推恩意思在老吾老以及人之老二句上天下可運於掌則其效也。引詩只是明此意，以舉斯心加諸彼句來照看。老吾老以及人之老，幼吾幼以及人之幼，即舉斯心加諸彼也，故承之曰詩云刑于寡妻云云。故推恩二句是結其意。古之人所以大過人者三句是引古人以證之。以上答此心之所以合於王，意思已盡了，又把他功不至百姓處重詰之，直究到他那病痛根源處。○南軒張氏曰：孟子非使之以其愛物者及人，蓋使之因愛物以循其不忍之實，而反其所謂一本者，以親親而仁民，仁民而愛物，此所謂王道也。○雲峰胡氏曰：此章凡千餘言，大要只二句：欲其察識此心於方發之初，故曰是心足以王矣；欲其擴充此心於已發之後，故曰善推其所為而已矣。

權，然後知輕重；度，然後知長短。物皆然，心為甚。王請度之！

權，稱錘也。度，丈尺也。度之，謂稱量之也。言物之輕重長短，人所難齊，必以權度度之而後可見。若心之應物，則其輕重長短之難齊而不可不度以本然之權度又有甚於物者今王恩及禽獸而功不至於百姓是其愛物之心重且長而仁民之心輕且短失其當然之序而不自知也故上文既發其端而於此請王度之也

【本義】夫質有輕重必權焉然後知之數有長短必度焉然後知之凡天下之物其不可無權度者皆然而心之應物其用情之當輕當重當長當短苟不以本然之理爲之權度則所行錯亂又豈但一物之失已哉是心之不可無權度所係爲尤甚也今王恩及禽獸而功不至百姓請以本然之權度度之則知心之仁民者宜重且長愛物者宜輕且短而有當然之序耳

【附解】蒙引權雖解作稱錘度雖解作丈尺然實當作活字看

〇【朱子】曰本然之權度亦只是此心此心本然萬理皆具應

物之時須是子細看合如何便是本然之權度也○愛物宜
輕仁民宜重此是權度以此去度○〔蒙引〕輕重長短不在心
亦不在物在心之應物上蓋民與物皆物也仁民愛物則是
應物也○朱子小註云物易見心無形度物之輕重長短易
度心之輕重長短難又云度物差了只是一事心差了萬事
差所以心爲甚此二說俱與大註小異看來只在不可不度
上看甚且其曰度心之輕重長短難心安有輕重長短須應
物時就那物上方有箇當重而長底或有當輕而短底又曰
心差了萬事差如此則心之不差只消一度字蓋事至物來
千態萬狀其輕重長短當隨物賦形惟在居敬窮理以照之
耳若謂心一差則萬事都差則未應物時初何差之可云既
應物則又未有萬物一時俱差者大抵應此一物差固是心
差應彼一物差亦是心差差字面所該亦廣如此看方可通
○〔慶源輔氏曰〕此指宣王之心偏頗處言之也必先見得其
輕重長短如此分明了然後究其所以然之故則吾心之蔽
始可去而本然之理始可復此孟子所以引物資權度之說
而使王自稱
量其心也

抑王興甲兵危士臣構怨於諸侯然後快於心與

抑發語辭士戰士也構結也孟子以王愛民之心所以輕且短者必其以是三者爲快也然三事實非人心之所快有其於殺觳觫之牛者故指以問王欲其以此而度之也

【本義】夫仁民之心宜重且長而吾王反輕且短者豈是欲興動甲兵以驅士臣於危亡之地而構結仇怨於諸侯然後快足於心與不忍一牛之死而忍萬民之命王試度之則其長短輕重較然可知矣

【附解】〔說統〕與甲兵三句串說重在危士臣一句正見其不保民而功不至於百姓處○曰然後快於心與又是挑動他不忍之心見得愛民之心亦所必有但爲欲所蔽耳○〔存疑〕上註所謂今王反之則必有故正指此也○〔蒙引〕恩及禽獸而功不至百姓對言之度也抑王興甲兵危士臣構怨於諸侯然後快於心單言一事之度也○〔困勉錄〕註曰欲其以此而

度之也蒙引謂此又是一重度了最是不可以此節爲正解王請度之也蓋集註不過謂此節亦有度的意思其實此節度又非上節之度也

王曰否吾何快於是將以求吾所大欲也

不快於此者心之正也而必爲此者欲誘之也欲之所誘者獨在於是是以其心尚明於他而獨暗於此此其愛民之心所以輕短而功不至於百姓也

【本義】王曰否此三者非可快之事也吾亦何快於是吾所以不得已而爲之者將用以戰勝攻取求得吾心中所大欲也

【附解】慶源輔氏曰註其心尚明於他者謂不忍一牛之觳觫也而獨暗於此者謂功不至於百姓也

曰王之所大欲可得聞與王笑而不言曰爲肥甘不足於口與

輕煖不足於體與抑爲采色不足視於目與聲音不足聽於耳與便嬖不足使令於前與王之諸臣皆足以供之而王豈爲是哉曰否吾不爲是也曰然則王之所大欲可知已欲辟土地朝秦楚莅中國而撫四夷也以若所爲求若所欲猶緣木而求魚也

便嬖近習嬖幸之人也已語助辭辟開廣也朝致其來朝也秦楚皆大國莅臨也若如此也所爲指興兵結怨之事緣木求魚言必不可得

本義 孟子曰王之所大欲臣可得聞與王但笑而不言孟子固已知其欲之所在乃設言以探之曰王之大欲意者爲肥

甘之味不足於口與、輕煖之衣不足於體與、抑爲華采之色、不足視於目與、聲音之美不足聽於耳與、便嬖幸之人不足使令於前與、凡此數者、王之諸臣皆足以供之、而王豈爲是而汲汲以求之哉、王曰否、是何足爲大欲、吾原不爲是而求之也、曰王所欲既不在是、然則王之所大欲可得而知已、蓋欲開廣土地、朝服秦楚、臨御中國、安撫四夷、使天下一統、然後王之大欲始遂也、然所欲既大、則其所以得之者亦大、欲以興兵構怨之爲、而求一統無外之欲、猶緣木求魚、決無可得之理也。

附解 〔翼註〕肥甘五項、孟子明知王不欲此、此乃先以探之者、見得除了此五項、必定是圖王業了、再無走路矣。○王之諸臣二句似冷、實是輕覷齊王口氣、盡在廷之臣、不過頤指氣使、供耳目口體之人耳、可謂齊無人焉。○〔蒙引〕必辟土地、然後朝得秦楚、既辟土地、朝秦楚、然後中國俱我所莅、而四夷於我乎撫矣。莅中國而撫四夷、此句又要看一而字。

王曰若是其甚與、曰殆有甚焉、緣木求魚、雖不得魚、無後災、以若所爲求若所欲盡心力而爲之後必有災曰可得聞與曰鄒人與楚人戰則王以爲孰勝曰楚人勝曰然則小固不可以敵大寡固不可以敵衆弱固不可以敵彊海內之地方千里者九齊集有其一以一服八何以異於鄒敵楚哉蓋亦反其本矣

殆蓋皆發語辭鄒小國楚大國齊集有其一言集合齊地其方千里是有天下九分之一也以一服八必不能勝所謂後災也反本說見下文

【本義】王曰大欲難求若是其甚歟孟子曰王疑我言爲甚不知以此校彼則王之所爲比之緣木求魚殆有甚焉蓋緣木求魚雖不得魚卻無後來災禍使以興兵構怨之所爲求遂覇王之大欲竭盡心力而爲之後來非惟無功且將召禍有

必不能免者矣、王曰、後災可得聞與、孟子曰、此事理甚明。但王未加察耳。且如鄒人與楚人戰、則王以爲孰能取勝、王曰、鄒非楚之敵也、楚人必勝、孟子曰、王既知此。則可見戰之勝敗。不在兵刃既接之後比權量勢。有可預推者矣。蓋以國之小者、固不可以敵大國之大者、人民之寡者、固不可以敵夫人民之衆者、兵力之弱者、固不可以敵夫兵力之强者、此理勢之必然也。今總計海內之地、大約方千里者有九區焉、齊國集合其地、其方千里、是有其九分之一也、今王欲以齊千里之一、而服海內、千里之八、則小者寡者弱者在齊。大者强者衆者在天下。何以異於以鄒而敵楚哉、必不能勝以至於敗。臣所謂有後災也。大欲不可以力求如此。王必欲王天下以遂所欲、何不反其本而求之、蓋能反其本、則小大衆寡强弱皆所不計、而所欲將不求而自至矣

【附解】〔吳氏程曰〕王制、四海之內。方三千里爲九州。方千里。蓋以田計之。山川城池不在數內 ○〔困勉錄〕方千里者九只是大槩說新安陳氏以九國寔之、不是 ○〔蒙引〕蓋亦反其本矣此與前註反其本而推之。又不同

今王發政施仁使天下仕者皆欲立於王之朝耕者皆欲耕於王之野商賈皆欲藏於王之市行旅皆欲出於王之塗天下之欲疾其君者皆欲赴愬於王其如是孰能禦之

行貨曰商居貨曰賈發政施仁所以王天下之本也近者悅遠者來則大小强弱非所論矣蓋力求所欲則所欲者反不可得能反其本則所欲者不求而至與首章意同

本義 我所謂反本者不外行仁政而已今王誠能以不忍之心而發之爲政以施其善推之仁將見仁恩所感使天下仕者皆欲立於王之朝耕者皆欲耕於王之野商賈皆欲藏於王之市行旅皆欲出於王之塗天下之欲疾其君之虐者望王之弔民伐罪皆欲赴愬於王其心之向慕如是則四海來歸孰能禦之由是而土地可闢秦楚可朝莅中國而撫四夷

無不遂王所欲矣。何必與兵結怨爲哉。

附解 說統 此節承上反本來。發政所以施仁。串說四欲字。正與大欲。欲字相應。要見得合天下之欲。爲欲方是大欲。此只就士農商旅心上說。至孰能禦方說他歸附。○ 蒙引 其曰使天下仕者。即發政施仁有以使之也。故曰發政施仁所以王天下之本也。○ 南軒張氏曰。行王政者。心非欲傾他國以自利也。惟以民困爲己任。爲吾所當爲。而天下自歸心焉

王曰吾惛不能進於是矣願夫子輔吾志明以教我我雖不敏請嘗試之

大義 齊宣王聞孟子發政施仁之言。有感於心。曰。王天下誠不外於仁政。顧吾資質昏昧。未能遽得而施行之。願夫子開其惛心。以輔導吾志。政何如而發。仁何如而施。明以教我。我雖不敏。請嘗施行之。

曰無恒產而有恒心者惟士爲能若民則無恒產因無恒心苟

無恒心放辟邪侈無不爲已及陷於罪然後從而刑之是罔民也焉有仁人在位罔民而可爲也

恒常也產生業也恒產可常生之業也恒心人所常有之善心也士嘗學問知義理故雖無常產而有常心民則不能然矣罔猶羅網欺其不見而取之也

本義 孟子曰仁政莫先於保民保民莫先於制產蓋禮義生於富足故人惟有衣食之常產斯有禮義之常心若不假常產而自然能有恒心者惟從事學問習知義理之士方能如此若尋常小民無有常產因無禮義之常心苟無禮義之心則將恣情縱欲蕩然於禮法之外凡放縱淫僻欹邪侈肆無所不爲而人皆犯罪矣爲人君者平時不能制常產以養民及至陷民於有罪之地然後從而加之以刑則是欺愚民無知而陷害之非罔民而何若此者不仁甚矣安有仁人在位

以愛養百姓爲心者而肯爲此罔民之事乎王欲行仁政其於制民之產誠有不容緩者矣

附解 慶源輔氏曰恆產常生之業則下文所言五畝之宅百畝之田是也恆心常有之善心則下文所言善與禮義是也○雲峰胡氏曰此心字亦指本心而言但指其在士民者言之○說統放辟邪侈便是無所不爲無兩層○此節雖有士與民兩樣只重民上下言無恆產之弊至於罔民可見士既不可多得而民又至於易犯刑此恆產所以不可不制也罔民二字又打動他不忍之心

是故明君制民之產必使仰足以事父母俯足以畜妻子樂歲終身飽凶年免於死亡然後驅而之善故民之從之也輕

輕猶易也此言民有常產而有常心也

本義 夫恆產所係之重如此是故明君之爲治必度地居民計口授田使民一歲之所入常仰焉足以奉事其父母俯焉

足以畜養其妻子、豐樂之歲、用度充足、可飽食終身、即遇凶年、亦有積蓄、可免於死亡、蓋民之遂其生如此、然後設教驅而之於善、故民有所資而無所累、其從善也亦易矣、此所謂民有恆產、而有恆心也。

附解 說統、此節制字重看、有區畫分授周詳意思在、必使字貫下四句。合看纔見制產之妙。

今也制民之產、仰不足以事父母、俯不足以畜妻子、樂歲終身苦、凶年不免於死亡、此惟救死而恐不贍、奚暇治禮義哉。

贍足也、此所謂無常產而無常心者也。

本義 今也制民之產、不遵古法、使民不得盡力於農畝、而徒困於徵求。仰不足以事父母、俯不足以畜妻子、雖當樂歲亦終身困苦、一遇凶年、便不免於死亡、當此之時、民惟有救死而恐不足、奚暇治禮義爲善哉、此所謂民無恆產而無恆心也。

【附解】季彭山曰：今也制民之産，而使之救死不贍，則非明君制産之制也，因其所與之田而立爲厚斂之法耳。〇【說統】陘心只是一箇，虛而言之則曰善，實而言之則曰禮義。禮義要對放辟邪侈說。

王欲行之，則盍反其本矣？

盍，何不也。使民有常産者，又發政施仁之本也。說見下文。

【本義】此可見發政施仁爲王天下之本，而制民常産者，又發政施仁之本也。王欲行乎仁政，何不反其本而制民之産乎？

【附解】【蒙引】此反其本，是指發政施仁中之大者以爲之本也。

五畝之宅，樹之以桑，五十者可以衣帛矣；雞豚狗彘之畜，無失其時，七十者可以食肉矣；百畝之田，勿奪其時，八口之家可以無飢矣；謹庠序之教，申之以孝悌之義，頒白者不負戴於道路

矣老者衣帛食肉黎民不饑不寒然而不王者未之有也

此言制民之產之法也趙氏曰八口之家次上農夫也此王政之本常生之道故孟子爲齊梁之君各陳之也楊氏曰爲天下者舉斯心加諸彼而已然雖有仁心仁聞而民不被其澤者不行先王之道故也故以制民之產告之○此章言人君當黜霸功行王道而王道之要不過推其不忍之心以行不忍之政而已齊王非無此心而奪於功利之私不能擴充以行仁政雖以孟子反覆曉告精切如此而蔽錮已深終不能悟是可歎也

本義制民之產之法何如必也一夫受五畝之宅而牆下樹之以桑則帛有所出而五十者可以衣之而煖矣雞豚狗彘之畜無失其孕字之時則肉有所出七十者可以食之而飽矣一夫受百畝之田勿奪其農時則穀有所出八口之家可以無饑矣恆產既足恆心以生於是謹庠序之教又於其中申明之以孝悌之義則民知愛親敬長而頒白者不負戴於道路矣夫老者衣帛食肉黎民不饑不寒則教養兼舉治化大行然而不王者未之有也所謂保民而王者正以此區區作功何足道哉

附解〔說統〕此節正是制民恆產之法五畝百畝蠶桑雞彘是一定之制其區畫之妙全在樹畜以時勿失勿奪上可以衣帛食肉正與仰足以事父母應可以無飢正與俯足以畜妻子應庠序一段正與驅而之善民從之也輕應所謂有恆產者有恆心也老老幼幼各得其所此等作用俱從不忍一念區畫出來所謂仁術也〇〔翼註〕此專重制產邊而謹庠序之教特帶言以應上恆心耳與告梁王不同

梁惠王章句下

凡十六章

莊暴見孟子曰章

【總旨】（説統）通章以與民同樂為主好樂甚三字最重甚之為言正謂同樂之甚於獨樂也故觀疾首蹙額之民則知獨樂之效觀欣欣喜色之民則知同樂之效夫好樂之公私稍異而民情之欣戚頓殊可見樂論公私不論今古今王與百姓同樂則王矣何論先王與世俗哉

莊暴見孟子曰暴見於王王語暴以好樂暴未有以對也曰好樂何如孟子曰王之好樂甚則齊國其庶幾乎

莊暴齊臣也庶幾近辭也言近於治

本義 莊暴見孟子曰、暴昔者進見於王、王語暴以己之所好、在於音樂、暴以人主好尚宜愼可否未決彼時未有以對也、曰不知好樂何如、果有害於治否、孟子曰好樂無傷特患王好之未甚耳、使王好之誠甚而推廣之以盡其量則齊國其庶幾於治乎、

附解 東陽許氏曰、暴未有以對。蓋莊暴亦知俗樂之不足好。欲諫而未得其辭、故以告孟子。○〔蒙引〕齊國其庶幾乎、言可王也非謂只是能治其國。有以前只、言齊庶幾後乃言可王爲疑者非是。

他日見於王曰王嘗語莊子以好樂有諸王變乎色曰寡人非能好先王之樂也直好世俗之樂耳、

變色者慚其好之不正也、

本義 孟子以好樂之甚啓發莊暴。因暴不能再問以發其意。他日乃入見於王而問之曰王嘗語莊子以好樂有諸王若

自慚而勃然變乎色曰寡人之所好者非能好古先王之樂也直好如今世俗之樂耳新聲俚曲取飾一時之聽聞而已何足爲夫子道哉

曰王之好樂甚則齊其庶幾乎今之樂由古之樂也

今樂世俗之樂古樂先王之樂

【本義】孟子遂迎其機而導之曰王無謂世俗之樂爲不足好特患王之好樂未甚耳誠使好之之甚而充滿其量則齊國庶幾其可望於治乎固不必計樂之今古也蓋先王之樂此聲音此和理也世俗之樂亦此聲音此和理也今之樂何異於古之樂哉

【附解】翼註好樂甚是滿其量意便含下文與百姓同樂

曰可得聞與曰獨樂樂與人樂樂孰樂曰不若與人曰與少樂

樂與衆樂樂孰樂曰不若與衆

獨樂不若與人與少樂不若與衆亦人之常情也

【本義】王曰所謂好樂甚而齊庶幾者可得聞其説與孟子先即常情以引之曰作樂爲樂一也有獨自爲樂者有與人爲樂者王以爲孰樂王曰獨自爲樂其樂止於一己而已若要彼此交歡情意舒暢固不若與人之爲樂也孟子又問曰與人共樂一也有與少爲樂者有與衆爲樂者王以爲孰樂王曰與少爲樂其樂止乎數人而已若要人人歡洽和氣流通固不若與衆之爲樂也

【附解】【蒙引】可得聞與是欲聞其所以好樂甚而齊庶幾者不兼今樂猶古樂○【存疑】獨樂不若與人是與人之樂甚獨樂未甚也與少樂不若與衆是與衆之樂甚與少之樂未甚也與人與衆樂如何爲好樂甚今使滿堂燕笑有一人向隅而泣滿堂之人必爲之慘然不樂矣其樂能甚乎○【淺説】與人樂樂但説與人鼓樂以爲樂未説到推心以行仁政處與衆

樂樂亦然。乃引起同字之意。到下文與民同樂。方實說好樂甚也○〔翼註〕此節且只泛就常情言。未說到人君上與衆衆字不是百姓。只是多人。

臣請爲王言樂

此以下皆孟子之言也、

【本義】孟子曰、王既知此臣請爲王言樂

今王鼓樂於此百姓聞王鐘鼓之聲管籥之音舉疾首蹙頞而相告曰吾王之好鼓樂夫何使我至於此極也父子不相見兄弟妻子離散今王田獵於此百姓聞王車馬之音見羽旄之美舉疾首蹙頞而相告曰吾王之好田獵夫何使我至於此極也

父子不相見兄弟妻子離散此無他不與民同樂也

鐘鼓管籥皆樂器也舉皆也疾首頭痛也蹙聚也頞額也人憂戚則蹙其額極窮也羽旄旌屬不與民同樂謂獨樂其身而不卹其民使之窮困也

本義 今王試鼓樂於此王之百姓聞王所奏鐘鼓之聲與夫管籥之音舉皆疾首蹙頞而私相告語曰吾王之好鼓樂固然已夫何使我等不得其所至於此極處也以父子則不得相見以兄弟妻子則皆離散窮苦如此獨不一動念乎今王更以好樂之故而田獵於此百姓聞王所馳車馬之音見羽旄飛揚之美舉皆疾首蹙頞而私相告語曰吾王之好田獵固然已夫何使我等不得其所至於此極處也父子不得相見兄弟妻子離散顛連如此獨不一廑念乎夫鼓樂田獵王之所樂也百姓如此嗟怨者豈有他哉良由王平日獨樂其身不能推此心以使之同樂也此好樂之不甚也

附解困勉錄今王鼓樂不論今樂古樂。趙氏德用樂以鼓爲節周禮鼓人掌教六鼓以節音樂。新安陳氏曰管笙也籥如笛而六孔或曰簫也。蒙引鐘鼓之聲管籥之音猶郊社之禮禘嘗之義互文耳。新安陳氏曰因好樂而及田獵以王亦好田獵故也。說統車馬亦謂之音者升車則馬動馬動則鸞鳴鸞鳴則和應故也。困勉錄旌旗二字在九旗中本有專指若大槩言之則旌指竿首之羽旗指畫帛又舉旌可以該旗舉旗可以該旌故註曰羽毛旌屬蓋旌總名羽毛特其屬之一也。

今王鼓樂於此百姓聞王鐘鼓之聲管籥之音舉欣欣然有喜色而相告曰吾王庶幾無疾病與何以能鼓樂也今王田獵於此百姓聞王車馬之音見羽旄之美舉欣欣然有喜色而相告曰吾王庶幾無疾病與何以能田獵也此無他與民同樂也

與民同樂者推好樂之心以行仁政使民各得其所也○

【本義】如今王鼓樂於此百姓聞王鐘鼓之聲管籥之音舉欣欣然有喜悅之色而相告曰吾王庶幾無疾病與不然何以能爲此鼓樂之樂也不但鼓樂爲然今王田獵於此百姓聞王車馬之音見王羽旄之美舉欣欣然有喜悅之色而相告曰吾王庶幾無疾病與不然何以能爲此田獵之樂也夫同此鼓樂同此田獵百姓如此欣幸者豈有他哉良由王平日能推好樂之心以與民同樂也此好樂之甚也

【總解】存疑曰庶幾曰何以皆欣幸之詞不可作自相問答○

〔蒙引〕本文此字兼鼓樂田獵而註獨云與民同樂者推好樂之心以行政蓋田獵亦好樂之類也故槩以好樂○與民同樂者非同鼓樂也推好樂之心以行仁政云云也○蓋其心原有憂樂之異故聞王之樂而憂樂之容亦隨之

今王與百姓同樂則王矣

好樂而能與百姓同之則天下之民歸之矣所謂齊其庶幾者如此○范氏曰戰國之時民窮財盡人君獨以南面之樂自奉其身孟子切於救民故因齊王之好樂開導其善心深勸其與民同樂而謂今樂猶古樂其實今樂古樂何可同也但與民同樂之意則無古今之異耳若必欲以禮樂治天下當如孔子之言必用韶舞必放鄭聲蓋孔子之言爲邦之正道孟子之言救時之急務所以不同楊氏曰樂以和爲主使人聞鐘鼓管絃之音而疾首蹙頞則雖奏以咸英韶濩無補於治也故孟子告齊王以此姑正其本而已

【本義】觀民情之憂喜，惟係於好樂之公私不同如此。今王誠能推好樂之心以及於民，使民心和樂，各得其所，則天下之民近者悅、遠者來，而可以王矣。齊王不其庶幾乎？

文王之囿章

【總旨】說統：齊王就制度上說大小，孟子在民心上說大小，上下相形，全要得引誘齊王意。

齊宣王問曰：文王之囿方七十里，有諸？孟子對曰：於傳有之。

囿者，蕃育鳥獸之所。古者四時之田，皆於農隙以講武事，然不欲馳騖於稼穡場圃之中，故度閒曠之地以為囿。然文王七十里之囿，其亦三分天下有其二之後也與？傳謂古書。

【本義】齊宣王問曰：嘗聞文王之囿，地方有七十里，有諸？孟子對曰：於傳或有之也。

附解 南軒張氏曰意齊王欲廣其囿諛佞之徒必有假文王事以逢之者文王豈崇囿如此蓋其蒐田所及民以爲王之囿耳以芻雉得往知其然也○慶源輔氏曰於傳有之亦言據古書有此說耳然未必其然否也○蒙引看來孟子都不肯辯折他只要大處合正便罷

曰若是其大乎曰民猶以爲小也曰寡人之囿方四十里民猶以爲大何也曰文王之囿方七十里芻蕘者往焉雉兔者往焉與民同之民以爲小不亦宜乎

芻草也蕘薪也

本義 王曰文王之囿乃若是其大乎孟子曰自王視之若以爲大當日之民猶以爲小也王曰寡人之囿方四十里耳其小於文王之囿也遠矣乃民猶以爲大何也孟子曰文王之囿雖有七十里之廣然未嘗以爲己之私也民之欲芻以牧

養與蕘以採薪者皆往其中以取焉民之雉以逐禽與兔以逐獸者皆往其中以取焉如此則君之囿即民之囿與一國之民同此七十里之囿民忘其大而以爲小不亦宜乎

附解 說統民以爲小不是嫌他小只是不覺得大蓋若已有之併其大亦忘之也若說囿之所出有限民之所取無窮反覺私而有意

臣始至於境問國之大禁然後敢入臣聞郊關之內有囿方四十里殺其麋鹿者如殺人之罪則是方四十里爲阱於國中民以爲大不亦宜乎

禮入國而問禁國外百里爲郊郊外有關阱坎地以陷獸者言陷民於死也

【本義】若王之囿有不然者。臣始至於王之境、不敢遽入、必先問國之大禁、知所避忌、然後敢入、斯時也、臣聞郊關之內、有囿方四十里、不許百姓出入、其中設有殺其囿中之麋鹿者、即與殺人同罪、夫人之所畏、莫甚於死、今殺一麋鹿、即以殺人之罪加之、則是方四十里、乃爲阱坎於國中、而故陷民於死地也、其爲民害如此、民之視此囿、直如陷阱一般、其以爲大不亦宜乎、王亦法文王而與民同之可也。

【附解】說統、爲阱於國中句最重。正與與民同之句對看。〇〔蒙引〕民利其麋鹿也、而乃因以殺身、是以囿爲阱、麋鹿爲餌也。

〔附考〕禮記曲禮、入境而問禁、入國而問俗、入門而問諱。

交鄰國有道乎章

【總旨】說統、通章雖分智仁勇三段。合之。總成交鄰之道。其意總歸在安天下上。〇〔徐儆弦曰〕仁智與勇、理無二致、而交鄰除暴、事不相妨、苟仁專恤小而不顧養亂以殘民、智專事大而不知自强以立國、則仁必貽害於人、智必受辱於己、反爲

不仁不智了故湯事葛而征葛勾踐事吳而謀吳則勇又濟其仁智之不及者也

齊宣王問曰交鄰國有道乎孟子對曰有惟仁者爲能以大事小是故湯事葛文王事昆夷惟智者爲能以小事大故大王事獯鬻句踐事吳

仁人之心寬洪惻怛而無較計大小彊弱之私故小國雖或不恭而吾所以字之之心自不能已智者明義理識時勢故大國雖見侵陵而吾所以事之之禮尤不敢廢湯事見後篇文王事見詩大雅大王事見後章所謂狄人即獯鬻也句踐越王名事見國語史記

本義齊宣王問曰交鄰國而使相輯睦果有道乎孟子對曰講信脩睦國之大事誠有道也大凡爲大國者多恃其強以侵小國惟仁者寛洪惻怛知有理而不知有勢爲能以大事小而盡其撫字之道求之古人若湯事葛文王事昆夷是也爲小國者多不量己力挑釁大國惟智者明敏通達知義理之當然而又知時勢之不得不然爲能以小事大而盡其恭順之道求之古人若大王事獯鬻句踐事吳是也

附解蒙引齊宣王與鄰敵相持互有勝負宜有息爭求寧之意故問交鄰之道此一問亦好意思○寛洪故能含容人不恭惻怛故能矜人之惡而不較○雲峰胡氏曰本文大事小小事大集註則曰大字小小事大一字字尤見仁人之心然大之字小猶未足以見其仁必小國雖或不恭而字之之心自不能已乃見大者之仁小之事大猶未足以見其智必大國雖見侵陵而事之之禮尤不敢廢乃足以見小者之智○存疑詩大雅綿八章肆不殄厥慍亦不隕厥問本謂大王事註謂文王事見詩大雅者其不殄厥慍則在大王之時至昆夷駾矣維其喙矣則在大王之後而文王之始也蒙引曰非

以肆不殄厥慍二句爲文王事昆夷事實。蓋以昆夷事在大雅之緜而因可見文王事之之略而已。此説是也

以大事小者樂天者也以小事大者畏天者也樂天者保天下畏天者保其國

天者理而已矣。大之字小。小之事大。皆理之當然也。自然合理。故曰樂天。不敢違理。故曰畏天。包含徧覆。無不周徧。保天下之氣象也。制節謹度。不敢縱逸。保一國之規模也

本義 蓋大事小。小事大。皆天理之當然也。以大事小者。忘其勢之在己。誠心愛人而自然合理。樂天者也。以小事大者。順其勢之在人。安分自守而不敢違理。畏天者也。樂天者其心與天爲一。而包含徧覆。無不周徧。自有保天下之氣象。豈不足以保天下乎。吾見九有之大。皆在所統馭矣。畏天者故能聽天所命。而制節謹度。不敢縱逸。自有保一國之規模。豈不

足以保其國乎、吾見四境之內、皆在所維持矣。仁智之效如此。

【附解】說統。樂天畏天、上文事小事大內已含。此處只點出天字以顯仁智之妙耳。不是推原所以事大事小之故也。○【存疑】上解智者兼理勢。此解天只說理者。理字兼勢在內。○註包含偏覆二句。還在樂天內。以下句制節謹度二句見得。○註保天下之氣象。這句尚在保天下上面。保一國之規模亦然。○【慶源輔氏曰】保天下保其國。言仁智者之氣象規模有此效也。非謂仁者智者之心欲其如此也。

詩云畏天之威、于時保之、

詩周頌我將之篇時是也、

【本義】周頌我將之詩有云、人能畏天之明威、不敢違逆、于時可以保守天命而勿失。正畏天者保其國之謂也。而樂天者保天下從可知矣。王欲交鄰而以仁智之道自處、則事大事小保國保天下何一之不善乎。

附解　新安陳氏曰引詩不及樂天一邊亦偶然耳雙峰饒氏曰天理當然違之則有禍此便是天威了

王曰大哉言矣寡人有疾寡人好勇

言以好勇故不能事大而卹小也

本義　王曰夫子論仁智交鄰之道便有以保國保天下大哉斯言矣然寡人有氣稟之疾惟在好勇若稍見侵慢則忿怒不勝故大不能事而小不能恤也

附解　蒙引勇即小忿也好勇猶言不能忍氣相似

對曰王請無好小勇夫撫劍疾視曰彼惡敢當我哉此匹夫之勇敵一人者也王請大之

疾視怒目而視也小勇血氣所爲大勇義理所發

【本義】孟子對曰、好勇無傷。但要知所決擇耳。蓋勇有小有大。王請無好小勇。夫激於一朝之忿、便按劍怒目而視曰、彼惡敢當我哉。此特匹夫血氣之勇、僅足以敵一人者也。何足爲好。王如好勇、請於帝王之大勇、好之、靜則爲神武之不殺、動則爲威武之奮揚。務使氣懾萬人、威加一世、而不徒恃區區之小忿焉。則仁智皆所優爲矣。何至以好勇爲病乎。

【附解】趙氏曰、血氣所爲之勇、如溝澮之水、暴集隨涸、故謂之小。義理所發之勇、天開地闢、自不能已、故謂之大。○【說統】專重王請大之句。喚起下三節意。非是大勇以安天下。乃即安天下上、以見勇之大也。

詩云、王赫斯怒、爰整其旅、以遏徂莒、以篤周祜、以對于天下。此文王之勇也。文王一怒而安天下之民。

詩大雅皇矣篇。赫赫然怒貌。爰、於也。旅、衆也。遏、詩作按、止也。徂、往也。莒、詩作旅。徂莒、謂密人侵阮徂共之衆也。篤、厚也。祜、

福也對答也以答天下仰望之心也此文王之大勇也

本義 臣謂吾王當以大勇爲好蓋嘗觀於文王之事矣大雅皇矣之詩有云密人違距王命侵阮而往至於共王乃赫然奮怒於是整頓師旅以止遏密人徂共之衆使不得侵擾鄰國於以抑强扶弱而篤厚周家之福於以安撫天下百姓而答其仰望之心詩之所言如此此文王之所以爲勇也文王赫然一怒除密人之亂而天下之民皆賴之以安其勇何如其大哉

附考 新安陳氏曰怒者勇之發也 蒙引 密人不是來侵周乃侵阮也但文王是方伯而密人乃擅敢興師以侵阮是無文王矣故曰密人不恭敢距大邦 翼註 此文王之勇也未可露大字下何方見其大

書曰天降下民作之君作之師惟曰其助上帝寵之四方有罪無罪惟我在天下曷敢有越厥志一人衡行於天下武王恥之

此武王之勇也而武王亦一怒而安天下之民

書周書泰誓之篇也然所引與今書文小異今且依此解之寵之四方寵異之於四方也有罪者我得而誅之無罪者我得而安之我既在此則天下何敢有過越其心志而作亂者乎衡行謂作亂也孟子釋書意如此而言武王亦大勇也

本義 臣所謂大勇不但徵之於文王又嘗觀於武王之事矣周書泰誓之篇有曰天降下民不能自理於是立之君以治之不能自教於是立之師以教之亦惟謂其能輔助上帝所不及以安全斯民故以君師之位而寵異之於四方也上天立君師之意如此今我既受天命作民君師則天下之有罪者我得而誅之無罪者我得而安之天下豈敢有過越其心志而作亂以虐民者乎以此言觀之則當時設有一人橫行倡亂於天下武王必以為己之恥而誅之矣此武王之勇也武

王亦一怒而安天下之民勇何大也

附解雙峰饒氏曰書言寵綏四方指君而言孟子言寵之四方指天而言書之有罪無罪指紂而言孟子之有罪無罪指諸侯而言書之越厥志指君而言孟子之越厥志指民而言二者大段不同○慶源輔氏曰寵異謂天寵異武王於天下也亶聰明是以天德寵異之也作元后是以天位寵異之也心志謂天下之心志也人之作亂皆過越其心志之故耳若守其心志無所過越則何至有作亂之事乎此武王以天下之重自任也○焦漪園曰文王大而密人小文王嘗事小矣密人終不可化則一怒伐之而亦不害其爲仁是其勇也仁者之勇也而奉天討者亦樂天者矣武王小而紂大武王嘗事大矣紂終不可化則一怒伐之而亦不害其爲智是其勇也智者之勇也而奉天討者亦畏天者矣

今王亦一怒而安天下之民民惟恐王之不好勇也

王若能如文武之爲則天下之民望其一怒以除暴亂而拯

己於水火之中惟恐王之不好勇耳○此章言人君能懲小忿則能卹小事大以交鄰國能養大勇則能除暴救民以安天下張敬夫曰小勇者血氣之怒也大勇者理義之怒也血氣之怒不可有理義之怒不可無知此則可以見性情之正而識天理人欲之分矣

本義 方今小國不恭甚於密人大國侵凌過於橫行天下不安甚矣王誠能法文武之所爲亦奮然一怒於以除殘去暴而救安天下之民則天威所加民皆欣然望救惟恐王之不好勇也王何以好勇爲病乎如此則將臣天下之諸侯而交鄰不足言矣

附解 蒙引亦字承文武來○雲峰胡氏曰夫子嘗以智仁勇三者並言此勇字亦當連前仁智字並言仁智中之勇是謂

大勇小勇者不仁不智者也不仁者徒逞血氣而於義理之勇必無之不智者不明義理而於血氣之勇必有之

齊宣王見孟子於雪宮章

總旨新安陳氏曰此章與沼上之對畧相似大意主於不自樂而與民同樂耳樂民之樂憂民之憂雖平說然憂樂相反而實相關憂民之憂者必不暇樂己之樂樂己之樂者必不知憂民之憂惟先憂以天下而後能樂以天下也前一截已盡之後不過引

一段故實耳

齊宣王見孟子於雪宮王曰賢者亦有此樂乎孟子對曰有人不得則非其上矣

雪宮離宮名言人君能與民同樂則人皆有此樂不然則下之不得此樂者必有非其君上之心明人君當與民同樂不

可使人有不得者非但當與賢者共之而已也

本義齊宣王館孟子於雪宮而就見之因誇其禮遇之盛而問曰宮室之樂在人君則宜有之賢者亦有此樂乎孟子對曰君以此待賢則賢者固得有此樂也然非特賢者有此樂凡人皆欲有此樂人有不得其樂則必有非怨其上之心矣是知此樂當與凡人共之不但當與賢共之也

附解蒙引孟子對曰有此有字正答宣王亦有之問是說賢者固有也賢者亦安得有此孟子意以爲當得也○註言人君能與民同樂謂皆有此宮室安居之樂也非謂以雪宮與民共之乃爲人皆有此樂也○雪宮之樂在賢者分上原無許多道理可說故孟子只用一个有字答了便罷再不復顧只引向與民同樂上說

不得而非其上者非也爲民上而不與民同樂者亦非也

下不安分上不卹民皆非理也

【本義】爲下當安爲下之分，不得其樂而非其上者，固非也。爲君當盡爲君之道，獨樂其身而不與民同樂者，亦非也。

【附解】【說統】非上之非，是非議非也之非，是非理。○【蒙引】用上句以陰助下句，非是平說也。

樂民之樂者，民亦樂其樂；憂民之憂者，民亦憂其憂。樂以天下，憂以天下，然而不王者，未之有也。

樂民之樂而民樂其樂，則樂以天下矣；憂民之憂而民憂其憂，則憂以天下矣。

【本義】夫不與民同樂，則民既有非之之心；能與民同樂，則民豈無感之之心？是故安居粒食，民之樂也，人君能樂民之樂而皆爲致之，則民見君有宮室遊豫之樂，亦欣欣然爲君樂之矣。貧窮無告，民之憂也，人君能憂民之憂而勿以施之，則民聞君有敵國外患之憂，亦戚戚然爲君憂之矣。夫樂民之樂，是樂不以己而以民，固爲樂以天下，至於民亦樂其樂，則是吾一人之所獨樂者亦衆人之所共樂也豈非樂以天下乎憂民之憂是憂不以己而以民固爲憂以天下至於民亦憂其憂則是吾一人之所獨憂者亦衆人之所共憂也豈非憂以天下乎憂樂皆以天下則民皆望風仰德而莫不尊親矣然而不王者未之有也

附解說統此節根上與民同樂來樂民之樂四句是言憂樂之相通要說得憂樂相關意出樂以天下二句言憂樂之大同要模寫一段渾融浹洽的光景然此二句不是另一層就在上四句看出兼君民言而以君作主此全是太和景象故謂其可王○說約至此

問答已完以下是客

昔者齊景公問於晏子曰吾欲觀於轉附朝儛遵海而南放於琅邪吾何脩而可以比於先王觀也

晏子齊臣名嬰轉附朝儛皆山名也遵循也放至也琅邪齊

東南境上邑名觀遊也

本義 臣謂公樂可以致王不必遠徵諸古即齊之先君亦有行之者昔者齊景公問於其臣晏子曰省方觀民國之大事吾今欲觀於轉附朝儛之二山復遵海濱而南至於琅邪之邑但思昔先王遊觀當時以爲盛典後世以爲美談吾不知何所修爲而可比於先王也

附解 說約引景晏事大段是望其納誨意多然主意亦終在同民也

晏子對曰善哉問也天子適諸侯曰巡狩巡狩者巡所守也諸侯朝於天子曰述職述職者述所職也無非事者春省耕而補不足秋省斂而助不給夏諺曰吾王不遊吾何以休吾王不豫吾何以助一遊一豫爲諸侯度

述陳也省視也斂收穫也給亦足也夏諺夏時之俗語也豫樂也巡所守巡行諸侯所守之土也述所職陳其所受之職也皆無有無事而空行者而又春秋巡行郊野察民之所不足而補助之故夏諺以爲王者一遊一豫皆有恩惠以及民而諸侯皆取法焉不敢無事慢遊以病其民也

本義 晏子對曰以遊觀之行爲不苟而有志於先王善哉吾君此問也今以先王言之天子十二年而適乎諸侯之國其名曰巡狩謂之巡狩者巡行諸侯所守之土而察其政事之治否也諸侯六年而朝於天子之邦其名曰述職謂之述職者自陳其所受之職而試其功績於王廷也一往一來皆無有無事而空行者而又每年當春秋之時循行郊野春則省民之耕其間播種有不足者則發倉廩以補之秋則省民之斂其間收穫有不給者則發倉廩以助之天子行於畿內諸

侯行於國中。其惓惓爲民之心又如此。故夏時畿內之諺曰、吾王若不行游、則誰知吾之不給不足、而吾何以蒙上之休美。吾王若不豫樂、則誰知吾之不足不給、而吾何以蒙上之省助。是吾王之一遊一豫、皆有恩惠以及民、而爲四方諸侯之法度焉。此先王之觀也。

附解　〔蒙引〕曰、巡狩也。曰述職也。便見是非無事者。非訓解之辭。○〔存疑〕無非事者、非字當無字看。○〔蒙引〕省耕省斂、又在巡狩述職之外、不是巡狩述職、就便省民以補不足也。天子只是省其畿內。○省耕省斂、天子諸侯皆然。夏諺獨言王者、蓋畿內之諺也。○夏諺只帶省耕省斂、不必通管巡狩述職。○〔說統〕遊豫是一意。自巡省而行謂之遊、自暇豫而出謂之豫。休助亦是一意。自上所與曰助、自下被惠曰休。○〔存疑〕遊與豫當分合看。分看則遊是巡遊、豫是逸樂。合看則巡遊卽所以爲樂也。二句疊言詠歌之體也。○〔新安陳氏曰〕以上晏子言先王之法、此下言當時之弊。

今也不然。師行而糧食、飢者弗食、勞者弗息。睊睊胥讒、民乃作

歷方命虐民飲食若流流連荒亡爲諸侯憂

今謂晏子時也師衆也二千五百人爲師春秋傳曰君行師從糧謂糗糒之屬睊睊側目貌胥相也讒謗也慝怨惡也言民不勝其勞而起謗怨也方逆也命王命也若流如水之流無窮極也流連荒亡解見下文諸侯謂附庸之國縣邑之長

本義 乃今之諸侯則不然其無事而遊也君行則師從師行則糧食有供給之費而民之飢者弗得食有夫征之擾而民之勞者弗得息於是民皆側目聚爲讒謗之言民皆作慝深懷忿怨之心矣夫天子之命諸侯本欲其上宣德意下安民生也今乃上違天子之命下虐無罪之民飲食侈靡若水之流無有窮極是乃縱於逸樂或流或連或荒或亡無所不至從爲所屬諸侯之憂而已

附解 存疑：師行，則夫征之擾民，實供之糧食，則供億之費，民實出之。〔說統〕讒是謗，慝是怨。還作兩意，因其有謗言而見其有怨心也。〔困勉錄〕飲食若流，是指食前方丈之飲食。存疑謂是就糧食一句說，不是。〔慶源輔氏曰〕晏子主言齊事，而云爲諸侯憂，故知爲附庸之國、縣邑之長也。

從流下而忘反謂之流，從流上而忘反謂之連，從獸無厭謂之荒，樂酒無厭謂之亡。

此釋上文之義也。從流下，謂放舟隨水而下；從流上，謂挽舟逆水而上；從獸，田獵也；荒，廢也；樂酒，以飲酒爲樂也；亡，猶失也，言廢時失事也。

本義 流連荒亡之義何如？人君之樂有流蕩而無節者，如放舟隨水順流而忘返，謂之流；有留戀而勿舍者，如挽舟上水

逆流而忘返謂之連以從獸爲樂而不知止至於廢時謂之荒以飲酒爲樂而不知止至於失事謂之亡此今時之弊也

附解 蒙引順水而下固謂之從流逆水而上如何亦謂從流蓋從不訓順乃訓逐也從獸之從亦是逐也○雙峰饒氏曰荒是廢時亡是失事○蒙引此釋上文之義是晏子自釋也

先王無流連之樂荒亡之行惟君所行也

言先王之法今時之弊二者惟在君所行耳

本義 若先王之法有巡狩述職有省耕省斂無流連之樂荒亡之行也夫先王之法如彼今時之弊如此惟在君所行耳君行先王之法是亦先王矣不則爲今時矣一古一今皆不在人而在乎君可見當自勉也晏子之言如此

景公說大戒於國出舍於郊於是始興發補不足召太師曰爲我作君臣相說之樂蓋徵招角招是也其詩曰畜君何尤畜君

者好君也

戒告命也出舍自責以省民也興發發倉廩也太師樂官也君臣己與晏子也樂有五聲三曰角爲民四曰徵爲事招舜樂也其詩徵招角招之詩也尤過也言晏子能畜止其君之欲宜爲君之所尤然其心則何過哉孟子釋之以爲臣能畜止其君之欲乃是愛其君者也○尹氏曰君之與民貴賤雖不同然其心未始有異也孟子之言可謂深切矣齊王不能推而用之惜哉

【本義】景公聞之而悅乃大出命令於國亦以更化圖新之意且不敢安處深宮出舍於郊外以便省問民間疾苦於是始

興發倉廩以補助其不足者景公悅晏子之言而行之如此則晏子之悅景公也可知矣故景公召太師曰爲我作君臣相悅之樂以達我君臣相悅之情焉其所作之樂即今所傳之徵招角招是也蓋角爲民徵爲事君臣以爲民爲事而相悅故其所作亦爲民爲事之樂也其詩被之於樂者有曰畜君何尤蓋言晏子能畜止其君之欲不至於招尤而取罪也夫臣能畜止其君之欲乃愛其君者也旣出於愛君又何尤哉王誠如齊景晏子之相與有成則能與民同樂而民寧復有不得而非其上者哉

附解 蒙引 大戒於國。謂布告境內。以圖回治政也。○出舍於郊。自責以省民也。蓋以示不敢安居深宮之意。且於省民之不給爲便也。省民者省民之耕斂也。故出郊。○說統 大戒三句。重在補不足上。○存疑 晏子陳先王之法。今時之弊。以告景公。而致景公之悅。是臣有以悅君也。景公悅晏子之言而大戒出舍。興發。是君有以悅臣也。故曰君臣相悅。○蒙引 蓋徵招角招是也一句。是孟子述事之言。當孟子時此樂蓋猶在也。故孟子舉以寔之。○其曰韶者舜樂也。當時韶在齊齊景公蓋用之而被以新詩。故其樂亦謂之韶也。○樂有五聲。獨舉徵招角招二者。以角爲民。徵爲事。取其切者也。○每一音之樂。皆須具宮商角徵羽。如徵招之内。固有宮商角徵羽。角招之内。亦須有宮商角徵羽也。此之徵招角招者。又是箇大角徵也。蓋五音旋相爲宮。○〔新安陳氏曰〕上文引援景公晏子事。實只末一句是孟子説。

〔附考〕〔禮記樂記〕宮爲君。商爲臣。角爲民。徵爲事。羽爲物。〔註〕宮絃最大。用八十一絲。聲重而尊。故爲君。商屬金。金爲決斷。臣事也。絃用七十二絲。次宮。如臣次君者也。角觸也。物觸地而出。戴芒角也。絃用六十四絲。聲居宮羽之中。屬木。以其清濁中。民之象也。徵屬夏。夏時生長萬物。皆成形體。事亦有體。故配事。絃用五十四絲。羽屬水。聚清物之象。故爲物。絃用四十八絲。

人皆謂我毁明堂章

〔總旨〕〔四書脈〕此章以行王政爲主。首三節因問明堂而欲其法文王以行王政。末二節因其自諉而欲其推好貨好色之

心以行王政。只
是行王政一意。

齊宣王問曰人皆謂我毀明堂毀諸已乎

趙氏曰明堂泰山明堂周天子東巡守朝諸侯之處漢時遺址尚在人欲毀之者蓋以天子不復巡守諸侯又不當居之也王問當毀之乎且止乎

【本義】齊宣王問曰明堂在齊久矣人皆謂我毀明堂果當毀之乎抑且止而勿毀乎

【附解】蒙引天子巡狩隨方之鎮山各設明堂此之明堂趙氏何以知其爲泰山明堂也曰以其在齊境內也○朱子曰論明堂制者非一竊意當有九室如井田之制東之中爲青陽太廟東之南爲青陽右个東之北爲青陽左个南之中爲明堂太廟南之東爲明堂左个南之西爲明堂右个西之中爲總章太廟西之南爲總章左个西之北爲總章右个北之中

爲玄堂太廟。北之東爲玄堂右个。北之西爲玄堂左个。中爲太廟太室。凡四方之太廟異方所。其左个右个。則青陽之左个。乃玄堂之右个。明堂之右个。乃總章之左个也。總章之右个。乃玄堂之左个。明堂之左个。乃青陽之右个也。但隨其時之方位開門耳。太廟太室。則每季十八日。天子居焉。古人制事。多用井田遺意。此恐然也。

孟子對曰、夫明堂者。王者之堂也。王欲行王政。則勿毀之矣

明堂、王者所居以出政令之所也。能行王政。則亦可以王矣。何必毀哉。

【本義】孟子對曰、夫明堂者、王者所居以出政令之堂也。王欲行王政。則亦可以王而居此堂矣。何必毀哉。

【附解】困勉錄。此王者只是以位言。○【翼註】王者之堂也。不重制度。只重出政令上。行王政。就平時出政說。非指居明堂朝諸侯時事。○【東陽許氏曰】宣王之意。正是欲不毀耳。蓋已稱王。卽欲行天子之制也。孟子則不禁他不毀。只是教他行王

政蓋行王政則足副王之名雖行天子之制可也

王曰王政可得聞與對曰昔者文王之治岐也耕者九一仕者世祿關市譏而不征澤梁無禁罪人不孥老而無妻曰鰥老而無夫曰寡老而無子曰獨幼而無父曰孤此四者天下之窮民而無告者文王發政施仁必先斯四者詩云哿矣富人哀此煢獨

岐周之舊國也九一者井田之制也方一里爲一井其田九百畝中畫井字界爲九區一區之中爲田百畝中百畝爲公田外八百畝爲私田八家各受私田百畝而同養公田是九

分而稅其一也世祿者先王之世仕者之子孫皆教之教之而成材則官之如不足用亦使之不失其祿蓋其先世嘗有功德於民故報之如此忠厚之至也關謂道路之關市謂都邑之市譏察也征稅也關市之吏察異服異言之人而不征商賈之稅也澤謂瀦水梁謂魚梁與民同利不設禁也孥妻子也惡惡止其身不及妻子也先王養民之政導其妻子使之養其老而恤其幼不幸而有鰥寡孤獨之人無父母妻子之養則尤宜憐卹故必以爲先也詩小雅正月之篇哿可也煢困悴貌

本義 王曰王政可得聞與對曰昔者文王之治岐也於耕者則行九一之法而斂從其薄於仕者之子孫則行世祿之賞而報從其厚於關市則但譏察非類而不征商賈之私貨於澤梁則同其漁利而不禁民取以自專於罪人則止及其身而不及其妻子是士農工商皆有所養如此至於老而無妻者曰鰥老而無夫者曰寡老而無子者曰獨幼而無父者曰孤此四者乃天下之窮民而無處告愬者文王發政施仁雖於上數者皆一時出令而此四者尤在所加意而必先焉詩有云富人猶可惟煢獨之人更可哀夫惟可哀此文王所以必先之也所謂王政蓋如此

附解 蒙引或謂發政施仁指上文耕者九一至罪人不孥非也發政施仁是虛字先者重之也亦非先卹窮民而後行九一世祿之法也人君不發政施仁則已一行仁政便是此數者一時出令但此數窮民尤在所宜留意耳故曰尤宜憐卹必以爲先也此先字亦如後義先利之先字不可拘以時之先後爲言也

王曰善哉言乎曰王如善之則何爲不行王曰寡人有疾寡人

好貨對曰昔者公劉好貨詩云乃積乃倉乃裹餱糧于橐于囊思戢用光弓矢斯張干戈戚揚爰方啓行故居者有積倉行者有裹糧也然後可以爰方啓行王如好貨與百姓同之於王何有

王自以爲好貨故取民無制而不能行此王政公劉后稷之曾孫也詩大雅公劉之篇積露積也餱乾糧也無底曰橐有底曰囊皆所以盛餱糧也戢安集也言思安集其人民以光大其國家也戚斧也揚鉞也爰於也啓行言往遷於幽也何有言不難也孟子言公劉之民富足如是是公劉好貨而能

推己之心以及民也今王好貨亦能如此則其於王天下也何難之有

本義 宣王聞之遂歎美曰善哉夫子此言乎眞可謂治國之良圖也孟子曰聞善貴乎能行王旣以爲善則何爲不見之行事乎王曰寡人有氣稟之疾寡人好貨故取民無制而不能行此王政孟子對曰好貨無妨於王政昔者公劉亦嘗好貨詩有云公劉處西戎之間力行富民之政其民乃田有露積乃家有倉廩乃裹其餱糧于槖于囊之中爲遷都計思以戢和其人民而用以光顯其國家而弓與矢斯張也干與戈戚與揚俱備也于是方以啓行而遷都於豳焉由詩言觀之故公劉當遷之時必使民之居者皆有積倉行者皆有裹糧而富足如此也然後可以爰方啓行自非公劉好貨而能推己之心以及民則民又安得有積倉餱糧之富哉王如好貨亦能如公劉與百姓同之使民皆遂其富足之願焉則天下之民皆歸向之其於王天下也何難之有好貨又何足爲疾乎

【附解】蒙引、積。無屋而露積也。倉屋以貯之者也。○橐囊皆底也。不用竹木器出行輕便也。○戚揚二者斧鉞之別名鉞大斧小。○註推己之心以及民便是耕者九一仕者世祿云云矣好色與民同亦然

王曰寡人有疾寡人好色對曰昔者大王好色愛厥妃詩云古公亶父來朝走馬率西水滸至于岐下爰及姜女聿來胥宇當是時也內無怨女外無曠夫王如好色與百姓同之於王何有

王又言此者好色則心志蠱惑用度奢侈而不能行王政也。大王公劉九世孫詩大雅緜之篇也古公大王之本號後乃追尊爲大王也亶父大王名也來朝走馬避狄人之難也率循也滸水涯也岐下岐山之下也姜女大王之妃也胥相也

宇居也曠空也無怨曠者是大王好色而能推己之心以及民也○楊氏曰孟子與人君言皆所以擴充其善心而格其非心不止就事論事若使爲人臣者論事每如此豈不能堯舜其君乎愚謂此篇自首章至此大意皆同蓋鐘鼓苑囿游觀之樂與夫好勇好貨好色之心皆天理之所有而人情之所不能無者然天理人欲同行異情循理而公於天下者聖人之所以盡其性也縱欲而私於一已者衆人之所以滅其天也二者之閒不能以髮而其是非得失之歸相去遠矣故孟子因時君之問而剖析於幾微之際皆所以遏人欲而存

天理其法似疏而實密其事似易而實難學者以身體之則有以識其非曲學阿世之言而知所以克己復禮之端矣

纂義王曰寡人非特好貨也寡人又有疾在於好色惟其好色故心志蠱惑用度奢侈而不能行此王政孟子對曰好色亦無妨於王政昔者太王亦曾好色鍾愛其妃詩云古公亶父因狄之侵不得已而遷國避難乃於來朝策馬而走率西河之水涯以至於岐山之下爰及其妃姜女同來相與擇宇而居當是時也太王之民內無怨而無家之女外無曠而無室之夫是太王能推好色之心以及於民也王如好色亦如太王與百姓同之使皆無怨曠之嗟焉則天下之民皆將樂歸於我於王天下也何難之有何必毀明堂而自拘於氣稟之偏哉

附解四書脈公劉遷豳在乎集安定之後故以完聚爲先太王遷岐在流離播散之餘故以完室家爲務上節看兩个有字即所欲與聚念頭下節看兩个無字即所惡勿施念頭文王發政施仁不外乎此

王之臣章

【總旨】說統此章專爲四境不治發○【蒙引】趙氏總註頗失輕重○

孟子謂齊宣王曰王之臣有託其妻子於其友而之楚遊者比其反也則凍餒其妻子則如之何王曰棄之

託寄也比及也棄絶也

【本義】齊宣王不治其國○孟子設二事以發之曰○王之臣有以其妻子之衣食寄託於其友而往遊於楚者及其自楚反也則彼已凍餒其妻子○王之臣當何如以處其友耶王曰受人託而不盡其職非可交之友也宜棄絶之○

【附解】蒙引比其反也○則凍餒其妻子○非是自楚反彼乃凍餒其妻子○蓋反之日乃知彼之凍餒其妻子也○

曰士師不能治士則如之何王曰已之

士師獄官也其屬有鄉士遂士之官士師皆當治之已罷去也

本義孟子又問曰爲士師者不能治其所屬之士使刑獄不當職業不修王當何如以處之耶王曰立入之朝而擯棄如是非可用之臣也宜罷去之

附解說統不能治士就刑罰失宜說

附考周禮秋官司寇刑官之屬士師鄉士遂士縣士註鄉士掌六鄉之獄遂士掌六遂之獄縣士掌縣獄

曰四境之內不治則如之何王顧左右而言他

孟子將問此而先設上二事以發之及此而王不能答也其憚於自責恥於下問如此不足與有爲可知矣○趙氏曰言

君臣上下各勤其任無墮其職乃安其身

本義 孟子因問曰然則爲一國之君政事廢弛人民困苦而四境之内不治此與負託之友曠職之臣何異則將如之何以自處也齊王乃顧左右以釋其愧言他事以亂其辭其不足以有爲可知矣

附解 蒙引 四境之内不治或治道乖方而邑里之蕭條或教化凌夷而風俗之惡薄○說統 四境之内不治只大槩冷諷也不着齊王身上○雙峰饒氏曰 自責下問集註自爲他開兩條路當言此則寡人之罪也這便是自責又當言如何便可以治人這便是下問齊王亦無服善之心故顧左右而言他○蒙引 趙註君臣上下註謂并王與士師言愚謂須兼友之受託者言蓋受人之託便亦有一職在身職者分内事也必無墮其職然後不爲友人所棄而身安矣蓋上二事皆是設言以發之不是只重在士師一節也

所謂故國者章

總旨　說統　此章要發故國係於世臣而今日當預養親臣爲世臣地精神全在如不得已字下數然後字正其不得已處

孟子見齊宣王曰所謂故國者非謂有喬木之謂也有世臣之謂也王無親臣矣昔者所進今日不知其亡也

世臣累世勳舊之臣與國同休戚者也親臣君所親信之臣與君同休戚者也此言喬木世臣皆故國所宜有然所以爲故國者則在此而不在彼也昨日所進用之人今日有亡去而不知者則無親臣矣況世臣乎

本義　孟子見齊王曰人君基業相承歷年久遠謂之故國喬木世臣皆所宜有然所以謂故國者非謂其有喬木之謂也正以其有世臣之謂也蓋喬木有無無足重輕惟老成故舊之臣忠貞世篤休戚與同宗社生民寔憑藉之此故國之所

重而人主不可一日無者也然他日之世臣本是今日之親臣以今觀之王已無親信之臣矣昨日所進用之人今日有亡去而不知者則無親臣可知親臣尚無況世臣乎然則齊國安得爲故國乎

附解〔蒙引〕古人立國凡廟朝壇壝宮府及臺榭之所皆必植之名木歲數既久則成喬木是亦故國之一證也○王無親臣矣責其輕視臣下也○昔者所進進字不是泛泛進用蓋是其所親幸而將倚以爲腹心者故以不知其亡爲無親臣也若是百僚庶官之中有今日進而明日亡去亦何怪得王之不及知○〔說約〕昨日今日見幸易之意

王曰吾何以識其不才而舍之

王意以爲此亡去者皆不才之人我初不知而誤用之故今不以其去爲意耳因問何以先識其不才而舍之邪

本義 王曰此亡去者皆不才之人我初不知而誤用之故今不以其去爲意耳吾今當何如可以預識其人之不才而舍

之使所用者皆眞才、不致後日之輕棄乎

【附解】存疑此不但自解不知其亡之失。寔欲得眞才而用之以免向日之弊也。

曰國君進賢如不得已、將使卑踰尊疏踰戚可不慎與

如不得已言謹之至也。蓋尊尊親親禮之常也。然或尊者親者未必賢。則必進疏遠之賢而用之。是使卑者踰尊疏者踰戚非禮之常。故不可不謹也

【本義】孟子曰、人君用人與其悔之於後。莫若謹之於始。是以國君進賢、當其將用未用之際、其難其慎、審之又審。恰如勢之所迫不得不用他一般。其謹如此。所以然者、蓋以尊尊親親、乃國家體統之常、設使今日所尊者未必賢、日後必別求其卑而賢者用之、是使卑者得以踰尊矣。今日所親者未必賢、日後必別求其疏而賢者用之、是使疏者得以踰戚矣。一

舉措之間而所關於國體者甚大是安可以不慎乎

附解 存疑不得已者皆猶豫留難遲慢不急向前曰如不得已則非眞不得已特如之耳蓋這人本是巳要用的特以欲得眞才審之又審遲慢留難有似於已本欲不用遍於人不得已而用之耳○將使卑踰尊疏踰戚是說所以如不得已處

左右皆曰賢未可也諸大夫皆曰賢未可也國人皆曰賢然後察之見賢焉然後用之左右皆曰不可勿聽諸大夫皆曰不可勿聽國人皆曰不可然後察之見不可焉然後去之

左右近臣其言固未可信諸大夫之言宜可信矣然猶恐其蔽於私也至於國人則其論公矣然猶必察之者蓋人有同

俗而爲衆所悅者亦有特立而爲俗所憎者故必自察之而親見其賢否之實然後從而用舍之則於賢者知之深任之重而不才者不得以幸進矣所謂進賢如不得已者如此

【本義】慎之當何如有人於此左右近侍皆曰賢未可信也舉朝大夫皆曰賢未可信也至通國之人皆曰賢然後從而察之因言以察其心考迹以察其用必親見其爲賢焉然後從而用之夫不果進則在退列矣若左右皆曰不可用勿聽諸大夫皆曰不可用勿聽至通國之人皆曰不可用然後從而察之必親見其爲不可焉然後從而去之所謂進賢如不得已者如此則非賢者不進而所進者皆賢安有不識其不才而誤用之者乎

【附解】蒙引左右皆曰不可者亦是今日所欲進用之人不可謂是已在位而尊親之不賢者也不但進賢如不得已退人亦如不得已方爲退得當下文殺人亦如不得已也總是好惡與民同也○左右皆曰不可勿聽云云者誠恐其失賢也

恐其失賢者。正欲其得眞賢也。故二條總歸於進賢如不得已蓋不果進。則在退列矣進退相形。非固增一箇退人說也故註云如是則於賢者知之深任之重而不才者不得以倖進矣所謂進賢如不得已者如此只說就一邊○〔翼註〕左右諸大夫之言至國人而始決吾之察亦因國人而後施重國人上。

左右皆曰可殺勿聽諸大夫皆曰可殺勿聽國人皆曰可殺然後察之見可殺焉然後殺之故曰國人殺之也

此言非獨以此進退人才至於用刑亦以此道蓋所謂天命天討皆非人君之所得私也

〔本義〕抑不特進退人才當如此其愼至於用刑亦以此道左右皆曰可殺勿聽諸大夫皆曰可殺勿聽至於國人皆曰可殺然後察之必眞見其可殺焉然後從而殺之則其殺之也不出於一己之私意而出於衆人之公論故曰國人殺之也

【附解】【存疑】因說用人帶說刑殺蓋用舍刑殺人君大事也○【蒙引】大註天命指進退人才言天討指刑殺言如何以退人才亦爲天命有德耶曰有進便有退以此相形言耳意重進賢退只是不用不可謂之天討

如此然後可以爲民父母

傳曰民之所好好之民之所惡惡之此之謂民之父母

【本義】夫人不苟用而用之必當其可所謂天命有德人君不得以私喜而加爵人不輕殺而殺之必當其可所謂天討有罪人君不得以私怒而用刑必如此然後民之所好好之所惡惡之可以爲民之父母民心得而邦本固此故國之所以可保也

【附解】【翼註】此不是說效驗玩然後字可見不如此則有忝具瞻意正見其當慎也○【李九我曰】惟爲民父母方可以固結人心培植國脈以成故國此與首節所謂故國者三句正相應○【存疑】此總結左右皆曰賢以下兩節意

湯放桀章

總旨蒙引齊宣王素以辟土地朝秦楚莅中國撫四夷爲心。實有滅東周而自帝之意故發此問孟子之言其所以警齊王自省君德之意又有出於其意外者。

齊宣王問曰湯放桀武王伐紂有諸孟子對曰於傳有之、

放置也書云成湯放桀于南巢、

本義齊宣王問曰吾聞湯放桀於南巢武王伐紂於牧野、果有此事乎孟子對曰一載湯誓一載武成於書傳有之

曰臣弒其君可乎、

桀紂天子湯武諸侯、

本義王曰桀紂君也湯武臣也臣弒其君可乎、

曰賊仁者謂之賊賊義者謂之殘殘賊之人謂之一夫聞誅一夫紂矣未聞弑君也

賊害也殘傷也害仁者凶暴淫虐滅絶天理故謂之賊害義者顛倒錯亂傷敗彝倫故謂之殘一夫言衆叛親離不復以爲君也書曰獨夫紂蓋四海歸之則爲天子天下叛之則爲獨夫所以深警齊王垂戒後世也○王勉曰斯言也惟在下者有湯武之仁而在上者有桀紂之暴則可不然是未免於簒弑之罪也

【本義】孟子曰臣何嘗可弑君哉顧天之所以立君民之所以戴君爲其能盡仁義之道也若夫賊仁者凶暴淫虐心滅天

理則謂之賊賊義者顛倒錯亂事傷彝倫則謂之殘殘賊之人天命去而人心離謂之一夫不得謂之天下君吾聞武王應天順人誅一夫紂矣未聞弒君也果謂之君而可弒乎知武王之非弒君則知湯矣

【附解】蒙引仁就心上說故註云滅絕天理義就事上說故註云傷敗彝倫○新安陳氏曰仁義皆根於心未有賊仁而不賊義者所以下文只以殘賊之人總言其惡也

爲巨室章

【總旨】存疑兩條之意前是治國不如作室下是愛國不如愛玉

孟子見齊宣王曰爲巨室則必使工師求大木工師得大木則王喜以爲能勝其任也匠人斲而小之則王怒以爲不勝其任矣夫人幼而學之壯而欲行之王曰姑舍女所學而從我則何

如

巨室、大宮也、工師、匠人之長、匠人、衆工人也、姑、且也、言賢人所學者大、而王欲小之也。

本義 孟子以齊王不能任賢圖治、一日進見而諷之曰、治室必以木、王如爲巨室、則必使工師求大木、工師得大木、則王必喜以爲惟是大木能勝巨室之任也、使匠人斲斷而小之、則王必怒以爲不能勝巨室之任矣、是工之用木、惟欲其大、不欲其小、如此、至於夫人爲國之楨幹、當其幼而誦讀講明、皆是仁義之道、及壯而遭時遇主、欲一一見之施行、以期不負其所學也、乃王不思大用以盡其材、却曰且舍汝之所學、而從我所好、是賢人之學甚大、而王顧欲其小之也、則何如。

附解 蒙引、則王喜以爲能勝其任也、謂大木勝巨室之任也、不謂工師勝任。○幼而學者、仁義也、故壯則欲行夫仁義、今王曰姑舍汝所學而從我、是欲令舍所學之仁義、而徇吾所欲之功利也。

今有璞玉於此雖萬鎰必使玉人雕琢之至於治國家則曰姑舍女所學而從我則何以異於教玉人雕琢玉哉

璞玉之在石中者鎰二十兩也玉人玉工也不敢自治而付之能者愛之甚也治國家則徇私欲而不任賢是愛國家不如愛玉也○范氏曰古之賢者常患人君不能行其所學而世之庸君亦常患賢者不能從其所好是以君臣相遇自古以爲難孔孟終身而不遇蓋以此耳

本義 夫任賢所以治國也王不任賢則是不愛國家矣今有璞玉於此其所值之價雖僅萬鎰王不敢自治也必使玉人雕琢之知己不能而玉人能之也王之愛玉亦甚矣若夫國家之重奚啻萬鎰賢人之能治國奚啻工之治玉此正宜舍

己以任之者也今乃曰姑舍汝之所學而從我之所好則王之治國家何乃異於命玉人雕琢玉哉是愛國不如愛玉矣

王亦未之思乎

附解東陽許氏曰萬鎰謂璞玉之價值萬鎰之金也○蒙引萬鎰是爲齊王言只言其價值之小也方起得下句○說約教玉人敎字卽使玉人使字何以異○猶云爲甚麽緣故乃如此怪歎之詞

齊人伐燕勝之章

總旨何氏曰此見齊王本有利燕之心特託天而遂其私耳孟子之對則不歸之天而歸之人

齊人伐燕勝之

按史記燕王噲讓國於其相子之而國大亂齊因伐之燕士卒不戰城門不閉遂大勝燕

本義 齊人乘燕亂伐燕勝之

宣王問曰或謂寡人勿取或謂寡人取之以萬乘之國伐萬乘之國五旬而舉之人力不至於此不取必有天殃取之何如

以伐燕爲宣王事與史記諸書不同已見序說

本義 宣王問曰燕國既破其土地人民盡當爲齊有矣或謂利不可貪勸寡人勿取或謂機不可失勸寡人取之自寡人論之齊與燕皆萬乘之國也以萬乘之國伐萬乘之國勢均力敵乃不待曠日持久僅五旬而即收戰勝之功人力不遽至於此或者其天意有在陰助而默相之乎夫天既以燕與我我反棄而不取必受其殃今欲取之夫子以爲何如

孟子對曰取之而燕民悅則取之古之人有行之者武王是也

取之而燕民不悅則勿取古之人有行之者文王是也

商紂之世文王三分天下有其二以服事殷至武王十三年乃伐紂而有天下張子曰此事間不容髮一日之間天命未絶則是君臣當日命絶則爲獨夫然命之絶否何以知之人情而已諸侯不期而會者八百武王安得而止之哉

【本義】孟子對曰天意之予奪難知民心之從違易見王欲取燕亦惟決諸民心而已設使取之而燕民悅欣然歸附則是天之所廢不可與也王其順民心而取之亦可古之人有行之者武王是也蓋武王當紂惡貫盈之後人心皆已歸周可取而取武王無容心也使取之而燕民不悅則是天命未改未可圖也王其順民心而勿取古之人有行之者文王是也蓋文王當紂惡未稔之初人心猶不忘商不可取而不取文王亦無容心也然則燕之可取與否但當視民心之向背何如耳衆論紛紛何足據乎

附解 朱子曰此亦是齊王欲取燕故引之於文武之道非謂文王欲取商以商人不悅而止武王見商人悅已遂取之也直是論其理如此耳

以萬乘之國伐萬乘之國簞食壺漿以迎王師豈有他哉避水火也如水益深如火益熱亦運而已矣

簞竹器食飯也運轉也言齊若更爲暴虐則民將轉而望救於他人矣○趙氏曰征伐之道當順民心民心悅則天意得矣

蒙義 夫欲知天命固當觀人心而欲得人心又當施仁政今以齊萬乘之國伐燕萬乘之國燕之民乃簞食壺漿以迎犒王之師豈有他故哉特以燕政暴虐民如在水火之中故避之而望救於齊耳王正宜順民心而以仁政拯之可也若使

水益加深火益加熱暴虐視燕更甚則民又將轉而望救於他人矣王豈得而强取之哉

【附解】蒙引此後一節見得是當施仁政以慰燕民之心民心悅則天意得而燕庶其可取矣

齊人伐燕取之章

【總旨】【正解】此章齊王與孟子謀寢兵尚欲得燕孟子爲齊王謀寢兵只是棄燕是動天下以上咎齊王所以召兵之由王速出令以下代他畫止兵之策

齊人伐燕取之諸侯將謀救燕宣王曰諸侯多謀伐寡人者何以待之孟子對曰臣聞七十里爲政於天下者湯是也未聞以千里畏人者也

千里畏人指齊王也

【本義】齊人伐燕，乘勝遂取之，列國諸侯將謀合兵伐齊以救燕。宣王懼曰：諸侯以寡人取燕爲過，多謀來伐者，事勢至此，將何以設備而預待之，庶得寢其兵於未發乎。王之問亦畏人甚矣。孟子對曰：臣聞古之帝王有以七十里之小國，遂能行政於天下者，湯是也，未聞以千里之大國而畏人伐己者也。王何不以之自反乎。

【附解】蒙引：取之不用孟子之言也。諸侯將謀救燕，謀已定而兵尚未興也。待之，備之也。臣聞二句且虛說，下二節詳言之。

書曰：湯一征，自葛始，天下信之。東面而征西夷怨，南面而征北狄怨，曰：奚爲後我。民望之若大旱之望雲霓也。歸市者不止，耕者不變，誅其君而弔其民，若時雨降，民大悅。書曰：徯我后，后來其蘇。

兩引書皆商書仲虺之誥文也，與今書文亦小異。一征，初征也天下信之信其志在救民不為暴也奚為後我言湯何為不先來征我之國也霓虹也雲合則雨虹見則止變動也徯待也后君也蘇復生也他國之民皆以湯為我君而待其來使己得蘇息也此言湯之所以七十里而為政於天下也

本義 以湯為政於天下言之書曰葛伯無道湯初征則自葛始而天下已信其志之在於救民矣由是東面而征則西夷之人怨南面而征則北狄之人怨怨之者皆曰東西南北均一水火中也何為不先來征我之國也由書此言觀之可見湯所未征之國則民望之冀其來又恐其不來若大旱之望雲霓也及湯既至師行不擾而民晏然安之歸於市者仍不止耕於野者仍不變誅其有罪之君而弔其無罪之民王澤遍及若時雨降於大旱有以慰雲霓之望而民大悅矣書又有曰徯我后后來其蘇則其悅之至也何如哉

附解蒙引必曰西夷北狄者舉其遠者言則近者可知也○大註雲合則雨虹見則止若望雲者仰其來也若望霓者又疑其不來也願其雨又恐其不雨故只管望着是雲是霓耳○書之言至奚爲後我止自民望之以下孟子申言也謂當湯未至時則民望之云云及湯既至則歸市者不止云云故又提書曰徯我后后來其蘇見得以上是孟子之言也○**說約**按蔡傳湯師之未加者則怨望其來曰何獨後予其所往伐者則妻孥相慶曰待我后后來久矣后來其復生乎明作兩截故此節斷當於雲霓句一畫上已舉書文而申言之下將舉書文而先釋之也以己意夾說在書內又引經一體達說謂徯我后二句總証民望民悅非是此二句只証民悅

今燕虐其民王往而征之民以爲將拯己於水火之中也簞食壺漿以迎王師若殺其父兄係累其子弟毀其宗廟遷其重器如之何其可也天下固畏齊之彊也今又倍地而不行仁政是

動天下之兵也

拯救也係累繫縛也重器寶器也畏忌也倍地并燕而增一倍之地也齊之取燕若能如湯之征葛則燕人悅之而齊可爲政於天下矣今乃不行仁政而肆爲殘虐則無以慰燕民之望而服諸侯之心是以不免乎以千里而畏人也

本義 今燕暴虐其民王興師往伐以正其罪燕之百姓以爲將拯已於水火之中也故簞食壺漿以迎王師王能如湯之伐罪弔民則燕人悅而爲政於天下矣若乃殺害其父兄係縛其子弟毀其宗廟遷其重器使燕民大失所望如之何其可爲也夫天下諸侯固已忌齊之彊而欲并力以圖之特未有可乘之釁耳今併取燕國加倍其地又不能舉行仁政以慰燕民之望故諸侯之忌愈深伐齊之謀遂合是天下之兵王實有以鼓動之也能不以千里而畏人乎

附解 說叢 燕民之簞食壺漿與雲霓之望不殊至與歸市者不止一段相較則氣象大不侔矣各節俱重下半段○說統若字作已然事不可認作設詞天下固畏齊之強也此畏不是好畏乃伺隙之心也此自平素言不行仁政在殺父兄等事見出○焦漪園曰不曰天下之兵動而曰動天下之兵者言兵在天下而動之者我也

王速出令反其旄倪止其重器謀於燕衆置君而後去之則猶可及止也

反還也旄老人也倪小兒也謂所虜略之老小也猶尚也及止及其未發而止之也○范氏曰孟子事齊梁之君論道德則必稱堯舜論征伐則必稱湯武蓋治民不法堯舜則是爲暴行師不法湯武則是爲亂豈可謂吾君不能而舍所學以

徇之哉。

本義 爲今之計。王當急發號令，曉諭國人，反其係累之旄倪，止其未遷之重器，謀於燕之羣臣百姓，擇一賢者，立爲燕君，以主召公之祀。而後引兵而去之。如是則燕亂已定，諸侯不得以救燕爲名，猶可及其兵之未發而止之也。待諸侯之策。如是而已，否則王如彼何哉。

附解 四書脉 速字最重。猶字與速字相應。見得稍緩則無及矣。說統 通節以置君一句爲主。存疑 此條爲齊王畫策。正答其何以待之之辭。

鄒與魯鬨章

總旨 丁長孺曰 人君欲得民一時之死力，當恤民平日之生命。鄒民所以不死長者，由素無親上之心，而所以不親上者，由素有殘下之事。穆公不咎已而咎民，孟子却由有司推到君身上，真探本之論。

鄒與魯鬨穆公問曰吾有司死者三十三人而民莫之死也誅之則不可勝誅不誅則疾視其長上之死而不救如之何則可也

鬨鬭聲也穆公鄒君也不可勝誅言人衆不可盡誅也長上謂有司也民怨其上故疾視其死而不救也

本義 鄒與魯鬨為魯所敗鄒穆公問曰今茲之敗吾有司赴敵而死者三十三人而民莫有為之死者也將誅之則人衆不可勝誅若不誅則有司民之長上也似此疾視其死而不救法令何由而行乎或誅或宥如之何則可也

附解 說約鬨不成戰也。莫為之死言民莫有救有司而為之死非無一人死於戰也。如之何則可言何如處之為當也。

〇註民怨其上意在下節勿露。

孟子對曰凶年饑歲君之民老弱轉乎溝壑壯者散而之四方者幾千人矣而君之倉廩實府庫充有司莫以告是上慢而殘下也曾子曰戒之戒之出乎爾者反乎爾者也夫民今而後得反之也君無尤焉

轉饑餓輾轉而死也充滿也上謂君及有司也尤過也

本義 孟子對曰夫民之疾視其上者有由然也蓋凶年饑歲君之民老弱者既以饑餓之故輾轉於溝壑之中壯者離散而之四方以就食者幾千人矣民之死亡困苦如此豈非君與有司所當共恤哉而君倉廩之粟自實府庫之財自充有司竟無一人陳救荒之謨於君而散財發粟以賑卹之是君與有司在上暴慢不理而殘虐在下之民也曾子有言曰凡人於世當戒之當戒之其出乎爾者如此反乎爾者即如此也施報蓋不爽矣夫有司平日疾視民之死而不救民因以

疾視有司之死而不救今而後得以出之有司者反之也一施一報理之常也君無歸罪於民焉

附解蒙引凶年凡疾疫之類皆是飢歲只是歲不熟○存疑有司莫以告者不告君發倉廩府庫以賑其民也上慢而殘下上慢事而殘害下民也上兼君有司說君之倉廩實府庫充君之慢也有司莫以告有司之慢也○翼註出爾反爾重怨邊不必兼德○困勉錄反有司即所以反乎君有司者君之有司也此意亦須認不然只反得有司矣○說統兩節照看即見出爾反爾之意穆公方說死者三十三人孟子便說民死於飢荒者不知幾千人穆公方說疾視長上而不救孟子便說有司莫以告正是出爾反爾處

君行仁政斯民親其上死其長矣

君不仁而求富是以有司知重斂而不知卹民故君行仁政則有司皆愛其民而民亦愛之矣○范氏曰書曰民惟邦本

本固邦寧有倉廩府庫所以爲民也豐年則斂之凶年則散之卹其饑寒救其疾苦是以民親愛其上有危難則赴救之如子弟之衞父兄手足之捍頭目也穆公不能反己猶欲歸罪於民豈不誤哉

【本義】由此觀之民之不救有司者由有司之不卹民而有司之所以不知卹民者由君之不行仁政耳若君能以愛民爲心舉行仁政卹其飢寒救其疾苦則有司皆體君心而各愛其民有司既愛其民則爲之民者自然情義相關居常則親其上愛戴而不忘遇難則死其長捐軀而不悔矣何至疾視其死而不救哉此君所以當反己而不可過責於民也

【附解】說統仁政泛指厚下之政說止以散財發粟說太狹斯字承接有力長上二字承上文疾視長上來斷指有司

【存疑】親其上就平時言死其長就危難言

滕小國也章

總旨　蒙引　嘗疑智者爲能以小事大而保其國今滕文公欲事齊楚而孟子乃曰是謀非吾所能及何歟蓋以小事大文公自能之不待教也但文公全欲憑大國之援以僥倖旦夕之無事而特不知有自固之義故孟子獨以所缺者箴之

滕文公問曰滕小國也閒於齊楚事齊乎事楚乎

滕國名

本義　滕文公問曰滕小國也而閒於齊楚二大國之中將兩不事之則勢孤而難以自免欲並事之又力薄而有所不能今欲擇一尤强者而事之以爲自全之策將事齊乎抑事楚乎夫子爲我決之

孟子對曰是謀非吾所能及也無已則有一焉鑿斯池也築斯城也與民守之效死而民弗去則是可爲也

無已見前篇一謂一說也效猶致也國君死社稷故致死以守國至於民亦爲之死守而不去則非有以深得其心者不能也○此章言有國者當守義而愛民不可僥倖而苟免

本義 孟子對曰依於人以苟安總非可恃是事齊事楚之謀非吾智慮所能及也必欲言之無已則有一道焉滕國雖小有斯池在加鑿之使深也有斯城在加築之使高也地利已可恃矣於是率其民而與同守之設或變故之臨君必效死守國以盡其義而民心固結雖危難亦弗委去此則以我之人和保吾之地利自强以圖存理之可爲者耳

附解〔翼註〕是謀非吾所能及也是說僥倖苟免之策不足言耳非自謙短於謀也○〔四書脉〕與民守之是未有事時君率其民共守此城池至當變故君先致死以守民亦爲之死守而弗去○〔李忽齋曰〕是則可爲只說箇理之所可爲者在是非謂事之必濟聖賢於事變之際只論是非不復論利害○〔南軒張氏曰〕與其望二國矜己以求安不若思所以自强而

立國鑿池築城與民效死以守之是在我所當爲之事爲我所當爲而已然固國以得民爲本民心不附雖有金城湯池誰與守之使民得效死而不忍去非得之有素不能然也

齊人將築薛章

總旨 雲峰胡氏曰集註兩章皆言不可僥倖大凡僥倖者不爲天理之所當爲而徒覬夫意外之得者也前章是守義愛民當盡其在我而不可僥倖其在人此章勉强爲善當盡其在我而不可僥倖其在天

滕文公問曰齊人將築薛吾甚恐如之何則可

薛國名近滕齊取其地而城之故文公以其偪己而恐也

本義 滕文公問曰滕與薛同處齊之西境今齊人幷得薛將築其城以逼於滕則滕之勢益孤而齊之侵陵益迫吾甚恐其不免如之何則可也

孟子對曰昔者大王居邠狄人侵之去之岐山之下居焉非擇而取之不得已也

邠地名言大王非以岐下爲善擇取而居之也詳見下章

本義 孟子對曰敵國外患從古有之昔者太王居邠狄人每侵擾之而力不能禦乃去之岐山之下建都邑而居焉斯其時非謂邠地不如岐山之善謂可以興起王業揀擇而取之乃迫於狄人之難不得已而遷國以圖存耳

附解 劉上玉曰按不得已三字便見遷非有國之常法

苟爲善後世子孫必有王者矣君子創業垂統爲可繼也若夫成功則天也君如彼何哉彊爲善而已矣

創造統緒也言能爲善則如大王雖失其地而其後世遂有

天下乃天理也然君子造基業於前而垂統緒於後但能不失其正令後世可繼續而行耳若夫成功則豈可必乎彼齊也君之力既無如之何則但彊於爲善使其可繼而俟命於天耳○此章言人君但當竭力於其所當爲不可徼幸於其所難必

本義 太王遷岐只出一時避難之權而興王之業寔由此者則太王爲善之所致耳使爲君者寔能修德行仁如太王之爲善卽不王於其身後世子孫必有王者若周家矣然爲善得報理之自然而修德望報非君子之本心也君子凡事創基業於前而垂統緒於後只爲所當爲令後世可繼續而行耳若夫成與王之功則天助之也豈可必乎今齊彊滕弱勢固不敵君之力能如彼齊何哉但當勉强爲善法太王之所爲盡其在我以遺後世而已此外則非意慮之所能及也

附解說約爲善指德政言。非謂遷國不爭爲善也。創業垂統。應爲善說成功則天。應子孫有王者說。彊爲善正所以使可繼而俟命於天者也。○創業垂統泛言。不指遷國圖存言也。有次第謂之業。爲之自我謂之創。傳之於後謂之統。繼在後人。使之可繼在我也。○存疑苟爲善至可繼。是泛說。道。理罩太王事在內。君如彼何哉二句。方指滕文說。

竭力以事大國章

總旨說統此章雖合遷國守死並說。意重在守死邊。孟子敘太王遷國有許多委曲不忍棄之意述或人效死之說直恁斬絶。意自可見。

滕文公問曰滕小國也竭力以事大國則不得免焉如之何則可孟子對曰昔者大王居邠狄人侵之事之以皮幣不得免焉事之以犬馬不得免焉事之以珠玉不得免焉乃屬其耆老而

告之曰狄人之所欲者吾土地也吾聞之也君子不以其所以養人者害人二三子何患乎無君我將去之去邠踰梁山邑于岐山之下居焉邠人曰仁人也不可失也從之者如歸市

皮謂虎豹麋鹿之皮也幣帛也屬會集也土地本生物以養人今爭地而殺人是以其所以養人者害人也邑作邑也歸市人衆而爭先也

本義滕文公問曰滕小國也竭力以事齊楚之大國猶不免侵伐之患不知何以爲計而後可免乎孟子對曰昔者太王居邠狄人時侵陵之初事之以皮幣意其欲我財帛也不得免焉再事之以犬馬意其欲我奇獸也不得免焉又事之以珠玉意其欲我寶玩也不得免焉太王乃會集其國之耆老而告之曰狄人之所欲者非皮幣犬馬珠玉也乃吾土地也

夫土地本生物以養人若爭地以戰則殺人盈野是反以害人吾聞之也君子愛民爲心不忍以其所以養人者害人而吾豈獨忍之乎二三子何患乎無君我將去之而不死於難則汝輩皆有君矣於是去邠踰梁山作邑于岐山之下居焉但見邠人皆曰吾君平日愛養吾民恩德及人深矣乃仁人也不可失也於是從之以遷於岐山之下如歸市焉古人迫於難而遷國以圖存如此

附解 劉上玉曰按何患無君此講大是舊講似委之狄人一般驅吾赤子以餍虎狼豈仁人之心乎猶云二三子莫謂居此土有君離此土便無君以爲憂患我將去之大家共圖安樂處也太王實始剪商是何如主切勿講作亡國惜別之象〇蒙引 仁人也不可失也以平昔有德於民言〇東陽許氏曰太王當時地近戎狄皆閒隙之地非封國之疆界故太王得優游遷徙若滕在中國久界大國之間無可遷之地民雖或從之亦無所往孟子特舉太王之得民以警文公耳故下文言效死乃其正也

或曰世守也非身之所能爲也效死勿去

又言或謂土地乃先人所受而世守之者非己所能專但當致死守之不可舍去此國君死社稷之常法傳所謂國滅君死之正也正謂此也

本義　或者又曰土地乃受之先人傳之子孫而世世守之者非吾身所能專也設有患難但當效死守之國存與存國亡與亡不可舍之而他往也此守正以徇國者又如此

君請擇於斯二者

能如大王則避之不能則謹守常法蓋遷國以圖存者權也守正而俟死者義也審己量力擇而處之可也○楊氏曰孟

子之於文公始告之以效死而已禮之正也至其甚恐則以大王之事告之非得已也然無大王之德而去則民或不從而遂至於亡則又不若效死之爲愈故又請擇於斯二者又曰孟子所論自世俗觀之則可謂無謀矣然理之可爲者不過如此舍此則必爲儀秦之爲矣凡事求可功求成取必於智謀之末而不循天理之正者非聖賢之道也

本義 夫此二者在太王所處是一時之權宜在或人所言是萬世之正道君請審己之力觀勢之便於斯二者擇而取之蓋其在我而聽天所命事理可爲不過如此若夫僥倖苟免之計豈我所能及哉

附解 慶源輔氏曰在文公惟有此二法故并舉以告之夫太王之去非文公所能爲然則孟子之意固欲文公勉守其當

然也

魯平公將出章

總旨 王鳳洲曰此章與公伯寮愬子路章同意○聖賢於此○不但是以天命自諉乃揭出天命所關之大而小人無能爲也正是警制奸邪之意○

魯平公將出嬖人臧倉者請曰他日君出則必命有司所之今乘輿已駕矣有司未知所之敢請公曰將見孟子曰何哉君所爲輕身以先於匹夫者以爲賢乎禮義由賢者出而孟子之後喪踰前喪君無見焉公曰諾

乘輿君車也駕駕馬也孟子前喪父後喪母踰過也言其厚

母薄父也諾應辭也

本義 樂正子仕於魯稱孟子之賢於平公一日孟子至魯平公將往見之嬖人臧倉者知之而故請曰人君一出一入不可輕也他日吾君出則必命有司以所之今乘輿已駕矣有司尚未知所之敢請公曰我將往見孟子倉遂沮之曰君千乘之主也孟子一匹夫而已何哉君所爲輕身以先加禮於匹夫者豈以孟子爲賢乎夫賢者舉動必循乎禮作事必合乎義禮義從賢者而出我聞孟子之後喪母厚過於前喪父之禮厚母薄父是不知禮義之大道何得爲賢君勿輕身往見也於是平公應之曰諾遂不往見焉

附解 章素文曰將見孟子四字中有多少勉強周旋意思在臧氏譏口方敢乘間而入〔翼註〕禮義淺看只是裁制人情品節人事使隆殺得宜

樂正子入見曰君奚爲不見孟軻也曰或告寡人曰孟子之後

喪踰前喪是以不往見也曰何哉君所謂踰者前以士後以大夫前以三鼎而後以五鼎與曰否謂棺槨衣衾之美也曰非所謂踰也貧富不同也

樂正子孟子弟子也仕於魯三鼎士祭禮五鼎大夫祭禮

【本義】樂正子乃入見平公曰君向也欲見孟軻今奚爲中止而不見孟軻也公曰始吾欲見孟子爲其賢也今有或告寡人曰孟子之後喪踰前喪夫父母一體今乃厚母薄父違禮義之中未得爲賢是以不往見也曰君所謂後喪踰前喪者指他何事而言豈謂其前以士之禮葬父後以大夫之禮葬母前祭父用三鼎所以爲薄後祭母用五鼎所以爲厚與乎公曰此言否也我所謂踰者不爲是謂其葬母之棺槨衣衾美過其父也蓋禮數厚薄乃朝廷之名分固不可强同而棺槨衣衾則人人得以自盡於此而有厚薄所以爲踰耳樂正子曰此不是踰是貧富不同也蓋孟子前爲士家貧貧則力

不能厚故不免於薄後爲大夫家富富則力能從厚故不儉其親厚薄稱家有無是正所謂禮義也君以其非賢不亦過乎

【辯解】說統前以士四句不是問辭乃是折倒平公語三鼎五鼎正塡實士與大夫之禮不平○【蒙引】祭不必葬後方有祭自初喪未葬之前皆有祭也古禮可考

樂正子見孟子曰克告於君君爲來見也嬖人有臧倉者沮君君是以不果來也曰行或使之止或尼之行止非人所能也吾之不遇魯侯天也臧氏之子焉能使予不遇哉

克樂正子名沮尼皆止之之意也言人之行必有人使之者其止必有人尼之者然其所以行所以止則固有天命而非

此人所能使亦非此人所能尼也然則我之不遇豈臧倉之所能爲哉○此章言聖賢之出處關時運之盛衰乃天命之所爲非人力之可及

本義 樂正子見孟子曰克前以夫子之賢告於君君以我之言爲然已命駕來見夫子也嬖人有臧倉者爲毁言以沮君君是以不果來也小人之害正如此孟子曰此亦不是臧倉之故凡人之遇而行或有人薦揚而使之者其不遇而止或有人沮抑而尼之者然其人之行止寔非人之所能爲使能爲尼也天爲之也今我之不得遇魯侯以行吾道乃時數當衰天之未欲平治天下也彼臧氏之子一嬖人耳焉能使予不遇哉吾與子安之而已於倉又何責耶

附解 說統行止主道言兩或字就人看然二句不平重止一邊○李九我曰遇字須重看須是志同道合諫行言聽膏澤下於民以心相遇之謂非止乘輿一見便叫做遇也○蒙引此天字以氣數言

四書尊聞錄

四書講義尊聞錄卷之十五

公孫丑章句上

凡九章

公孫丑問曰章

〔總旨〕〔翼註〕此章以齊王由反手也斷上是斥伯功以崇王道下是明易王以時勢也〔說叢〕德是根本時勢是其所乘孟子之能使齊王者是德其反手處是時勢有德然後可以論時勢不可以時勢德三平看

公孫丑問曰夫子當路於齊管仲晏子之功可復許乎

公孫丑孟子弟子齊人也當路居要地也管仲齊大夫名夷吾相桓公霸諸侯許猶期也孟子未嘗得政丑蓋設詞以問

也、

【本義】公孫丑問曰、吾夫子固有志用世矣、設使今日得當要路而秉齊國之政、如當日管仲晏子之功業、可復自期許乎、

【附解】西山眞氏曰、齊宣既慕桓文、丑復慕管晏、蓋霸者功利之說深入人心已久、故不惟時君慕之、而學者亦慕之也。○

【蒙引】許猶期也、謂自許也、自期也。

孟子曰子誠齊人也知管仲晏子而已矣

齊人但知其國有二子而已、不復知有聖賢之事。

【本義】孟子曰、齊人之所知者、管仲晏子、今子亦以管晏爲言、子眞齊人也、但知有管仲晏子而已、豈知聖賢之學術事功有髙出於管晏之上者乎、

或問乎曾西曰吾子與子路孰賢曾西蹵然曰吾先子之所畏

也曰然則吾子與管仲孰賢曾西艴然不悅曰爾何曾比予於管仲管仲得君如彼其專也行乎國政如彼其久也功烈如彼其卑也爾何曾比予於是

孟子引曾西與或人問答如此曾西曾子之孫蹵然不安貌先子曾子也艴怒色也曾之言則也烈猶光也桓公獨任管仲四十餘年是專且久也管仲不知王道而行霸術故言功烈之卑也楊氏曰孔子言子路之才曰千乘之國可使治其賦也使其見於施爲如是而已其於九合諸侯一匡天下固有所不逮也然則曾西推尊子路如此而羞比管仲者何哉譬

之御者子路則範我馳驅而不獲者也管仲之功詭遇而獲禽耳曾西仲尼之徒也故不道管仲之事

本義 汝但知齊有管晏不知管仲事功固仲尼之徒所羞稱也昔者或問乎曾西曰聖門有子路者吾子自度與子路孰賢曾西蹵然不安曰子路之才之學乃吾先子之所敬畏者也豈予之所敢比者乎或又問曰吾子既不敢比子路然則吾子與管仲孰賢曾西艴然不悅曰爾何乃比予於管仲且以管仲之事言之凡人功烈不至於大就者或以得君不專或以行政不久耳夫管仲相桓公之君桓公委心信任其得君如彼之專也獨操國柄四十餘年其行政如彼之久也宜其功烈之遠且大矣今考其功業不過假仁義以成霸功而已其功烈則如彼卑陋而無足觀也管仲之爲人如此爾何乃比我於是乎

附解 說統兩孰賢都論人品不論事功管仲得君三句把專與久兩路相形見得無解於功烈之卑耳重功烈卑句專指

霸業說。○〔翼註〕畏只是不敢忽他非謂曾子不及子路也

曰管仲曾西之所不爲也而子爲我願之乎

曰孟子言也願望也

【本義】孟子曰以曾西此言觀之則管仲之功烈曾西之所不屑爲也曾西與我同道曾西不爲而子何乃爲我願望之乎

【附解】〔翼註〕不可說曾西不爲况我又賢於曾西者只說我與曾西同一淵源意○〔新安陳氏曰〕丑並論管晏孟子只發管仲而不及晏蓋晏之事功又在管之下不必言也

曰管仲以其君霸晏子以其君顯管仲晏子猶不足爲與

顯顯名也

【本義】丑猶未之達也曰管仲相桓九合一匡以其君霸晏子相景布德緩刑以其君顯功亦盛矣猶不足爲與

附解蒙引。當晏子時。五霸俱沒。中夏諸侯。惟齊最强大。景公在位且五十八年。諸侯莫敢侵侮之者。其任晏子。或用其省耕省斂之言而興發。或用其屨賤踊貴之言而寬刑。或增其室。或更其宅。此皆賢君所爲。如夾谷之會。能歸侵疆。亦庶幾知强仁義者。在當時宜其視他諸侯爲獨顯也。

曰以齊王。由反手也。

反手言易也。

本義孟子曰。若我當路於齊。而得君行道。則輔佐齊君以成王業。其易猶反手也。豈特霸顯之功而已哉。

附解蒙引。此是孟子自負也。以言能輔佐之也。以字正承上文以其君霸顯二以字說來。○存疑。以齊王。猶反手言霸顯之不足爲也。

曰若是則弟子之惑滋甚。且以文王之德。百年而後崩。猶未洽

於天下武王周公繼之然後大行今言王若易然則文王不足法與

滋益也文王九十七而崩言百年舉成數也文王三分天下才有其二武王克商乃有天下周公相成王制禮作樂然後教化大行

【本義】公孫丑曰夫子以管晏爲不足爲弟子既已惑矣乃復謂王猶反手之易則弟子之惑益甚管晏姑無論且以文王之德可謂極盛矣又享壽百年而後崩則其德之施亦不爲不久然三分有二其德猶未徧洽於天下直待武王伐暴救民周公制禮作樂然後教化大行則王業成就固若此之難矣今乃言齊王如反手之易則雖聖如文王猶不足法與

【附解】說統德兼政教說○蒙引文王之德蓋指治岐之政九一世祿不征不孥之類下文德行速亦指仁政也且與未洽

及大行字意相符。不只就文王一身上說。○百年而後崩。不可謂在位百年。在位無百年。只言其壽之長以見其在位之久也。○【四書脈】大行。就文德洽天下說。不重武周。

曰文王何可當也由湯至於武丁賢聖之君六七作天下歸殷久矣久則難變也武丁朝諸侯有天下猶運之掌也紂之去武丁未久也其故家遺俗流風善政猶有存者又有微子微仲王子比干箕子膠鬲皆賢人也相與輔相之故久而後失之也尺地莫非其有也一民莫非其臣也然而文王猶方百里起是以難也

當猶敵也商自成湯至於武丁中閒太甲太戊祖乙盤庚皆

賢聖之君作起也自武丁至紂凡七世故家舊臣之家也

【本義】孟子曰文王之德何可當也但其所以不及致王者非其德有不足所値之時勢然也商自成湯開創以至武丁中興中間太甲太戊祖乙盤庚聖賢之君凡六七作其累世德澤深洽於民心天下歸殷久矣久則人心固結難以處變故當武丁之時一加振作遂能朝諸侯有天下猶運之掌也紂之去武丁相去七世尚未久也其在下則舊臣之故家與舊民之遺俗其在上則前哲之流風與保民之善政猶有存者又有同姓之微子微仲王子比干箕子異姓之膠鬲皆賢人也相與同心戮力以輔相之故紂雖無道國不遽亡必待日久而後失之也況當紂之際天下尚然一統尺地莫非商之有也一民莫非商之臣也然而文王僅守侯邦由方百里之地而起是以致王亦難也豈可謂文王不足法哉

【附解】蒙引賢聖之君六七作則其教化之陶習民心者厚惠澤之固結民心者深故繼之曰天下歸殷云云○說統故家以勳舊言遺俗以沿習言澤之在下者流風以脩齊教化言善政以紀綱法度言澤之在上者○蒙引是以難也此句只

帶然而文王猶方百里起不兼承上文上文自有故久而後失之一句在了○由湯至於武丁至故久而後失之也此言其時之難尺地莫非其有至是以難也是言勢之難○困勉錄時勢二字雖在下節然此節點出亦不妨○史氏曰下皆反復發明文王何可當也一句

齊人有言曰雖有智慧不如乘勢雖有鎡基不如待時今時則易然也

鎡基田器也時謂耕種之時

本義 知文王所以難則知今日所以易矣子齊人也抑聞齊人有言曰作事者以智慧然雖有智慧不如乘事勢之便乃可以有爲而建功不則智慧無所施種田者以鎡基然雖有鎡基不如待天時之至乃可以力作而有獲不則鎡基無所用觀齊人之言可知王天下者必有資於時勢矣若今日之時勢真有至易而無難者吾故曰猶反手也

【附解】〔蒙引〕雖有智慧二句以作事言雖有鎡基二句以種佃言今時則易然也此時字又該時勢○〔說統〕夫德者王天下之本也作事之以智慧力田之以鎡基豈非本哉而齊人乃有待時乘勢之說何哉蓋爲有智慧有鎡基者言也若無智慧無鎡基雖有時勢何益故後面又把德之流行說出來

夏后殷周之盛地未有過千里者也而齊有其地矣雞鳴狗吠相聞而達乎四境而齊有其民矣地不改辟矣民不改聚矣行仁政而王莫之能禦也

此言其勢之易也三代盛時王畿不過千里今齊已有之異於文王之百里又雞犬之聲相聞自國都以至於四境言民居稠密也

本義 何以見其勢之易昔夏后殷周之盛王畿之地未有過於千里者也今齊地亦方千里有其地矣且民居稠密雞鳴狗吠之聲自國都而達乎四境處處相聞則齊有其民矣有其地則地已辟而不待再辟矣有其民則民已聚而不待再聚矣地廣民衆澤可遠施以視尺土一民皆商之有而文猶方百里起者不倖矣由是行仁政而王天下莫能禦止之也

附解 雙峯饒氏曰勢是指事力而言有地則有財有民則有兵地廣則財富民衆則兵強所以舉事易文王百里地狹民少所以難

且王者之不作未有疏於此時者也民之憔悴於虐政未有甚於此時者也飢者易爲食渴者易爲飲

此言其時之易也自文武至此七百餘年異於商之賢聖繼作民苦虐政之甚異於紂之猶有善政易爲飲食言飢渴之

甚不待甘美也

【本義】不但此也，且周自文武至今七百餘年，無有聖君撫世，是王者之不作，未有疏濶於此時者也。王者不作，故諸侯分爭，而干戈賦歛無時休息，民之憔悴於暴虐之政，未有甚於此時者也。又不比商之賢聖繼作，善政猶有存者。於此仁政一行，不待深恩厚澤，而民即感德歸心，譬如饑者易爲之食，渴者易爲之飲。致王又何難哉。蓋時之易也又如此。

【附解】〈說統〉且字緊連上節來，蓋有這般勢，又遇着這般時，所以不待深仁厚澤而即可以致王。饑者二句，正形容憔悴底光景。

孔子曰：德之流行，速於置郵而傳命。

置，驛也。郵，馹也。所以傳命也。孟子引孔子之言如此。

【本義】時勢固易行仁，而況仁政之行本自速者。昔孔子又有言曰：人君之德，出身加民，其流行之機，更速於置郵而傳命。

蓋其誠於此而動於彼不待疾之而自速不待行之而自至也德行之本速如此況又有時勢之可乘乎

【附解】雙峯饒氏曰德之流行即是應前面文王之德底德字。蓋德是本全靠時勢不得有智慧而後可以乘勢有鎡基而後可以待時若無德雖有時勢何以行之。東陽許氏曰馬遲曰置步遲曰郵

當今之時萬乘之國行仁政民之悅之猶解倒懸也故事半古之人功必倍之惟此時爲然

倒懸喻困苦也所施之事半於古人而功倍於古人由時勢易而德行速也

【本義】是以當今之時亂極思治時則易矣齊國萬乘地廣民稠勢又易矣於此而行仁政以慰民心則民心懽悅如解倒懸一般又不但如饑食渴飲而已故所行之事只半於古人而長駕遠馭其成功必較古人而加倍之惟此日之時勢易

而德行速爲然也吾謂以齊王猶反手者以此而子乃以管晏之功爲我願之乎

【附解】存疑 當今之時指上兩時字説易王之時也萬乘之國指夏后殷周之盛條説易王之勢也古之人指文王功必倍之亦指文王惟此時爲然此時包時勢在內卽上今時則易然之時字

夫子加齊之卿相章

【總旨】説統 通章以不動心爲主知言養氣爲用願學孔子爲宗 翼註 在必從吾言斷上是言已不動心之學異於告子者在知言養氣二端下是願學孔子而推尊之以見不動心之所自來前段吾嘗聞大勇於夫子一語便埋願學根脚後段堯舜百王等語亦與大任相應 蒙引 孟子一生受用只是精義集義二者精義故能知言集義故能養氣

公孫丑問曰夫子加齊之卿相得行道焉雖有此霸王不異矣如此則動心否乎孟子曰否我四十不動心

此承上章文設問孟子若得位而行道則雖由此而成霸王之業亦不足怪任大責重如此亦有所恐懼疑惑而動其心乎四十強仕君子道明德立之時孔子四十而不惑亦不動心之謂

【本義】公孫丑問曰夫子設若加齊之卿相得行其道焉則雖由此位而建功立業小則霸大則王皆所優爲而無足怪矣然任大責重如此亦因此而動其心否乎孟子曰否我年至四十時此心已無疑懼而不動矣今日若加我以大任處之當無異乎平時也

【附解】朱子曰公孫丑非謂孟子以卿相富貴動其心謂霸王事大恐孟子擔當不過有所疑惑而動其心耳○存疑註恐懼疑惑就是動心處○雙峯饒氏曰恐懼字是爲下文養氣張本疑惑字是爲下文知言張本要之不疑惑然後能不恐

懼故集註論心之動則以恐懼居先論
心之所以不動則又以無所疑惑居先

曰若是則夫子過孟賁遠矣曰是不難告子先我不動心

孟賁勇士告子名不害孟賁血氣之勇丑蓋借之以贊孟子不動心之難孟子言告子未爲知道乃能先我不動心則此亦未足爲難也

本義 丑曰夫子當大任而不動心若是則夫子之勇過孟賁遠矣蓋孟賁之力僅能舉一物之重而夫子之心則能荷一世之重也孟子曰人若固守其心而使之不動是亦不難卽如告子之爲人乃能先我不動心則此豈足爲難哉

附解 蒙引孟賁以力孟子以心丑非全不曉而以孟子之不動心爲孟賁類也故註曰借○四書脈是不難謂不問其所以不動心者何如而但曰不動則不動亦不難卽告子亦先我不動心○存疑不動心甚難孟子曰不難者姑借此以抑

告子耳抑告子者欲見得已之不動心異於告子處○〔翼註〕先我是不待四十○〔新安陳氏曰〕告子强制其心而能不動孟子有定見有定力而自然心不動

曰不動心有道乎曰有

程子曰心有主則能不動矣

〔本義〕丑又問曰敢問不動心固有道乎孟子曰人以一心而應天下之事惟其有主乃能不動是不動心固有道也

〔附解〕〔新安陳氏曰〕註有主二字包得濶下文黝舍曾孟皆是有主但有精粗之分○〔存疑〕北宫黝之養勇是北宫黝之不動心有道也孟施舍之養勇是孟施舍之不動心有道也曾子之大勇曾子之不動心有道也北宫黝之道以必勝爲主孟施舍之道以無懼爲主曾子之道以理直爲主即北宫黝孟施舍之不動心告子之不動心大畧可見矣即曾子之不動心孟子之不動心大畧可見矣此孟子答問之意也

北宮黝之養勇也不膚撓不目逃思以一毫挫於人若撻之於市朝不受於褐寬博亦不受於萬乘之君視刺萬乘之君若刺褐夫無嚴諸侯惡聲至必反之

北宮姓黝名膚撓肌膚被刺而撓屈也目逃目被刺而轉睛逃避也挫猶辱也褐毛布寬博寬大之衣賤者之服也不受者不受其挫也刺殺也嚴畏憚也言無可畏憚之諸侯也黝蓋刺客之流以必勝爲主而不動心者也

大義 嘗聞北宮黝之養勇也其膚不至被刺而撓屈其目不至被刺而轉睛逃避不但不爲人所刺摧其心雖一毫小挫辱於人即若撻之於市朝之大辱而在所必報即其不肯受辱之心非惟不受挫於褐寬博之賤必欲有以報之亦不受

挫於萬乘之君之貴必欲有以報之以故視刺萬乘之君之貴一若刺褐夫之賤視天下又安有可嚴憚之諸侯乎非惟不受挫而必欲刺之也雖人以惡聲加己已必以惡聲報之況挫辱之不止於惡聲者乎此以必勝爲主而不動心者也

附解說約不膚撓目逃便見必勝意不當如存疑謂自思以一毫下方皆見其必勝且存疑又云不膚撓目逃是不怕痛不怕死之意則依舊是無懼非必勝矣俱不可從○東陽許氏曰一毫挫於人謂所辱者至小也不受者必報之也不惟必報於賤者雖貴者亦必報之惡聲至必反之謂不惟辱來必報雖言小不善亦必報也○雙峯饒氏曰惡聲必反不專謂諸侯於褐寬博萬乘皆然○講意視刺萬乘若刺褐夫亦非此時就刺了只是意在必勝視之若無難耳須看一視字此正眇視諸侯處故遂接以無嚴諸侯云○翼註此節一步進一步看

孟施舍之所養勇也曰視不勝猶勝也量敵而後進慮勝而後會是畏三軍者也舍豈能爲必勝哉能無懼而已矣

孟姓施發語聲舍名也會合戰也舍自言其戰雖不勝亦無所懼若量敵慮勝而後進戰則是無勇而畏三軍矣舍蓋力戰之士以無懼爲主而不動心者也

本義 又聞孟施舍之所養勇也其自言曰人貴敢戰我之於敵莫說既勝纔能不懼就使戰不能勝而以我敢戰之心視之亦如勝一般必勇往直前也若量敵之少而後進兵慮已之能勝而後合戰則設有三軍之多彼必不敢進與會矣是畏三軍之衆者也勝敗兵家之常舍豈能保其必勝哉但能無懼而已矣此以無懼爲主而不動心者也

附解 〔朱子曰〕量敵慮勝是畏三軍者此舍識別人舍自云我則能無懼而已○〔說統〕量敵慮勝正與視不勝猶勝相反末二句又是自解其視不勝猶勝意○〔東陽許氏曰〕黝舍不動心本又在告子之下公孫丑以孟賁比孟子故孟子亦以勇士之類言之

孟施舍似曾子北宮黝似子夏夫二子之勇未知其孰賢然而孟施舍守約也

黝務敵人舍專守己子夏篤信聖人曾子反求諸己故二子之與曾子子夏雖非等倫然論其氣象則各有所似賢猶勝也約要也言論二子之勇則未知誰勝論其所守則舍比於黝爲得其要也

本義 自二子之氣象而擬之孟施舍取必於己其氣象似曾子之反求諸己北宮黝取必於人其氣象似子夏之篤信聖人二子之所以爲勇者有不同如此夫二子之勇均出於血氣未知其孰賢然北宮黝之所守在於必勝不如孟施舍之所守在能無懼之爲得其要也蓋力可得而制心不可得而奪在人者有時而難必在已者無往而不自由也

【附解】【翼註】似曾子似子夏只在人已二字彷彿相似非眞可同日語也○【雙峯饒氏】曰凡言守約不是守這約約要也言所守者得其要也守得其約則守字活言守定這約則守字死了

昔者曾子謂子襄曰子好勇乎吾嘗聞大勇於夫子矣自反而不縮雖褐寬博吾不惴焉自反而縮雖千萬人吾往矣

此言曾子之勇也子襄曾子弟子也夫子孔子也縮直也檀弓曰古者冠縮縫今也衡縫又曰棺束縮二衡三惴恐懼之也往往而敵之也

【本義】夫孟施舍之所主固優於北宮黝然要而言之二子之勇皆非勇之大也昔者曾子謂子襄曰子好勇乎吾嘗聞大勇於夫子矣夫子有言曰天下之物皆無足畏惟理最可畏天下之物皆無足恃惟理最可恃苟自反而理不直則所敵

者雖褐寬博之賤吾豈得不惴之乎蓋理曲而氣不伸也自反而理不直則所敵者雖千萬人之衆吾亦往而敵之矣蓋理直而氣自壯也理直氣壯正所謂大勇也乃吾子之所當好者也

附解 困勉錄自反只指臨時但本於平日所爲耳○雙峯饒氏曰縮不縮指理言不惴吾往指氣言理者氣之主○翼註自反不縮不過設言以起下文耳重在理直氣壯一邊○蒙引吾不惴焉猶云吾得不怕他

孟施舍之守氣又不如曾子之守約也

言孟施舍雖似曾子然其所守乃一身之氣又不如曾子之反身循理所守尤得其要也孟子之不動心其原蓋出於此下文詳之

本義 今以曾子之所謂大勇者觀之則曾子之所守者理也孟施舍雖似曾子其所守比於北宮黝固爲得其要然所

守乃一身之氣。又不如曾子之所守。尤爲得其要也。此以理爲主。而不動心者也

附解〔朱子曰〕守約。只是所守之約。孟施舍就氣上做工夫。曾子就理上做工夫。○〔蒙引〕不是以氣字對約字言。舍所守雖約。猶是氣耳。其守約又不如曾子也。○〔雙峯饒氏曰〕或問孟子之不動心。如何原於曾子。曰浩然之氣。便是大勇。以直養便是自反而縮。行有不慊於心則餒。便是自反而不縮。○〔東陽許氏曰〕章首至守約爲第一節。

曰敢問夫子之不動心。與告子之不動心。可得聞與。告子曰不得於言。勿求於心。不得於心。勿求於氣。不得於心。勿求於氣。可。不得於言。勿求於心。不可。夫志。氣之帥也。氣。體之充也。夫志至焉。氣次焉。故曰持其志。無暴其氣。

此一節。公孫丑之問。孟子誦告子之言。又斷以己意而告之。

也告子謂於言有所不達則當舍置其言而不必反求其理於心於心有所不安則當力制其心而不必更求其助於氣此所以固守其心而不動之速也孟子既誦其言而斷之曰彼謂不得於心而勿求諸氣者急於本而緩其末猶之可也謂不得於言而不求諸心則既失於外而遂遺其內其不可也必矣然凡曰可者亦僅可而有所未盡之辭耳若論其極則志固心之所之而爲氣之將帥然氣亦人之所以充滿於身而爲志之卒徒者也故志固爲至極而氣即次之人固當敬守其志然亦不可不致養其氣蓋其內外本末交相培養

此則孟子之心所以未嘗必其不動而自然不動之大略也

【本義】公孫丑又問曰：黝之不動心其道在必勝，舍之不動心其道在無懼，曾子之不動心其道在反身循理，此固可以見不動心之各有其道矣。然夫子之四十不動心與告子之先夫子不動心，其道可得聞與？孟子答之謂：夫告子之言有曰：已有所言而理不達，若反求其理於心，則必用心爲之揆度而不安矣，故不得於言則當舍置其言而勿求於心。物有所感而心不安，若更求其助於氣，則必用心爲之檢制而心愈不安矣，故不得於心則當力制其心而勿求於氣。此告子之所以固守其心而不動之速也。今以其言而斷之，心爲本而氣爲末，既有本末之分，則差有緩急之序。不得於心勿求於氣，則是急於本而緩其末，猶之可也。若夫言發乎外而爲心之聲，心存乎內而爲言之本，言之病皆心之失，不得於言正當反求於心，而乃勿求於心，則是既失於外而遂遺其內，其不可也必矣。然所謂不可者固不可，其所謂可者亦歸於不可。何則？志統乎氣而爲氣之帥，志有可否，氣皆隨之而轉移也；氣充於身而爲志之輔，氣有盛衰，志亦因之而進退也。夫志爲氣帥則志固爲至極氣爲志輔則氣亦卽次之所以固當敬持其志使之卓然清明而不至於放逸又當無暴其氣使之充然完好而不至於衰頽内外相養本末交養然後爲盡也若不得於心勿求於氣可乎哉

附解 雲峯胡氏曰或疑兩言字不同告子不得於言已之言也孟子知言天下之言也愚嘗應之曰理一而已告子於已之言且不能反求其理如何能於天下之言而求其理孟子於天下之言能究極其理則於已之言可知也○存疑不得於言者口欲言而不得所以言如言性則不達性之理言事則不達事之理是也不得於言由心中義理不明也正宜反求其理於心審思明辨使義理精明而達之於言可也告子以爲如此則心爲之動矣故寧舍置其言不必反求其理於心不得於心如應一事差失於心有所不安或接一人差失於心有所不安也不得於心由氣之應接失其道也正當更求其助於氣悔過謝愆而補其差失可也告子以爲如此則心爲之動矣故力制其心不必更求其助於氣事也隨他差失人也隨他差失更不悔過謝愆以補其差失也○慶源輔氏曰不得於心勿求於氣可氣固有時能動其心然心之不

正。未必。皆。氣使之。心是本。氣是末。所以爲急本而緩末。猶之可也言尚爲可也。朱子曰言雖發於口而實出於心內有蔽陷離窮之病則外有詖淫邪遁之失不得於言而舍求諸心則其察理日益精矣孟子所以知言養氣以爲不動心之本者用此道也而告子反之是徒見言之發於外而不知其出於中。不知言便不知義。所以外義也。其害理甚矣故斷然以爲不可。○慶源輔氏曰心有知而氣無知雖云氣一則能動志。然大抵是氣隨心動故以志爲氣之將帥氣從志所使猶卒徒之聽命於將帥也。不言心而言志者志者心之動而有所之處也。但志則就其動處言。故尤切耳下文又言是氣也而反動其心。亦可見矣。心無形。而氣有質雖云心爲本氣爲末。然人之所以充滿其身。而不至餒乏者實賴氣爲志之卒徒也志而無氣。則志無所使。亦猶將帥而無卒徒則亦虛名而已。○蒙引如目視耳聽手持足行等。皆氣之寓也一惟心所運。非志爲氣帥乎。目之視人但知爲目之視而不知其所以視者心實使之也耳之聽人但知爲耳之聽而不知其所以聽者心實使之也。○氣體之充也氣自是氣體自是體自首至足都是體氣則行乎體之中體無氣則餒而不能運動矣。故曰氣體之充也。○問志至焉、氣次焉、此是說志氣之大小、抑志氣之先後。朱子曰也不是先後、也不是大小、只是一箇緩急底意思。志固是至、然氣亦次那志所爭亦不多。○持其志無暴其氣是兩邊做工夫。○翼註持其志兼靜存動察工夫。暴字暗與善養字反。置而不養固暴也、養而不善亦暴也。○蒙引夫志氣之帥也至無暴其氣全是破他不得於心勿求於氣之說、其不得於言勿求於心一句已斷以爲不可了、故不復論。○朱子曰此一節只言告子所以先我不動心者、皆是以義爲外、故就告子所言以辨其是非耳。○蒙引丑問是兩平、孟子只述告子之不動心者而論斷之、亦就見得已之所以不動心者也。○新安陳氏曰下文知言養氣其根已安於此。告子不得於言、卽不求其心、是不知言也。不得於心、卽不求其助於氣、是不養氣也。孟子告子其不動心之名雖同、而其所以不動心之本則相反而全不同者在此。

既曰志至焉氣次焉、又曰持其志無暴其氣者何也。曰志壹則動氣、氣壹則動志也。今夫蹶者趨者、是氣也、而反動其心公孫丑見孟子言志至而氣次故問如此則專持其志可矣又言無暴其氣何也壹專一也蹶顛躓也趨走也孟子言志之所向專一則氣固從之然氣之所在專一則志亦反爲之動如人顛躓趨走則氣專在是而反動其心焉所以旣持其志而又必無暴其氣也程子曰志動氣者什九氣動志者什一

本義 丑猶未達志至氣次之說又問曰夫子旣曰志至焉氣次焉則志重氣輕專持其志可矣又曰持其志而兼以無暴其氣者何也孟子曰志與氣本是相關的志之所向專一固足以動夫氣氣之所在專一亦足以動夫志此可見志至而氣次也今夫人之步履至於蹶仆奔走至於急遽此蹶者趨者是氣失其平所致也而反能震動其心豈非氣壹動志之

一驗乎此所以既持其志又必無暴其氣也

【附解】朱子曰志動氣是源頭濁者故下流亦濁也氣動志者卻是下流壅而不泄反濁了上面也○蒙引氣壹動志人多主不好者言蓋以蹶者趨者之反動其心為證是未然也氣之所在不善則心為之不寧靜此固見氣之不可暴氣之所在者善則心便為之寧靜此亦可見氣之不可暴也志壹動氣亦然○氣動志不止於蹶趨凡視聽言動氣用事到勝處皆能動志○今夫蹶者趨者是氣也此氣之不出於志者○朱子曰持志所以直其內無暴所以防於外兩者各致其功而無所偏廢則志正而氣自完氣完而志益正其於存養之功且將無一息之不存矣○蒙引問持志與無暴其氣孰重○曰論理持其志為重論孟子上節之意則無暴其氣為重蓋以破告子勿求於氣之說也此節志壹則動氣氣壹則動志亦重在氣一邊

敢問夫子惡乎長曰我知言我善養吾浩然之氣

公孫丑復問孟子之不動心所以異於告子如此者有何所長而能然而孟子又詳告之以其故也知言者盡心知性於凡天下之言無不有以究極其理而識其是非得失之所以然也浩然盛大流行之貌氣即所謂體之充者本自浩然失養故餒惟孟子爲善養之以復其初也蓋惟知言則有以明夫道義而於天下之事無所疑養氣則有以配夫道義而於天下之事無所懼此其所以當大任而不動心也告子之學與此正相反其不動心殆亦冥然無覺悍然不顧而已爾

本義 公孫丑又問曰告子之不動心出於强制如此則見夫子之不動心異於告子矣敢問夫子之不動心所以異於告

子者果何所長而能然乎孟子曰告子謂不得於言勿求於心是不能知言也我能窮究天下之言而於是非得失之指歸能悉知其一定之理告子謂不得於心勿求於氣是不能養氣也我能善養我身之氣而於盛大之體流行之用能復全其本然之初知言則遇事有真見而心無所疑養氣則臨事有擔當而心無所懼吾所以異於告子而能不動心者如此

附解　說約兩我字緊與告子對針○蒙引註是非以義理言得失以利害言○慶源輔氏曰盛大言其體流行言其用才怯小則便非氣之本體才餒塞則便非氣之本用○集註疑懼二字應第一節註文疑惑恐懼四字○雙峯饒氏曰孟子之言善養氣是以成德言非是說做工夫下文必有事焉而勿正以下卻是說養氣做工夫處○說約此節以不動心爲綱以知言養氣爲目若顧子而失妍即非

敢問何謂浩然之氣曰難言也

孟子先言知言而丑先問氣者承上文方論志氣而言也難言者蓋其心所獨得而無形聲之驗有未易以言語形容者故程子曰觀此一言則孟子之實有是氣可知矣

本義 丑曰敢問浩然之氣其狀如何孟子曰此固難以言語形容也

附解 達說此節問答俱就孟子身上說丑不問善養而問浩然之氣是問浩然之體段光景○淺說欲微言其妙則恐其入於晦欲顯言其似則又恐其涉於粗

其爲氣也至大至剛以直養而無害則塞于天地之間

至大初無限量至剛不可屈撓蓋天地之正氣而人得以生者其體段本如是也惟其自反而縮則得其所養而又無所

作爲以害之則其本體不虧而充塞無間矣程子曰天人一也更不分別浩然之氣乃吾氣也養而無害則塞乎天地一爲私意所蔽則欿然而餒知其小也謝氏曰浩然之氣須於心得其正時識取又曰浩然是無虧欠時

本義 聊試言之其爲浩然之氣也是極盛大底初無限量又是極剛勁的不可屈撓此乃人有生之初所得於天地之正其體段本如此人但自反常縮順其自然以直養之而無一毫作爲之害則其剛大者上而天下而地中而人物皆其運量所及而充塞乎天地之間矣夫豈尋常可擬者哉

附解 雙峯饒氏曰人得天地之氣以生天地之氣如此剛大人之氣亦合如此剛大其所以不能如此者不善養之故也

○存疑至大是極盛大他那力量隨甚麼事都做得雖旋乾轉坤事也做得故曰初無限量至剛是極剛勁他要這等做

隨甚麽人都止他不得故曰不可屈撓〇蒙引至大至剛即是浩然以直養而無害則塞于天地之間即是復於浩然者矣〇翼註直養無害只一意非直養了又要無害〇存疑既曰其爲氣也至大至剛又必曰以直養而無害則塞于天地之間者明必得所養然後復其浩然也雖曰必得所養然此處方欲明其爲浩然處初未重在所養故至下文是集義所生二條方言所養之事〇蒙引此處不可説效下文配義與道方是説效則塞于天地之間只是至大至剛道理〇蒙引其體段本如是也體段猶云形像模樣耳非體用之體

其爲氣也配義與道無是餒也

配者合而有助之意義者人心之裁制道者天理之自然餒饑乏而氣不充體也言人能養成此氣則其氣合乎道義而爲之助使其行之勇決無所疑憚若無此氣則其一時所爲

雖未必不出於道義然其體有所不充則亦不免於疑懼而不足以有爲矣

【本義】人能養成此氣則其爲氣也足以配義與道蓋道義雖具於人心而不能自行惟有此氣則見道義所當爲者便奮然爲之無所疑憚氣因道義而發憤道義得氣而贊成實兩相配矣若無是浩然之氣則體有不充索然自餒將道義無所配而不免於疑懼何足以有爲哉

【附解】朱子曰兩箇其爲氣也前箇是說氣之體段如此後箇是說這氣可將如此用○道義別而言則道是物我公共自然之理義即吾心之能斷制者所用以處此理者也○集義是平時工夫配義與道是卒然臨事氣配道義行將去此兩項各自有頓放處○新安陳氏曰無是餒也是字指浩然之氣言○說約上言塞天地只說得箇懸空境界至配道義方見剛大塞天地實落處

是集義所生者非義襲而取之也行有不慊於心則餒矣我故曰告子未嘗知義以其外之也

集義猶言積善蓋欲事事皆合於義也襲掩取也如齊侯襲莒之襲言氣雖可以配乎道義而其養之之始乃由事皆合義自反常直是以無所愧怍而此氣自然發生於中非由只行一事偶合於義便可掩襲於外而得之也慊快也足也言所行一有不合於義而自反不直則不足於心而其體有所不充矣然則義豈在外哉告子不知此理乃曰仁內義外而不復以義爲事則必不能集義以生浩然之氣矣上文不得

於言勿求於心即外義之意詳見告子上篇

【本義】蓋氣之養成也理固資氣以行而氣之始養也氣實資義以生故所爲浩然之氣必由一事之合義積而至於事事之合義則自反常直心無愧怍而此氣自然發生於中非由一事偶合於義便可掩襲於外而得之也蓋所行只一事合義則其不合於義者固多反之於心豈能快足心既不慊則氣不充體而索然餒矣如何可掩襲而取之哉夫心之慊與不慊由於義之集與不集可見義本吾心所固有之理而不在外明矣我故曰告子未嘗知義以其謂義爲在外也外義則不能集義而浩然之氣何由生哉

【附解】新安陳氏曰是集義所生是字正與下句非字相呼喚猶言是如此非如彼耳○朱子曰生字正與取字對生是裏面生出取是在外面取來○存疑集義者積累以至於無一欠缺則理順心安浩然剛大從此發出如培其根以達其枝一般○問配義與道是氣助道義而行又曰集義所生是氣又自集義而生朱子曰初下工夫時集義然後生浩然之氣

氣已養成又却助他道義而行○義襲是於一事之義勇而爲之以壯吾氣然無生底道理只是些客氣耳不久則消矣○讀書錄凡事少有處置不得其宜此心卽不快必皆得宜此心乃快然自足也○蒙引餒字與上餒字皆謂體不充○存疑行有不慊於心則餒正是發明非義襲而取意義襲而取是行尚有不慊於心也故餒○行有不慊於心句承上兩句而發其意言是集義所生者非義襲而取之也何也行有不慊於心則餒矣行有不慊於心則餒故氣必集義而後生非義襲而可取也○困勉錄按此節自則餒矣以上是言氣之生必由於義自我故曰以下則言告子既不知義則自不能養氣矣

必有事焉而勿正心勿忘勿助長也無若宋人然宋人有閔其苗之不長而揠之者芒芒然歸謂其人曰今日病矣予助苗長矣其子趨而往視之苗則槁矣天下之不助苗長者寡矣以爲

無益而舍之者不耘苗者也助之長者揠苗者也非徒無益而又害之

必有事焉而勿正趙氏程子以七字爲句近世或幷下文心字讀之者亦通必有事焉有所事也如有事於顓臾之有事正預期也春秋傳曰戰不正勝是也如作正心義亦同此與大學之所謂正心者語意自不同也此言養氣者必以集義爲事而勿預期其效其或未充則但當勿忘其所有事而不可作爲以助其長乃集義養氣之節度也閔憂也揠拔也芒芒無知之貌其人家人也病疲倦也舍之而不耘者忘其所

有事揠而助之長者正之不得而妄有作爲者也然不耘則失養而已揠則反以害之無是二者則氣得其養而無所害矣如告子不能集義而欲彊制其心則必不能免於正助之病其於所謂浩然者蓋不惟不善養而又反害之矣

本義 夫氣由集義而生非由義襲而取故養氣者但當以集義爲事事事求慊於心時時自反其縮而勿預期其氣之效久之當自充也其或未充則是集義之功未至但當勿忘其事只管一心集義而不可作爲以助其氣之長此集義養氣之節度也夫有事勿忘皆集義也所謂直養者此也勿正勿助皆非義襲也所謂無害者此也然人多知忘之爲害而不知正助之害視忘其有事者爲尤甚也養氣者愼勿若宋人然宋人有閔其苗之不長而揠之使長者芒芒然歸謂其家人曰今日病矣苗之不長予助之使長矣其子趨而往視之苗則已槁矣由宋人之事觀之天下之養氣不如宋人之助

苗長者寡矣彼以集義爲無益於氣而舍之不事者猶不耘苗者也未甚害也至於氣之不充而妄有作爲以助之長者正如揠苗者也非徒無益於氣而反害於氣矣知助長之害則知非義襲而取之矣知非義襲而取則知當以集義爲事矣以集義爲事而勿忘勿助我所爲善養浩然之氣者以此彼告子之不得於心勿求於氣則亦悍然不顧而已何足以語此哉

附解（朱子曰）集義是養氣之丹頭必有事是集義之火法○勿正勿待也勿忘勿忘以集義爲事也助長待之不至而拔之使長也正者等待期望之意如一邊集義一邊在此等待那氣生等來等去却便去助長氣未至於浩然便作起令張王謂已剛毅無所屈撓便更發揮去做事便是助長必有事焉勿忘是論集義工夫勿正勿助長是論氣之本體上添一件物事不得不要等待不要催促○（雙峯饒氏曰）有事勿忘是說以直養勿正勿助是說養而無害必有事焉而勿忘是集義工夫正而助長是要義襲而取集義義襲兩句乃是一段骨子以集義爲無益而忘之者不耘苗者也以義襲爲心

預期其效而助長者。揠苗者也。惟其是集義所生者。故當必有事焉。心勿忘。惟其非義襲而取之。故當勿正勿助長以直養而無害。是養之之正道。集義所生。是養之之成功。有事勿忘。是做工夫處。○〔南軒張氏曰〕學者多知忘之爲害。不知助長之爲害尤甚。故引揠苗爲喻。○〔困勉錄〕有事勿正勿忘勿助長。俱就行事上說。心勿忘句心字亦不重。言其心勿忘其所有事。正欲就行事上著力也。時說重拈心字者。非。雙峰謂忘便是不能持其志者。亦非。○〔說約〕必有事焉而勿正。養氣之始之事。心勿忘勿助長也。養氣之既之事。觀註其或未充四字可見。大段四下作兩對。不必以有事爲一頭。而正忘助相因也。○〔蒙引〕人固當養氣。但養氣者。只當於義上著工夫。不要於氣上著工夫。正與助長者。正是於氣上著工夫。其忘者又不能於義上著工夫到底。○〔翼註〕天下不助苗以下。俱就養氣言。○〔蒙引〕重在助長之害。不可以無益而舍之者對看。○〔達說〕至大至剛四節。或言浩然之體段。或言養成之功用。或詳善養之工夫。只完箇我善養吾浩然之氣一句。

何謂知言。曰。詖辭知其所蔽。淫辭知其所陷。邪辭知其所離。遁

辭知其所窮生於其心害於其政發於其政害於其事聖人復
起不易吾言矣
此公孫丑復問而孟子答之也詖偏陂也淫放蕩也邪邪僻
也遁逃避也四者相因言之病也蔽遮隔也陷沈溺也離叛
去也窮困屈也四者亦相因則心之失也人之有言皆出於
心其心明乎正理而無蔽然後其言平正通達而無病苟爲
不然則必有是四者之病矣卽其言之病而知其心之失又
知其害於政事之決然而不可易者如此非心通於道而無
疑於天下之理其孰能之彼告子者不得於言而不肯求之

於心至爲義外之說則自不免於四者之病其何以知天下之言而無所疑哉程子曰心通乎道然後能辨是非如持權衡以較輕重孟子所謂知言是也又曰孟子知言正如人在堂上方能辨堂下人曲直若猶未免雜於堂下衆人之中則不能辨決矣

本義 丑又問曰夫子養氣之說既聞命矣如何謂之知言孟子曰人之言語皆本於心心明乎理然後其言無病若任其偏曲之見說著一邊遺却一邊是謂詖辭吾知其心中見理不透爲私欲之所障蔽故也詖之不已至於高談濶論放蕩而無所歸宿是謂淫辭吾知其心之蔽愈入愈深爲私欲之所迷陷故也淫之不已必好爲異說與正論相背是謂邪辭吾知其心之陷全與正理判然離異故也邪之不已因而支吾遷就屢易其辭以求勝是謂遁辭吾知其心既離正理自

覺其困窮而難通故也、夫此蔽陷離窮之失。既生於其心。不但發於言者有詖遁邪淫之病而已、必且害於其政而所設施之間大綱從此俱壞、既發於其政大綱不整則根本壞而枝葉隨、於是衆目俱差而害於其事、此機決然相因而至雖聖人復起、亦必從吾生心害政事之說而不易矣、我所謂知言者如此若告子不得於言勿求於心則亦寘然罔覺而已。何足以語此哉。此吾之不動心所以異於告子也

附解 朱子曰蔽謂心有所蔽。只見一邊。不見一邊。如楊氏爲我墨氏兼愛各只見一邊故其辭詖、詖是偏詖此理本平正他只說得一邊。蔽則陷。陷深入之義也是身陷在那裏如陷溺於水。只見水不見岸了故其辭放蕩而過說得過遮浩瀚纔恁地陷入深了。於是一向背却正路開去愈遠。遂與正路相離了。故其辭邪。既離去了正路他那物事不成物事畢竟用不得。遂至於窮。窮是說不去了。故其辭遁。遁是既離後走脚底話。如楊子本是不拔一毛以利天下。却說天下非一毛所能利。夷子本說愛無差等。却說施由親始。佛氏本無父母。却說父母經。皆是遁辭。○雙峰饒氏曰詖尚有一邊是道理

邪則并這一邊亦離了。淫是詖之深。遁是邪之極。○〔朱子曰〕說知言。又只說是詖淫邪遁四者。蓋天下事只有一箇是與不是而已。若辨得那不是底。則便識得那是底了。然非見得道理十分分明。則不能辨得親切。且如集義。皆是見得道理分明。則動靜去處。皆循道理。無非集義也。○〔雲峰胡氏曰〕所謂害者。皆指異端之害而言。詖淫邪遁之言。卽異端之言也其害或先政而後事。或先事而後政。但言無大無小。無不有害。不必拘先後也。○〔蒙引〕此政字不是有位者之政。有位無位。皆有政也。只是大綱。政之與事。猶有子言小事大事一般○聖人復起必從吾言。此句只帶生於其心四句。不連帶上四知說。大註云。又知其害於政事之決然而不可易。○〔說約〕養氣知言兩處結尾。俱要回顧不動心處。方見本領。

宰我子貢善爲說辭。冉牛閔子顏淵善言德行。孔子兼之曰我於辭命則不能也。然則夫子旣聖矣乎

此一節林氏以爲皆公孫丑之問是也。說辭言語也。德行得

於心而見於行事者也。三子善言德行者，身有之，故言之親切而有味也。公孫丑言數子各有所長，而孔子兼之，然猶自謂不能於辭命。今孟子乃自謂我能知言，又善養氣，則是兼言語、德行而有之，然則豈不旣聖矣乎？此夫子指孟子也。○程子曰：「孔子自謂不能於辭命者，欲使學者務本而已。」

【本義】丑聞知言養氣之說，乃疑而問曰：孔門弟子若宰我、子貢，據理立言，善爲說辭；若冉牛、閔子、顏淵，身有德行，而言之親切而有味。數子各有所長而不能相兼如此。孔子兼此二者，而猶曰我於辭命則不能也。今夫子知言，則是有言語矣；又善養氣，則是有德行矣。然則夫子豈不旣聖矣乎？

【附解】〈蒙引〉善爲說辭，大槩只是善辯。善言德行，善言字輕，德行字重。○〈困勉錄〉夫子旣聖之言，非如子貢之眞見，只因孟子自任。而因以推尊之耳。○慶源輔氏曰知言則在我在人一也。知其如此。則於言語辭命何患不能養氣自集義生豈非德行乎。○雲峰胡氏曰此以後因公孫丑提出一聖字爲問。故專發明一聖字。

曰惡是何言也昔者子貢問於孔子曰夫子聖矣乎孔子曰聖則吾不能我學不厭而教不倦也子貢曰學不厭智也教不倦仁也仁且智夫子既聖矣夫聖孔子不居是何言也

惡驚歎辭也。昔者以下。孟子不敢當丑之言。而引孔子子貢問答之辭以告之也。此夫子指孔子也。學不厭者。智之所以自明。教不倦者。仁之所以及物。再言是何言也。以深拒之。

本義 孟子不敢以聖自居。乃驚歎曰。惡。以我爲聖。是何言也。昔者子貢問於孔子曰。夫子道德高厚。其殆聖人矣乎。孔子曰。聖豈易到得。此非吾所能也。我但以聖人之道學諸已。汲汲敏求。而不敢有厭斁之意。以聖人之道教諸人。循循善誘而不敢有倦怠之心。此則我之所能而已。然孔子雖不自任而實有難掩者。子貢乃贊美之曰。學不厭正是聰明天縱深知義理之無窮。乃夫子之智也。教不倦正是一體自然不見物我之有間。乃夫子之仁也。仁者聖人之體。智者聖人之用。仁且智。則是體用兼備。既已優入聖人之域矣。子貢之言如此。可見聖人之名雖實有聖德如孔子者。尚不敢居。而子乃輕擬我為聖。

是何言也。

附解 雙峰饒氏曰。不厭不倦。須粘上聖字說。言學聖人之道而不厭。又以聖人之道教人而不倦。○〔折衷註〕曰。自明日及物乃就解仁智見學不厭教不倦所以為仁智意。○〔翼註〕即學不厭見聖心之明通。即教不倦見聖心之公溥。不是由不厭不倦而造於仁智。亦不是由仁智而後不厭不倦。○〔說約〕通節專注夫聖孔子不居。何以明已之不敢當意。

昔者竊聞之。子夏子游子張皆有聖人之一體。冉牛閔子顏淵

則具體而微敢問所安

此一節林氏亦以爲皆公孫丑之問是也、一體猶一肢也、具體而微謂有其全體但未廣大耳、安處也、公孫丑復問孟子既不敢比孔子則於此數子欲何所處也

本義 丑曰、夫子既不敢以聖自居、昔者丑嘗竊有所聞矣、孔門弟子皆學聖人、但其學力不同、所得亦異、如子夏子游得聖人之文學、子張得聖人之威儀、皆有聖人之一體、如冉牛閔子顏淵、則氣質不偏、理義完具、已得聖人之全體、但未若聖人之大而化之、無限量之可言、而微焉耳、夫子既不敢比孔子、不知於此數子欲何所處乎、

曰姑舍是

孟子言且置是者不欲以數子所至者自處也

本義 孟子曰立志貴高取法貴上數子雖賢且姑置之吾未肯以之自處也

曰伯夷伊尹何如曰不同道非其君不事非其民不使治則進亂則退伯夷也何事非君何使非民治亦進亂亦進伊尹也可以仕則仕可以止則止可以久則久可以速則速孔子也皆古聖人也吾未能有行焉乃所願則學孔子也

伯夷孤竹君之長子兄弟遜國避紂隱居聞文王之德而歸之及武王伐紂去而餓死伊尹有莘之處士湯聘而用之使之就桀桀不能用復歸於湯如是者五乃相湯而伐桀也三聖人事詳見此篇之末及萬章下篇

【本義】丑又問曰、夫子既不以數子自處、則若伯夷伊尹二子、夫子其肯處之否乎。曰、二子所行之事、與我不同道。試以其出處之大節言之。如擇君而事、非可事之君則不事。擇民而使、非可使之民則不使。世治則進而仕、世亂則退而隱、超然獨立、以清爲道者、伯夷也。得君則仕、何所事而非吾君、得民則使、何所使而非吾民。世治亦進而仕、世亂亦進而仕、慨然救世、以任爲道者、伊尹也。若夫出處不係於一偏、行藏惟安於所遇、時可以仕則仕而用世、時可以止則止而潔身、時可以久留則久而不以爲遲遲、時可以速去則速而不以爲悻悻、渾然無迹、得時中之道者、孔子也。此三人之所造、皆不思不勉、造乎其極、爲古之聖人也。我豈能全體而遂行之哉。但我之心、只願學孔子之進退咸宜、變化無方也。伯夷伊尹、道既不同、豈吾之所願學哉。

【附解】蒙引、不同道、言與己不同道。就是姑舍是之意。○伯夷無治則進之實事。此只是件說、蓋論亂則退、則治而進必然矣。○仕止、以出處言、久速以去就言。○賽合註、乃所願則學孔子句、要渾融、不要說三子不及孔子、礙下班字。只說孔子

之道。乃吾之道。所願學者在此。若夷尹則與我不同道矣。是亦在所不處也

伯夷伊尹於孔子若是班乎。曰否。自有生民以來未有孔子也。

班齊等之貌。公孫丑問而孟子答之以不同也。

【本義】丑又問曰。伯夷伊尹。二人於孔子若是並班乎。曰否。不可得而班。不但伯夷伊尹。蓋自生民以來。聖人雖多。求其道德事功之盛。未有如我孔子也

【附解】困勉錄。若是班乎。與然則有同與。俱從皆古聖人來。後敢問其所以異。是從願學孔子來。○說統。未有孔子。不是說凡民中未有孔子。自天地生人以來。聖人不知有了多少。皆未有如孔子。○賽合註。未有孔子。合下宰我曰三節意在此當以道德事功入講

曰然則有同與曰有得百里之地而君之皆能以朝諸侯有天

下行一不義殺一不辜而得天下皆不爲也是則同有言有同也以百里而王天下德之盛也行一不義殺一不辜而得天下有所不爲心之正也聖人之所以爲聖人其根本節目之大者惟在於此於此不同則亦不足以爲聖人矣

【本義】丑又問曰二子之於孔子雖不能盡同然既皆謂之聖人則豈無一二之同與孟子曰也有同處假如得百里之地而君臨之此三聖人都有經天緯地之才濟世安民之略皆能朝服諸侯而一統天下蓋其德既盛自然天與人歸也若使其行一事之不義殺一人之無辜其失甚小而便可以得天下之大三聖人皆不肯爲蓋其心既正必不苟取而貪得也此其根本節目之大三聖人無有不同者於此不同烏在其爲聖哉

【附解】〔達說〕得百里二段是形容德之盛心之正非并正指其德與心也○〔說統〕上二句論力量下二句論心術相承說是一

事。然行不義殺不辜。却是推原其心如此。○問伯夷伊尹之行一不義殺一不辜而得天下、有所不爲何以言之、〔朱子曰〕以其遜國而逃。諫伐而餓。非道義一介不取與觀之則可見矣。○〔困勉錄〕註德之盛德字。卽大學明德之德以其爲事業之本故曰根本心之正心字卽大學正心之心。以其爲明德之一節。故曰節目。

曰敢問其所以異曰宰我子貢有若智足以知聖人汙不至阿其所好

汙、下也、三子智足以知夫子之道。假使汙下。必不阿私所好而空譽之明其言之可信也。

〔本義〕丑又問曰、夷尹之與孔子、其根本節目之同、則既聞之矣。敢問孔子之所以異於夷尹者何如。孟子曰、孔子異於羣聖非我一人之私言也。卽宰我子貢有若之言可見矣。蓋此三子者、識見高明、其智足以深知聖人、凡所稱揚一一都有實據、縱使智識汙下而不高明、亦必不至阿私所好而空譽之、則其言之可信也明矣。

【附解】【翼註】只重智足以知聖人。下句反言意輕。○【朱子曰】汙是汙下不平處、或是當時方言、當屬下句讀。○【慶源輔氏曰】此反覆極言之、以明三子之言必可信耳。

宰我曰、以予觀於夫子、賢於堯舜遠矣。

程子曰、語聖則不異、事功則有異。夫子賢於堯舜、語事功也。蓋堯舜治天下、夫子又推其道以垂教萬世。堯舜之道、非得孔子、則後世亦何所據哉。

【本義】宰我有言曰、自古聖人、首稱堯舜、以予觀於夫子、賢過於堯舜遠矣。蓋堯舜以道治天下、其功業在一時、夫子又推其道以刪述六經、垂教萬世、則其功業在萬世。以一時之功、較諸萬世之功、夫子豈不賢於堯舜遠乎。宰我之知孔子之異，如此。

附解 慶源輔氏曰：語聖則不異，以其德言也；事功則有異，就其所爲事與成功而言也。堯舜治天下，夫子又推其道以垂敎萬世，此言事功久遠之不同也。堯舜之道非得孔子，則後世亦何所據哉？此言事功始終成就之不同也。

子貢曰：見其禮而知其政，聞其樂而知其德。由百世之後，等百世之王，莫之能違也。自生民以來，未有夫子也。

言大凡見人之禮，則可以知其政；聞人之樂，則可以知其德。是以我從百世之後，差等百世之王，無有能遁其情者，而見其皆莫若夫子之盛也。

本義 子貢有言曰：自古聖王，世代久遠，其所行之政，與其所存之德，固莫得而知之矣。然而禮所以飾政，見其所制之禮則其所行之政可知。如禮之尚質者其政簡。禮之尚文者其政詳是也。樂所以象德。聞其所作之樂則其所存之德可知。如樂之盡善者必性之德。樂之未盡善者必反之德是也。我持此法以論前代。由今百世之後差等以前百世之王。其政其德皆莫有能逃我之見者。但見自生民以來。作者雖多。未有如夫子一身而備帝王之政。一心而兼聖神之德者也。子貢之知孔子之異又如此。

〔論補〕存疑。見禮知政。自王者言之。政是紀綱法度。所以為治者。禮是文為制度。所以文飾治道者。如體國經野。設官分職馭臣馭民。皆帝王之設施以為治者也。尊卑上下之等。車旗服色之辨。賓祭婚喪之儀。皆帝王之制作以飾治者也。其飾治者如此。則其為治者可知。故觀汙樽抔飲之習。上古朴略之政可知矣。觀籩豆簠簋之美。後世尚文之政可知矣。○聞樂知德。德須兼功說。蓋樂以崇德象功也。以韶武來看最明○〔蒙引〕見禮知政。聞樂知德。此正是子貢由百世之後等百世之王的訣子。○〔紹聞編〕夫子分上。不復更說禮樂。蓋夫子不得位。未嘗制禮作樂。況子貢親炙夫子。又豈待見禮聞樂

而後知其德政哉

有若曰豈惟民哉麒麟之於走獸鳳凰之於飛鳥泰山之於丘垤河海之於行潦類也聖人之於民亦類也出於其類拔乎其萃自生民以來未有盛於孔子也

麒麟毛蟲之長鳳凰羽蟲之長垤蟻封也行潦道上無源之水也出高出也拔特起也萃聚也言自古聖人固皆異於衆人然未有如孔子之尤盛者也○程子曰孟子此章擴前聖所未發學者所宜潛心而玩索也

【本義】有若有言曰天地間豈惟民哉即祥如麒麟之於走獸之常靈如鳳凰之於飛鳥之蠢高如泰山之於丘垤之卑大

如河海之於行潦之小雖有不同然麒麟也是走鳳凰也是飛泰山也是山河海也是水皆類也聖人之於民雖有不同然聖人也是人亦類也但同是類而聖人能踐形盡性實高出於人類之上既出於其類則與衆聚處自超拔乎羣萃之表此聖人所以異於凡民耳然聖人固異於凡民而孔子尤異於羣聖自生民以來非無出類拔萃之聖人而孔子道冠百王德超千古從未有如其盛者豈非出類拔萃之尤者哉有若之知孔子之異又如此由三子之言觀之則生民未有非我之私言也此吾所以願學也子可以明我不動心之有自矣

附解〔存疑〕豈惟民哉一句喚起下文這裏含箇類字〔四書脉〕出類以並生言拔萃以並處言拔萃是形容出類意不是兩平語出類云者同得理以爲性而獨能盡性同得氣以爲形而獨能踐形也拔萃云者在一鄉則高乎一鄉在一國則高乎一國在天下則高乎天下也〔蒙引〕出於其類拔乎其萃二句言自古聖人固皆異於衆人也〔存疑〕出於其類是承亦類也說拔乎其萃是自出類處說既出於其倫類就拔出許多人矣〔達說〕謂未有盛於孔子者葢其立言垂訓爲

後來準則使萬世而下得所依據以各踐其形各盡其性凡後之踐形盡性以稱聖於天下者皆夫子之功之所貽非特如羣聖之出類拔萃只了得一身一時之事而已故以爲獨盛。子貢德政盛於百王意亦如此○〔纂疏〕三子所論皆是以事功言○〔敖龍峰曰〕三子所言意指各別孟子備引之無非見其異於夷尹而表已願學意○〔東陽許氏曰〕伯夷伊尹於

孔子至章終

爲第五節

以力假仁者霸章

〔總旨〕〔翼註〕舊說上節言王霸感人有誠僞下節言人之應之亦有誠僞也近見一說云下節即足上節之意以力服人者非心服也云云能不待大乎以德服人者中心悅而誠服也云云又何待大哉此見甚高○〔黄氏洵饒曰〕此章重在力德二字

孟子曰以力假仁者霸霸必有大國以德行仁者王王不待大

湯以七十里文王以百里

力謂土地甲兵之力假仁者本無是心而借其事以爲功者也霸若齊桓晉文是也以德行仁則自吾之得於心者推之無適而非仁也

本義孟子曰王霸之稱其來久矣然其實不可不辨以土地甲兵之力假托於救世安民之仁者是謂之霸霸者必有大國然後威勢足以制人名號足以鼓衆苟非大國則力小不足以假仁矣若以躬行心得之德行其救世安民之仁者此謂之王王者則至誠自足以感動善政又足以招徠不待土地之廣甲兵之强亦足以有爲如成湯之興不過七十里文王之興不過百里而已此可見其不待大也

附解朱子曰以德行仁德非止謂有救民如水火之誠心這德字說得來濶是自已身上事都做得來是無一不備了所

以行出來便是仁。且如湯不邇聲色。不殖貨利。至彰信兆民。是先有前面底。方能彰信兆民救民於水火之中若無前面底。雖欲救民不可得也。武王亶聰明作元后是亶聰明方能作元后救民水火之中。若無亶聰明雖欲救民其道何由。

○〔存疑〕行仁所該亦廣養民亦是仁。教民亦是仁伐罪弔民亦是仁○〔翼註〕仁字。主事功說德字在心。以德行仁。即是以

天德行

王道也。

以力服人者非心服也力不贍也以德服人者中心悅而誠服也如七十子之服孔子也詩云自西自東自南自北無思不服此之謂也

贍足也詩大雅文王有聲之篇王霸之心誠偽不同故人所以應之者其不同亦如此○鄒氏曰以力服人者有意於服

人而人不敢不服以德服人者無意於服人而人不能不服

從古以來論王霸者多矣未有若此章之深切而著明者也

【本義】以力假仁以德行仁王霸固皆有以服人矣然以力而得人之服者人非真心愛戴而服之也迫於强大力不足以與之敵不得已而然也以德而得人之服者其服不徒在外乃由中心愛悦而至誠以相服也就如孔子一布衣耳初無勢力位號又當時亦極流離困苦而七十子咸心服之毫無所强者然也誠服如此詩有云王者之化自西自東自南自北無思不服夫無思不服心服也此卽以德服人之謂也王不待大不可見耶

【附解】【存疑】上只説以力假仁以德行仁下突説出箇以力服人以德服人蓋以力假仁中已含箇以力服人意以德行仁中已含箇以德服人意○【蒙引】以力服人者謂以力得人之服也非謂用這力去服那人也義亦小異當辨○【存疑】以德服人是以德得人之服不是懷箇心要去服人以善服人是懷箇心要去服人此其不同也○【劉上玉曰】四自字就鎬京

言。言自鎬京而東。而西。云。○〔蒙引〕無思不服。言無不心服也。○〔說叢〕譬與引詩。總是申王者以德服人之意。非兩層語。○〔讀書錄〕孟子深辨其誠僞。所以擴天理遏人欲也。

仁則榮章

〔總旨〕〔說統〕好榮惡辱。人之常情。然榮辱之機。自心之仁不仁。決之。人心之仁不仁。又自閑暇時決之。孟子提醒世主處全在及是時三字上。兩路相形。指出自求二字。無非勉世主及時行仁意也。

孟子曰。仁則榮。不仁則辱。今惡辱而居不仁。是猶惡濕而居下也。

好榮惡辱。人之常情。然徒惡之而不去其得之之道。不能免也。

本義孟子曰人情孰不好榮而惡辱然榮辱無常惟人所召在仁與不仁而已使人君脩德行善事事皆出於仁則身尊名顯不期榮而自榮矣若驕奢淫佚事事皆出於不仁則身危國亂不期辱而自辱矣今之人君皆有惡辱之心而所爲却是不仁之事雖欲去辱勢必不能是猶惡濕而仍居卑下必不能免於濕也

[illegible]○說統仁不仁就行事上看榮辱就國勢上看榮卽人畏辱卽人侮兩則字便各含自求意○朱子曰此亦只是爲下等人言若是上等人他豈以榮辱之故而後行仁哉

如惡之莫如貴德而尊士賢者在位能者在職國家閒暇及是時明其政刑雖大國必畏之矣

此因其惡辱之情而進之以彊仁之事也貴德猶尚德也士則指其人而言之賢有德者使之在位則足以正君而善俗

能有才者使之在職。則足以脩政而立事。國家閒暇、可以有爲之時也。詳味及字。則惟日不足之意可見矣。

【本義】夫人君誠知惡辱、則莫如去不仁而爲仁。於是貴德而尊顯有德之士、士之賢者德成於內者也。則使之在輔弼之位、士之能者德運於才者也。則使之在百司之職、斯則治人得而治道可圖矣、如幸而外患少息、國家閒暇、此正可以有爲之時也。及是時而與賢能之臣、脩明其政事、使綱紀秩然不亂、脩明其刑法、使刑罰咸得其平、如此用人行政。務以自强。可謂仁矣。由是邦本以固、國勢以張、雖强大之國、亦必畏之而聽命不暇矣、何榮如之。所謂仁則榮如此。

【[illegible]】【說統】如惡之三字。極有力。正借他這點羞惡之心去竦動他貴德尊士一直說。尊士、即是貴德、賢能便是士、貴位能職便是尊。○【翼註】莫如字。直貫至政、刑。註正君善俗、脩政立事。且勿露出。蓋此即下明政刑事也。○【存疑】德是人之所具、士則指其人。德字兼下文賢能。須收賢能正爲脩政明刑用也。○【賽合註】位輔弼之位。職庶司之職。○【說統】國家之事。一

日二日萬幾至廣如何得閒暇謂之閒暇者蓋指無敵國外患而言○新安倪氏曰貴德以下皆彊仁之事曰○新安陳氏曰此一節應仁則榮也

詩云迨天之未陰雨徹彼桑土綢繆牖戶今此下民或敢侮予孔子曰爲此詩者其知道乎能治其國家誰敢侮之

詩豳風鴟鴞之篇周公之所作也迨及也徹取也桑土桑根之皮也綢繆纏綿補葺也牖戶巢之通氣出入處也予鳥自謂也言我之備患詳密如此今此在下之人或敢有侮予者乎周公以爲之爲巢如此比君之爲國亦當思患而預防之孔子讀而贊之以爲知道也

【本義】及時圖治詩言之矣昔周公託爲鳥言曰及天未陰雨之時而往取桑根之皮以補葺巢之戶牖使之堅固以避不測之患今此在下之民寧或有侮我而擊射之乎詩人託爲鳥言如此孔子讀而讚之曰爲此詩者其知思患預防之道乎夫人君能及時而治其國家亦如鳥之及時而爲巢則根本牢固無隙可乘誰有肆其侵侮者乎由詩及孔子之言觀之吾所謂仁則榮者益可信矣

【附解】〔說統〕迨字正與及字應○〔蒙引〕鳥之巢在民居之上故曰下民○以迨天之未陰雨比及時以徹彼桑土綢繆牖戶比明其政刑以今此下民或敢侮予比雖大國必畏之○〔翼註〕知道是知治國之道但意在下二句且慢說○〔說約〕能治二句亦孔子語能治者云制治於未亂保邦於未危也○〔存疑〕引詩及孔子之言是證上節之意

今國家閒暇及是時般樂怠敖是自求禍也

言其縱欲偷安亦惟日不足也

本義　當今之爲國者。不能預收人才以定其國。倶國家閒暇便謂可以久安長治。乃及是時而般樂以縱欲。怠敖以偷安。政荒而不之問。刑虐而不之恤。不仁如此則國事日非。國勢日蹙而侮之者至矣。是自求禍也。吾所謂不仁則辱如此。

附解　蒙引般樂蓋樂而又樂。樂而忘返。故有般旋之意。此所謂縱欲也。怠敖所謂偷安也。般樂怠敖。不恤政刑也。不恤政刑。無求於賢才而惟姦諛是崇是用矣。自與上文相反對。○新安陳氏曰。此一節。應不仁則辱也。

禍福無不自己求之者。

結上文之意。

本義　夫樂卽福也。以己之及時圖治者致之。辱卽禍也。以己之及時般樂怠敖致之。可見禍福無不自己求之者。

附解　達說講自己求須切未雨閒暇意。乃是若泛泛說箇自巳求便非旨。

詩云永言配命自求多福太甲曰天作孽猶可違自作孽不可

活此之謂也

詩大雅文王之篇永長也言猶念也配合也命天命也此言福之自己求者太甲商書篇名孽禍也違避也活生也書作逭逭猶緩也此言禍之自己求者

本義詩云人能長念合乎天理則盛大之福自我致之太甲曰已無罪而天降之災猶可修救以挽回自爲不善而陷於禍則決不可得生詩之言即福自已求之謂也書之言即禍自已求之謂也人君可不省哉

附解蒙引天作孽如水火盜賊之災

尊賢使能章

總旨說約此章是深望時君行王政意上五節歷舉行王政之足以得人心末節言力行之效重信能行一句欲其以實

心行實事也○〔說統〕五悅字與願字相照願生於悅王道以得人心爲本曰悅曰願皆是得其心也

孟子曰尊賢使能俊傑在位則天下之士皆悅而願立於其朝矣

俊傑才德之異於衆者

〔本義〕孟子曰王政在得人心如賢能之士乃國所以輔治也必於賢而有德者隆禮以尊敬之能而有才者分任而器使之使此才德出衆之俊傑皆濟濟在位則野無遺賢朝無倖位不但吾國之士悅之也天下之士皆悅吾用人之政而願立於其朝矣

〔附解〕雙峯饒氏曰俊傑謂人中之俊傑者卽指賢能而言尊賢使能便是俊傑在位○〔存疑〕尊賢是隆之以禮貌不但委之以事任也使能是隨才任使非無禮貌但比賢有間爾○〔四書脈〕悅與願皆以心言未便立其朝

市廛而不征法而不廛則天下之商皆悅而願藏於其市矣

廛市宅也張子曰或賦其市地之廛而不征其貨或治之以市官之法而不賦其廛葢逐末者多則廛以抑之少則不必廛也

本義 由士而下通財用者商也於市則有待商之政或逐末者多則賦其市地之廛稅以抑之爲其厚於利也而不更征其所貨之物若逐末者少則但治之以市官之法而已而并不稅其廛則上不廢法下不病商不但吾國之商悅之也天下之商皆悅吾厚商之政而願藏於其市矣

附解 問市廛此市廛在何處朱子曰此都邑之市國都如井田樣畫爲九區面朝背市左祖右社中一區君之宮室宮室前一區爲外朝朝會藏庫之屬皆在焉後一區爲市市四面有門每日中門開則商賈百物皆入惟民得入公卿大夫士

皆不得入。入則有罰。市官之法。如周禮司市平物價。治爭訟。譏察異服異言之類。左右各三區皆民所居。外朝一區。左則宗廟右則社稷。此國君都邑規模之大概也。○存疑 廛而不征法而不廛之廛。是活字。廛無夫里之布之廛。是死字。

關譏而不征則天下之旅皆悅而願出於其路矣

解見前篇。

【本義】往來者旅也。凡衆途所會之地。則立關以限之。但譏察異言異服之人。以防姦宄。而不征其往來之貨稅。不但吾國之旅悅之也。則天下之旅皆悅吾柔遠之政。而願出於其路矣。

【附解】雙峯饒氏曰。行旅有節傳。方可度關。節是使者所持之節。傳如今鄉引及州縣移文。或用節。或用傳。周禮所謂以節傳出納之者是也。

耕者助而不稅則天下之農皆悅而願耕於其野矣

但使出力以助耕公田而不稅其私田也

【本義】以耕爲業者農也其於耕者但使通力合作以助耕公田而不復橫稅其私田不但吾國之農悅之也則天下之農皆悅吾薄斂之政而願耕於其野矣

廛無夫里之布則天下之民皆悅而願爲之氓矣

周禮宅不毛者有里布民無職事者出夫家之征鄭氏謂宅不種桑麻者罰之使出一里二十五家之布民無常業者罰之使出一夫百畝之稅一家力役之征也今戰國時一切取之市宅之民已賦其廛又令出此夫里之布非先王之法也氓民也

【本義】以廛爲居者氓也。市宅之民、各有常業、非無常業而游手游食者也。則無令出一夫百畝之稅、以其不在無常業者之例也。其所居之廛、乃積貨之所、原非種桑麻者也。則無令出一里二十五家之布、以其不在不種桑麻之例也、則天下之民皆悅吾厚民之政、而願爲之氓矣。

【附解】（蒙引）此章二廛字。皆。同。均。爲。在。市。之。宅。○（雙峯饒氏曰）家征是力役之征。如今庶役。夫征是粟米之征。即百畝之稅。如今輸租。里布是布縷之征。即五畝之稅。如今納絹。○（翼註）無夫無里之布。只照大文作二項。不依諸家補一家力役之征爲簡捷。○（摘訓）就市中交易言。故曰廛、就市中居處言。故曰民。

【附考】（周禮地官）載師、以廛里任國中之地、凡宅不毛者有里布、凡田不耕者出屋粟、凡民無職事者出夫家之征、以時徵其賦。

信能行此五者、則鄰國之民、仰之若父母矣。率其子弟、攻其父

母自生民以來未有能濟者也如此則無敵於天下無敵於天下者天吏也然而不王者未之有也

呂氏曰奉行天命謂之天吏廢興存亡惟天所命不敢不從若湯武是也○此章言能行王政則寇戎爲父子不行王政則赤子爲仇讎

本義 五者之政能使天下無不歸心如此今之人君信能以實心行實政于此五者一一見諸施行則鄰國之民若士農若商旅皆仰而愛戴之若父母矣夫既仰之若父母則鄰國之民即是我之子弟使鄰國之君欲率其民以攻我是率其子弟攻其父母也自生民以來未有能濟其事者也如此則天下誰能敵之無敵於天下者乃奉行天命之吏也則凡逆天害民之國皆得奉天命而誅伐之然而不王天下豈有是理哉

【附解】說統信能二字。重看。謂實實落落能行。不徒虛文粉飾。惟信可以動人民字。包士農商旅。仰之若父母。從上五願字生來。天吏。專以征伐言。○【張賓王曰】對民而言則曰父母對天而言則曰吏民之父母天之吏也

人皆有不忍人之心章

【總旨】【蒙引】此章大抵亦如仁則榮及矢人豈不仁於函人哉。二章皆爲當時諸侯發○【存疑】此章首兩節當做一章大旨看。重在擴充上看程子總註人皆有是心惟君子爲能擴而充之句可見自所以謂人皆有不忍人之心以下是申說人皆有不忍人之心自凡有四端於我者以下是申說人當如先王有以推不忍人之心人之有是四端節是結上文起下文之意

孟子曰人皆有不忍人之心

天地以生物爲心而所生之物因各得夫天地生物之心以

爲心所以人皆有不忍人之心也

本義 孟子曰天地以生物爲心人又得天地生物之心爲心故不忍害人之心人人皆具而有之無聖凡之殊也

附解 說統 曰人則無古今爾我曰皆則無彼此異同曰有則非本無加益○蒙引 不忍人不忍害人也○翼註 不徒曰不忍之心而必加一人字者同類尤相親也○朱子曰無天地生物之心則沒這身纔有這血氣之身便具天地生物之心矣○或問 不忍之心即惻隱之心也

先王有不忍人之心斯有不忍人之政矣以不忍人之心行不忍人之政治天下可運之掌上

言衆人雖有不忍人之心然物欲害之存焉者寡故不能察識而推之政事之閒惟聖人全體此心隨感而應故其所行

無非不忍人之心也。

本義 人有是心。而私欲閒之。故不能達之於用。惟先王全體周流。隨感而應。纔有不忍人之心。卽有不忍人之政矣。不待充廣、更無遏抑也。以不忍人之心、行不忍人之政、則老者衣帛食肉。黎民不飢不寒。天下雖大。運以此心。治之而有餘。豈不如運之掌上而無難哉、

附解 〔蒙引〕人皆有不忍人之心。此句如云人皆有之。先王有不忍人之心。此條如云賢者能勿喪耳。非為先王詳也。故下條卽接云所以謂人皆有不忍人之心者。不然、是隔著先王一段了。○〔雙峯饒氏曰〕斯猶卽也。聖人之心。無物欲之蔽。纔有不忍人之心。卽有不忍人之政。不待充廣而後能也。若衆人則須待充廣。○〔李衷一曰〕以不忍人之心二句。只疊上文說下。○〔困勉錄〕運掌句。乃是言此皆有之心。卽所以運天下於掌上。而天下運掌之治。不過滿吾皆有之心。非徒鋪張先王之效也。此節總不重在先王上。

所以謂人皆有不忍人之心者今人乍見孺子將入於井皆有怵惕惻隱之心非所以內交於孺子之父母也非所以要譽於鄉黨朋友也非惡其聲而然也

乍猶忽也怵惕驚動貌惻傷之切也隱痛之深也此卽所謂不忍人之心也內結要求聲名也言乍見之時便有此心隨見而發非由此三者而然也程子曰滿腔子是惻隱之心謝氏曰人須是識其眞心方乍見孺子入井之時其心怵惕乃眞心也非思而得非勉而中天理之自然也內交要譽惡其聲而然卽人欲之私矣

【本義】所以謂人皆有不忍人之心者何以驗之試觀今之人乍見孺子將入於井無論賢愚皆必爲之怵惕而驚動不寧惻隱而痛傷甚切蓋觸於目激於衷其眞心有不容已者此非欲交結孺子之父母使之感戴而爲之也非欲鄉黨朋友之稱譽而爲之也非惡此不仁之名而爲之也夫不忍人之心其發也一無所爲如此然則人皆有不忍人之心也斷斷乎其然矣

【附解】〔說統〕今人正與先王對看○〔雲峯胡氏曰〕集註與謝氏皆看得乍見二字緊蓋惟倉卒忽然而見之時此心便隨所見而發正是本心發見處若既見之後稍稍安排商量便非本心矣○〔慶源輔氏曰〕怵惕心驚懼而起念之意緣卒乍而見故心驚懼而動也惻隱由傷切而痛深自淺而深皆所以名狀不忍人之心

由是觀之無惻隱之心非人也無羞惡之心非人也無辭讓之心非人也無是非之心非人也

羞恥已之不善也惡憎人之不善也辭解使去已也讓推以與人也是知其善而以爲是也非知其惡而以爲非也人之所以爲心不外乎是四者故因論惻隱而悉數之言人若無此則不得謂之人所以明其必有也

【本義】由此乍見一事觀之可見無惻隱之心非人也人則必有惻隱之心矣惻隱之心無所不貫而所謂羞惡辭讓是非者皆待是心之動而始有也故既有惻隱之心則自有羞惡辭讓是非之心矣若無羞惡之心非人也人則必有羞惡之心矣無辭讓之心非人也人則必有辭讓之心矣無是非之心非人也人則必有是非之心矣

【附解】莆田黃氏曰由是觀之是字指孺子入井一事說○【朱子曰】羞惡辭讓是非雖與惻隱並說但此三者皆是自惻隱中發出來因有惻隱後方有此三者惻隱比三者又較大○

【翼註】非人也不是說名雖爲人而實無異禽獸意只是決言

其必有與可離非道也一例

惻隱之心仁之端也羞惡之心義之端也辭讓之心禮之端也是非之心智之端也

惻隱羞惡辭讓是非情也仁義禮智性也心統性情者也端緒也因其情之發而性之本然可得而見猶有物在中而緒見於外也

本義然四者之心爲人所必有者以惻隱四者皆情也而情實本之於性蓋性蘊於中而情發於外即其發之已然而其中之本然者可得而見矣故性中有仁却是肫然慈愛之理發出來方有惻隱故惻隱之心是仁之端緒外見也性中有義却是截然不易之理發出來方有羞惡故羞惡之心是義之端緒外見也性中有禮却是秩然不亂之理發出來方有

辭讓、故辭讓之心、是禮之端緒外見也、性中有智、却是昭然不爽之理、發出來方有是非、故是非之心、是智之端緒外見也、使非有此仁義禮智之性。又安有是惻隱羞惡辭讓是非之情哉。

附解 朱子曰仁義禮智。是未發的道理。惻隱羞惡辭讓是非。是已發的端倪。如桃仁杏仁是仁。到得萌芽却是惻隱。仁義禮智。本體自無形影。要捉摸不著。只得將他發動處看。却自見得。程子云、以其惻隱。知其有仁。此八字說得最親切分明也。不道惻隱便是仁。又不道掉了惻隱。別取一箇物事說仁。○仁字是箇生的意思。通貫周流於四者之中。仁固仁之本體。義則仁之斷制。禮則仁之節文。智則仁之分別也。○潛室陳氏曰。性雖寂然不動。而其中自有條理。自有間架。不是儱統都是一物。所以外邊纔動。其中便應。如赤子之事感。則仁之理便應。而惻隱之心形。如蹵爾嘑爾之事感。則義之理便應。而羞惡之心形。如過朝廷宗廟之事感。則禮之理便應。而恭敬之心形。如妍醜美惡之事感。則智之理便應。而是非之心形。蓋由其中間衆理渾然。各各分明。故外邊所遇。隨感隨應。析而四之。以示學者。使知渾然全體之中。粲然有條如此。則性之善可見矣。

人之有是四端也，猶其有四體也。有是四端而自謂不能者，自賊者也；謂其君不能者，賊其君者也。

四體，四肢，人之所必有者也。自謂不能者，物欲蔽之耳。

本義　然此四端非本無而暫有者也。人之心必有是四端也，猶人之身必有是四體也。有是四端而自謂不能者，是置其身於不善之地而自賊者也；謂其君不能者，是不引其君於不善之地而賊其君者也。為臣者其忍賊其君乎？愛其身者其肯甘心於自賊乎。不甘自賊，則當擴而充之矣。

附解〔翼註〕四體不但喻其必有，正見不容缺一，若缺一便不成人，故緊承人不當諉於不能意。○〔蒙引〕謂其君不能者。不勉之以不忍人之心，行不忍人之政也。○〔說約〕自謂不能，亦指君而言。蓋此亦為當時諸侯發也。○〔劉上玉曰〕不能即下

能充不能充意但且渾○賽合註首二句結上文必有意以起下文自賊賊君與下節當擴充意自賊與賊君語意重在自賊邊謂其君二句帶看

凡有四端於我者知皆擴而充之矣若火之始然泉之始達苟能充之足以保四海苟不充之不足以事父母

擴推廣之意充滿也四端在我隨處發見知皆即此推廣而充滿其本然之量則其日新又新將有不能自已者矣能由此而遂充之則四海雖遠亦吾度內無難保者不能充之則雖事之至近而不能矣○此章所論人之性情心之體用本然全具而各有條理如此學者於此反求默識而擴充之則

天之所以與我者，可以無不盡矣。程子曰：人皆有是心，惟君子爲能擴而充之；不能然者，皆自棄也。然其充與不充，亦在我而已矣。又曰：四端不言信者，既有誠心爲四端，則信在其中矣。愚按：四端之信，猶五行之土，無定位，無成名，無專氣，而水火金木無不待是以生者，故土於四行無不在，於四時則寄王焉，其理亦猶是也。

【本義】但人爲私欲所蔽，不能察識而擴充之耳。若使凡有四端於我者，不甘自賊，知惻隱是仁之端，羞惡、辭讓、是非是義禮智之端，從此推廣，務要充滿其本然之量，則本體昭融，真機活潑，其日新月盛之機，若火之方燃而不可撲滅，泉之方出而不可壅遏，此知擴而充之機勢也。苟能即此不已之機而遂充滿以極其量，則仁無所不愛，義無所不宜，禮無所不

敬智無所不明舉四海之大自足保之而無難苟不充之則雖至親父母且不足以事之況四海乎皆有是心者其則先王自勉焉可也

附解說約凡有四端於我者者字蓮說作凡有四端於我之人極是○朱子曰知皆擴而充之即是苟能知去擴充則此道漸漸生長如火之始然泉之始達中間矣字文勢不斷○問推與充字曰推是從這裏推將去如老吾老以及人之老幼吾幼以及人之幼到得充則填得來滿了如注水相似推是注水下去充則注得器滿了○存疑知皆擴而充之重在知與擴上是方知去推廣欲使其充滿也苟能充之是承上而知擴說來蓋既知去推廣使其充滿用功久之遂能充滿也知與擴是用功之始能與充是用功之成○若火始然若泉始達言善端之發勃勃充長日新月盛其勢不可過也衛彿生則惡可已意○充之與致中和一般禮樂刑政皆在所充之內○雙峯饒氏曰集註即此推廣是釋擴字滿其本然之量是釋充字日新又新新字是發明二始字之意○蒙引大註知皆即此而充滿其本然之量此字指上文四端在我

隨處發見者言。能由此而遂充之。此字又指知皆即此推廣而充其本然之量。則其日新又新。將有不能自已者言。二此字所指不同。

矢人豈不仁於函人哉章

總旨、新安陳氏曰。此章以尊爵安宅論仁。其理甚精微。勉人爲仁。其意甚切至。既言莫之禦而不仁。又言反求諸己。皆言爲仁由己。其機在我不在人也。仁固包義禮智。然人所以爲不仁者。由於是非之心不明。與羞惡之心不正耳。故孟子先言是不智也。欲人以是非之智而擇爲仁之術。繼言如恥之。欲人以羞惡之義而決爲仁之機也。○賽合註擇術莫如爲仁。爲仁決當由己。

孟子曰。矢人豈不仁於函人哉。矢人惟恐不傷人。函人惟恐傷人。巫匠亦然。故術不可不慎也。

函甲也惻隱之心人皆有之是矢人之心本非不如函人之仁也巫者爲人祈祝利人之生匠者作爲棺椁利人之死

本義 孟子曰惻隱之心人皆有之彼矢人之心其初豈不仁於函人哉乃即其爲矢爲函之心而言之矢人惟恐其矢之不利而不傷人函人惟恐其甲之不堅而至於傷人是矢人果不仁於函人矣然不特矢人函人然也即彼巫利人生匠利人死亦有然是匠者果不仁於巫者矣此非其初本心之異也其所爲之術有以使之而異其心也故凡人之術業不可不慎而審之也

附解 翼註術字承矢函巫匠而推廣之凡人所肄習者皆術也不止曲藝○不可不慎言當就其全吾仁者去其累吾仁者

孔子曰里仁爲美擇不處仁焉得智夫仁天之尊爵也人之安

宅也莫之禦而不仁是不智也

里有仁厚之俗者猶以爲美人擇所以自處而不於仁安得爲智乎此孔子之言也仁義禮智皆天所與之良貴而仁者天地生物之心得之最先而兼統四者所謂元者善之長也故曰尊爵在人則爲本心全體之德有天理自然之安無人欲陷溺之危人當常在其中而不可須臾離者也故曰安宅此又孟子釋孔子之意以爲仁道之大如此而自不爲之豈非不智之甚乎

本義 術何以愼正以愼所擇耳孔子嘗曰里有仁厚之俗擇居者尙以爲美若人擇所以自處而不於仁則本心之明已

失安得爲智乎孔子此言何謂也謂夫仁也者自其天所與而言則天地生物之心爲最先所以統四德該萬善而爲良貴之首天之尊爵也自其在人而言則有天理自然之安無人欲陷溺之危爲日用常處而不可離者人之安宅也仁之關切於人者大矣莫爲之禦而自不處仁棄其所至尊舍其所至安是是非之心不明而不智也孔子之意蓋如此

附解 存疑論語處仁指仁里言此處仁指仁道言○新安陳氏曰孔子之意本言擇里孟子引之以証擇術微有不同集註於此只以孟子之意釋孔子之言故與語註小異○翼註云得之最先而兼統四者先字猶云第一件也非先後之先○蒙引註仁義禮智皆天所與之良貴此句於爵字見仁者天地生物之心得之最先而兼統四者此句於尊字始見○蓬說此節只言仁道之大而不可不爲至下節方論到榮辱然總之爲莫如爲仁張本

不仁不智無禮無義人役也人役而恥爲役由弓人而恥爲弓矢人而恥爲矢也

以不仁故不智。不智故不知禮義之所在。

【本義】夫不智而昧於擇術。固所由以不仁。而不仁則物欲日蔽。本心日昏。而益以不智。夫既不智。則不復知禮義。而動必越禮。行必乖義。又將無禮無義矣。四者俱無。則人道已喪。自置其身於卑賤之地。而天下之有德有力者。皆得而役使之。豈不爲人役乎。既爲人役。則雖有愧恥之心。終不可免。就如業弓之人而恥爲弓。業矢之人而恥爲矢。雖欲不爲。不可得也。

【附解】〔存疑〕上是不仁由於不智。此是不智由於不仁。○〔蒙引〕以用功之序言。則先智而後仁。以自然之理言。則先仁而後智。○〔慶源輔氏曰〕不仁則頑然不覺。故不智。不智則懵然無知。故不知禮義所在。○〔說統〕仁義禮智。有則俱有。無則俱無。○〔倪伯昭曰〕由弓人而恥爲弓二句。只甚言恥必無益。

如恥之。莫如爲仁。

此亦因人愧恥之心而引之使志於仁也不言智禮義者仁該全體能爲仁則三者在其中矣

【本義】如知人役爲可恥而必求所以免之則莫如反其不仁而爲仁所尊者天爵始可去卑而爲尊所居者安宅始可易危而爲安自強之計無出於此

【附解】達說莫如者兩相比較而見其不若爲仁正孟子爲人擇術處

仁者如射射者正己而後發發而不中不怨勝己者反求諸己而已矣

爲仁由己而由人乎哉

【本義】夫仁者之於仁有如射然射者之於射不遽發矢也必內正己之志外正己之體極其審固而後發矢苟發而不能

中、則不怨人之能中而勝己者惟反求諸己以爲吾志容有未正吾體容有未直求所以正之直之而已矣爲仁由己而不由人何以異此

人可不自勉哉

【附解】〔存疑〕既曰如恥之莫如爲仁又曰仁者如射云云是示以爲仁由己之意使自勉也○〔蒙引〕仁者如射一句之下皆就射上說而爲仁由己之意在於言外○〔困勉錄〕註引由己不由人之言乃是釋所以正己反己之故

子路人告之以有過則喜章

【總旨】〔達說〕聖賢樂善無有窮盡只管高向上去此處雖不可太分別大小然由由而進之禹禹而進之舜語意自是如此若只平看便不見得愈進愈無窮意

孟子曰子路人告之以有過則喜

喜其得聞而改之其勇於自修如此周子曰仲由喜聞過令

名無窮焉今人有過不喜人規如諱疾而忌醫寧滅其身而無悟也噫程子曰子路人告之以有過則喜亦可謂百世之師矣

【本義】孟子曰聖賢樂善之誠皆同而分量則異昔子路勇於自修其心惟恐己之不善失於不知而不能改故人告之以過則欣然喜其得聞而改之

【附解】南軒張氏曰聞過則喜非能克其驕吝者不能驕則自以爲善而惡人議己吝則安其故常而不能從人子路用力於克己其功深矣

禹聞善言則拜

書曰禹拜昌言蓋不待有過而能屈己以受天下之善也

本義 夏王大禹則聖人也其心惟恐人之善壅於不聞而不能行故一聞人之善言則至誠屈己拜而受之一喜一拜其樂善之心皆出於誠如此

附解 賀註過至大舜有大焉須先贊由禹樂善已不可及了乃大舜有大焉不可先貶由禹

大舜有大焉善與人同舍己從人樂取於人以為善

言舜之所為又有大於禹與子路者善與人同公天下之善而不為私也己未善則無所繫吝而舍以從人人有善則不待勉强而取之於己此善與人同之目也

本義 由禹樂善已不可及矣至於大舜則胸襟度量又有大焉者善本公理舜則以天下之善公之天下之人而與人同焉如見己之未善便舍己而翻然從人一毫無所繫吝見人之善便樂取於人而為之於己一毫無所勉強所謂人己兩

忘而善與
人同如此
【附解】蒙引善與人同此善字以天下之公善而言不可認作舜之善故曰善者天下之公理舍己從人舍己字重從人即是樂取諸人也蓋二句本一事也舍己之未善而取人之善以爲善也○朱子曰舍己從人不知善之在己也樂取於人以爲善不知善之在人也此二者善與人同之目也○姚承菴曰舍己樂取亦是旁人看聖人見其如此若聖人與善爲一方忘乎其從也安知其舍忘乎其舍也又安知其取

自耕稼陶漁以至爲帝無非取於人者

舜之側微耕于歷山陶于河濱漁于雷澤

【本義】然舜之取於人不但一時爲然也側陋之日耕于歷山陶于河濱漁于雷澤以至登庸爲天子一生所行無非取諸人以爲善蓋有窮達不移始終無閒者

【附解】取於人者，是説他平生爲人都是如此。【存疑】自耕稼陶漁以至爲帝，無非

取諸人以爲善，是與人爲善者也。故君子莫大乎與人爲善。

與，猶許也，助也。取彼之善而爲之於我，則彼益勸於爲善矣。是我助其爲善也。能使天下之人皆勸於爲善，君子之善孰大於此。○此章言聖賢樂善之誠，初無彼此之閒。故其在人者，有以裕於己；在己者，有以及於人。

【本義】夫取人之善而爲之於己，未嘗有助人爲善之意，然天下善者以見取爲榮，自然益勵於善；未善者以不見取爲恥，亦皆勉而爲善。是乃助人之爲善者也。夫使天下之人皆勸於爲善，則是聖人成己成物之事矣。君子之善孰大於是？人可不知所進而自勉哉！

【附解】【蒙引】取諸人以爲善。不可謂只是取人之善言。如好問用中之說耳。須兼言行。故曰聞一善言。見一善行。若決江河。沛然莫之能禦也。【翼註】君子作聖人看。【達說】莫大雖與大舜有大焉相應。然一是說取人之大。一是說與人之大。

伯夷非其君不事章

【總解】【蒙合註】此章見君子不爲一偏之學。【陳伯玉曰】此章大旨。非論夷惠。所以發願學之意。

孟子曰伯夷非其君不事非其友不友不立於惡人之朝不與惡人言立於惡人之朝與惡人言如以朝衣朝冠坐於塗炭推惡惡之心思與鄉人立其冠不正望望然去之若將浼焉是故諸侯雖有善其辭命而至者不受也不受也者是亦不屑就已

塗泥也鄉人鄉里之常人也望望去而不顧之貌浼汚也屑

趙氏曰潔也說文曰動作切切也不屑就言不以就之爲潔而切切於是也已語助辭

本義 孟子曰昔伯夷者擇君而事非其可仕之君則不事擇友而交非其可交之友則不友然不但不事其朝亦不立也不但不友亦不與言也若使立於惡人之朝與惡人言如以朝衣朝冠坐於塗炭有不能一息安者其惡惡之心如此試由其惡惡之心推之又不但惡人他的心卽思與鄉人並立其冠不正雖少失禮耳非有甚可絶之行也亦必望望然去之若將汙累及已而遠之惟恐不速也惟是恐浼之故又不但鄉人彼天下諸侯雖有善其詞命而來聘者初無少失禮矣亦必不受其聘所以不受也者蓋其視今之諸侯皆非其君也皆惡人之朝也是亦不以就諸侯之爲潔而切切然必於就

已

附解 蒙引 推孟子推之也思伯夷自思見得如此也○推惡惡之心云云至浼焉此無實事而孟子本其心而形容之如

此耳。是故諸侯云云。此却是實事。只就諸侯說。衆人亦可知。解其不受之故。由其心之不屑也。○困勉錄按不受也者二句只結得末段。但不屑二字意。則上三段內俱有也。○新安陳氏曰。此言伯夷之清嚴於惡惡。而不輕與人羣也。○存疑此一節。深一節。

柳下惠不羞汙君。不卑小官。進不隱賢。必以其道。遺佚而不怨。阨窮而不憫。故曰。爾爲爾。我爲我。雖袒裼裸裎於我側。爾焉能浼我哉。故由由然與之偕而不自失焉。援而止之而止。援而止之而止者。是亦不屑去已。

柳下惠、魯大夫展禽、居柳下而謚惠也、不隱賢、不枉道也、遺佚、放棄也、阨、困也、憫、憂也、爾爲爾至焉能浼我哉、惠之言也、袒裼露臂也、裸裎露身也、由由自得之貌、偕並處也、不自失、。

不失其正也、援而止之而止者、言欲去而可留也、。

【本義】又有栁下惠者、不以汙君爲羞而亦事之、不以小官爲卑而亦爲之、其進而事汙君爲小官也、不肯隱在己之賢、而必以直道、惟必以直道、則必至於遺逸阨窮矣、然雖爲人所放棄而不怨乎人、卽至身處困窮而不憂、諸己其超然於榮辱之外者如此、故其平日常自言曰、天下之人爾自爲爾、我自爲我、雖袒裼裸裎於我側、爾自無禮耳、焉能浼我哉、惟其視人皆不能浼己、故不擇交游、常由由然與衆人同處、而不自失其正焉、雖其欲去之際、或有欲援而止之者、惠卽止焉、其援而止之而止者、蓋以吾身自正而不能浼、不自失者自在焉、是亦不以去爲潔而切切然必於去已

【附解】朱子曰、進不隱賢、便是必以其道、人有所見不肯發出、尚有所藏、便是枉道。○不隱賢、謂不隱蔽其賢、如己當廉、却以利自汙、己當勇、却以怯自處之類、乃是隱賢、是枉道也。○〔蒙引〕遺佚、是去位也、阨窮、是困也、阨窮是遺佚後事。○〔蒙引〕

由由然惠由由然也。與之偕之字。指爾爲爾者言。不必拘袒裼裸裎。○〔新安陳氏曰〕此言惠之和寬以處衆而不輕與人絕也。

孟子曰伯夷隘柳下惠不恭隘與不恭君子不由也

隘狹窄也不恭簡慢也夷惠之行固皆造乎至極之地然既有所偏則不能無弊故不可由也

【本義】孟子既述夷惠之行遂從而斷之曰伯夷之行雖高潔然視天下之人無一可與處者未免孤介絕物而失之狹隘柳下惠之行雖寬和然視天下之人無一足與較者未免玩物輕世而失之不恭聖人之道不取於此君子不由之也蓋道惟中則無弊夷惠不合中庸之道豈君子所願學者哉

【附解】朱子曰不恭是待人如此其心玩世視人如無也○夷隘惠不恭不必言效之而不至者其弊如此只二子所爲已

有弊矣○〔存疑〕不由其道是不由其清和蒙引謂可由其清不可由其隘可由其和不可由其恭恐未是蓋伯夷之清便有隘之弊柳下惠之和便有不恭之弊非清和之外又有隘不恭也

公孫丑章句下

凡十四章自第二章以下記孟子出處行實爲詳

天時不如地利章

〔總旨〕新安陳氏曰此章言用兵在得人心得人心在得道得道以得人心則地利之險人爲之守天時之善人爲之乘先王之守國家用天下本末具舉如此固以得道得人心爲本而亦不廢天時地利之末孟子見當時用兵者惟以天時地利爲務而不知以得道得人心爲本故發此論

孟子曰天時不如地利地利不如人和

天時謂時日支干孤虛王相之屬也。地利險阻城池之固也。人和得民心之和也。

【本義】孟子曰守國用兵之要有三天時地利人和是也而當時用兵者則惟以天時地利爲務自我觀之天時殆不如地利而地利又不如人和

【附解】翼註兩不如俱在用兵時較量天時以攻者驗之地利以守者驗之亦偶舉一邊而言○賽合註不如要含蓄講若說得實則不消下二段說話○翼註天時地利總不如人和叠下重人和上○朱子曰孤虛以方位言如俗云向某方利某方不利之類王相指時○仁山金氏曰此兵家用日時方位法也支即十二枝干即十幹十甲如木之有條十二辰如木之有枝唐李靖用兵精風角孤空亡也虛空亡對宮歲孤虛太歲後二辰爲孤前四辰爲虛月孤虛正月以子丑爲孤午未爲虛旬孤虛如甲子旬則戌亥爲孤辰巳爲虛餘放此○趙氏悳曰戰陣之法背孤擊虛則吉○蒙引甲子旬中遁

至酉而十干足以無戌亥爲空亡甲戌旬中遞至未而十干足以無申酉爲空亡餘放此虛者甲乙木實則壬癸水虛丙丁火實則甲乙木虛之類王相者春木王木生火則火相夏火王火生土則土相○次乎王者爲相得其助也敵乎王者爲孤以相克也生乎王者爲虛子實則母虛也

三里之城七里之郭環而攻之而不勝夫環而攻之必有得天時者矣然而不勝者是天時不如地利也

三里七里城郭之小者郭外城環圍也言四面攻圍曠日持久必有値天時之善者

【本義】何以見天時之不如地利彼三里之城七里之郭雖云小矣或者以兵環向而攻之而不能得勝夫環而攻之之久其閒必有値干支王相天時之善者矣然而不勝者以城郭之據險阻而且堅固也是天時不如地利也

附解〈蒙引〉此條申天時不如地利，就攻上說。

城非不高也，池非不深也，兵革非不堅利也，米粟非不多也，委而去之，是地利不如人和也。

革，甲也。粟，穀也。委，棄也。言不得民心，民不為守也。

本義 何以見地利之不如人和？彼其城非不高而難犯也，池非不深而難越也，兵革非不堅利而可以敵人也，米粟非不多而可以久持也，然不得民心，相與委而去之，而不為之守矣，是地利不如人和也。

附解〈蒙引〉兵革米粟皆出於地利。○此條申地利不如人和，就守上說。○〈雙峯饒氏曰〉非謂可以全無天時地利，但不如人和爾。

故曰：域民不以封疆之界，固國不以山谿之險，威天下不以兵

革之利得道者多助失道者寡助寡助之至親戚畔之多助之至天下順之

域界限也

【本義】以此觀之惟人和獨重矣故曰域限其民不以封疆之界固守其國不以山谿之險威服天下不以兵革之利惟在存心以仁制事以義而得乎道者則得人心而多助矣若彼忍心逆理而失乎道者則失人心而寡助矣寡助之至豈特國人叛之而親戚亦叛之多助之至豈特國人順之而天下亦順之此可見人和之當得也

【附解】蒙引威天下不以兵革之利兵固是利革何以亦謂之利曰革之堅處亦是利此利字不專訓爲銳蓋切利之利也○翼註域民三句非申地利只以引起人和之不易得耳○多助之至不過就其多助而極言之耳非又出多助外也○

【淺說】天下順之順字只是悅而願歸之未便是歸多助正是人和○【蒙引】此段極言有國者當務得於人和也或說是謂

得人和之本在於得道此說於理亦無害但未必其本意也葢孟子但謂要得人和內便含有得道意不必再推一層再序一段也看故曰二字可知而其旨意又歸在下文以終所言之意也

以天下之所順攻親戚之所畔故君子有不戰戰必勝矣

言不戰則已戰則必勝○尹氏曰言得天下者凡以得民心而已

【本義】夫以天下所順之君攻親戚所畔之國故君子不戰則已戰未有不勝者葢由我得人和而彼失之也然則地利尚不足言況天時乎

【附解】淺說以天下之所順攻親戚之所畔自我之攻彼而言則是以至仁伐至不仁而仁者不可爲衆也自彼之敵我而言則是率子弟以攻父母而未有能濟者也○【蒙引】故君子有不戰戰必勝矣此以人和言之言其無恃於地利更無拘

於天時也。

孟子將朝王章

總旨 說統此章大旨。欲以道德佐其君。先以道德自重。而警齊王召巳之非。通章重在不可召上。○達說通章是託疾以辭。而又欲自表其辭召之意。其立言根子。只在以賓師自處上來。朱註孟子之於齊。處賓師之位。數句要看。

孟子將朝王。王使人來曰。寡人如就見者也。有寒疾。不可以風。朝將視朝。不識可使寡人得見乎。對曰。不幸而有疾。不能造朝。

王齊王也。孟子本將朝王。王不知而託疾以召孟子。故孟子亦以疾辭也。

本義 孟子在齊。居賓師之位。一日本將朝王。王不知而使人來曰。寡人當往而就見者也。以有寒疾。不可以風。故不得就見、今朝將視朝、不識夫子肯一來而使寡人得見乎、是託疾以召孟子也。故孟子亦託疾以對曰。不幸而有疾、不能造朝。

【附解】說約寡人如就見者也。如字通解作往。○問莫是齊王不合託疾否。【朱子曰】未論託疾。孟子之意只是說他不合來召。爲其賓師。有事則王自來見。或自往見。若王召之。則有自尊之意。故不往見。在他國時諸侯無越境之理。只得以幣來聘。故賢者受其幣而往見之。答陳代如不待其招而往何哉。此以在他國而言。答萬章天子不召師而況諸侯乎。此以在其國而言。

明日出弔於東郭氏。公孫丑曰。昔者辭以病。今日弔。或者不可乎。曰。昔者疾。今日愈。如之何不弔。

東郭氏、齊大夫家也。昔者、昨日也。或者、疑辭。辭、辭疾而出弔。與孔子不見孺悲取瑟而歌同意。

本義孟子又恐王以巳爲眞有疾、故明日出弔於齊大夫東郭氏、使知其非疾、以警悟之。公孫丑疑而問曰、昔者夫子方辭以疾、今日即出弔、或者不可乎、丑蓋不知孟子者也、故孟子亦不以本意告之。而但曰、昔者疾、今日愈、如之何不弔、

王使人問疾、醫來、孟仲子對曰、昔者有王命、有采薪之憂、不能造朝、今病小愈、趨造於朝、我不識能至否乎、使數人要於路曰、請必無歸而造於朝、

孟仲子、趙氏以爲孟子之從昆弟、學於孟子者也。采薪之憂、言病不能采薪、謙辭也。仲子權辭以對、又使人要孟子、令勿歸而造朝、以實己言。

本義王果不知而使人問疾、且使醫來治之、孟仲子亦不知出弔之意、而權詞以對曰、昔者有王命、適吾夫子有采薪之

憂、不能造朝、今病小愈、已趨造於朝、我不識能至否乎、又使數人要孟子於路曰、請必無歸而造於朝、欲以實已言也

附解 達說 孟仲子之對孟子所極惡他的在昔者有王命二句若趨造於朝及請必無歸等語孟子只是不理他便了

不得已而之景丑氏宿焉景子曰內則父子外則君臣人之大倫也父子主恩君臣主敬丑見王之敬子也未見所以敬王也曰惡是何言也齊人無以仁義與王言者豈以仁義爲不美也其心曰是何足與言仁義也云爾則不敬莫大乎是我非堯舜之道不敢以陳於王前故齊人莫如我敬王也

景丑氏齊大夫家也景子景丑也惡歎辭也景丑所言敬之小者也孟子所言敬之大者也

本義　夫孟子出弔。其意本欲齊王之知其非疾。今仲子權辭以對。則孟子此意不明而無以警悟齊王。故不得已而之景丑氏宿焉。以景丑氏乃王之臣。可因之以達其意也。景子曰。凡人內而家庭則有父子。外而朝廷則有君臣。人之大倫也。父慈子孝而相愛以恩。君禮臣恭而相與以敬。今丑見王之致敬於子也。未見子之所以敬王也。其如君臣之大倫何。孟子曰。惡。子以我爲不敬王。是何言也。子未知我之敬王也。彼齊人無以仁義告王者。豈以仁義爲不美也。其心固曰。王但知有功利。不足與言仁義也云爾。是以凡庸待其君。則不敬莫大乎是。若我則以堯舜望王。若非堯舜仁義之道。卽悚惕於心而不敢陳於王前。是蓋以古聖望王。故齊人莫有如我之敬王者。奈何子以不敬加我也。

附解　（說統）內則二句。須重君臣邊。方是景子本意。○（四書脈）君臣主敬。又重臣敬君邊。○（達說）未見所以敬王。景丑原指不應召。孟子亦曉得他之所指。但彼尚未明露出。故佯爲不知也者。而姑以非堯舜之道不陳應之。此猶非通章喫緊要處。○（存疑）堯舜之道。仁義而已。故上曰仁義。下曰堯舜之道。

景子曰否非此之謂也禮曰父召無諾君命召不俟駕固將朝也聞王命而遂不果宜與夫禮若不相似然

禮曰父命呼唯而不諾又曰君命召在官不俟屨在外不俟車言孟子本欲朝王而聞命中止似與此禮之意不同也

【本義】景子曰否我所謂不敬王者非不以仁義與王言之謂也禮有云子承父召則唯而無諾臣承君召則不俟駕車而行是急趨君命者乃禮之當然也今子本將朝王也及聞王命而遂稱疾不往此與不俟駕之禮若有不相似然以是爲不敬王也

【附解】說統引禮運不俟駕句正明未見敬王意

曰豈謂是與曾子曰晉楚之富不可及也彼以其富我以吾仁

彼以其爵我以吾義吾何慊乎哉夫豈不義而曾子言之是或一道也天下有達尊三爵一齒一德一朝廷莫如爵鄉黨莫如齒輔世長民莫如德惡得有其一以慢其二哉

慊恨也少也或作嗛字書以爲口銜物也然則慊亦但爲心有所銜之義其爲快爲足爲恨爲少則因其事而所銜有不同耳孟子言我之意非如景子之所言者因引曾子之言而云夫此豈是不義而曾子肯以爲言是或別有一種道理也達通也蓋通天下之所尊有此三者曾子之說蓋以德言之也今齊王但有爵耳安得以此慢於齒德乎

【本義】孟子曰、以我不赴召爲不敬。子言似是也。而我不應召之故。別有在。豈如子與禮不相似之謂與、亦以我不可召王不當召我爾。曾子嘗曰、晉楚大國之富、誠不可及也、然彼以其富、我以吾至足之仁、仁統萬善、不啻富也、彼以其爵、我以吾至貴之義、義超萬物、不啻貴也、吾何不足而慊然於彼乎哉。曾子之言如此。世人但知富與爵耳、曾子獨伸仁義於其上、夫豈不合於義而肯言之乎、是別有一種道理超乎勢分之外者在也。其道何在。蓋通天下之所尊敬者有三樣人、有爵位者一、年齒高者二、道德全者三、在朝廷之上、以貴臨賤、名分不可或踰、所尙莫如爵、爵所以爲達尊也、在鄉黨之中、以少事長、先後不容或紊、所尚莫如齒、齒所以爲達尊也、若夫輔佐一世而致治安、長育萬民而成教化、惟有德者能之、所尙莫如德、德所以爲達尊也。德便是曾子所言之仁義。此所以不慊於彼之富爵也。然則在朝廷者、其爵雖尊、不過達尊之一耳、惡得有其爵之一、遂以之而慢夫齒與德達尊之二哉。我之意謂此耳。

【附解】【存疑】豈謂是、是字。指景子所說言。○【四書脉】晉楚之富富字、該爵在內。○【翼註】仁義富爵、還主仁不啻富、義不啻爵說不但僅僅相當而已○〔說統〕是或一道不是疑詞實作自重之道看○〔達說〕天下有達尊三一段雖是推曾子之意却就是說自家了不消更端起語故下就接以惡得云云○〔困勉錄〕朝廷三句只推明各成其尊無隨在致隆之意若曰各不相值始成其尊則非達尊矣○輔世長民在事功說輔世輔翼世道長民長育生民

故將大有爲之君必有所不召之臣欲有謀焉則就之其尊德樂道不如是不足與有爲也

大有爲之君大有作爲非常之君也程子曰古之人所以必待人君致敬盡禮而後往者非欲自爲尊大也爲是故耳

〔本義〕惟有一不得慢二故從來將大有所作爲之君必有所尊禮而不可召之臣如於民社之事欲有謀焉則就見而諮之此不可召之禮也夫爲臣者必欲君致禮如此豈故自尊大哉蓋有謀則就正所謂尊德樂道也君必如是其尊德樂

道乃可與有爲若其尊德樂道不如是則任賢之心怠望治之志荒不足與有爲也此大有爲之君所以有不召之臣也

【附錄】劉上玉曰大有爲之君正起湯桓下節遂以故字承之○存疑必有所不召之臣言有所不可召之臣也不可說不召臣不召之意在言外○蒙引欲有謀焉則就之正是不召也帶上文看○說統尊則崇奉欽承事事遵依不敢攙以己見也樂則欣慕愛樂念念殷勤不厭煩不苦難也○存疑德以人之所得言道即其所得者也德如心道如性○雙峯饒氏曰不如是指謀焉則就之○達說其尊德樂道二句雖是說賢士自重語意仍歸重在賢君身上言尊德樂道不如此賢士猶以君爲不足有爲而不肯來輔了爲君者豈得少自驕慢焉得有謀而不就乎

故湯之於伊尹學焉而後臣之故不勞而王桓公之於管仲學焉而後臣之故不勞而霸

先從受學師之也後以爲臣任之也

【本義】故古來大有爲之君、如湯之於伊尹、知其志在覺民、卽從而受學焉、而後任之爲相、故七十里爲政於天下、湯遂不勞而王矣。桓公之於管仲、知其才可託國、先從而受學焉、而後任之爲相、故九合諸侯不以兵車、桓公遂不勞而霸矣。王霸之功雖不同、要之尊德樂道、可與大有爲一也。

【附解】（淺說）學焉而後臣之。不必泥先後字及臣字。只是尊禮而且委任之耳。不是先以之爲師、了然後以之爲臣也。臣字不是卑之之詞。○（存疑）學焉而後臣之。尊德樂道也。不勞而王霸者。足與大有爲也。

今天下地醜德齊、莫能相尚、無他、好臣其所教、而不好臣其所受教。

醜、類也。尚、過也。所教、謂聽從於己、可役使者也。所受教、謂己之所從學者也。

本義今天下諸侯以地則相類以德則相等莫有能建伯王之業而超越當時之君者此無他只爲君好臣彼趨走承順爲己所教之人而不好臣彼抱道懷德爲己所受教之人也夫既不好臣其所受教是無不可召之臣此所以地醜德齊而不能大有爲也

附解存疑地醜言無一人能闢土地德齊言無一人能奮發有爲故曰莫能相尚好臣其所教二句正與學焉而後臣者相異此所以不足與有爲而莫能相尚也○蒙引德齊之德以所就功業言

湯之於伊尹桓公之於管仲則不敢召管仲且猶不可召而況不爲管仲者乎

不爲管仲孟子自謂也范氏曰孟子之於齊處賓師之位非當仕有官職者故其言如此○此章見賓師不以趨走承順

爲恭而以責難陳善爲敬人君不以崇高富貴爲重而以貴德尊士爲賢則上下交而德業成矣

【本義】湯之於伊尹桓公之於管仲皆學而後臣未嘗敢召之來見也夫伊尹爲王者佐其不召固宜至如管仲一霸者之佐耳桓公猶且不可召而況不屑爲管仲者顧可召而見之乎子奈何以人臣應召之禮律我也

【附解】翼註管仲且猶不可召主桓公不召管仲上○此章重君不可召臣故不召伊管俱重君言此是正脉

陳臻問曰章

【總旨】說統此章全爲齊發而借宋薛形之只在有處無處上見出皆是意

陳臻問曰前日於齊王餽兼金一百而不受於宋餽七十鎰而受於薛餽五十鎰而受前日之不受是則今日之受非也今日

之受是則前日之不受非也夫子必居一於此矣

陳臻孟子弟子兼金好金也其價兼倍於常者一百百鎰也

【本義】陳臻問曰辭受者君子之大節也夫子前日於齊王餽以兼金一百鎰而夫子不受今於宋餽七十鎰而受又於薛餽五十鎰而受夫同一餽也而受不受異焉吾恐前日之不受齊者是則今日之受宋與薛非也若今日之受宋與受薛者是則前日之不受齊非也夫子必居一非於此矣

【附辭】蒙引重在非字上○夫子必居一於此矣謂不免於一不是也

孟子曰皆是也

皆適於義也

【本義】孟子曰辭受何常惟義之歸耳吾之不受與受均適於義皆是而無非也固未可泥辭受之迹以議我也

當在宋也予將有遠行行者必以贐辭曰餽贐予何爲不受

贐送行者之禮也

【本義】我言辭受皆是何以明之我當在宋時將去之他國有遠行禮遠行者必有贐以資途費故宋君致詞曰餽贐則餽爲有名矣何爲却之而不受是受於宋者是也

當在薛也予有戒心辭曰聞戒故爲兵餽之予何爲不受

時人有欲害孟子者孟子設兵以戒備之薛君以金餽爲孟子兵備辭曰聞子之有戒心也

【本義】我當在薛時偶遇軍旅之事方有戒備之心薛君因致詞曰聞戒故爲備兵之資而餽則餽亦有名矣我又何爲却之而不受此受於薛者是也

附解 說統 故爲兵餽非薛君語是孟子叙事之詞○蒙引 兩箇辭曰字重看正與未有處相應

若於齊則未有處也無處而餽之是貨之也焉有君子而可以貨取乎

無遠行戒心之事是未有所處也取猶致也○尹氏曰言君子之辭受取予唯當於理而已

本義 若前日於齊則旣無遠行之役可以餽贐爲辭又無不虞之警可以聞戒爲辭是我於交際之禮未有所處也無所處而餽之是貨之也夫庸人見利而動或可以貨致者有之焉有守義之君子而可以貨結其心而致之者乎是齊之餽乃義不當受者亦未爲不是也臻何疑焉

附解 蒙引 處字一說是孟子無所處一說是齊王之餽無所處然以上文寻將有遠行寻有戒心照之則是孟子未有處

也。○〔朱子曰〕取。是羅致之意。輕受之。便是被他以貨賄籠絡了。

孟子之平陸章

〔總旨〕〔說統〕此章前三節。諷距心處。見責不容辭。非諷之去。從一節諷齊王處。直欲其衍興發之大政。以救溝壑流離之民。非徒悔罪己之一言而已。惜乎無改悔之實。孟子望齊之意孤矣。

孟子之平陸。謂其大夫曰。子之持戟之士。一日而三失伍。則去之否乎。曰。不待三。

平陸。齊下邑也。大夫。邑宰也。戟。有枝兵也。士。戰士也。伍。行列也。去之。殺之也。

〔本意〕孟子在齊。一日之平陸。見其民不聊生。乃謂其大夫距心曰。凡事各有職守。設子之持戟之士。於行師之時。一日而

三次離失行伍則以兵法誅之否乎距心曰失伍離次法所必誅是奚待於三失乎

附解 蒙引 失伍是不在伍也

然則子之失伍也亦多矣凶年饑歲子之民老羸轉於溝壑壯者散而之四方者幾千人矣曰此非距心之所得爲也

子之失伍言其失職猶士之失伍也距心大夫名對言此乃王之失政使然非我所得專爲也

本義 孟子因詰之曰士之行列士之伍也臣之職守臣之伍也然則子之失伍也亦多矣何也子之職在養民者也今凶年饑歲子之民年老羸病者轉於溝壑而死壯者散於四方以求食幾千人矣子爲民上而失職若此其如國法何距心曰民之死散距心非不知憫也但倉廩非奉命不敢發賦稅非奉命不敢緩此非距心所得而專之也

附錄存疑　子之失伍。是借其失伍之言。而責其失職也。○雙峯饒氏曰。凶年。說得濶。如水旱疾疫之類。饑歲只是五穀不熟。

曰今有受人之牛羊而爲之牧之者。則必爲之求牧與芻矣。求牧與芻而不得。則反諸其人乎。抑亦立而視其死與。曰此則距心之罪也

牧之養之也。牧牧地也。芻草也。孟子言若不得自專。何不致其事而去。

蒙引　孟子責之曰。子勿以不得爲諉也。今有受人之牛羊而爲之牧之者。則必爲之求牧地與芻草以養之矣。假使求牧與芻而不得。則以牛羊反諸其人而去乎。抑亦立視其牛羊之死而不顧乎。吾知必當反其人而不當立視其死也。明矣

子爲王牧民、既不能請於君以賑之、又不去而坐視民之死、此其罪將安歸哉。距心乃悟曰、我以牧民爲職、不得其職而不去、此則距心之罪、

誠有不容辭者也、

【附解】說約、兩爲之一樣、猶常言替他也。求牧令就地食草、芻則又刈而儲之以補其不足。

他日見於王曰、王之爲都者、臣知五人焉。知其罪者、惟孔距心。爲王誦之。王曰、此則寡人之罪也。

爲都、治邑也。邑有先君之廟曰都。孔、大夫姓也。爲王誦其語、欲以風曉王也。○陳氏曰、孟子一言而齊之君臣舉知其罪、固足以興邦矣。然而齊卒不得爲善國者、豈非說而不繹、從而不改故耶。

本義 孟子因欲警悟王、他日又自平陸之齊見於王曰、王之大夫爲都者臣所知有五人焉而能自知其失職之罪者惟孔距心一人而已於是以已之所以責距心距心之所以自責者一一爲王誦之、王乃自任曰不能發政施仁而使民不得聊生臣不得盡職此則寡人失政之罪也敢不承夫子之教乎、

附解 蒙引爲王誦之。此句記述之言。非孟子自爲王誦之也。

孟子謂蚳鼃曰章

總旨 蒙合註此章上二節。蚳鼃感孟子之諷。因可以去而去。下二節孟子因或人之譏。明可以久而久。見守官守道之不同。守官去就聽命於官。守道進退。聽命於道。

孟子謂蚳鼃曰子之辭靈丘而請士師似也爲其可以言也今既數月矣未可以言與

蚳鼃齊大夫也靈丘齊下邑似也言所爲近似有理可以言謂士師近王得以諫刑罰之不中者

本義 孟子謂蚳鼃曰人臣之義惟君所使乃子之辭靈邱之邑宰而請爲士師其所爲似亦有理也蓋爲士師司刑而又在王左右凡刑罰有失中者可以隨時救正因事納忠爲其可以言也今在位已數月矣王之用刑豈能事事皆當子尚未可以進言與居得言之地有當言之事而猶默默無所建明此我所未曉也

附解 說統 似也畧其迹而諒其心也且虛說意在下句上未可以言從數月中說來正使激之使言

蚳鼃諫於王而不用致爲臣而去

致猶還也

本義 蚳鼃因此感動乃進諫齊王王不能用遂致其職而去可謂得進退之義矣

齊人曰所以爲蚳鼃則善矣所以自爲則吾不知也

譏孟子道不行而不能去也

本義 然蚳鼃之去實孟子激之也齊人遂譏孟子曰蚳鼃當言而使之必言當去而使之必去孟子所以爲蚳鼃而成其去就之義則誠善矣然在齊而道既不行去又不果其所以自爲者則吾不知也何明於爲人而暗於爲己乎

公都子以告

公都子孟子弟子也

本義 公都子以齊人之言告孟子

曰吾聞之也有官守者不得其職則去有言責者不得其言則去我無官守我無言責也則吾進退豈不綽綽然有餘裕哉

官守以官爲守者言責以言爲責者綽綽寬貌裕寬意也孟子居賓師之位未嘗受祿故其進退之際寬裕如此尹氏曰進退久速當於理而已

【本義】孟子曰君子出處進退各有一理齊人豈足以知我哉吾聞之也人臣有官守者則修其職若不得盡其職則去人臣有言責者則盡其言若不得盡其言則去蚳鼃爲士師正是有官守言責者不合則去乃人臣之義當然也若我於齊旣不以官爲守又非以言爲責人固不得以臣下之職事責望於我我亦不肯以一身之去就受制於人則我或進或退都由自已主張豈不綽綽然寬舒而有餘裕哉齊人安得以蚳鼃之去議我也

【附解】蒙引進退卽去就也○翼註進退二字活看不退便進也○雙峯饒氏曰餘裕是寬緩不廹之意賓師從容規諷以漸而入如今朋友相似少焉不入亦當去但寬得些子不如那有官守言責者恁地逼廹不得其職不得其言則目下便

著休。

孟子爲卿於齊章

總旨 翼註與之同。使不惡也。不與之言。嚴也。

孟子爲卿於齊出弔於滕王使蓋大夫王驩爲輔行王驩朝暮見反齊滕之路未嘗與之言行事也

蓋、齊下邑也、王驩、王嬖臣也、輔行、副使也、反、往而還也、行事、使事也、

本義 孟子爲卿於齊、爲王出弔於滕、王使蓋大夫王驩爲輔行王驩朝暮進見由往而返乎齊滕之路、孟子竟未嘗少假詞色與之言出弔所行之事也其待之之嚴如此

【附解】〔說統〕反字中兼往字意○〔慶源輔氏曰〕行事謂祭弔之禮邦交之儀凡禮文制數皆是

公孫丑曰齊卿之位不爲小矣齊滕之路不爲近矣反之而未嘗與言行事何也曰夫既或治之予何言哉

王驩蓋攝卿以行故曰齊卿夫既或治之言有司已治之矣

孟子之待小人不惡而嚴如此

【本義】公孫丑不知而問曰人之相與若勢分懸絕或周旋不久則言有不能盡者王驩大夫今攝齊卿之位不爲小矣齊滕之路不爲近矣既非懸隔而不得言又非倉卒而不及言乃自往至反終不與之言及行事此何意也孟子有難於顯言者乃託詞曰我與彼奉命而出若使事有不治與之共議可也今彼有司既或已治辦而儀文器數皆得其宜矣予又何言之有哉

附解慶源輔氏曰夫既或治之正答公孫丑未嘗言行事一句

孟子自齊章

總旨新安陳氏曰此章當味盡於人心句人子事親至葬而終凡附於身與棺必誠必信勿之有悔盡不如是無以盡於吾心也盡於人心盡天理而已矣

孟子自齊葬於魯反於齊止於嬴充虞請曰前日不知虞之不肖使虞敦匠事嚴虞不敢請今願竊有請也木若以美然

孟子仕於齊喪母歸葬於魯嬴齊南邑充虞孟子弟子嘗董治作棺之事者也嚴急也木棺木也以已通以美太美也

本義孟子自齊歸葬其母於魯及葬事畢復反於齊止於嬴充虞請曰夫子前日不知虞無治事之才使虞督理匠事當

日事正嚴急夫子方在哀痛迫切之中慮故有疑而不敢請今願竊有請以釋其疑也向者所用之棺木若似乎太美然治喪恐不必如是其過厚也

【附解】〔翼註〕止於嬴。是勿作觀望說。只是回顧邱墓。餘哀未忘不能遽前意。○〔說約〕嚴言喪事匆匆也屬孟子敦治也

曰古者棺椁無度中古棺七寸椁稱之自天子達於庶人非直爲觀美也然後盡於人心

度厚薄尺寸也中古周公制禮時也椁稱之與棺相稱也欲其堅厚久遠非特爲人觀視之美而已

【本義】孟子曰喪葬之從厚其來久矣夏商以前禮制未備其棺椁尺寸無一定之式至中古定爲喪葬之禮棺木計厚七寸椁亦與之相稱自天子至於庶人不以尊卑爲厚薄此非但爲人觀視之美而已也蓋必如是然後堅厚久遠而人子

之心藉此少盡耳。

〔附解〕慶源輔氏曰：古者棺椁無度，想是過於厚。覩易喪葬取之大過，可見椁稱之，亦七寸也。○雙峯饒氏曰：周七寸，只如今七寸許。○〔翼註〕人心，是人子之心，非他人之心。

不得不可以爲悅，無財不可以爲悅，得之爲有財，古之人皆用之，吾何爲獨不然？

不得，謂法制所不當得。得之爲有財，言得之而又爲有財也。或曰：爲當作而。

〔本義〕於此而有不得自盡者，除是限於法制，分有所不得爲，只得安於我分，不敢過厚，此不可以爲悅也。或是缺於財用，力有所不能爲，只得稱家有無，不能從厚，亦不可以爲悅也。若使法制既在得爲，財力又是有爲，此正人子盡心之時。古

之人皆用其厚者吾何爲獨不然
哉棺椁之美亦猶行古之道也

【附解】〔蒙引〕不得無財二句輕。不過設言以起得之爲有財何。○〔四書脉〕何爲爲字。要分曉言爲無財耶。抑爲不得耶。

且比化者無使土親膚於人心獨無恔乎

比猶爲也。化者死者也。恔快也。言爲死者不使土親近其肌膚。於人子之心豈不快然無所恨乎。

【本義】吾謂送終之禮。不可不盡者。爲何。蓋人子於父母要使附於身者。堅厚久遠。不使地下土壤得親近其肌膚。則人子之心。獨不快然自足而無所悔恨乎。

【附解】〔說統〕對人而言之。曰獨與吾何不然相應。

吾聞之也君子不以天下儉其親

送終之禮所當得爲而不自盡是爲天下愛惜此物而薄於吾親也。

【本義】向使得盡其心而不自盡是爲天下惜此棺椁之費而薄於其親也吾聞之也君子不以天下財物而儉其親蓋愼終之禮必當盡心也則吾向用木之美者正盡人子之心而不敢以薄爲道耳子何疑焉

【附解】冢引以猶爲也天下猶云世上

註此物二字泛說葬禮不專言棺椁

沈同以其私問曰章

【總旨】說統此章當以天字爲主燕之私授受是不奉天命齊之擅征伐是不奉天討非堯舜而揖遜故召齊之師非湯武而征誅故致燕之畔孟子說燕罪可伐又說齊非伐燕之人未嘗輕貸燕亦未嘗輕與齊此處要識得聖賢大公之心

【正解】上節就燕論燕見燕有可伐之罪

下節就齊論齊見齊非可伐燕之人

沈同以其私問曰燕可伐與孟子曰可子噲不得與人燕子之不得受燕於子噲有仕於此而子悅之不告於王而私與之吾子之祿爵夫士也亦無王命而私受之於子則可乎何以異於是

沈同齊臣以私問非王命也子噲子之事見前篇諸侯土地人民受之天子傳之先君私以與人則與者受者皆有罪也仕爲官也士卽從仕之人也

本義 燕王子噲惑於邪謀傳位於其相子之國內大亂沈同以其私意來問於孟子曰燕可伐與孟子據理答之曰可伐夫諸侯土地人民受之天子傳之先君在子噲之爲君也未請命於天子不得私與人燕在子之之爲相也未奉命於天

子不得私受燕於子噲如有來仕者於此而子悅之不告於王而私與之吾子之祿爵夫彼士也亦無王命而私受之於子於理可乎今燕國君臣之授受何以異於是此燕之所以可伐也

附解 慶源輔氏曰沈同問燕可伐否耳固不問以齊伐燕爲何如也若是以王命來問孟子必當詳告之不但曰可而已也○達說不得與燕不得受燕全重王命覩下文不告於王而私與之亦無王命而私受之可見註把天子先公並言亦大概論理之辭耳

齊人伐燕或問曰勸齊伐燕有諸曰未也沈同問燕可伐與吾應之曰可彼然而伐之也彼如曰孰可以伐之則將應之曰爲天吏則可以伐之今有殺人者或問之曰人可殺與則將應之曰可彼如曰孰可以殺之則將應之曰爲士師則可以殺之今

以燕伐燕何爲勸之哉

天吏解見上篇言齊無道與燕無異如以燕伐燕也史記亦謂孟子勸齊伐燕蓋傳聞此說之誤○楊氏曰燕固可伐矣故孟子曰可使齊王能誅其君弔其民何不可之有乃殺其父兄虜其子弟而後燕人畔之乃以是歸咎孟子之言則誤矣

本義 齊人借孟子之言而伐燕或疑其計出孟子乃問曰夫子勸齊伐燕有諸孟子曰我未嘗勸齊伐燕也但謂我勸者亦自有由前者沈同問燕之無道可伐與當時我應之曰可伐彼遂以吾言爲然而伐之也彼如再問曰孰可以伐之則吾必將應之曰惟奉天討罪之天吏方可伐之苟非天吏是以暴易暴亦不可也譬如今有殺人者或問之曰此殺人之

人可殺與則將應之曰可彼如再問曰孰可以殺之則必將應之曰惟奉君執法之士師方可殺之苟非士師是以下專戮亦不可也今燕悖亂之罪誠爲可伐然齊非伐燕之人以齊伐燕是卽以燕伐燕也吾何爲而勸之哉

【附解】雙峯饒氏曰天吏天所命者士師君所命者○【存疑】未也只作未嘗說○【蒙引】今有殺人者與人可殺與兩人字不同下一人字是殺人之人也

燕人畔章

【總旨】【折衷】上二節是陳賈因齊王有慚而諛以釋之下二節是孟子因陳賈釋慚而深以責之

燕人畔王曰吾甚慙於孟子

齊破燕後二年燕人共立太子平爲王

【本義】齊取燕後燕人共立太子平爲王乃畔於齊齊王曰吾初欲取燕孟子嘗勸我順民心及諸侯謀救燕孟子又勸我

置君而去我不曾用其言今其言皆驗吾甚慙愧焉而無以見之也此亦其悔悟良心可以爲善之機也

陳賈曰王無患焉王自以爲與周公孰仁且智王曰惡是何言也曰周公使管叔監殷管叔以殷畔知而使之是不仁也不知而使之是不智也仁智周公未之盡也而況於王乎賈請見而解之

陳賈齊大夫也管叔名鮮武王弟周公兄也武王勝商殺紂立紂子武庚而使管叔與弟蔡叔霍叔監其國武王崩成王幼周公攝政管叔與武庚畔周公討而誅之

本義 陳賈乃逢迎曰王無以無可解慚爲患焉試問王自以爲與古之周公孰仁且智齊王驚歎曰惡是何言也我豈敢

望周公哉陳賈曰昔武王克商立紂子武庚以嗣商後周公使其兄管叔監守殷國及成王初立管叔遂與武庚同謀而以殷畔周是畔周者管叔而使管叔者則周公也假使周公預知其欲畔而故使之是陷管叔於死不仁之甚也假使不知而誤使之是無先見之明不智之甚也非不仁卽不智仁智卽周公未之能兼盡也何况於王乎賈請見孟子而爲王解之又何慚焉

附解 達說兼仁且智且字與養氣章仁且智夫子既聖矣且字不同既聖處且字是仁智並說此處仁且智則倒重智上下面知而使之是不仁也亦只要形起不知而使之是不智也句周公知其將畔而使之與亦只相形引出不知也句陳賈主意全認定不知一邊蓋欲以周公不知而使管叔解釋齊王不知而取燕耳○仁智周公未之盡句要以不智爲主說况於王乎句亦須重不智一邊乃是論齊事本旨

見而解之言請見孟子而以周公事爲王解之也

見孟子問曰周公何人也曰古聖人也曰使管叔監殷管叔以

殷畔也有諸曰然曰周公知其將畔而使之與曰不知也然則聖人且有過與曰周公弟也管叔兄也周公之過不亦宜乎

言周公乃管叔之弟管叔乃周公之兄然則周公不知管叔之將畔而使之其過有所不免矣或曰周公之處管叔不如舜之處象何也游氏曰象之惡已著而其志不過富貴而已故舜得以是而全之若管叔之惡則未著而其志其才皆非象比也周公詎忍逆探其兄之惡而棄之耶周公愛兄宜無不盡者管叔之事聖人之不幸也舜誠信而喜象周公誠信而任管叔此天理人倫之至其用心一也

【本義】賈因往見孟子問曰、周公何如人也、孟子曰、德如周公乃古之聖人也、賈曰、聞周公使管叔監殷、管叔反以殷畔、不知果有此事否、孟子曰、有之、賈乃故問曰、周公用管叔之時、亦預知其將畔而使之與、孟子曰、周公不知也、賈遂問曰、然則公聖人也、且有不知而誤使之過與、孟子曰、凡待他人可以逆料其惡而棄之、今周公於管叔爲弟也、管叔於周公爲兄也、公以愛兄之心誠信而任之、實不忍料其中變如此、然則周公之過、豈非天理人情之所宜有者乎、非後世所可以之藉口也、

【[illegible]】〔存疑〕周公果是不知其將畔而使之、蓋愛兄之心蔽之也、若謂本知其將畔、但不忍以不仁待兄、而姑使之、是以惡養天倫、若莊公之於叔段、其不仁甚矣○〔四書脈〕有過指不智、且字見公且然、下於公者可知○〔賚合註〕周公之過、不亦宜乎、便有他人之過、則不宜意○〔困勉錄〕蒙引謂不智是過、若不仁則不止於過也、此說亦甚拘○此章論周公事、專以使管叔說、不必牽誅管叔說。

且古之君子過則改之今之君子過則順之古之君子其過也如日月之食民皆見之及其更也民皆仰之今之君子豈徒順之又從而爲之辭

順猶遂也更改也辭辯也更之則無損於明故民仰之順而爲之辭則其過愈深矣責賈不能勉其君以遷善改過而教之以遂非文過也○林氏曰齊王慙於孟子蓋羞惡之心有不能自已者使其臣有能因是心而將順之則義不可勝用矣而陳賈鄙夫方且爲之曲爲辯說而沮其遷善改過之心長其飾非拒諫之惡故孟子深責之然此書記事散出而無

先後之次故其說必參考而後通若以第十篇十章十一章置之前章之後此章之前則孟子之意不待論說而自明矣

【本義】且人之處過亦有古今之不同焉古之君子有過則就自家改了知之未嘗復行今之君子有過就自家順從了只依他做去古之君子其過也無所掩覆如日月之食民皆見之而及其改之也復於無過如日月復明民皆仰之今之君子豈但順之而已又從而爲之飾詞以文其過卽一過也而古今不相及如此可不省哉

【附解】翼註古之君子泛說不指周公末段民皆見之固不背爲之辭更也民皆仰之又不必爲之辭如此云方與下面有情

孟子致爲臣章

【總旨】翼註首二節婉答齊王見行道之心下面深拒時子見守道之義

孟子致爲臣而歸

孟子久於齊而道不行故去也

本義孟子爲卿於齊見道不得行故致還卿位而歸齊

附解（存疑）孟子於齊先處賓師之位後亦嘗爲卿雖不受祿畢竟是臣位故曰爲臣

王就見孟子曰前日願見而不可得得侍同朝甚喜今又棄寡人而歸不識可以繼此而得見乎對曰不敢請耳固所願也

本義王就見孟子曰前日夫子未到吾國之時寡人願一見而不可得及到吾國使寡人得侍賢者之側不但寡人喜悅凡吾同朝之臣皆甚喜今又以寡人不足有爲棄之而歸雖夫子高尚之志已不可回不識此別之後尚可復來使寡人得再見否乎孟子對曰繼見之期但不敢預以爲請耳然此心固所願也此可見行道爲君子本心而枉道爲君子之大

戒也。

附解 四書脉 不敢請者。恐有干進之嫌。見無任道之意。固所願者。出於愛君之誠。見有行道之心。兩句俱承繼見來

他日王謂時子曰我欲中國而授孟子室養弟子以萬鍾使諸大夫國人皆有所矜式子盍爲我言之

時子齊臣也中國當國之中也萬鍾穀祿之數也鍾量名受六斛四斗矜敬也式法也盍何不也

大義 孟子雖欲去而猶不忍即去至他日猶在齊也王因謂時子曰我待孟子以卿相之位他猶不肯留我今欲當國之中而授孟子居室養其從游弟子以萬鍾之祿使上而諸大夫下而國人皆尊之爲師有所尊敬而取法焉子何不爲我言之而使之勿去也

【附解】困勉錄前此不留他日留之安知其非自悔自艾乎但觀其詞絕無悔過不安之意則可知其不誠耳不必在他日字上穿鑿也○室與祿不平重祿上故下只以萬鍾言

時子因陳子而以告孟子陳子以時子之言告孟子

陳子即陳臻也

【本義】時子難以徑達因託陳子以轉告孟子陳子亦不知孟子欲去之心即述時子之言以告之

【附解】蒙引因猶託也

孟子曰然夫時子惡知其不可也如使予欲富辭十萬而受萬是爲欲富乎

孟子既以道不行而去則其義不可以復留而時子不知則

又有難顯言者故但言設使我欲富則我前日爲卿嘗辭十萬之祿今乃受此萬鍾之饋是我雖欲富亦不爲此也

本義 孟子以道旣不行義在必去却又難以顯言乃婉言以拒之曰子所述時子之言是如此耶彼時子惡知我之不可以復留也夫王以萬鍾留我不過以富誘之而已如使我欲富則前日爲卿常祿十萬尚辭之而不受今乃受此萬鍾之養是辭多而受少也欲富者固如是乎況我本非欲富也

季孫曰異哉子叔疑使己爲政不用則亦已矣又使其子弟爲卿人亦孰不欲富貴而獨於富貴之中有私龍斷焉

此孟子引季孫之語也季孫子叔疑不知何時人龍斷岡壟之斷而高也義見下文蓋子叔疑者嘗不用而使其子弟爲

卿季孫譏其既不得於此而又欲求得於彼如下文賤丈夫登龍斷者之所爲也孟子引此以明道既不行復受其祿則無以異此矣

【本義】且我既辭卿位復以萬鍾留齊是不得於彼而求得於此與子叔疑無異矣昔季孫嘗譏子叔疑曰異哉子叔疑之爲人也使已得位爲政至不見用則亦已焉矣又必百計使其子弟爲卿以代已專政此其志不過爲富貴耳夫人情亦孰不欲富貴而子叔疑獨於富貴之中存患得患失之念展轉營謀有私龍斷焉不亦異乎季孫之言如此

【附解】（困勉錄）蒙引謂兩使字不同上使字是如使之使下使字是子叔疑使之也已指子叔疑此條非也蓋叔疑事乃實事豈可用如使口氣愚意上使字乃國君使也不然則使已爲政不用則亦已矣此句乃是泛論叔疑事當補在言外則又不得謂已指叔疑也○（慶源輔氏曰）舉季孫所譏子叔疑之事以見我不敢效此之意辭祿而受餽雖多寡之不同畢

竟是既不得於此而又求得於彼也

古之爲市者以其所有易其所無者有司者治之耳有賤丈夫焉必求龍斷而登之以左右望而罔市利人皆以爲賤故從而征之征商自此賤丈夫始矣

孟子釋龍斷之說如此治之謂治其爭訟左右望者欲得此而又取彼也罔謂罔羅取之也從而征之謂人惡其專利故就征其稅後世緣此遂征商人也○程子曰齊王所以處孟子者未爲不可孟子亦非不肯爲國人矜式者但齊王實非欲尊孟子乃欲以利誘之故孟子拒而不受

【本義】夫所謂龍斷者何也。蓋古之爲市者，集民間貨物，彼此更換，以其所有，易其所無，彼有司不過平物價，理爭訟，以法治之而已，初未征其稅也。有一等賤丈夫，焉必求龍斷最高處而登之，以左顧右盼，而網取一市之利，人皆惡其專利，而以爲賤，故從而征之，以示裁抑。後世因此遂有商稅，是征商實自此賤丈夫始矣。季孫所謂龍斷如此。今我既辭十萬之祿。復受萬鍾之養。是亦一龍斷矣。如之何其可哉。

【附解】〔翼註〕以其所有二句。見古無專利之心。有司者治之。見古無征商之法。〇〔雙峯饒氏曰〕左右望。是欲全得之。萬一不得於此。亦可得於彼。不得於彼。不得於此。是得於此亦可得於彼不得於此是譬喻辭十萬得於彼。是譬喻受萬

孟子去齊章

【總旨】〔說統通章〕重在無王命上。

孟子去齊宿於晝

晝齊西南近邑也

本義 孟子已去齊而仍宿於晝蓋遲遲吾行未忍遽去也

有欲爲王留行者坐而言不應隱几而臥

隱憑也客坐而言孟子不應而臥也

本義 乃有不奉王命而自以其意欲爲王留孟子之行者坐而言其所留之意是不知留賢之道也故孟子不應其言且憑几而卧若罔聞焉

附解 翼註客欲留行當先言於王而得其悔悟因奉王命來留孟子方可留也今徒以巳之私意爲王留行如何留得

客不悅曰弟子齊宿而後敢言夫子臥而不聽請勿復敢見矣

曰坐我明語子昔者魯繆公無人乎子思之側則不能安子思

泄柳申詳無人乎繆公之側則不能安其身

齊宿齊戒越宿也繆公尊禮子思常使人候伺道達誠意於其側乃能安而留之也泄柳魯人申詳子張之子也繆公尊之不如子思然二子義不苟容非有賢者在其君之左右維持調護之則亦不能安其身矣

本義 客不悅曰弟子以夫子之行不敢輕率而留齊戒越宿而後敢進言夫子乃臥而不聽拒人如此請從此辭不敢復見矣孟子曰坐子如我所以不應之意乎我明告子大凡賢者之去就非苟焉已也昔者魯繆公尊禮子思常使人候於子思之側以通其敬賢之忱所以能安子思也若使無人在子思之側道達其誠意則子思必不能一日安於其國矣泄柳申詳在魯義不苟容時有薦賢者常在繆公之側稱道其賢而啓君以重道之意所以能安其身也若使無人在繆公

之側以維持調護之則二子亦必不能一日安其身矣可見
賢者居人國其上必有好賢之君其中必有薦賢之臣而後
可留
也

【附解】摘訓一則君使人留賢一則人勉君留賢皆非無君命
而私留者○說統看泄柳申詳三句要看得好非謂二子之
賢倚君側之人也二子當時亦只見魯君信用他故樂爲之
留初不知中間維持調護之故而究竟親用之故則以有人
耳

子爲長者慮而不及子思子絕長者乎長者絕子乎

長者孟子自稱也言齊王不使子來而子自欲爲王留我是
所以爲我謀者不及繆公留子思之事而先絕我也我之臥
而不應豈爲先絕子乎

【本義】今子未嘗出於王命而欲以一人之私意決賢者之去留是子爲長者謀盡視繆公之待子思不及遠矣子試思之留我而實輕我豈非子先絕長者乎而顧可謂長者先絕子乎此可知我隱几不應之故矣

【附解】蒙引子絕長者乎要下一先字臥而不應不可謂不是絕○困勉錄繆公自能尊子思齊王不能如繆公如何責留行者之不及子思曰繆公自能尊子思則不待維持調護也齊王不如繆公則必待維持調護之而後可故爲客計者當以留泄柳申詳之法而責王以尊禮子思之事上文所以必帶說泄柳申詳者蓋爲此也其意實重在子思邊耳

尹士語人曰章

【總旨】題註尹士譏孟子與孟子自明俱重在濡滯一邊

孟子去齊尹士語人曰不識王之不可以爲湯武則是不明也識其不可然且至則是干澤也千里而見王不遇故去三宿而

後出晝是何濡滯也士則茲不悅

尹士齊人也干求也澤恩澤也濡滯遲留也

本義 孟子去齊而遲遲其行尹士私語人曰去就乃士人之大節甚不可苟王之不可爲湯武人皆知之使孟子不知而來見則智不足以擇君是不明也若旣知其不可然且至齊則是志在利祿而干澤也且千里而見王本欲行道今不遇而去便當潔身却乃遲遲其行三宿而後出晝是何依違進退若是其濡滯也士則因此一節而有所不悅於心也

對解 賽合註尹士之譏爲其三宿而譏雖或言不明或言干澤不過卽前日來齊之失以形今日濡滯之失

高子以告

高子亦齊人孟子弟子也

本義 高子以尹士相譏之言告孟子

曰夫尹士惡知予哉千里而見王是予所欲也不遇故去豈予所欲哉予不得已也

見王欲以行道也今道不行故不得已而去非本欲如此也

本義 孟子曰夫尹士惡知予之心哉昔者千里而見王誠不敢料王之不可爲湯武而因之以行道濟時是予之本心所欲也至於不遇故去豈予本心所欲哉展轉思維實迫於義不得已而後去也

附解 蒙引千里而見王是予所欲也如此說便見不敢逆以爲不足爲湯武且非千澤之意尤明矣

予三宿而出晝於予心猶以爲速王庶幾改之王如改諸則必反予

所改必指一事而言然今不可考矣

本義惟不得已而去故三宿出晝在尹士以為濡滯於予心猶以為速蓋以王之所以使我去固王之過然人孰無過而過無不可改王庶幾改之乎王如改諸則以王道為必可行以吾言為必可信必將反予而吾道之遇未可知矣此三宿出晝之心卽千里至齊之心也而安容遽出境也

附解徐巖泉曰此節正明其非濡滯也此是未出晝時心事

夫出晝而王不予追也予然後浩然有歸志予雖然豈舍王哉王由足用為善王如用予則豈徒齊民安天下之民舉安王庶幾改之予日望之

浩然如水之流不可止也楊氏曰齊王天資朴實如好勇好貨好色好世俗之樂皆以直告而不隱於孟子故足以為善

若乃其心不然而謬爲大言以欺人是人終不可與入堯舜之道矣何善之能爲

【本義】夫至於出晝之日已越齊境而王不見追也則王心終於不悟乎到此時然後浩然有歸志而長往以決也雖然我雖決去亦豈忍終舍王哉蓋王之天資朴實推其不忍廣其所好猶足引用之以爲善也使王果有志於爲善而用予以輔之則保民而王豈徒齊民安天下之民舉安湯武之功未嘗不可致也王庶幾改其過乎吾方日切望其反予而能終舍之耶

【附解】說統孟子主意在安天下上王由足用爲善實思所以用齊王耳故三宿出晝尹士謂其濡滯孟子則猶以爲速尹士謂濡滯在三宿而後出晝孟子則謂既出晝之後此心猶不舍王王如改諸句是述予心猶以爲速之意王由足用爲善是述豈舍王哉之意○【翼註】王如用予至舉安非自負語正見王之足用爲善也○【說叢】用是用孟子之王道則改是

改功利之習若説有甚失禮
處而欲其改此便看得小了

予豈若是小丈夫然哉諫於其君而不受則怒悻悻然見於其面去則窮日之力而後宿哉

悻悻怒意也窮盡也

本義 夫予之民生在念而故主情深豈若是規模促狹之小丈夫然哉有所諫於其君而君或不受則心懷忿怒悻悻然不平之色見於其面去則盡一日之力而後宿惟恐其行之不速哉我寧受濡滯之名而不忍爲此也

闡解 李裒一曰此小丈夫不要看他低了亦是要君好的但主意只爲自家一身所以傷於過激君子之心全爲天下連自家濡滯之迹都不計較以此對看所以爲小

尹士聞之曰士誠小人也

此章見聖賢行道濟時汲汲之本心愛君澤民惓惓之餘意

李氏曰於此見君子憂則違之之情而荷蕢者所以爲果也

【本義】尹士聞之乃自悟其失曰我之所言但見得去就之際不可不明耳豈知行道濟時愛君澤民之念固惓惓不舍如此哉士誠小人也

【附解】翼註小人即小丈夫但上以量言此以識言畧異○慶源輔氏曰集註本心謂其初本欲如此也餘意則後來不得已之意耳

充虞路問曰章

【總旨】翼註通章重憂世邊樂天意不重

孟子去齊充虞路問曰夫子若有不豫色然前日虞聞諸夫子

曰君子不怨天不尤人

路問於路中問也豫悅也尤過也此二句實孔子之言蓋孟子嘗稱之以敎人耳

【本義】孟子不遇去齊充虞路問曰夫子出晝以來若有不豫色然前日虞聞諸夫子曰窮通得喪天也君子不得於天而不怨天用舍予奪人也君子不合於人而不尤人以此言觀之則當無時而不豫也而今不有豫則與前日之言戾矣

【附解】芑山張氏曰充虞譏諷不豫爲怨尤。

曰彼一時此一時也

彼前日此今日

【本義】孟子曰彼一時尋常無事之時也此一時吾道行止之時也有不可以一律論者

附解〈說統〉時分彼此只以充虞聞見時言○〈賽合註〉天固不可怨而天命實足悲矣人固不可尤而人窮實足憫矣

五百年必有王者興其閒必有名世者

自堯舜至湯自湯至文武皆五百餘年而聖人出名世謂其人德業聞望可名於一世者為之輔佐若皐陶稷契伊尹萊朱太公望散宜生之屬

本義 此時何時乎自古明良相遇必有一定之期大約五百年貞元會合必有王者受命而興然王者不能獨治其閒必有德業聞望可名一世者出而輔之是氣數之必然而不可易者也

附解〈說統〉五百年重王者上蓋有聖人出則名世必因之而顯孟子自是名世者惜無王者與以為之輔佐不豫意本此未說出也下文方見○〈存疑〉五百年二句是為下節數與時張本

由周而來七百有餘歲矣。以其數則過矣，以其時考之則可矣。

周謂文武之間。數謂五百年之期。時謂亂極思治可以有爲

之日。於是而不得一有所爲，此孟子所以不能無不豫也。

【本義】乃由周以來七百有餘歲矣，以五百年之數計之，則已過其曆矣；以當今之時考之，則亂極思治，王者當興而名世可以有爲之日矣。於此時而不得有爲，以立名世之業，此所以不能無不豫也。

【附録】【困勉録】按，時數只平說，自妙，不必串。○註云「亂極思治」，如禮樂久衰則必振，民生久困則必復，詐力久用則必黜，戰征久用則必息。就戰國時勢著想方合。

夫天未欲平治天下也，如欲平治天下，當今之世，舍我其誰也？

吾何爲不豫哉？

言當此之時而使我不遇於齊是天未欲平治天下也然天意未可知而其具又在我我何爲不豫哉然則孟子雖若有不豫然者而實未嘗不豫也葢聖賢憂世之志樂天之誠有並行而不悖者於此見矣

【本義】夫世之治亂皆天爲之當此時而我猶不遇是特天之未欲平治天下也有如天心厭亂而欲平治天下則當今之世懐名世之具者舍我其誰也天意未可知則平治固有日而其具又在我則大行猶有時隨吾所遇安意以待之耳又何爲不豫哉

【附解】慶源輔氏曰不能無不豫憂世之志也實未嘗不豫樂天之誠也憂樂自常情視之則相反自聖人言之則並行而不悖也○自上節觀之則孟子不能不豫然也自此節觀之則孟子未嘗不豫也

居休章

【總旨】〈賽合註〉據總註云仕而受祿禮也不受齊祿義也則通章俱只重不受祿看爲是不可以末節爲不去之由與不受祿並重總見得去齊我志而久於齊非我志此其所以不受祿也

孟子去齊居休公孫丑問曰仕而不受祿古之道乎

休地名

【翼義】孟子去齊居休公孫丑問曰君子居其位則食其祿今夫子既仕於齊而又不受祿豈古之道有然乎

【備旨】〈翼註〉仕而不受祿指定孟子非泛問

曰非也於崇吾得見王退而有去志不欲變故不受也

崇亦地名孟子始見齊王必有所不合故有去志變謂變其

去志、

本義 孟子曰、非古道也、吾之所以不受者、以吾始來齊、於崇邑得見齊王、談論之間、即知其不能用我、退而有去志矣、此志不欲變改、故不受其祿也、

附解 說統 志不欲留齊而復受其祿、便是苟祿、所以不受、非但是恐受祿便爲他羈縻也、

繼而有師命、不可以請、久於齊、非我志也、

師命、師旅之命也、國既被兵、難請去也、○孔氏曰、仕而受祿、禮也、不受齊祿、義也、義之所在、禮有時而變、公孫丑欲以一端裁之、不亦誤乎、

本義 但因見王之後、繼而有師旅之命、上下戒嚴、不可以請、勢有所阻、不得不久留於齊、實非我志也、此所以不受其祿

也。

附解說約退而有去志，久於齊非我志也，兩志字相照應。

南軒張氏曰：孟子之去齊，三宿出晝，而以爲速，此章云云何也。初見齊王之情，必有不能用者，則可去之幾，未嘗不先覺也。又以其質亦有可取，故不受其祿，姑留以觀其感悟與否也，豈徒爲苟留而已哉。

四書講義尊聞錄卷之十五終

都邑之圖

蒙引曰左右各三區皆民所居此是廛無夫里之布之廛後市之廛是市廛而不征之廛市四面皆有門

四書講義尊聞錄卷之十六

滕文公章句上

凡五章

滕文公爲世子章

【總旨】（翼註）通章以性善爲主。前二節。啓世子以性善而實其人。後三節。詳明性善而勵其志。

滕文公爲世子。將之楚。過宋而見孟子。

世子、太子也、

【本義】滕文公爲世子、以定公使、將往楚國、脩交鄰之禮、時孟子在宋、文公慕其賢、乃過宋而見孟子。

【附解】（蒙引）或謂天子之子、爲太子、諸侯之子爲世子、非也。周公立教世子之法。成王亦稱世子。則世子太子、天子、諸侯之子通稱矣。故曰世子，太子也。後世乃分。〇〔困勉錄〕賽合註四書脉俱謂楚宋不同路，乃是迂道以見孟子。麟士則謂不必如常解解作迂道來見，麟士爲長。但麟士欲以過宋二字連上讀，而見孟子四字另讀，則亦不必也。

孟子道性善，言必稱堯舜。

道，言也。性者，人所稟於天以生之理也。渾然至善，未嘗有惡。人與堯舜初無少異，但衆人汨於私欲而失之，堯舜則無私欲之蔽而能充其性爾。故孟子與世子言，每道性善而必稱堯舜以實之，欲其知仁義不假外求，聖人可學而至，而不懈於用力也。門人不能悉記其辭，而撮其大旨如此。程子曰：性即理也，天下之理，原其所自，未有不善。喜怒哀樂未發，何嘗

不善發而中節即無往而不善發不中節然後爲不善故凡言善惡皆先善而後惡言吉凶皆先吉而後凶言是非皆先是而後非

【本義】孟子見滕世子、欲從本原上啓發他故所與言者大約人有此生即有此性性本有善而無惡於言性善之時又必稱堯舜以實之所以互相發明也其意蓋曰知性善則知堯舜之必可爲矣知堯舜之可爲則性之本善益見矣

【附錄】朱子曰孟子見滕文公便道性善他欲人先知得一箇本原則爲善必力去惡必勇○易言繼善是指未生之前孟子言性善是指已生之後雖曰已生然其本體初不相離也○吳氏程曰孟子道性善是就氣質中挑出本然之理而言○新安陳氏曰性善是虛說其理稱堯舜是指能盡性之人以實其說○說統道性善與稱堯舜二句正相表裏言這性充得去時便是堯舜蓋堯舜與人同是一性即做到唐虞事業不曾於本體上加得分毫可見人人此性人人此善即人

人堯舜矣語意只要世子以堯舜自期不重堯舜能盡性上

世子自楚反復見孟子孟子曰世子疑吾言乎夫道一而已矣

時人不知性之本善而以聖賢爲不可企及故世子於孟子之言不能無疑而復來求見蓋恐別有卑近易行之說也孟子知之故但告之如此以明古今聖愚本同一性前言已盡無復有他說也

【本義】世子聞性善之說未能了然且望堯舜之聖益加疑畏故自楚反復見孟子蓋恐別有卑近易行之說也孟子曰世子得非疑吾言乎吾言固無可疑也夫道之在人同出於一天無古今無聖愚一而已矣道既無二吾安得有二說哉

【附解】蒙引此道字正指性也道者德行性命之總名何者不是道此處不必拘於中庸性道之分

成覸謂齊景公曰彼丈夫也我丈夫也吾何畏彼哉顏淵曰舜何人也予何人也有爲者亦若是公明儀曰文王我師也周公豈欺我哉

成覸人姓名彼謂聖賢也有爲者亦若是言人能有爲則皆如舜也公明姓儀名魯賢人也文王我師也蓋周公之言公明儀亦以文王爲必可師故誦周公之言而歎其不我欺也孟子旣告世子以道無二致而復引此三言以明之欲世子篤信力行以師聖賢不當復求他說也

【本義】道一之說非我之私言也不觀古人之言乎昔成覸謂齊景公曰今人見說聖賢便悚然畏之不知彼固丈夫也我

亦丈夫也其性本一吾何畏彼而不敢擔當哉顔淵曰古今稱聖人必曰虞舜然舜何等人也予何等人也性非有二人能立志有爲亦若舜矣公明儀曰周公謂文王我之師法可學而至也自我言之我性中自有文王信乎文王可學而至周公之言豈欺我哉夫此三人之言所以如此者正以古今聖愚本無二道也然則世子復何疑惟篤信力行以師聖賢而已矣

【附解】〔四書脈〕闡之言爲景公發勿認我吾字是自道丈夫只當人看○〔翼註〕畏字是不敢擔當意○〔賽合註〕我師謂我可師而至之非爲我之師也○〔翼註〕周公豈欺我哉兼周公固能師文王吾人亦能師文王意○〔存疑〕彼丈夫我丈夫舜何人予何人等處都要以性入說○〔蒙引〕吾何畏彼哉者以其道之一也有爲者亦若是者亦以其道之一也周公以文王爲我師者亦以其道之一也此集註所謂既告以道無二致而復引此三言以明之者也欲世子篤信力行以師聖賢不當復求他說者言外意也○〔朱子曰〕孟子引三段說話教人如此發憤勇猛向前日用之閒不得存留一毫人欲之私在

這裏此外更無別法若如此有箇奮迅興起處方有
田地可下工夫不然則是晝脂鏤冰無真實得力處

今滕絕長補短將五十里也猶可以爲善國書曰若藥不瞑眩厥疾不瘳

絕猶截也書商書說命篇瞑眩憒亂言滕國雖小猶足爲治但恐安於卑近不能自克則不足以去惡而爲善也○愚按孟子之言性善始見於此而詳具於告子之篇然默識而旁通之則七篇之中無非此理其所以擴前聖之未發而有功於聖人之門程子之言信矣

本義 然欲師聖人惟患無奮發之志不患無努力之資今滕絕長補短將有五十里也國雖云小矣苟本之於身而達之

於政以其所以治已者而治夫人則雖小國猶可以爲善國但恐立志不高自治不勇見天理而不肯進戀人欲而不忍割則人欲日長天理日消身之汙濁固不足以爲善人而紀綱廢墜亦不足以爲善國故書曰若藥不瞑眩厥疾不瘳有志於復其性而爲聖賢者當知所以自勵云

附解 選註猶可以爲善國且據理開闢說而勉世子奮發有爲之意耶備引書內○朱子曰人要爲聖賢須是猛起如服瞑眩之藥以除深痼之疾直是不可悠悠○勉齋黄氏曰歷引三人之言所以釋滕文之疑終以藥瞑眩所以厲其志

滕定公薨章

總旨 說統通章大旨重親喪固所自盡一句後不可他求是在世子是誠在我何相應○世子志行喪禮根原全在於心終不忘處得來此正眞情所發見可見人性本善處惟性本善故孟子說到懇惻處足以動世子世子行到懇惻處足以動當世之人心可見人性之無不善而堯舜眞可爲矣

滕定公薨世子謂然友曰昔者孟子嘗與我言於宋於心終不忘今也不幸至於大故吾欲使子問於孟子然後行事

定公文公父也、然友世子之傅也、大故大喪也、事謂喪禮、

本義 滕世子見孟子之後、其父定公薨、世子謂其傅然友曰、昔者孟子嘗與我言於宋、其性善堯舜之說、猶在於心而終不能忘、今也不幸至於當先人之大故、不知喪葬之禮如何方合於聖人之道、吾欲使子往問孟子、然後舉行喪事、庶免於悖禮之失也

附解 達說於心○終不忘○便隱然有盡性希聖之志故欲問孟子而行事○

然友之鄒問於孟子孟子曰不亦善乎親喪固所自盡也曾子曰生事之以禮死葬之以禮祭之以禮可謂孝矣諸侯之禮吾

末之學也雖然吾嘗聞之矣三年之喪齊疏之服飦粥之食自天子達於庶人三代共之

當時諸侯莫能行古喪禮而文公獨能以此爲問故孟子善之又言父母之喪固人子之心所自盡者蓋悲哀之情痛疾之意非自外至宜乎文公於此有所不能自已也但所引曾子之言本孔子告樊遲者豈曾子嘗誦之以告其門人歟三年之喪者子生三年然後免於父母之懷故父母之喪必以三年也齊衣下縫也不緝曰斬衰緝之曰齊衰疏麤也麤布也飦糜也喪禮三日始食粥既葬乃疏食此古今貴賤通行

之禮也。

[本義]於是然友之鄒問於孟子。孟子曰。當喪禮既壞之時。而獨能以此爲問。不亦善乎。然父母之喪。其哀痛迫切之情。固人子之心所自盡。而無待於勉强者。宜乎世子於此。有所不能自已。而必欲問焉以盡其心也。然盡其心者。在盡其禮。曾子有言曰。父母生時。左右就養。當事之以禮。沒後衣衾棺槨。當葬之以禮。祭時。禴祀蒸嘗。當祭之以禮。禮無不盡。則心亦無不盡。可謂孝矣。此曾子汎論人子之禮。我嘗聞之。若夫諸侯之喪禮。典章殘缺。其詳悉吾未之學也。雖然。其大經一定不可易者。吾嘗聞之矣。父母之喪。必以三年爲定。三年之内。所服者必齊衰之服。所食者必飦粥之食。上自天子。達之庶人。貴賤通行。而三代以來。未之有改也。我所聞大略如此。世子欲盡其心。亦惟遵行此禮而已。

[附錄][翼註]問所自盡。泛就人子自然之心說。不可加一當字。玩註宜乎可見。○論語自致自字。是自然。此自字。是自已。觀註非自外至可見。而自然盡心。乃在問字上。○[達說]講吾嘗聞之句。要本通行意發之。○[翼註]三年之喪句。是主。齊疏飦

粥。皆在三年內。○趙氏曰。自天子達於庶人。是無貴賤之別。三代共之。無古今之異。○朱子曰。孟子說制度皆舉其綱而已如田之什一。喪之自天子達之類。○自盡其心喪禮之大本也。三年齊疏飦粥喪禮之大經也。

然友反命定爲三年之喪父兄百官皆不欲曰吾宗國魯先君莫之行吾先君亦莫之行也至於子之身而反之不可且志曰喪祭從先祖曰吾有所受之也

父兄同姓老臣也滕與魯俱文王之後而魯祖周公爲長兄弟宗之故滕謂魯爲宗國也然謂二國不行三年之喪者乃其後世之失非周公之法本然也志記也引志之言而釋其意以爲所以如此者蓋爲上世以來有所傳受雖或不同不

可改也。然志所言，本謂先王之世舊俗所傳禮文小異而可以通行者耳，不謂後世失禮之甚者也。

本義　然友反命於世子，世子以孟子之言爲必可行，遂定爲三年之喪。是時古禮久廢，同姓父兄、異姓百官皆不欲，曰：如今稱秉禮之國莫如魯，乃吾滕之宗國，三年之喪，魯先君莫之行，吾滕之先君亦莫之行，至於子之身而悉反之，是違魯先君與吾先君也，斷然不可。且志書有曰：喪祭之禮當從先祖，志之意蓋曰上世所行之禮有所傳受，不可改也。今子遽自改之，欲行古禮而先悖古訓，如之何其可哉？

附錄　蒙引：定爲三年之喪，則所謂齊疏之服、飦粥之食在其中矣。○存疑：定爲三年之喪，只是世子行，未有子行而臣下不行者，然此處所重都在君上，觀親喪固所自盡一句可見。○困勉錄：志言先祖，是指立法者說；父兄百官所認之先祖，指壞法者說。吾有所受之也，是父兄百官解志之意，即體先祖的口氣，謂先祖教人從其禮者，其意謂吾上世有所傳受。

此其意未嘗不是。但。誤。處。在。錯。認。壞。法。之。祖。爲。立。法。之。祖。耳。

○翼註吾字。指先祖。先祖有所受。則後人不可違。註上世。卽先祖也。

謂然友曰吾他日未嘗學問好馳馬試劍今也父兄百官不我足也恐其不能盡於大事子爲我問孟子然友復之鄒問孟子孟子曰然不可以他求者也孔子曰君薨聽於冢宰歠粥面深墨卽位而哭百官有司莫敢不哀先之也上有好者下必有甚焉者矣君子之德風也小人之德草也草尚之風必偃是在世子

不我足、謂不以我滿足其意也、然者、然其不我足之言、不可他求者言當責之於己冢宰六卿之長也歠飲也深墨甚黑色也即就也尚加也論語作上古字通也偃伏也孟子言但在世子自盡其哀而已。

【大全】世子見羣臣不從乃反躬自責謂然友曰凡人平日爲人敬服然後有所舉動無不信從吾他日未嘗勤學好問只好馳馬試劒素行不足取信於人故今日欲行大禮父兄百官皆不滿足我也衆志未孚恐不能盡送終之大事子爲我再問孟子如何可以服人而成禮也然友復之鄒問於孟子孟子曰喪禮久廢一旦驟行誠難免於衆議也然爲世子計者但當求之於己而斷然行之不可以他求於人也孔子有言曰君薨之日嗣子以百官政事聽之於冢宰自己居次守喪歠飲粥湯面色深墨即喪次之位朝夕哭臨惟自盡其哀而已於是百官有司莫敢不哀所以然者以在上之哀痛有以先之而感發其良心也蓋上有所好則在下之觀感必有甚於上者矣在上之君子其德能感乎人譬如風也在下之

小人其德惟應乎上譬如草也草上加之以風無不偃仆小人被君子之化無不順從此理之必然也孔子之言如此今世子乃在上之君子若能自盡其哀則莫敢不哀矣是在世子而已豈可以他求哉

附解賽合註恐是世子自恐其格於衆議而不能盡心於喪禮也子爲我問孟子求所以息衆議而使已得盡心行禮意或說云欲不行則無以盡我之心欲行則又沮於衆人之議如此則是不欲行矣此語未妥○雙峯饒氏曰君薨君字統天子諸侯而言聽於冢宰是國家政事皆聽命於冢宰非聽政聽訟之謂○蒙引即位而哭位喪位也○達說孔子曰君薨半節要即親喪自盡意而闡發之前三年之喪齊疏之服飦粥之食重一禮字君薨聽於冢宰云云重一哀字故然友反命而定爲三年復古禮也五月居廬云云未葬而致其哀也顏色之戚云云既葬而致其哀也○蒙引孔子曰君薨直至草尚之風必偃皆是孔子之言惟是在世子一句是孟子言

然友反命世子曰然是誠在我五月居廬未有命戒百官族人

可謂曰知及至葬四方來觀之顔色之戚哭泣之哀弔者大悦

諸侯五月而葬未葬居倚廬於中門之外居喪不言故未有命令教戒也可謂曰知疑有闕誤或曰皆謂世子之知禮也

○林氏曰孟子之時喪禮既壞然三年之喪惻隱之心痛疾之意出於人心之所固有者初未嘗亡也唯其溺於流俗之弊是以喪其良心而不自知耳文公見孟子而聞性善堯舜之說則固有以啓發其良心矣是以至此而哀痛之誠心發焉及其父兄百官皆不欲行則亦反躬自責悼其前行之不足以取信而不敢有非其父兄百官之心雖其資質有過人

者而學問之力亦不可誣也及其斷然行之而遠近見聞無不悅服則以人心之所同然者自我發之而彼之心悅誠服亦有所不期然而然者人性之善豈不信哉

【本義】然友復命於世子世子悟曰孟子之言極是是誠在我之自盡而不可以他求也於是斷然行三年之喪凡五月居廬守喪未有命令告戒而父兄百官皆已感悟皆稱曰知禮及至葬期四方咸來觀之但見世子顏色慘戚哭泣哀痛凡諸侯賓客來弔者亦無不喜其盡禮而相與悅服焉蓋能自盡而人應之真所謂上有好下必甚而人性皆善於此可見矣

【附解】〈說統〉五月以下一是未葬時能自盡而感近人一是方葬時能自盡而感遠人正見上有好者下必有甚焉處○〈董思白曰〉百官族人可謂曰知與前皆不欲相關○〈四書脉〉觀是四方來觀禮者弔是鄰國來弔者勿混看

附考 禮記喪大記：父母之喪，居倚廬，不塗，寢苫枕塊，非喪事不言。

滕文公問爲國章

總旨 存疑：民事不可緩一句，是一章大旨。引詩是證民事不可緩之說。民之爲道也節，是說民事所以不可緩處。民之陷罪由於無恆心，無恆心由於無恆産，此民事所以不可緩，而民之恆産不可不制也。故承之曰：賢君必恭儉禮下，取民有制。自夏后氏五十而貢至雖周亦助，都是說此事。設爲庠序一節，又是說旣富而敎之事，不在民事内。蓋必敎養兼具，然後爲治法也。然終歸重在民事上，故自使畢戰問井地後，只說井田，不復言學校。○徐儆弦曰：通章大義只重急民事而行助以養其民上。前段論制産說到明倫，後段論正經界說到百姓親睦，總見助法之善。若以養與敎對說，則失本枝之辨；若以給野人養君子對說，則失賓主之辨；若以助對貢說，又失立言輕重之辨。

滕文公問爲國

文公以禮聘孟子故孟子至滕而文公問之

本義 滕文公嗣位之初以禮聘孟子至滕因問爲國之道

孟子曰民事不可緩也詩云晝爾于茅宵爾索綯亟其乘屋其始播百穀

民事謂農事詩豳風七月之篇于往取也綯絞也亟急也乘升也播布也言農事至重人君不可以爲緩而忽之故引詩言治屋之急如此者蓋以來春將復始播百穀而不暇爲此也

本義 孟子曰國以民爲本民以食爲天民事乃有國者所當亟圖而不可少緩者也豳風之詩述農家相勸之言曰當此

農隙之時，晝往取茅，宵則絞索，亟升屋而治之，蓋以來春將復始播百穀而不暇爲此也。可見民自以農事爲急如此，然則爲君者可不以此爲急乎。

【附解】四書脉：民事暗指制產、行助說，講內全要含經國區處以應下面等意，勿泛講。○【蒙引】晝爾于茅，宵爾索綯，乃冬月事也，故云來春將復始播百穀。○亟其乘屋，其始播百穀，民自以農事爲亟也。惟民所急在此，故君當以爲急也。○【蘊紫溪曰】七月之詩，周公欲成王知稼穡之艱難而作也。即其詞而玩之，則知有周盛時，臣所以咨嗟而告戒者，惟此民事；君所咏歎而圖維者，惟此民事。古人急之，而今可緩耶。○全是要文公以此爲法。

民之爲道也，有恆產者有恆心，無恆產者無恆心。苟無恆心，放辟邪侈，無不爲已。及陷乎罪，然後從而刑之，是罔民也。焉有仁人在位，罔民而可爲也。

本義　且民事之不可緩者何也蓋以民之爲道也有此衣食之常產者則有所藉以爲善而固有之恒心以存若無恒產卽無恒心此理之必然也苟無恒心則凡放蕩淫辟邪妄侈肆之惡將無所不爲及陷於罪然從而刑之是平時不能制恒產以養民使民迫於飢寒而犯法無異張羅網而驅之使入其中也焉有仁人在上位而爲此罔民之事也

附解　蒙引　放始違於道辟則淫矣邪則成其惡矣侈則益肆矣亦有淺深之别

是故賢君必恭儉禮下取於民有制

恭則能以禮接下儉則能取民以制

本義　惟民不可罔是故古之賢君其恭以持己不敢以貴而驕儉以自奉不敢以富而侈惟其恭也故能以禮接下惟恐侮慢以失臣下之心惟其儉也故取民有制惟恐誅求以傷小民之生不如是則罔民而不得爲仁人矣

附解　說統　是故二字承上仁人不可罔民說來　蒙引　恭儉以持身言禮下取民有制以其所施者言故曰恭則能以禮

接下不可以爲指恭儉之實也者則能二字○上言仁人之急於制民產只是儉德下復兼恭儉言者蓋分田制祿二者相須制祿即禮下之事分田即制民產之事故於此兼言之

陽虎曰爲富不仁矣爲仁不富矣

陽虎陽貨魯季氏家臣也天理人欲不容並立虎之言此恐爲仁之害於富也孟子引之恐爲富之害於仁也君子小人每相反而已矣

【本義】陽虎未必知仁然其言亦可鑒焉曰爲富則必多取病民即行不得仁矣爲仁則必損上益下即致不得富矣可見天理人欲不容並立爲國者可不禮下與取民有制而甘於罔民致同於爲富不仁者哉

【附解】說統按此總結上文兩節以起下文重在爲富不仁上

夏后氏五十而貢殷人七十而助周人百畝而徹其實皆什一也徹者徹也助者藉也

此以下乃言制民常產與其取之之制也夏時一夫受田五十畝而每夫計其五畝之入以爲貢商人始爲井田之制以六百三十畝之地畫爲九區區七十畝中爲公田其外八家各授一區但借其力以助耕公田而不復稅其私田周時一夫授田百畝鄉遂用貢法十夫有溝都鄙用助法八家同井耕則通力而作收則計畝而分故謂之徹其實皆什一者貢法固以十分之一爲常數惟助法乃是九一而商制不可考

周制則公田百畝中以二十畝爲廬舍一夫所耕公田實計十畝通私田百畝爲十一分而取其一蓋又輕於十一矣竊料商制亦當似此而以十四畝爲廬舍一夫實耕公田七畝是亦不過什一也徹通也均也藉借也

本義 今以制民恆產與其取之之制言之夏后氏每夫受田五十畝而其取之則行貢法殷人每夫受田七十畝而其取之則行助法周人每夫受田百畝而其取之則行徹法貢助徹名雖不同而究其取民之實則皆什分中而取其一分以供上皆中正之制也夫以下貢上貢義易曉而所謂徹者何耕則通力合作收則計畝均分取義於徹也所謂助者何不稅其私田但借民之力以耕其公田取義於藉也取民有制三代之仁政如此

附解 或問三代受田多少之不同何也 朱子曰 張子嘗言之矣陳氏徐氏亦有說焉然皆若有可疑者蓋田制旣定則其

溝涂畛域。亦有一定而不可易者。今乃易代更制。每有增加。則其勞民動衆。隳壞已成之法。使民不得服先疇之田畝。其煩擾亦已甚矣。不知孟子之言所以若此者果何耶。陳氏曰夏時洪水方平。可耕之地少。至商而寖廣。及周而大備也。徐氏曰古者民質用約。故田少而用足。後世彌文而用廣。故授田之制。隨時而加焉。○存疑貢助徹。是三代田法之名。三句是渾淪說。言夏后氏受田每夫五十畝而行貢法。殷人七十畝而行助法。周人百畝而行徹法。註是細解。不可用他說。本文觀孟子自解曰徹者徹也助者藉也可見。○貢法每夫受田五十畝。就中出五畝之入以爲貢。是十分中取一分也。助法每夫受田七十畝。外耕公田七畝。已得七十畝。以七畝之入供上。是十分外取一分也。曰其實皆什一。亦槪言之爾。○說約此節必重其實皆什一句。存疑云貢助徹是三代田法之名。名者對實而言也。百畝而徹。不必遠兼貢助。蓋此處方以徹與貢助三者一類並列。亦不重能兼耳。○達說什一也分上是敘三代之賦其實同。下是釋其義也。則雖以通力合作計畝均分釋徹字。亦當在徹者徹也內說。書須有分寸步驟。槪如此。○達說制民恒產。就落在取民有制之内。言取民有制而制民恆產在其中矣。故此節只重取之之制。註把制民恆產與取之之制兩項並言者。特兼承民之爲道節及賢君恭儉節兩邊說來。故判其如此。耳切不可以五十七十百畝爲制產以貢助徹爲賦法如此是上文制民恆產與取之之制。分作兩開看矣。要辨。

【附考】周禮（夏官）司徒遂人。凡治野。夫間有遂。遂上有徑。十夫有溝。溝上有畛。百夫有洫。洫上有涂。千夫有澮。澮上有道。萬夫有川。川上有路。以達於畿。○（考工記）匠人爲溝洫。九夫爲井。井間廣四尺。深四尺。謂之溝。方十里爲成。成間廣八尺深八尺。謂之洫。方百里爲同。同間廣二尋深二仞。謂之澮。

龍子曰治地莫善於助莫不善於貢貢者挍數歲之中以爲常樂歲粒米狼戾多取之而不爲虐則寡取之凶年糞其田而不足則必取盈焉爲民父母使民盻盻然將終歲勤動不得以養

其父母又稱貸而益之使老稚轉乎溝壑惡在其爲民父母也龍子古賢人狠戾猶狠籍言多也糞壅也盈滿也盻恨視也勤動勞苦也稱舉也貸借也取物於人而出息以償之也益之以足取盈之數也稚幼子也

【本義】然貢與助雖皆什一取民而貢法又不如助法之善也龍子嘗曰古來治地之法莫善於殷之助莫不善於夏之貢何以見貢之不善也蓋年歲有豐歉則收成有多寡貢則計數歲中豐歉之所獲就中定一取民之規則其流弊遂有不可言者如遇豐年粒米狼籍百姓充然有餘便多取亦不爲虐乃拘其數而寡取之遇荒年收獲不多以此供糞田之費尚且不足乃拘其數而必取盈焉人君爲民父母使民盻盻然恨視將終歲勤動之所獲盡以輸之於官而不得以奉養其父母又稱貸以足取盈之數致使公私交迫仰事俯育一無所資而老者稚者皆轉死於溝壑惡在其爲民父母也貢

法之不善至此。若助法則隨公田所得之多寡而取之。安有此弊哉。即龍子之言觀之。可見助法之當行矣。

【附解】〔蒙引〕校數歲之中。謂樂歲與凶歲二者之中也。蓋數歲之內。自有凶歲之不同。此亦近於子莫之執中矣。○凶年糞其田而不足。謂以其所得者。供壅田之費。尚不能給也。○〔說統〕樂歲非寡取也。拘於常數也。凶年非加賦也。必欲滿其常數也。○〔翼註〕爲民父母至節末。俱跟取盈來。○〔審合註〕爲民父母以下。單就凶年說。不得以養其父母承取盈來。轉乎溝壑承稱貸來。盻盻然連著不得養父母說。非曰終歲勤動而盻盻也。○〔雙峯饒氏曰〕稱貸而益之。如常年五石納官。凶年折了。只納四石。而公家必取盈五石之數。則又貸他人一石來湊納。以足其數。此所以見貢法之害。○〔說統〕自古隨時立法。無非變通以宜民。未有不善者。而後世泥其制以定賦。則貢不若助之善。故引龍子之言。而斷其必當行助也。要知貢法不善。乃當時行貢法之弊。非禹貢之舊。如夏賦之錯出者。不在常數。又視其豐凶而補助不足可見。○〔翼註〕龍子曰三節。總見得助。法。當。行。

夫世祿滕固行之矣

孟子嘗言文王治岐耕者九一仕者世祿二者王政之本也今世祿滕已行之惟助法未行故取於民者無制耳蓋世祿者授之土田使之食其公田之入實與助法相爲表裏所以使君子野人各有定業而上下相安者也故下文遂言助法

【本義】夫助法必有公田而世祿者正取之公田、與助法相爲表裏者也今世祿之制滕固已行之矣

【附解】〔蒙引〕夫世祿滕固行之矣此不必是公田所需者蓋當時助法不行那有公田只是於貢法隨俗加賦而取之正是取民無制者也○貢法無公田而集註乃曰蓋世祿者授之土田云云此蓋正言之○〔說統〕此不重世祿上只舉世祿之既行以見助法之當行也

詩云雨我公田遂及我私惟助爲有公田由此觀之雖周亦助也

詩小雅大田之篇雨降雨也言願天雨於公田而遂及私田先公而後私也當時助法盡廢典籍不存惟有此詩可見周亦用助故引之也

本義 惟是助法未行得無以商人之法非我周之故典乎不知助法正不獨殷行之也嘗稽小雅大田之詩云願天有雨溉我公田遂及我私田夫貢法無所謂公田惟助內有公田由此詩觀之可見助法不特行之於商雖周家盛時亦行助法也益以見助法之善爲當代之所宜行滕國當舉其廢而復行也

附解 說統所謂周用助者當時助法之廢已久孟子特因詩中兩語而想像出來講中須得此意雖字亦字要味言法之

不善未有久而不變者自殷至周時亦久矣而助法尚未之
變則法之善可知且以文武君而周公相豈不能創制立法
而助邦仍殷之舊則法之善又可知總明助法之善所當行
意○〔說約〕惟助爲有公田雖周亦助而不及徹者承上文莫
善於助莫不善於貢而言也且惟貢是取之於民無公田助
與徹皆有公田則行助亦卽是行徹故下曰請野九一而助
而又曰方里而井井九百畝則固未嘗判定七十畝者方謂
之助時至戰國蓋又不同春秋時亦不必拘曰盡徹乃從周
制也

設爲庠序學校以教之庠者養也校者教也序者射也夏曰校
殷曰序周曰庠學則三代共之皆所以明人倫也人倫明於上
小民親於下

庠以養老爲義校以教民爲義序以習射爲義皆鄉學也學

國學也共之無異名也倫序也父子有親君臣有義夫婦有別長幼有序朋友有信此人之大倫也庠序學校皆以明此而已

本義 誠能舉行助法則民得其養矣既有以養之則民不失其恆心而教化可興矣必也設為庠序學校以教之夫所以名之為庠者取養老之義使民知尚齒尊年也所以名之為校者取教民之義使民知三物六行也所以名之為序者取習射之義使民知序賢觀德也三者皆鄉學也其實本非有二但三代相繼各舉一事為名所以在夏則曰校在殷則曰序在周則曰庠至於天子諸侯之國學則三代共之而無異名也夫庠序學校之設名義雖殊而原其立教之意皆所以講明人倫也蓋人之所以為人者正以其有倫耳誠使建學立教人倫明於上則小民莫不率由於倫理之中以恩相與以分相維而親睦之俗成於下矣此教民之法也養以遂民生教以復民性為國之道盡於此矣

【附解】〔蒙引〕設爲庠序學校以教之，以設爲二字提端，而夏商周字在下，還當作使。文公設學教民云兼舉庠序學校，文公若行時聽其自擇一名也。○古者國學惟天子之都以及諸侯之國都有之，鄉學則隨所在而酌立之。鄉子弟之秀者則以次升之，至於國學而待用，其不能者則歸之農，而士農分矣。○問鄉學如何，〔朱子曰〕皆是農隙而學。曰孰與教之，曰鄉大夫有德行而致其仕者教之。○〔說統〕養也三句，釋其意而三代異名亦自有故。夏當禪受天下，禮讓成風，直是教人六德六行，興仁興讓而已，校字有倫次等第激發造就意。殷當革命後，欲消天下干戈之習，故借習射觀德陶之禮讓中也。周道尊尊而親親，又當播棄黎老之後，則養老爲先。○〔翼註〕人倫明於上，只是明之以教人，非主躬行言也。○〔雙峯饒氏曰〕小民親於下者，蓋百姓不親，五品不遜，所以教以人倫，使之君與臣自相親，父與子自相親，長與幼自相親，非尊君親上之親。○〔說約〕設爲何總說，庠者至共之，申庠序學校四字，皆所以句，申教之二字，人倫明二句，推其當明也。○〔說統〕此節見行助之後，便可設學校以教民，總見助之當行意，教養不可平。

附考　禮記王制　天子命之教然後爲學小學在公宮南之左大學在郊天子曰辟雍諸侯曰頖宮○司徒修六禮以節民性明七教以興民德齊八政以防淫一道德以同俗養耆老以致孝恤孤獨以逮不足上賢以崇德簡不肖以絀惡命鄉簡不帥教者以告耆老皆朝於庠元日習射上功習鄉上齒大司徒帥國之俊士與執事焉不變命國之右鄉簡不帥教者移之左命國之左鄉簡不帥教者移之右如初禮不變移之郊如初禮不變移之遂如初禮不變屏之遠方終身不齒命鄉論秀士升之司徒曰選士司徒論選士之秀者而升之學曰俊士升於司徒者不征於鄉升於學者不征於司徒曰造士樂正崇四術立四教順先王詩書禮樂以造士春秋教以禮樂冬夏教以詩書王太子王子羣后之太子卿大夫元士之適子國之俊選皆造焉凡入學以齒將出學小胥大胥小樂正簡不帥教者以告於大樂正大樂正告於王王命三公九卿大夫元士皆入學不變王親視學不變王三日不舉屏之遠方西方曰棘東方曰寄終身不齒大樂正論造士之秀者以告於王而升諸司馬曰進士司馬辨論官材論進士之賢者以告於王而定其論論定然後官之任官然後爵之

位定然後祿之○有虞氏養國老於上庠養庶老於下庠夏后氏養國老於東序養庶老於西序殷人養國老於右學養庶老於左學周人養國老於東膠養庶老於虞庠虞庠在國之西郊○學記古之教者家有塾黨有庠術有序國有學註術當爲州○祭義天子設四學當入學而太子齒○周禮地官大司徒以鄉三物教萬民而賓興之一曰六德知仁聖義忠和二曰六行孝友睦婣任恤三曰六藝禮樂射御書數鄉大夫各掌其鄉之政教禁令正月之吉受教灋於司徒退而頒之於其鄉吏使各以教其所治○三年則大比考其德行道藝而興賢者能者鄉老及鄉大夫帥其吏與其衆寡以禮禮賓之厥明鄉老及鄉大夫羣吏獻賢能之書於王王再拜受之登於天府內史貳之○師氏以三德教國子一曰至德以爲道本二曰敏德以爲行本三曰孝德以知逆惡教三行一曰孝行以親父母二曰友行以尊賢良三曰順行以事師長居虎門之左司王朝掌國中失之事以教國子弟凡國之貴遊子弟學焉○禮書記曰天子設四學蓋周之制也周之辟廱即成均東膠即東序瞽宗即右學成均居中其左東序其右瞽宗此大學也虞庠在國之西郊則小學也

有王者起必來取法是爲王者師也

滕國褊小雖行仁政未必能與王業然爲王者師則雖不有天下而其澤亦足以及天下矣聖賢至公無我之心於此可見

本義 以滕國之褊小果行此仁政未必能與王業然一有王者受命而起欲養民歟必來取法吾君之養民者以養其民欲教民歟必來取法吾君之教民者以教其民是爲王者之師也

附錄 說約此節言勢下節言理亦有漸致不可知者蓋多方勉之

詩云周雖舊邦其命維新文王之謂也子力行之亦以新子之國

詩大雅文王之篇言周雖后稷以來舊爲諸侯其受天命而
有天下則自文王始也子指文公諸侯未踰年之稱也
【本義】然皇天無親惟德是輔民罔常懷懷於有仁苟行仁政
豈特爲王者師而已哉詩云周雖舊邦其受天命則維新
詩所言乃文王之謂也子力行乎王政
亦足以受天命興王業而新子之國矣
【附解】達說此新國字與爲國字正相應○東陽許氏曰自民
事不可緩至雖周亦助也養之事設爲庠序至小民親於下
教之事下至新子之國總言之答文公者至此下
答畢戰却只是言分田蓋畢戰惟掌井田之事也
使畢戰問井地孟子曰子之君將行仁政選擇而使子子必勉
之夫仁政必自經界始經界不正井地不均穀祿不平是故暴
君汙吏必慢其經界經界既正分田制祿可坐而定也

畢戰滕臣文公因孟子之言而使畢戰主爲井地之事故又使之來問其詳也井地卽井田也經界謂治地分田經畫其溝塗封植之界也此法不脩則田無定分而豪强得以兼幷故井地有不均賦無定法而貪暴得以多取故穀祿有不平此欲行仁政者之所以必從此始而暴君汙吏則必欲慢而廢之也有以正之則分田制祿可不勞而定矣

【本義】滕文公因孟子之言遂使其臣畢戰主井地之事又使之來問其詳孟子曰先王仁天下之政莫大於井田今子之君將行井地仁政選擇羣臣之中而使子委任責成可謂專矣子必勉力從事可也夫治地分田各有界限行仁政必自經畫其界限始如通水道則有溝洫正阡陌則有道塗立疆塍則有封的土堠植的樹木劃然不可紊亂也若經界不正

則公私之田無一定之分。豪强者得以兼并於下、而井地遂不均矣、賦出於田、田無定分、則賦無定法、貪暴者得以多取於上、而穀祿亦不平矣、是故暴虐之君、貪汚之吏、惡其不便於多取、必欲慢而廢之、以快己之私也、誠經界既正、則豪强貪暴、弊無所容、分民田、治國祿、可坐而定

而不勞餘力矣、此仁政必自經界始也。

附解〔蒙引〕此仁政專指分田制祿。〇〔雙峯饒氏曰〕溝塗封植之界、經緯錯綜、直者爲經、横者爲緯、只舉經字、有緯在其中溝、溝洫之類、塗、道塗、封、土堠、植、種木爲界。〇〔說統〕經界不正四語舊解以不正句爲主、而以不均不平分貼分田制祿兩平。〇〔說約〕集註貪暴多取、自指在上者、而豪强兼并井地不均、必謂在下者耳、汙吏、謂貪官、非椽吏之吏。〇〔四書脉〕一反一正、總明必自經界始意。〇〔翼註〕下半段以經界二字爲重如九一、什一、五十畝、二十五畝之類、非有經界、如何分曉、須逐段點入經界字妙。

夫滕壤地褊小、將爲君子焉、將爲野人焉、無君子莫治野人、無

野人莫養君子

言滕地雖小然其閒亦必有爲君子而仕者亦必有爲野人而耕者是以分田制祿之法不可偏廢也

本義 夫滕壤地雖云褊小殆必有爲君子而仕者焉殆必有爲野人而耕者焉使無君子則莫施政令以治野人使無野人則莫供賦稅以養君子君子野人不可相無故分田制祿之法不可偏廢也

附解 蒙引將殆也非將然之理○雙峯饒氏曰分田制祿雖平說然却相因穀祿即井地中公田撥其穀以爲祿分田始可制祿○家訓此節承上言君子小人不能相無則分田制祿不可偏廢此經界所以當正也

請野九一而助國中什一使自賦

此分田制祿之常法所以治野人使養君子也野郊外都鄙

之地也。九一而助、爲公田而行助法也。國中郊門之内、鄉遂之地也。田不井授、但爲溝洫、使什而自賦其一、蓋用貢法也。周所謂徹法者、蓋如此。以此推之、當時非惟助法不行、其貢亦不止什一矣。

【本義】然分田制祿之法、必因地而制其宜。彼郊野之外、土地廣濶、可爲井田、請行九一之法、以一里之地畫爲九區、中一區爲公田、使八家助耕、收其所入、此即殷之助法也。郊關之内、比閭相屬、難行井田、則請行什一之法、以百畝之田爲一夫之業、使輸其十畝之入於公家、此即夏之貢法也。如此則君子有祿而野人賴以治矣、野人有田而君子賴以養矣。

【附解】〔蒙引〕野、郊外都鄙之地也。平原曠野、可畫爲萬夫之井、故爲公田而行助法也。國中、郊外之門、鄉遂之地也。包山林陵麓在内、難用井田齊整分畫、只絕長補短計之、約田百畝則授一夫、使自貢其什分之一於上也。○〔家訓〕九一、以田之

區數言、什一、以田之畝數言、此處都有經界在、正就在這裏、正○〔四書脉〕九與什是分田、一是制祿

卿以下必有圭田、圭田五十畝

此世祿常制之外、又有圭田、所以厚君子也、圭、潔也、所以奉祭祀也、不言世祿者、滕已行之、但此未備耳

〔本義〕夫君子世祿、各有定分、此常制也、而世祿常制之外、自卿以下、必有奉祭祀之圭田、而圭田則五十畝、所以厚君子也。

〔附纂〕蒙引圭田五十畝、是卿以下皆同也、蓋制祿之法則有定分、卿祿四大夫、大夫倍上士、上士倍中士、中士倍下士、惟圭田乃是分外加厚之田、則一視同仁、無卿大夫之別、蓋先王之特恩也○〔困勉錄〕直解謂卿以下、其祿漸薄、不有以優之、將祭祀不備、此謬也、圭田所以發其孝思、非爲其祿薄也、蓋卿亦在內、豈是祿薄者○〔賓合註〕圭田餘夫之田皆有經

界○所當
正之○

餘夫二十五畝

程子曰一夫上父母下妻子以五口八口爲率受田百畝如有弟是餘夫也年十六別受田二十五畝俟其壯而有室然後更受百畝之田愚按此百畝常制之外又有餘夫之田以厚野人也○

本義 一夫受田各有百畝此常制也而百畝常制之外若有弟而年十六者則爲餘夫餘夫則受田二十五畝所以厚野人也此雖在田祿常制之外然分田即有此田制祿即有此祿蓋亦分田制祿一時事也

附解 雙峯饒氏曰一夫受田百畝六十歲傳與其子子養其父但只是長子受父之田次子便是餘夫別請二十五畝若

無子。則百畝納之官矣。○〔說約〕圭田在公田中中分得之餘夫田在私田中四分得之

死徙無出鄉鄉田同井出入相友守望相助疾病相扶持則百姓親睦

死、謂葬也、徙謂徙其居也、同井者八家也、友猶伴也、守望防寇盜也、

〔本義〕夫分田制祿。固當兼行乎貢助。然貢法終不如助法之善以助法言之民有世業。一鄉之民凡死而葬者徙而易居者、皆不出此鄉之內蓋以此鄉之田八家同井故也惟其同井、所以一出一入相友讓也近守遠望彼此相助防患密也遇有疾病相與扶持其羸弱救其困急也如此則鄉井之民苦樂患難。無往不同。而親睦之風成矣。井田之有以善民俗如此。即此一端。亦可見助法之善矣。

附解困勉錄此鄉字不可作鄉遂之鄉看猶言一方耳禮書以鄉田同井句證鄉遂之亦爲井非也○說統鄉田同井句是一節之樞紐○困勉錄則百姓句未嘗不是效但其效不止此耳且其所以說此效者亦不重在效其意歸於言井田之有以善民俗耳

方里而井井九百畝其中爲公田八家皆私百畝同養公田公事畢然後敢治私事所以別野人也

此詳言井田形體之制乃周之助法也公田以爲君子之祿而私田野人之所受先公後私所以別君子野人之分也不言君子據野人而言省文耳上言野及國中二法此獨詳於治野者國中貢法當時已行但取之過於什一爾

本義今欲行之、則當詳言其形體之制、每地方正一里、畫爲九區、形如井字、一井之田、共九百畝、其中百畝、爲公田、以爲君子之祿、外八家皆各私百畝、以自贍、而此八家之民、則同出力以養公田、凡耕耘收獲之時、必先治公田、公事已畢、方去治私田之事、夫先公後私、若是其有序而不紊者、何哉、所以分別野人、使不得上擬君子、知勞力以治人者、其分宜爾也、

附解因勉錄方里而井二句。以里計之則一里。以畝計之則九百畝。總是一意。○方里二句。是經界之大綱。其中爲公田三句。是經界之細目。公事畢以下。則因上言井田形體。而又帶言其中寓有別野人之意也。○同養公田四句。見得官不侵民。民不侵官。故亦屬在井田形體之內。○說統此正是經界處。所以別野人也句。極妙。此便是野人之分。宜養君子。即此一句。已先破許行並耕之說矣。○慶源輔氏以上既言助法之善。故此下遂言周之助法也。

此其大略也若夫潤澤之則在君與子矣

井地之法諸侯皆去其籍此特其大略而已潤澤謂因時制宜使合於人情宜於土俗而不失乎先王之意也○呂氏曰子張子慨然有意三代之治論治人先務未始不以經界爲急講求法制粲然備具要之可以行於今如有用我者舉而措之耳嘗曰仁政必自經界始貧富不均敎養無法雖欲言治皆苟而已世之病難行者未始不以亟奪富人之田爲辭然兹法之行悅之者衆苟處之有術期以數年不刑一人而可復所病者特上之未行耳乃言曰縱不能行之天下猶可驗之一鄉方與學者議古之法買田一方畫爲數井上不失

公家之賦役退以其私正經界分宅里立斂法廣儲蓄興學校成禮俗救菑卹患厚本抑末足以推先王之遺法明當今之可行有志未就而卒○愚按喪禮經界兩章見孟子之學識其大者是以雖當禮法廢壞之後制度節文不可復考而能因略以致詳推舊而爲新不屑屑於既往之迹而能合乎先王之意眞可謂命世亞聖之才矣

本義 然井田之法久廢矣我所言定中外之區辨公私之等別君子野人之分特其大略如此也顧時勢之變遷不同地方之肥磽不一或宜於古而不宜於今或利於此而不利於彼又有不可以拘泥者若夫變而通之化而裁之使合於人情宜於土俗不泥先王之法而亦不失先王之意則在滕君主持於上吾子協贊於下同心共濟各盡其職而已豈吾言

所能悉哉

【附解】家訓此字通承夫仁政以下說○困勉錄大略依註對詳細說不對潤澤說講潤澤句當云蓋使古制詳明亦不可不潤澤也況其大略尤不可不潤澤也淺說以大略對潤澤說不是○或問潤澤之說雙峯饒氏曰前面說底是箇硬局子到這裏須是要會變通使合人情宜土俗可也潤澤非文飾之謂乃是和軟底意思不全是硬局子溫潤滑澤方可行得○賽合註前七段皆是敘治法末節歸重治人末有無治人而可以行治法者也與孔子答哀公人存政舉同意

有爲神農之言者許行章

【總旨】說約通章分三大段落自並耕而食直至亦不用於耕耳是闢許行之並耕自用夏變夷至亦爲不善變矣是責陳相之倍師末因陳相節外生情爲許行辯故又併闢許行之治市然三段落中復逐段分鎖首段至通義也截是就許行身上所不能兼者而明治之不能耕與不必耕已折倒並耕之說次段至而暇耕乎截是言堯舜憂民之切而不暇耕三

段至不用於耕耳截是言堯舜所憂之大而不必耕然二段相承皆足上文之意至若責陳相之倍師亦從並耕生來而末段同價之說特因其所遁而闢之不得平重

有爲神農之言者許行自楚之滕踵門而告文公曰遠方之人聞君行仁政願受一廛而爲氓文公與之處其徒數十人皆衣褐捆屨織席以爲食

神農炎帝神農氏始爲耒耜教民稼穡者也爲其言者史遷所謂農家者流也許姓行名也踵門足至門也仁政上章所言井地之法也廛民所居也氓野人之稱褐毛布賤者之服也捆扣椓之欲其堅也以爲食賣以供食也程子曰許行所

謂神農之言乃後世稱述上古之事失其義理者耳。猶陰陽醫方稱黃帝之說也。

【本義】昔文公因孟子之言、欲行三代井田之法、時有托爲神農之言者許行、自楚至滕叩文公之門而告曰、吾遠方之人、聞君分田制祿、而行仁政、心竊慕之、故特來歸附、願受一廛之居以爲君之氓、於是文公以其慕化而來、遂與之居處、但見其徒有數十人、皆以褐爲衣、且捆屨織席以供食、蓋以人必自食其力而後可也、此亦可以微見其意之所在矣

【附解】蘇紫溪曰、許行是箇大言欺世之徒。彼見儒者言三代之說。故自倡一說。不曰三代堯舜而直曰神農。見神農之道在二帝三王之上。而已之所學在儒者之上。欲以是而竦動人主。竦動天下耳。目曰衣褐。便見不用尊貴章服。意曰捆織爲食。便見自食其力。意此其並耕意已隱然寓於衣食之間。【困勉錄】神農之言。非謂是神農所言。但其所言者乃神農之道耳。【蒙引】按集註廛民所居也。氓野人之稱。則此居固非市宅矣。受廛爲民。則有田可知。

陳良之徒陳相與其弟辛負耒耜而自宋之滕曰聞君行聖人之政是亦聖人也願爲聖人氓

陳良楚之儒者耜所以起土耒其柄也

本義 又有楚儒陳良之徒陳相者與其弟辛躬負耒耜而自宋至滕告文公曰聞君行三代聖人之政是亦今之聖人也願爲聖人氓以沾仁政之澤焉

附解 說統敘陳相與其弟辛而必提出陳良之徒來伏後罪他兄弟倍師一段公案此亦春秋書法

陳相見許行而大悅盡棄其學而學焉陳相見孟子道許行之言曰滕君則誠賢君也雖然未聞道也賢者與民並耕而食饔飧而治今也滕有倉廩府庫則是厲民而以自養也惡得賢

饔飧熟食也朝曰饔夕曰飧言當自炊爨以爲食而兼治民事也厲病也許行此言蓋欲陰壞孟子分別君子野人之法。

本義 夫何邪說易以惑人陳相一見許行而大悅盡棄其所學於陳良者而學之焉陳相既學其道乃見孟子稱述許行之言曰滕君有志復古以行仁政則誠賢君也雖然未聞古聖人治天下之食道也彼賢君平時必與民並耕而自其食且朝饔夕飧而兼理治民之事不自逸而爲天下任勞此賢君之道也今滕有倉廩府庫皆是取之於民者則是厲民而以自養也惡得爲賢許行此言蓋欲陰壞孟子分別君子野人之法也。

附解 困勉錄 並耕二句串看以並耕作主。食字牽連饔飧作過接而又兼治民事作尾。○蒙引 陳相許行之言所刺在滕君而其所以刺則在孟子也。○四書脉 並耕與民各自耕非耦耕之說。

孟子曰許子必種粟而後食乎曰然許子必織布而後衣乎曰

否許子衣褐許子冠乎曰冠曰奚冠曰冠素曰自織之與曰否以粟易之曰許子奚爲不自織曰害於耕曰許子以釜甑爨以鐵耕乎曰然自爲之與曰否以粟易之

釜所以煑甑所以炊爨然火也鐵耜屬也此語八反皆孟子問而陳相對也

本義 孟子將折其非先就其身之所不能兼爲者詰之曰許子必種粟而後食乎相對曰然許子農家固必自耕而後食也又問曰有食必有衣許子必織布而後衣乎對曰否許子衣褐不必織而衣也又問曰有衣必有冠許子冠乎對曰冠又問曰冠各有異制許子所戴何冠對曰是素冠孟子因詰之曰褐與冠皆許子自織之歟陳相對曰否以所種之粟易之遂又問曰褐與冠許子何故不自織相對曰許子所務者農若自織則不免害於耕是耕已難兼乎織矣孟子尤欲多

其說以辯之也、又問曰、熟食必用釜甑、耕田必用鐵器、許子之爨也、亦以釜甑、其耕也、亦以鐵耕乎、相對曰、然、以器利用猶夫人也、又問曰、釜甑與鐵、亦許子自爲之歟、對曰、否、以所種之粟易之、此可見許子一身、皆必出於易如此

附解〔翼註〕許子必種粟而後食乎、曰然、此作一頭、孟子非不知許子種粟、但以此開辯問之端耳、下文衣冠作一脚、釜甑鐵作一脚、皆種粟之身所不能兼者。○自織之與總承衣褐冠素來。○〔存疑〕許子衣褐陳相本以逃孟子之駁也、要亦逃不得何也、雖褐必須人織也、但孟子姑置之。○〔翼註〕冠素、只是無文飾、不限白色

以粟易械器者、不爲厲陶冶、陶冶亦以其械器易粟者、豈爲厲農夫哉、且許子何不爲陶冶、舍皆取諸其宮中而用之、何爲紛紛然與百工交易、何許子之不憚煩、曰、百工之事、固不可耕且爲也

此孟子言而陳相對也械器釜甑之屬也陶爲甑者冶爲釜鐵者舍止也或讀屬上句舍謂作陶冶之處也

〔本義〕孟子遂承其說而仍詰之曰農有粟陶冶有械器各爲一事而各適於用者也是則農夫以已之粟易陶冶之械器者固所以濟陶冶之所無不爲厲陶冶彼陶冶亦以其所爲之械器易農夫之粟者亦所以濟農夫之所無豈爲厲農夫哉蓋有無相濟固不相厲有如此矣我且問子許子何不自爲陶冶則凡百器械止皆取諸家中而用之豈不省便何爲紛紛然日與百工交易是何許子之不憚煩如此陳相對曰許子耕者也百工之事固不可以耕而兼爲之也此其言蓋不覺自戾其並耕之說矣

〔附解〕新安陳氏曰厲陶冶厲農夫之說乃是因行厲民自養之言承其厲字而明辯以闢之○〔翼註〕不可耕且爲非言工不能兼農乃言農不能兼工以粟易四句見農末實相濟且許子五句見農末難相兼然則治天下至路也見君民難相

兼故曰或勞心至義也見君民實相濟

然則治天下獨可耕且爲與有大人之事有小人之事且一人之身而百工之所爲備如必自爲而後用之是率天下而路也故曰或勞心或勞力勞心者治人勞力者治於人治於人者食人治人者食於人天下之通義也

此以下皆孟子言也路謂奔走道路無時休息也治於人者見治於人也食人者出賦稅以給公上也食於人者見食於人也此四句皆古語而孟子引之也君子無小人則飢小人無君子則亂以此相易正猶農夫陶冶以粟與械器相易乃

所以相濟而非所以相病也治天下者豈必耕且爲哉

本義 孟子卽從而折之曰百工各爲其事尚不可耕且爲之然則人君自天子以下其治天下之事日有萬幾視百工之事何如反獨可耕且爲之與蓋治天下者大人之事也耕者小人之事也大人自有大人之事小人自有小人之事大小自不得而相兼也且以一人之身而百工之所爲無不具備如皆出於自爲而後用之則旣營乎此又兼乎彼是率天下之人奔走道塗無時休息勢亦有所不能矣况治天下而可兼爲乎故古語曰均是人也或有爲君子而勞心者或有爲小人而勞力者勞心者立綱陳紀而治人彼勞力者不過奉令守法見治於人而已治於人者輸貢供賦而食人彼治人者不過坐享玉食食於人而已卽此觀之可見食人者不爲厲君食於人者不爲厲民此天下古今通行之義而不能易也安有所謂
並耕之說乎

附解 家訓有大人之事至路也言勢不得兼故曰以下言理不必兼或勞心二句只重不必兼上說相濟意就在其中○

翼註且一人之身至路也。言小人不能兼小人。況大人能兼小人乎。百工之所爲備是件件不可缺意○勞心應大人之事。勞力應小人之事。○困勉錄義者宜也。大人宜勞心而治人。小人宜勞力而食人。曰義。古今凡爲大人小人者皆然。故曰通義。○四書脉或勞心六句。只作四句讀。或勞心二句見勞無心力俱勞之理。下四句每二句相連。上一句重在君子治小人上。下一句重在小人養君子上。末句是斷語。

當堯之時天下猶未平洪水橫流氾濫於天下草木暢茂禽獸繁殖五穀不登禽獸偪人獸蹄鳥跡之道交於中國堯獨憂之舉舜而敷治焉舜使益掌火益烈山澤而焚之禽獸逃匿禹疏九河瀹濟漯而注諸海決汝漢排淮泗而注之江然後中國可得而食也當是時也禹八年於外三過其門而不入雖欲耕得

乎

天下猶未平者洪荒之世生民之害多矣聖人迭興漸次除治至此尚未盡平也洪大也橫流不由其道而散溢妄行也氾濫橫流之貌暢茂長盛也繁殖衆多也五穀稻黍稷麥菽也登成熟也道路也獸蹄鳥跡交於中國言禽獸多也敷布也益舜臣名烈熾也禽獸逃匿然後禹得施治水之功疏通也分也九河曰徒駭曰太史曰馬頰曰覆釜曰胡蘇曰簡曰潔曰鉤盤曰鬲津瀹亦疏通之意濟漯二水名決排皆去其壅塞也汝漢淮泗亦皆水名也據禹貢及今水路惟漢水入

江耳汝泗則入淮而淮自入海此謂四水皆入於江記者之誤也。

本義 使治天下而可耕且爲則古聖人當先爲之矣乃自古聖人未有與民並耕而治天下者且以堯之世言之當堯之時去洪荒未遠天下猶未平也蓋以其時洪水橫流氾濫於天下於是草木得水而日見長盛禽獸得草木而日見繁衍禽獸草木皆妨害五穀者故五穀不登則人類稀而禽獸偪人凡獸蹄鳥跡之道交徧於中國天下未平如此堯爲天子而獨憂之然不能獨爲治也乃舉舜爲相而使之命官分治爲舜以欲治洪水而草木障蔽禽獸縱橫雖欲治水而無所施其力也乃先使伯益掌火益烈山林藪澤所生之草木而焚之使禽獸失所依皆奔走逃竄而匿於他所禹於是得以施功於水土如黃河之水天下之最大者也禹則於兖州之城疏大河之流爲九河以分其勢又疏通濟水漯水並九河皆注諸海而北條之水有所歸矣又南決汝水漢水排淮水泗水以去其壅塞而悉注之江而南條之水有所歸矣水有

所歸而地皆可耕。然後中國可得耕而食也、當是時也、禹受
治水之責、勤事於外凡八年、八年之中三過其家門而尚不
入、雖欲並耕而
食豈可得乎、
附解 說統許行是把神農做並耕的佐證。孟子是把堯舜做
箇不並耕的佐證堯獨憂之二句、堯勞心而擇相舜使益以
下舜勞心而擇羣有司○存疑上曰舜使益烈山澤而焚之
則下文曰禹疏九河稷教稼穡皆舜使也○困勉錄九河濟
漯是北條水汝漢淮泗是南條水○翼註可得而食是有田
可耕尚未耕也○達說八年於外二句不重盡忠爲國只要
見不暇意○蒙引雖欲耕得乎只承禹八年於外說下文聖
人之憂民如此而暇耕乎句亦只承勞來匡直輔翼四句說
○新安陳氏曰雖欲耕得乎是提掇
耕字以照應前獨可耕且爲與句
后稷教民稼穡樹藝五穀五穀熟而民人育人之有道也飽食
煖衣逸居而無教則近於禽獸聖人有憂之使契爲司徒教以

人倫父子有親君臣有義夫婦有別長幼有序朋友有信放勳曰勞之來之匡之直之輔之翼之使自得之又從而振德之聖人之憂民如此而暇耕乎

言水土平然後得以教稼穡衣食足然後得以施教化后稷官名棄爲之然言教民則亦非並耕矣樹亦種也藝殖也契亦舜臣名也司徒官名也人之有道言其皆有秉彝之性也然無教則亦放逸怠惰而失之故聖人設官而教以人倫亦因其固有者而道之耳書曰天敍有典勑我五典五惇哉此之謂也放勳本史臣贊堯之辭孟子因以爲堯號也德猶惠

也堯言勞者勞之來者來之邪者正之枉者直之輔以立之翼以行之使自得其性矣又從而提撕警覺以加惠焉不使其放逸怠惰而或失之蓋命契之辭也

【本義】水土既平則民有可耕之地矣於是又命棄爲后稷之官使之教民稼穡習耕耘收穫之事以種植五穀由是五穀成熟而民皆相生相養無復阻飢之患矣然人之爲秉彝之道也固其自有但飽食煖衣居處安逸而無以教之則不知由其道而滅性亂倫近於禽獸故堯舜聖人有憂之舜使契爲司徒之官教民以人倫父慈子孝而有親君令臣共而有義夫外婦内而有別長先幼後而有序朋友之交而有信此五者皆人所固有之倫必設法以教之而後民性可復也然其教之之方則何如哉放勳命契之詞曰民之用力於人倫而爲勞者則獎勸以勞之民之歸向於人倫而爲來者則誘掖以來之民之立心背乎人倫而爲邪者則約之使歸於正民之所行戾乎人倫而爲枉者則矯之使歸於直凡此勞來

匡直○正所以輔以立之翼以行之使之優游浸漬以自得其固有之性也既自得其性矣猶慮其勤始怠終又必時時提撕警覺以加曲成之惠焉堯之命契如此夫水土方平即思所以養之衣食既足又思所以教之堯舜聖人之勞心以憂民如此其勤且亟也

而暇爲耕之事乎

附解 趙氏惠曰稷乃五穀之長故以稷爲農官之稱后者有爵土之號說文種曰稼斂曰穡○翼註人之有道謂人皆有秉彝之性也下父子有親等五有字正應此一有字皆因其固有而利導之○存疑聖人有憂之聖人兼指堯舜○賽合註君臣父子夫婦朋友兄弟即人字親義序別信即道○父子五句正教以人倫之實放勳所命乃施教之方○淺說當時舜攝政而堯爲天子故舜使契爲司徒而命契之辭則出自堯也○說約勞來匡直俱貼人倫說○說統勞來以勸其善匡直以懲其惡○問振德是施惠否朱子曰是然不是財惠之惠只是施之以教化上文匡直輔翼等事是也○說統振德字據註加惠二字屬在上者說即教民之德意也非謂民性之德振之云者只是無倦意思○存疑聖人之憂民如

此此聖人指堯與舜。〇〔新安陳氏曰〕而暇耕乎是再提掇耕字以照應獨可耕且爲與一句

堯以不得舜爲已憂舜以不得禹皋陶爲已憂夫以百畝之不易爲已憂者農夫也

易治也堯舜之憂民非事事而憂之也急先務而已所以憂民者其大如此則不惟不暇耕而亦不必耕矣

〔本說〕堯舜憂民急急於使益使禹使稷契如此是堯當日非事事而憂之也而惟以不得舜爲已憂舜當日亦非事事而憂之也而惟以不得禹皋陶爲已憂則夫得舜得禹皋其先務也若夫以百畝之不治爲已憂者農夫之事也豈堯舜之所憂哉

〔附解〕說約上兩節無皋陶而此舜之憂無益稷獨禹皋並列者亦大槩之言不屑分配耳〇〔存疑〕以百畝之不易爲已憂

者農夫也言非堯舜之所憂也此句總歸在堯以不得舜爲已憂二句內故註不解明是斥許行自爲並耕之說〇【劉上玉曰】此節乃承上起下也曰舜曰禹臯陶是承上節來曰不得則照下得人是起下去只宜平平說註非事事而憂之急先務二句本節正解止此至下節爲天下得人謂之仁方言得人所係之大爲天下得人難方言堯舜所憂之大方是解堯以不得舜爲已憂二句註所以憂民者其大如此因百畝句相形而預透此意於前耳

分人以財謂之惠教人以善謂之忠爲天下得人者謂之仁是故以天下與人易爲天下得人難

分人以財、小惠而已教人以善、雖有愛民之實然其所及亦有限而難久惟若堯之得舜舜之得禹臯陶乃所謂爲天下得人者而其恩惠廣大教化無窮矣此其所以爲仁也

本義是何也。誠以得人之所係爲甚大也。彼分人以財物止可謂之惠、教人以善道止可謂之忠、然未仁也惟爲天下得人則恩惠及於廣大教化推於無窮始謂之仁蓋得人所係之大如此。則得人豈容易哉是故以天下與人誠若至難者然自今觀之、猶以爲易惟爲天下得人則必擇之至當選之至公而後可以托天下。乃爲難耳、此堯舜所以切切然特以不得禹皐陶爲己憂也。

附解賽合註分人以財。教人以善。亦是治天下者之憂。但憂得小。故止於惠止於忠。○困勉錄爲天下得人者句虛、說不專指堯舜。註特舉堯舜以見例耳玩一若字可見。○以天下與人。只作禪讓說爲是。蓋此處是要舉一件至難者以形容得人之尤難耳。○爲天下得人難亦是虛說但此句下須繳到堯舜。○存疑何用耕意。直至下堯舜之治天下。三句方繳完。此節何得繳上節註不惟不暇耕亦不必耕。又是預透下意。而言之於前耳。

孔子曰大哉堯之爲君惟天爲大惟堯則之蕩蕩乎民無能名

焉君哉舜也巍巍乎有天下而不與焉堯舜之治天下豈無所用其心哉亦不用於耕耳

則法也蕩蕩廣大之貌君哉言盡君道也巍巍高大之貌不與猶言不相關言其不以位爲樂也

本義 欲知堯舜用心之大觀孔子之所稱可見矣孔子嘗曰大哉堯之爲君以天道之大而能與之準則其德蕩蕩乎廣遠民無能名焉君哉舜也其德巍巍乎高大以匹夫有天下乃不以位爲樂而若不與焉孔子稱堯舜如此夫堯舜之治天下也蕩蕩巍巍功業之大如許豈無所用其心而致此哉蓋以民害未除思得人以除之民生未遂思得人以養之民性未復思得人以任之此皆其用心所在也特其心不用之於耕耳夫道莫備於堯舜也使君與民並耕乃道之所在則堯舜當先爲之矣而皆不然則許行之說何其妄哉

【附解】蒙引則法也。法字與論語解齊準義亦同。蓋法天則亦與天同其大矣。〔困勉錄〕引孔子之言只是極贊其功業之盛，以起下堯舜之治天下三句，意見得堯舜之蕩蕩巍巍如此，然其治天下亦只用心於得人而未嘗並耕，則爲君者洵不在並耕矣。孔子之言內並無用心意。〔家訓〕用心就指上堯以不得舜爲己憂二句說，講用心全要根憂字意發揮。〔新安陳氏曰〕亦不用於耕耳。至此三提掇耕字，以照應收結獨可耕且爲與一句。以上已辯倒許行之説，下文乃責陳相也。

吾聞用夏變夷者，未聞變於夷者也。陳良，楚產也，悅周公仲尼之道，北學於中國，北方之學者未能或之先也，彼所謂豪傑之士也。子之兄弟事之數十年，師死而遂倍之。

此以下責陳相倍師而學許行也。夏，諸夏禮義之教也。變夷變化蠻夷之人也變於夷反見變化於蠻夷之人也産生也陳良生於楚在中國之南故北遊而學於中國也先過也豪傑才德出衆之稱言其能自拔於流俗也倍與背同言陳良用夏變夷陳相變於夷也

本義 許行之說誕妄如此子乃悅而從之亦異乎吾所聞矣吾聞有用中夏之教以變乎夷狄之俗者未聞以中夏之學而反受變於夷狄之人者也子之師陳良楚所生産也本南夷之人悅周公仲尼之道北遊而學於中國北方之士素學周孔者其造詣亦未能或過之也彼能用夏變夷而自拔於流俗正所謂豪傑之士也即終身師之可矣子之兄弟乃事之已數十年師死而一旦遂倍之盡棄其學是何心哉

附解 〔賽合註〕夏以禮義之教言夷以風俗言○〔翼註〕用夏變夷還主變化他說○未能或先只是齊等非反不及良也○

〔達說〕陳良楚産六句不重揄揚陳良之爲人只見陳良不可倍意○〔慶源輔氏曰〕陳良楚人而北學於中國則是用夏變夷陳相素學於陳良乃爲許行所變則是變於夷也○〔說統〕孟子責陳相之倍師正闢許行之不可學並耕之說之不可從也前後只一意○〔劉上玉曰〕吾聞用夏變夷二句起直至子是之學亦爲不善變矣方是煞落照應處此處只宜責相倍師由孔子沒至南蠻節方說到學許行因又引周頌以責他變於夷而結之也

昔者孔子沒三年之外門人治任將歸入揖於子貢相嚮而哭皆失聲然後歸子貢反築室於場獨居三年然後歸他日子夏子張子游以有若似聖人欲以所事孔子事之彊曾子曾子曰不可江漢以濯之秋陽以暴之皜皜乎不可尚已

三年古者爲師心喪三年若喪父而無服也任擔也場冢上

之壇場也、有若似聖人、蓋其言行氣象有似之者。如檀弓所記子游謂有若之言似夫子之類是也、所事孔子所以事夫子之禮也、江漢水多言濯之潔也、秋日燥烈言暴之乾也、皜皜潔白貌、尚加也、言夫子道德明著光輝潔白非有若所能彷彿也。或曰此三語者孟子贊美曾子之辭也、

本義 子之忍於倍師亦如孔門弟子之尊師者乎。昔者孔子既沒門人在魯皆服心喪三年、三年之外各治行擔皆將散而歸、時以子貢主喪事、入揖辭之、彼此相向而哭、皆至失聲、然後歸去、門人之追慕其師如此、此子貢猶未忍遽去、又反歸墓旁、築室於壇場之上、獨居三年然後歸去、子貢之追慕其師又如此。至他日子夏子游子張思慕孔子音容、以有若言行氣象有似聖人、欲以平日所事孔子之禮事之、以寄其思慕之意、彊曾子亦同事之、曾子曰不可、師當論其道德不當

求其形似我夫子之道德明著之極而無一點之濁汚如江漢以濯之光輝之極而無一毫之障蔽如秋陽以暴之潔淨純粹皜皜乎不可得而加已是豈有若所能彷彿而欲以夫子事之如之何其可乎曾子之尊信其師而不倍更有如此

【附解】【存疑】江漢水多而濯之潔無一點之汚也秋陽燥烈而暴之乾無一些之溼氣也在聖人則一私不存萬理明淨人欲淨盡天理流行○皜皜潔白也都是承江漢以濯秋陽以暴上說凡物濯不潔暴不乾則不潔白濯之潔暴之乾則潔白矣註明著光耀潔白通是就道德上說○【翼註】江漢二句畢竟是喻皜皜二字則是假借形容○【蒙引】此條作三段看

【節旨】一言門人不倍師一言子貢不倍師一言曾子不倍師尤重在曾子一段

今也南蠻鴃舌之人非先王之道子倍子之師而學之亦異於曾子矣

鴃博勞也惡聲之鳥南蠻之聲似之指許行也

【本義】夫有若雖非聖人。猶與聖人相似。曾子尚不肯以事其師者輕事之。今許行乃南蠻鴃舌之人、本非先王所傳之道、與子師陳良正大相反也、子乃倍師而從其所學、亦異乎曾子之尊其師者矣、

【附解】蒙引 非字不訓詆毀。

吾聞出於幽谷遷于喬木者、未聞下喬木而入於幽谷者

小雅伐木之詩云、伐木丁丁、鳥鳴嚶嚶、出自幽谷、遷于喬木、

【本義】夫人之擇術。猶鳥之擇巢。吾聞有出於幽谷之卑、遷于喬木之高者、未聞反下喬木而入於幽谷者也、今陳良中國之學。猶喬木也。許行南蠻之教。猶幽谷也。子乃倍陳良而學許行。是下喬木而入於幽谷。去高明而就卑暗。吾所未聞而聞之子矣。

【附解】困勉錄 白文專就鳥說。正意。補在言外。

魯頌曰戎狄是膺荆舒是懲周公方且膺之子是之學亦爲不善變矣

魯頌閟宫之篇也膺擊也荆楚本號也舒國名近楚者也懲艾也按今此詩爲僖公之頌而孟子以周公言之亦斷章取義也

本義 況夷又周公所必膺乎魯頌曰於戎狄則擊而逐之於荆舒則伐而懲之其正夷夏之防如此今許行本戎狄之人畔於正道使周公若在方且膺之今子以是爲學所謂變於夷者也亦不善變矣

附解 新安陳氏曰不善變謂變於夷也○說統大抵此五節只是説他變得不好一句括盡大意故末以亦爲不善變一句結局

從許子之道則市賈不貳國中無僞雖使五尺之童適市莫之或欺布帛長短同則賈相若麻縷絲絮輕重同則賈相若五穀多寡同則賈相若屨大小同則賈相若

陳相又言許子之道如此蓋神農始爲市井故許行又託於神農而有是說也五尺之童言幼小無知也許行欲使市中所粥之物皆不論精粗美惡但以長短輕重多寡大小爲價也

本義　陳相乃又爲之說曰並耕之說固不可從矣然許子亦有可從者如市價一節從許子之道可使市中貨物皆有一定之價國中無所用其詐僞雖使五尺之童適市貿易亦無有增減價值以欺之者蓋天下之物惟是價值相懸而爭端

易起、今皆一槩定價、如布與帛、但丈尺長短同、則價卽相若、麻與縷絲與絮、但觔兩輕重同、則價卽相若、五穀斗石多寡同、則價卽相若、屨尺寸大小同、則價卽相若、物價一定、則爭端盡息、可以還淳返朴、而復上古之治矣、許子之道如此、何爲而不可從耶、

〔條解〕況無回曰、未經辟績爲麻、已經條析爲縷、絲蠶所吐也、細絲爲綿、絮敝綿也。○〔說約〕註皆不論精粗美惡句、又是透下意、而預逗其弊端於此、宜渾之。○〔說統〕曰中爲市、始於神農、故許行倡齊價之說、正欲舉世只爲其粗、不爲其精、相安太樸、巧僞不生、與並耕之說只是一意、無非欲混君子野人於無別耳。○通節以市價不貳句爲主、無僞不欺、俱根不貳來、此不獨爲許行置辯、且見已所以從學之故、似有可原。

曰、夫物之不齊、物之情也、或相倍蓰、或相什伯、或相千萬、子比而同之、是亂天下也、巨屨小屨同賈、人豈爲之哉、從許子之道

相率而爲僞者也惡能治國家

倍一倍也蓰五倍也什伯千萬皆倍數也比次也孟子言物之不齊乃其自然之理其有精粗猶其有大小也若大屨小屨同價則人豈肯爲其大者哉今不論精粗使之同價是使天下之人皆不肯爲其精者而競爲濫惡之物以相欺耳

本義 孟子闢之曰夫物有精粗美惡之不齊者乃物之情也蓋其氣化之參差人力之工拙自然而有是也故其不齊或相去倍蓰或相去什伯甚之或相去千萬不可得而强同也子乃欲盡合而同之而使之無異價是亂天下之道也何則物有精粗猶屨之有大小也巨屨小屨同價則人豈肯爲其大者哉然則粗者與精者同價人又豈肯爲其精者哉今從許子之道不論精粗而使之同價是使天下之人競爲濫惡之物以相欺耳本欲除僞而適以長僞本欲無事而適以多

事安能治其國家哉。

許子固無一可者也。

【附解】【說統】物之不齊。由造化所生有參差。人力所成有工拙。○【新安陳氏曰】情實也。註自然之理即所謂物之實理也。○【摘訓】倍蓰什伯千萬。正是不齊處。不指物價說。○【賽合註】亂非禍亂。即下相率爲僞是也。○【說統】屨大小同則價相若。是許子猶知有大小也。巨屨與小屨同價。則假借言之以明精粗之難混耳。獨言屨者。緣許行是箇捆屨的人。故就其明者通之。○相率爲僞。正反國中無僞之說。惡能治國家只就相率爲僞上見得。

墨者夷之章

【總旨】【說統】一本二字。通章骨力。仁孝二字。通章關鍵。○【沈無回曰】人以本生。愛因本立。本一則愛自不能不差等。此人心自然不容已處。故孟子以親其兄之子五句。解書詞非愛無差等之說。又以天之生物三句。破墨者愛無差等之非。下節又以上世埋葬之禮言者。正就人心之不容已者挑動之。使知本之至一而無二也。

墨者夷之因徐辟而求見孟子孟子曰吾固願見今吾尚病病愈我且往見夷子不來

墨者治墨翟之道者夷姓之名徐辟孟子弟子孟子稱疾疑亦託辭以觀其意之誠否

本義 有爲墨翟之道者夷之因徐辟而求見孟子孟子乃托詞曰夷子之來吾固願見但今吾尚病未可以見也子爲我辭夷子俟吾病愈我且往見之夷子不必再來蓋欲堅其求見之心以爲施教之地也

他日又求見孟子孟子曰吾今則可以見矣不直則道不見吾且直之吾聞夷子墨者墨之治喪也以薄爲其道也夷子思以易天下豈以爲非是而不貴也然而夷子葬其親厚則是以所

賤事親也

又求見則其意已誠矣故因徐辟以質之如此直盡言以相正也莊子曰墨子生不歌死無服桐棺三寸而無椁是墨之治喪以薄爲道也易天下謂移易天下之風俗也夷子學於墨氏而不從其敎其心必有所不安者故孟子因以詰之

【本義】他日又求見孟子孟子因其求見之誠乃謂徐子曰吾今則可以見矣但夷子來意爲吾道也若不盡言相正則吾儒之道不明我且未見而先直之蓋吾聞夷子乃學於墨氏者墨氏之治親喪也凡棺椁之類槩以薄爲其道也夷子思欲以是道移易天下之風俗豈以是道爲非是而不貴哉既以薄爲貴則必以厚爲賤矣然而夷子葬其親厚則是以所賤者事親也學其術而不遵其敎是何故與毋乃薄道本非貴而厚道本非賤與

附解【說統】不直二句。乃一正一反之詞。盡言以相正。固是闢異端之言。然且莫切儒墨上說。下文方云夷子墨者。○【翼註】我且直之。且字對未遽見說。○【象山陸氏曰】所賤事親。句。非直折語。是故意激他。若以厚道爲是。則學於墨者爲何。若以薄道爲是。則厚葬又爲何。所行與所學相反。必有箇緣故。只要他自省這一點厚葬的念頭。

徐子以告夷子。夷子曰。儒者之道。古之人若保赤子。此言何謂也。之則以爲愛無差等。施由親始。徐子以告孟子。孟子曰。夫夷子信以爲人之親其兄之子。爲若親其鄰之赤子乎。彼有取爾也。赤子匍匐將入井。非赤子之罪也。且天之生物也。使之一本。而夷子二本故也。

若保赤子。周書康誥篇文。此儒者之言也。夷子引之。蓋欲援儒而入於墨以拒孟子之非己又曰愛無差等施由親始則推墨而附於儒以釋己所以厚葬其親之意皆所謂遁辭也孟子言人之愛其兄子與鄰之子本有差等書之取譬本爲小民無知而犯法如赤子無知而入井耳且人物之生必各本於父母而無二乃自然之理若天使之然也故其愛由此立而推以及人自有差等今如夷子之言則是視其父母本無異於路人但其施之之序姑自此始耳非二本而何哉然其於先後之閒猶知所擇則又其本心之明有終不得而息者此其所以卒能受命而自覺其非也

【本義】徐子以孟子之言告夷子、夷子曰、夫子以吾兼愛爲非是也、然儒者之道、亦如康誥之言、古人保民若保赤子、此言何謂也、不猶吾之兼愛者乎。在之則以爲愛本無厚薄之差等矣、但其施必由親始、於此宜稍從厚、此吾所以厚葬其親也。豈以所賤事親哉。夷子旣援儒入墨。以拒孟子之非己、又推墨附儒。以釋己厚葬之意。其詞亦遁矣。徐子以其言告孟子、孟子解書意以闢之曰、夫夷子看康誥之語、眞以謂人之愛其兄之子、若愛其鄰之赤子、都無分別乎、彼書言蓋自有取爾也、書言以爲小民無知而犯法、非小民之罪、猶赤子無知而入井、非赤子之罪、欲保民者當如保赤子耳、非謂愛其兄之子、眞若愛其鄰之赤子、而一無差等也、謂儒者之道亦兼愛。不亦謬乎。且天之生物也、各本於父母、原使之從一本上生出來、故愛親之心根於天性、非他人所可同耳、如夷子之言、則是待其親如路人、待路人如其親、親其親一本、待路人如其親又一本、是其愛無差等也、二本故也、豈人理哉、

【附解】〔達說〕若保赤子句便要露愛無差等意、在下段始歸重在施由親始句。○〔朱子曰〕施由親始一句、乃是夷子臨時撰

出來湊孟子。却不知愛無差等一句。已自不是了。他所爲施由親始。便是把愛無差等之心施之。然把愛人之心推來愛親。是甚道理。○〔達說〕夷之自相矛盾處。蒙引謂其施由親始則又略有親疏之辨。與所謂兼愛者矛盾也。存疑謂其施由親始。如何便宜從厚。則又與厚葬者矛盾也。二說宜兼用。○〔慶源輔氏曰〕夷子蓋以儒者若保赤子是愛他人子。如愛我之赤子。有似於墨子愛無差等之說。故謂其欲引儒家入墨教中去。○〔新安陳氏曰〕施由親始一句。髣髴竊取儒家立愛自親始之意。是推墨氏而依附於儒家也。○〔雙峯饒氏曰〕彼有取爾也。是說周書別有所取譬也。下二句却解周書本意

○〔朱子曰〕天之生物。有血氣者本於父母。無血氣者本於根荄。皆出於一而無二者也。惟其本出於一。故其愛亦主於一。蓋一體而分。眷戀之情。自不容已。自是之外。則因其分之親疏遠近。而愛有差焉。此儒者之道所以親親仁民以至愛物而無不各得其所也。今夷之謂愛無差等。則不知此身所從出。而視其父母無異路人。雖其施之先後。稍不悖於正理。然於親而謂之施。則亦不知愛之所由立矣。非二本而何哉。且何止二本。蓋千萬本也。○〔雲峯胡氏曰〕本文云使之一本而

集註以自然之理釋之。蓋纔謂之使便似涉於人爲。今曰天使之。則莫之爲而爲矣。○〔說約〕夫夷子信以爲至非赤子之罪也。先辯儒無兼愛之說。且天之生物至二本故也。方正愛無差等之說。既辯儒無差等之說。則不得援儒入墨也。復正愛無差等之說。亦不得推墨附儒也。

蓋上世嘗有不葬其親者。其親死則舉而委之於壑。他日過之狐狸食之。蠅蚋姑嘬之。其顙有泚。睨而不視。夫泚也非爲人泚中心達於面目。蓋歸反虆梩而掩之。掩之誠是也。則孝子仁人之掩其親亦必有道矣。

因夷子厚葬其親而言此。以深明一本之意。上世謂太古也。委棄也。壑山水所趨也。蚋蚊屬。姑語助聲。或曰螻蛄也。嘬攢共食之也顙額也泚泚然汗出之貌睨邪視也視正視也不能不視而又不忍正視哀痛迫切不能爲心之甚也非爲人泚言非爲他人見之而然也所謂一本者於此見之尤爲親切蓋惟至親故如此在他人則雖有不忍之心而其哀痛迫切不至若此之甚矣反覆也虆土籠也梩土轝也於是歸而掩覆其親之尸此葬埋之禮所由起也此掩其親者若所當然則孝子仁人所以掩其親者必有其道而不以薄爲貴矣

本義 夫夷子固二本矣而其厚葬之心爲何心亦自知之耶蓋上古之世禮制未備嘗有不葬其親者其親死則子卽舉而委之於壑他日經過其處但見大而狐狸食親之肉微而蠅蚋嘬親之膚於是頭額之閒泚然汗出但邪視而不忍正視

有不能爲情之甚者、是泚也、非謂他人見之而然、乃其哀痛迫切之情本諸中心、而發於面目、初不自禁也、當此之時、旣悔其前日委棄之非、而又思爲後日保全之計、蓋歸取虆梩覆土而掩之、使不至爲物所殘、此後世埋葬之禮所由起也、夫此掩其親者、若在所當然、則孝子仁人之所以掩覆其親者、必有從厚之道、而不以薄爲貴矣、夫葬禮之所自起、皆由不忍其親之念發之、非以其一本而然乎、今夷子之厚葬其親、原是一本之眞情所自見、而乃執愛無差等之說以自掩護耶。

附解　李九我曰、上世事大都是渺茫臆度、兩蓋字俱想當如此之詞○四書脈、上世之委親於壑、非忍棄之也、禮制未起、不曉如何殯殮、沒奈何姑置諸此、他日過之、非偶然經過分明、旣委後不忍忘、復往過低回、即此便見天性之切○賓合註、非爲人泚、此一本之情誠發於中、下歸掩之者、一本之事速盡於外、使非一本、則乍見之初、胡爲有是泚、旣見之後、胡爲有是掩耶○四書脈、蓋歸字、有急急之義、掩之誠是句、是起下語○家訓、掩之誠是也、是字謂當然也、就上世言則孝子仁人句推開就後世言○達說深明一本只到反虆梩而掩之住掩之誠是三句則又因上文而推廣之然亦須根一本意來見上古掩親者情動於一本如此則仁人孝子獨切一本之愛必以厚爲道矣既明一本之意又復及仁孝云云者正欲見厚葬乃仁孝之所爲而以此進夷子耳○沈無回曰上世之掩與夷子之厚葬其親皆是發於一本處掩之誠是則厚葬的誰說他不是知厚葬之爲是則愛無差等之說不攻自破矣

徐子以告夷子夷子憮然爲閒曰命之矣

憮然茫然自失之貌爲閒者有頃之閒也命猶教也言孟子已教我矣蓋因其本心之明以攻其所學之蔽是以吾之言易入而彼之惑易解也

本義 徐子以孟子之言告夷子夷子聞之遂茫然自失少閒曰之雖未親見孟子而仁孝一本之論孟子已敎我矣蓋其

本心復萌。而感悟其非。以反而歸正如此。

附解 況無回曰。憮然爲閒四字。有昏暈初醒。稍定始能言之意。○〔達說〕命之矣。須要模寫憮然悔悟。而深以孟子之言爲然意。但直說教我云云。便不得憮然景象。○〔朱子曰〕之字夷子名。○〔雲峯胡氏曰〕夷子之學。墨非也。而葬其親厚。此一厚字。猶是夷行得是處。愛無差等。施由親始。夷之所言非也。然此一始字。猶是夷子說得是處。所以可因其本心之明而教之也

滕文公章句下

凡十章

陳代曰章

總旨〔存疑〕此章答陳代。大段有兩意。齊景公田一條。是說不見諸侯之義。且夫枉尺直尋以下。是說其所稱枉尺直尋之

非。枉尺直尋以下。又自分二節。首節言枉尺直尋。是計利之心。將無所不至。以見不可爲。昔者趙簡子至如枉道而從彼何哉。是言枉尺而直尋。君子之所不爲。且子過矣以下。是言枉尺亦無直尋之理。○蒙引天下之事。有義理。有利害。孟子之不見諸侯。主義理者也。陳代之言。主利害者也。然主義理者。自兼得利害。專主利害者。未免乖於義理。而終之則利害所計者亦不完。此章自齊景公田以下。俱從義理上說。至末云枉己者未有能直人者也。則所計者於利害亦盡矣。

陳代曰不見諸侯宜若小然今一見之大則以王小則以霸且志曰枉尺而直尋宜若可爲也

陳代孟子弟子也小謂小節也枉屈也直伸也八尺曰尋枉尺直尋猶屈已一見諸侯而可以致王霸所屈者小所伸者大也。

【本義】戰國時、惟孟子抱道自重、不肯往見諸侯、陳代疑而問曰、君子不枉見諸侯、此固守身之常法、然以代觀之、宜若小節然、使今日但一往見之、得行其道、大則爲伊爲周、而以其君王、小則爲管爲晏、而以其君霸、得志建功、將在於此、且志曰、枉僅尺而直則尋、是所失者小而所得者大也、即志之言觀之、以往見之小屈、成伯王之大伸、宜若可爲、而不必過執也、

【附解】【四書脉】宜若可爲、是陳代解志意。【蒙引】不見諸侯宜若小然云云、此只是枉尺直尋道理、又引志曰云云者、明其從來有此説話、而諷其爲之也。【新安陳氏】曰、孟子平日以不見諸侯自守、故以此爲問、

孟子曰、昔齊景公田、招虞人以旌、不至、將殺之、志士不忘在溝壑、勇士不忘喪其元、孔子奚取焉、取非其招不往也、如不待其招而往、何哉、

田獵也虞人守苑囿之吏也招大夫以旌招虞人以皮冠元首也志士固窮常念死無棺槨棄溝壑而不恨勇士輕生常念戰鬬而死喪其首而不顧也此二句乃孔子歎美虞人之言夫虞人招之不以其物尚守死而不往況君子豈可不待其招而自往見之耶此以上告之以不可往見之意

本義孟子曰我非不欲得君行道但揆之於義不當往見耳不觀虞人之於齊景公乎昔齊景公田獵虞人當有職事使人持旌以招之虞人見以旌名非其官守不肯往見景公怒其違命將欲殺之孔子聞而美之曰志士能固守貧窮常念在溝壑而不恨勇士捐軀殉國常念喪其首而不顧正虞人之謂也夫孔子何取於虞人而稱美之如此哉取夫虞人以非其所招之皮冠而即守死不往也夫招之不以其物在虞人尚且不往況并不待其招而先自往見如何其可哉亦出

虞人

下矣

【附解】蒙引不忘二字是活句是楔

了死不顧利害不是說定要死

【附考】左傳景公將殺虞人虞

人辭曰不見皮冠故不敢進

且夫枉尺而直尋者以利言也如以利則枉尋直尺而利亦可

爲與

此以下正其所稱枉尺直尋之非夫所謂枉小而所伸者大

則爲之者計其利耳一有計利之心則雖枉多伸少而有利

亦將爲之耶甚言其不可也

【本義】且夫所謂枉尺而直尋者爲所失少而所得多此以圖

利而言也如以利言而有心計之則惟利是徇豈但枉尺直

尋甘心爲之卽使枉尋直尺所失者多所得者少亦將不顧理義而爲之與吾知其必有所不可矣

附解說約以利言也是就其言而解之如以利以下是反其言而詰之亦可爲與與前宜若可爲句緊相對照○翼註亦可爲與還是不義而不可爲非不利而不可爲也以得不償失言者非○慶源輔氏曰人有一計利之心則惟利是務始猶有枉小直大之辨浸浸不已終併大小皆不復計不至滅天理壞人紀不止也孟子所以極其流而言之○梁無知曰此節提出一利字

昔者趙簡子使王良與嬖奚乘終日而不獲一禽嬖奚反命曰天下之賤工也或以告王良良曰請復之彊而後可一朝而獲十禽嬖奚反命曰天下之良工也簡子曰我使掌與女乘謂王良良不可曰吾爲之範我馳驅終日不獲一爲之詭遇一朝而

獲十詩云不失其馳舍矢如破我不貫與小人乘請辭

趙簡子晉大夫趙鞅也王良善御者也嬖奚簡子倖臣與之乘爲之御也復之再乘也彊而後可嬖奚不肯彊之而後肯也一朝自晨至食時也掌專主也範法度也詭遇不正而與禽遇也言奚不善射以法馳驅則不獲廢法詭遇而後中也詩小雅車攻之篇言御者不失其馳驅之法而射者發矢皆中而力今嬖奚不能也貫習也

【本義】計利忘義豈特士君子所不當爲卽一藝之士亦有不肯爲者昔者趙簡子使王良與其嬖臣名奚者御車以田獵乃終日之久而不獲一禽嬖奚反命於簡子曰此天下不善御之賤工也或以告王良良曰請復爲乘彊奚而後可乃一

朝之間、而獲十禽、奚又反命曰、此天下善御之良工也、簡子曰、王良既是良工、我使專與掌汝乘、遂以此命王良。良不可對曰、御者自有法度、射者自有巧力、始吾於奚也、爲之範我法度以馳驅、彼不能左右迎射、乃終日不獲一、纔吾廢法而爲之詭道、與禽相遇、彼纔會迎着射去、一朝而獲十、是嬖奚之射、必使御者廢法而後可中也。詩云、不失其馳、舍矢如破、言御車之人、不失馳驅之常度、而車中射者發矢必中、有如破物之能、此君子射御之正法也、今必爲之詭遇而後獲禽、乃小人之所爲耳、我不慣與小人乘、請辭掌乘之命。

附解 存疑 凡田獵是前面驅禽來。我馳車迎而射之。馳車者自有正法。禽獸之來不皆正。或左或右、此在射者顧盼左右迎而射之耳。奚不善射。但是禽獸當頭者方能射之。或左或右者。皆不能射。故終日不獲一。詭遇、是因他不能左右迎射。舍馳車、正法。驅車左右以迎之。所以一朝而獲十也。○蒙引謂王良簡子語之也。○不失其馳兩句、要相連說。重在下句。看大註而字可見。請辭、亦王良之言。非孟子記述之言。○說統 不失其馳。御之道也。良之可重。正在於此。請復彊可權論

以伸道也引意不重此○〔翼註〕
小人二字只在不善射上見

御者且羞與射者比比而得禽獸雖若丘陵弗爲也如枉道而從彼何也且子過矣枉己者未有能直人者也

比阿黨也若丘陵言多也○或曰居今之世出處去就不必一一中節欲其一一中節則道不得行矣楊氏曰何其不自重也枉己其能直人乎古之人寧道之不行而不輕其去就是以孔孟雖在春秋戰國之時而進必以正以至終不得行而死也使不卹其去就而可以行道孔孟當先爲之矣孔孟豈不欲道之行哉

【本義】由王良觀之，不過一御者耳，且羞與射者屈意爲比。推其心，若以比而得禽獸，毋論一朝獲十，雖積如邱陵之多，亦弗爲之也。其守法而不肯徇利如此，況君子以道自守，乃欲計較得失之多寡而枉道以見諸侯，反御者之不若矣，何爲其然哉？且子枉尺直尋之言過矣。君子一身乃天下之表率，必自處以正，方能正人。若枉已從人，則本原先不正，而欲行道濟時，以成王伯之功，無是理也。夫使枉尺可以直尋，君子猶且不爲，況枉已必不能以直人乎。然則不見諸侯，正不可以小節視之也。

【附解】四書脉：比而得二句，是推其羞與爲比之心。若邱陵，瘠指枉尺直尋。○翼註：直尋之直，伸也；直人之直，正也。二字不同意，實相因。直人應王伯説，人字兼得君民，然渾説爲得。○徐儆弦曰：枉已未有能直人，言非但枉尺直尋，亦非但枉尋直尺，其勢必至徒枉而無所直，蓋枉者原無直之理也。夫枉已即能直人，於義理尚且不可，況枉已必不能直人，其不當言益明矣。

景春曰章

總旨 家訓 此章見儀衍所恃在權勢。俯仰從人。孟子所恃在道德。主持自我。

景春曰公孫衍張儀豈不誠大丈夫哉一怒而諸侯懼安居而天下熄、

景春人姓名、公孫衍、張儀、皆魏人、怒則說諸侯使相攻伐、故諸侯懼也、

本義 景春曰、我觀當世之士、如公孫衍張儀者、豈不誠大丈夫哉何以見之、蓋方今諸侯力爭、天下多事、彼若一怒、即能動大國之兵、使弱小諸侯恐懼、若安居無事、即能解列國之難、以一人之喜怒、係天下之安危、是何等氣燄、非大丈夫而何。

附解困勉錄新安謂二人皆破六國之從以爲衡者、然按史記犀首常佩五國之相印爲從長則固不必專主連衡說也

○說統一怒二句。正是景春以二子爲大丈夫處

孟子曰是焉得爲大丈夫乎子未學禮乎丈夫之冠也父命之女子之嫁也母命之往送之門戒之曰往之女家必敬必戒無違夫子以順爲正者妾婦之道也

加冠於首曰冠、女家、夫家也、婦人內夫家、以嫁爲歸也、夫子、夫也、女子從人、以順爲正道也。蓋言二子阿諛苟容。竊取權勢。乃妾婦順從之道耳。非丈夫之事也。

本義孟子曰、是一怒安居之爲、安得爲大丈夫乎、子未學禮乎、禮云丈夫之冠也、其父醮而訓之、女子之嫁也、其母亦醮

而訓之。嫁時，母必往而送之於門，戒之曰：此去往之汝家，必敬慎必戒，謹無違爾夫子之命。禮言如此，可見以順從爲正者乃是妾婦之道，所當然也。今二子雖假權力炫耀一時，其實皆揣摩諸侯之好惡而順從其意，乃妾婦之流耳。丈夫且不可爲，況大丈夫乎。

附解　困勉錄　蒙引謂：引禮重在女子之嫁云云。丈夫之冠句帶言之。按此說固似是，然孟子說丈夫一段，正見丈夫且不爲，何論大丈夫也，非全不重也。○四書脉　戒之又在命之外。○賽合註　禮在無違夫子，止末二句還是孟子之言。○翼註　以順爲正二句，但就女子說，下補儀衍。○蒙引　不是阿諛苟容，如何能竊取權勢，使得諸侯懼懼，是他國諸侯懼他。在本國却阿諛苟容始得。

居天下之廣居，立天下之正位，行天下之大道，得志與民由之，不得志獨行其道，富貴不能淫，貧賤不能移，威武不能屈，此之

謂大丈夫

廣居仁也正位禮也大道義也與民由之推其所得於人也獨行其道守其所得於已也淫蕩其心也移變其節也屈挫其志也○何叔京曰戰國之時聖賢道否天下不復見其德業之盛但見姦巧之徒得志橫行氣焰可畏遂以爲大丈夫不知由君子觀之是乃妾婦之道耳何足道哉

【本義】吾所謂大丈夫者何如蓋仁統天下之善乃廣居也彼則存心以仁兼容幷包而無一毫之狹隘是居天下之廣居矣禮嘉天下之會乃正位也彼則持身以禮大中至正而無一毫之偏倚是立天下之正位矣義公天下之利乃大道也彼則制事以義明白洞達而無一毫之邪曲是行天下之大道矣由是得志而見用於時則推仁義禮之道而公之於民

如不得志而隱居在下、則守仁義禮之道而行之於己、是故富貴不能蕩其心、貧賤不能變其節、威武不能挫其志、此等人論道術、則精粹純美、而無權謀功利之私、論設施、則正大光明、而無阿順依違之態、此之謂大丈夫也、若二子者、何可以此稱之哉。

【附解】朱子曰、此心廓然、無一毫私意、直與天地同量、這便是居天下之廣居、便是居仁、到得自家立身、更無些子不當於理、這便是立天下之正位、便是立於禮、及推而見於事、更無些子不合於義、此便是行天下之大道、便是由義、居字、就心上說、立字、就身上說、行字、就施爲上說。○廣居、是不狹隘、正位、大道、只是不偏曲。○【四書脈】此性萬善包羅、四端咸備、胞與民物、覆載八荒、何廣也。○【困勉錄】玩大全朱子、則居廣居是三句之上、然口氣只是三平、朱子是論道理如此。○【雲峯胡氏曰、由、謂與民共由、此仁禮義也、道、即仁禮義之道。○【四書脈】與民由之、難說是必與斯民共居廣居、共立正位、共行大道、只推其所居以涵育天下、推其所立以範圍天下、推其所行以化裁天下、即是與民由之之意。○【翼註】大道、道字是路字下獨行其道道字是道理兼三者言○家訓得志一句見他受用此三者處富貴三句見他受用此三者之雄壯不可磨滅處○折衷末句此字總承一節言此以首三句爲主是盡性之事所性既全則無往而不善○朱子曰居廣居以下惟集義養氣方到此地位不能淫不能移不能屈以浩然之氣對着他便能如此

周霄問曰章

總旨 正解 此章總見君子不枉道而仕前五節詳言君子急仕之情末節推明君子難仕之故蓋急仕者行道之心難仕者守道之節實並行不悖也重在末節以道字爲主

周霄問曰古之君子仕乎孟子曰仕傳曰孔子三月無君則皇皇如也出疆必載質公明儀曰古之人三月無君則弔

周霄魏人無君謂不得仕而事君也皇皇如有求而弗得之

意出疆謂失位而去國也質所執以見人者如士則執雉也

出疆載之者將以見所適國之君而事之也

【本義】孟子以道自重不見諸侯周霄諷之曰古之君子亦欲得位而仕乎孟子曰君子志在行道豈得不仕傳有曰孔子當日若三月失位無君卽皇皇不寧及其出疆而之他國則必載質以往以爲見君之禮又公明儀有言曰古之人但三月無君則人皆憫恤而來弔卽此以觀而君子之欲仕可知矣

【附解】〔家訓〕古之君子仕乎霄豈不知蓋將欲以難仕諷孟子故先以仕詰之耳○〔徐儆弦曰〕皇皇如也連出疆必載質讀○〔寶合註〕出疆就是失位之初不可認做三月後事惟其三月無君則皇皇如也所以出疆必載質庶不至於三月無君矣無君俱指先有位而後失位言見已仕失位尚且皇皇而弔則未仕者豈不爲見用圖也○〔存疑〕弔是他人弔之

【附考】周禮〔春官〕大宗伯以禽作六摯以等諸侯孤執皮帛卿執羔大夫執鴈士執雉庶人執鶩工商執雞

三月無君則弔不以急乎

周霄問也、以已通太也、後章放此、

本義 霄曰、三月無君、其時未久、遂至於弔、古人欲仕之心、不亦太急乎、

曰仕之失位也、猶諸侯之失國家也、禮曰諸侯耕助以供粢盛、夫人蠶繅以爲衣服、犧牲不成、粢盛不潔、衣服不備、不敢以祭、惟士無田則亦不祭、牲殺器皿衣服不備、不敢以祭、則不敢以宴、亦不足弔乎

禮曰、諸侯爲籍百畝、冕而青紘、躬秉耒以耕、而庶人助以終畝、收而藏之御廩、以供宗廟之粢盛、使世婦蠶于公桑蠶室、

奉繭以示于君，遂獻于夫人。夫人副褘受之，繅三盆手，遂布于三宮世婦，使繅以爲黼黻文章，而服以祀先王先公。又曰：士有田則祭，無田則薦。黍稷曰粢，在器曰盛。牲，殺牲必特殺也。皿，所以覆器者。

本義　孟子曰：三月無君則弔。非是急於功名，只爲仕之所係有甚重者在也。夫士之有位而失位，猶諸侯之有國家而失國家也。何也？蓋古人最重祭祀，而祭祀必由於有田祿。禮曰：諸侯躬耕藉田，率庶人終畝，以供祭祀之粢盛。諸侯之夫人命蠶繅絲，以爲祭祀之衣服。禮之言如此。假若諸侯失國，則不能行耕助親蠶之禮，而犧牲不能肥腯，稷稻無以致潔，衣服又無以致備，則不敢舉祭祀。雖有尊祖敬宗之心，何以自盡乎？知諸侯則知士矣。禮又曰：惟士無田祿則亦不祭。禮之言又如此。假若士失其位，則無祭田；無田則牲殺之具、器皿之資、祭祀之服皆不能備，則不敢以祭。既不敢祭，則人子之

心必有戚然悚懼而不能一息自安者夫一年有四時之祭若失位三月便廢一祭而有虧於奉先之孝矣不得於君不足弔豈不得以祭亦不足弔乎

此古之人所以不得不急也

【附解】【說統】諸侯耕助四句是禮文出記祭義下四句是孟子解禮惟士無田二句是禮文出記王制下又是孟子解禮○【蒙引】士無田不仕則不得公田所入是爲無田也○繅澤繭爲繅也亦作繅三盆手者禮記註曰置繭於盆中而手三次淹之每淹則以手振出其緒故曰三盆手也方氏曰夫人之繅止於三盆猶天子之耕止於三推○【說約】有田則祭無田則薦似王制亦因有位失位言之註曰祭有常日薦無常時祭必卜日薦不擇日祭有尸薦無尸祭以三牲黍稷薦無牲其隆殺不同固如此亦宜人子之不敢以宴而至於弔也○【蒙引】牲殺牲必特殺也不敢用見成牲肉也故曰牲殺○輔氏解不敢以宴謂神不敢以自安者非也上句不敢以祭是人下句承言亦不敢以宴乃可謂神乎當就人言不敢自安愈見其可弔○則不敢以宴亦不足弔乎兩句只帶惟士無田一段蓋主意在答三月無君則弔○【湯子方曰】通節重士

之失位上。

諸侯陪說

附考〔禮記祭義〕昔者天子爲籍千畝冕而朱紘躬秉耒諸侯爲藉百畝冕而青紘躬秉耒以事天地山川社稷先古以爲醴酪粢盛於是乎取之敬之至也○〔周禮天官〕甸師掌帥其屬而耕耨王籍以時入之以供齍盛王以孟春躬耕帝籍天子三推三公五推卿諸侯九推庶人終於千畝藉之爲言借也王一耕之而使庶人耘耔終之齍盛祭祀所用穀也粢稷也穀以稷爲長在器曰盛○〔穀梁傳〕桓公十四年天子親耕以供粢盛王后親蠶以供祭服甸粟而內三宮三宮米而藏之御廩宗廟之禮君親割夫人親舂之〔記祭義〕古者天子諸侯必有公桑蠶室近川而爲之及大昕之朝君皮弁素積卜三宮之夫人世婦之吉者使入蠶於蠶室奉種浴於川桑於公桑風戾以食之世婦卒蠶奉繭以示於君遂獻繭於夫人夫人曰此所以奉爲君服與遂副褘而受之因少牢以禮之及良日夫人繅三盆手遂布於三宮夫人世婦之吉者使繅遂朱綠之玄黃之以爲黼黻文章服既成君服以祭先王先公敬之至也○〔王制〕大夫士宗廟之祭有田則祭無田則薦

庶人春薦韭、夏薦麥、秋薦黍、冬薦稻、

出疆必載質何也、

周霄問也、

本義 霄又問曰、三月無君而不得祭、固可弔矣、若出疆初失位耳、便必載質何也、又未免於急也。

曰士之仕也猶農夫之耕也農夫豈爲出疆舍其耒耜哉

本義 孟子曰、士之欲仕、本以行道、猶農夫之耕、本以謀食也、農夫必耕、耕必耒耜、豈爲出疆遂舍其耒耜而不用哉、然則士必欲仕、仕必以質、士之出疆豈得不載質也

曰晉國亦仕國也未嘗聞仕如此其急仕如此其急也君子之難仕何也曰丈夫生而願爲之有室女子生而願爲之有家父

母之心人皆有之不待父母之命媒妁之言鑽穴隙相窺踰牆相從則父母國人皆賤之古之人未嘗不欲仕也又惡不由其道不由其道而往者與鑽穴隙之類也

晉國解見首篇仕國謂君子游宦之國霄意以孟子不見諸侯爲難仕故先問古之君子仕否然後言此以風切之也男以女爲室女以男爲家妁亦媒也言爲父母者非不願其男女之有室家而亦惡其不由道蓋君子雖不潔身以亂倫而亦不徇利而忘義也

本義 霄得願仕之說遂諷之曰據夫子之言君子之欲仕而謂急矣然晉國亦君子出仕之國未聞無君則弔出疆載質

求仕如此其急也、則君子亦當易於仕矣、乃又不見諸侯而難於仕者何也、曰夫仕固有仕之道也、如男女居室、人之大倫也、故丈夫生而願爲之有室、女子生而願爲之有家、此父母之心、人所同有、然在男女、必待父母有命、媒妁通言、方可成室家、若不待父母之命、媒妁之言、甚至鑽穴隙以相窺、踰牆垣以相從、則内而父母外而國人、皆賤惡之、爲其苟合也、是以古之君子、知君臣之義不可廢、未嘗不欲仕也、但必議去就之義、明進退之禮、又以不由其道爲惡若不由其道而枉已徇人、以往見諸侯者、與鑽穴隙之類也、其能免於人之賤哉、此君子所以難仕也。

【附解】賽合【註】未聞仕如此其急。如此二字兼則弔載質言。君子暗指孟子、難仕暗指不見諸侯。○【存疑】仕如此其急也。君子之難仕何也。此方是周霄發問之本意。○【四書脈】古之人。孟子自寓。

彭更問曰章

【總旨】【達說】彭更以爲泰。暗指無功說。至無事而食云云。則意已盡露矣。孟子以爲非泰。暗指有功說。至入孝出弟云云。則意已盡露矣。然彭更復以爲論其功。雖不容掩。論其志本不在食。要亦不必食也。總是不欲食士意。孟子則以爲但宜論其功。不宜論其志。安得以志而掩功也。總是不可不食意。須知末二節。卽申士無事兩節意。要之通章大旨。只是士有大功。而不可不食之以報其功。一言以蔽之矣。

彭更問曰。後車數十乘。從者數百人。以傳食於諸侯。不以泰乎

孟子曰。非其道。則一簞食不可受於人。如其道。則舜受堯之天下。不以爲泰。子以爲泰乎

彭更。孟子弟子也。泰。侈也。

【本義】彭更問於孟子曰。以一介之士。而隨行後車有數十乘。隨行從者有數百人。傳遞而食於衆諸侯之國。不以踰分而過於侈泰乎。孟子曰。君子於世。辭受取予。只視道何如耳。非其道之所可得。則雖一簞食之微。亦不可安受於人。如其道

之所可得、即舜受堯之天下、亦不以爲泰。據
子泰傳食之心、將以舜受天下之大爲泰乎
[illegible]實合註。後車三句雖泛言之、其實暗指孟子。非其道四
句當抑揚看、重舜一邊。○〔少墟馮氏曰〕從者是弟子、後車即
是弟子之車。○〔困勉錄〕傳食
如驛傳之傳。泰字猶云過分。

曰、否。士無事而食、不可也。

言不以舜爲泰、但謂今之士無功而食人之食、則不可也。

[illegible]彭更曰、否。吾不以舜爲泰也。吾但以士於人國、無所事
事而宴然食人之食、恐非道之所宜、故疑其泰而以爲不可
耳。

[illegible]〔說約〕事字。註雖解功字。然亦
有辨。且功字在下方見。勿徑作講。

曰、子不通功易事、以羨補不足、則農有餘粟、女有餘布。子如通

之則梓匠輪輿皆得食於子於此有人焉入則孝出則弟守先王之道以待後之學者而不得食於子子何尊梓匠輪輿而輕爲仁義者哉

通功易事謂通人之功而交易其事羨餘也有餘言無所貿易而積於無用也梓人匠人木工也輪人輿人車工也

本義 孟子曰子以士爲無事而不可食乎不知士之功固大也蓋人各有所爲之功與所司之事若使子不通人之功而交易其事以其羨者補其不足則農之耕者只自有餘粟女之織者只自有餘布皆積於無用而勢所不可子如通之則寧獨男得食女得衣已哉舉凡梓人匠人輪人輿人有功於器用者皆得以其事而食於子矣今於此邪說橫議之時有擔當世教之人焉入則盡孝出則盡悌固守先王所傳仁義之道使不至晦塞於邪說於以待後來之學者使有所師法

以入於道此其繼往開來有功於吾道者甚矣乃反以爲無功而不得食於子子何尊梓匠輪輿之小者而輕爲仁義之大者哉

附解說統於此有人焉一句極重蓋吾道値大明之時即繩趍尺步不見所繫之重今異端蜂起邪說横流此何等時節乃有人焉起而擔當世教其功之大何如○守如固守之守有防閑之意○蒙引守先王之道雖承上入則孝出則弟說又須說得寬如論井田學校之制喪禮封建之法皆是○困勉錄守正所以爲待無兩意

曰梓匠輪輿其志將以求食也君子之爲道也其志亦將以求食與曰子何以其志爲哉其有功於子可食而食之矣且子食志乎食功乎曰食志

孟子言自我而言固不求食自彼而言凡有功者則當食之

本義 更曰吾非敢尊梓匠輪輿而輕仁義之士也誠以梓匠輪輿原其志固將以其事求食耳故食之可也若君子爲仁義之道豈其志亦將以此求食歟曰君子之志固不在食子何必以君子之志爲哉但有仁義之功於子理可以食即當稱其功以食之已矣且子平日之食人也以其志在於食而食之乎抑因其有功於子而食之乎更曰食志當因乎其人之所求也

附解 〔翼註〕子何以其志爲哉三句指定君子說勿泛○〔四書脉〕且子二句又就平日泛論以詰問他

曰有人於此毀瓦畫墁其志將以求食也則子食之乎曰否曰然則子非食志也食功也

墁牆壁之飾也毀瓦畫墁言無功而有害也既曰食功則以士爲無事而食者真尊梓匠輪輿而輕爲仁義者矣

【本義】孟子又詰之曰子固食志矣設有人於此毀子之瓦畫子之墁無功而有害如此但原其志亦將以求食也則子食之乎更曰否吾不食之孟子遂折之曰然則子之食人原非爲志也還是因其有功而後食之也既是食功則有功於斯道者亦在所當食矣乃謂其無事而食豈非尊梓匠輪輿而輕爲仁義者哉

【附解】蒙引墁牆壁之飾也如以白灰蓋之便是飾之於外畫如以木石畫成縱横之文於上○達説且子食志乎至曰否主意只要引到子非食志食功二句耳然非食志食功二句又只是申明子何以其志爲哉二句意見平日本是論功不論志安得待士乃論志不論功耶

宋小國也章

【總旨】翼註此章主意只在不行王政云爾一句勿以末節爲望宋行仁

萬章問曰宋小國也今將行王政齊楚惡而伐之則如之何

萬章孟子弟子宋王偃嘗滅滕伐薛敗齊楚魏之兵欲霸天下疑卽此時也

本義 當是宋王偃欲霸天下諸侯忌而伐之萬章問曰宋小國也今欲伐暴安民以行王政奈齊楚之君皆惡而欲伐之不如如何始可行王政而不受制於人也

附解 翼註 滅滕伐薛敗齊楚魏之兵似是奮發有爲欲剏平亂略混一區宇之意故曰將行王政只淺淺在用兵上說○趙注 如之何問宋當如齊楚何也○

附考 史記宋世家偃立爲君十一年自立爲王東敗齊取五城南敗楚取地三百里西敗魏軍乃與齊魏爲敵國盛血以韋囊懸而射之命曰射天淫於酒婦人羣臣諫者輒射之於是諸侯皆曰桀宋宋其復爲紂所爲不可不誅告齊伐宋王偃四十七年齊湣王與魏楚伐宋殺王偃遂滅宋而三分其地

孟子曰湯居亳與葛爲鄰葛伯放而不祀湯使人問之曰何爲不祀曰無以供犧牲也湯使遺之牛羊葛伯食之又不以祀湯又使人問之曰何爲不祀曰無以供粢盛也湯使亳衆往爲之耕老弱饋食葛伯率其民要其有酒食黍稻者奪之不授者殺之有童子以黍肉餉殺而奪之書曰葛伯仇餉此之謂也

葛國名伯爵也放而不祀放縱無道不祀先祖也亳衆湯之民其民葛民也授與也餉亦饋也書商書仲虺之誥也仇餉言與餉者爲仇也

本義 孟子曰子以宋小而王政難行乎試以湯觀之昔湯居亳邑與葛國爲鄰葛伯放縱無道不祀先祖湯使人問之曰

國之大事在祀、爾何爲不祀、葛伯曰、祀必備物、吾無以供犧牲也、湯乃使人遺之牛羊、以供犧牲之用、葛伯自食之、又不以祀、湯又使人問之曰、何爲不祀、葛伯曰、祀宜黍稷、吾無以供粢盛也、湯乃使亳邑之民、往爲之耕、以供其粢盛、其老弱不能耕者、往饋耕者之食、葛伯反率其民、見有饋送酒食黍稻者、要而奪之、其不肯與者、從而殺之、有一童子以黍肉餉葛伯、殺而奪之、書曰、葛伯與餉者爲仇、正此殺童子而奪其黍肉之謂也、

附解〔四書脉〕問其不祀先祖而遺牛羊往耕。非重湯之事葛也。所以正葛之罪。而見湯之征葛。非無名之師。葛伯率其民半節。全要發童子無罪。而葛伯故行暴虐以殺之之意。方見湯師爲伐暴救民之師。有童子以黍肉餉。重在體君之心說。

爲其殺是童子而征之四海之內皆曰非富天下也爲匹夫匹婦復讎也、

非富天下、言湯之心。非以天下爲富而欲得之也。

本義夫暴虐至殺童子極矣、湯爲其殺是童子而征之、四海之内皆信之曰湯之心非有利於天下也、爲匹夫匹婦復其無罪被殺之讎也、

附解〔翼註〕爲匹夫匹婦復讎。正是說爲小民報怨耳。不指定童子之父母。

湯始征自葛載十一征而無敵於天下東面而征西夷怨南面而征北狄怨曰奚爲後我民之望之若大旱之望雨也歸市者弗止芸者不變誅其君弔其民如時雨降民大悅書曰徯我后后來其無罰、

載亦始也、十一征所征十一國也、餘已見前篇、

本義然湯不止一葛然也。書曰湯始征無道之國、特自葛始耳從此討罪伐暴凡十一征而皆無敵於天下東面而征則

西夷怨之、南面而征、則北狄怨之、曰、我等同困於虐政、何爲其征獨後我國、觀書所言、可見湯師未至民之望之若大旱之望雨、惟恐其不速至也、及其既至、歸市者不止、而商安於市、芸者弗變、而農安於野、只是誅其有罪之君、撫其無罪之民、所以王師一來、就如時雨之降、民皆幸其復蘇、欣然大悅、書曰、我民待我君來久矣、我君既來、庶幾其無虐政之罰乎、湯之行仁政而無敵於天下如此。

附辨 賽合註湯始征二句。本其始而言。意已在上節了。此宜重十一征句。無敵於天下。且虛東面以下。正是無敵處。○〔新安陳氏〕曰。此湯行王政而王之事也。○〔折衷〕湯始征至後我是書詞。民望二句。是即書詞而言湯師未至而民望之切者如此。歸市以下又因及湯師已至而民悅之深者。又如此。末引書語。所以証上望之切而悅之深意。或只証民大悅。不必

有攸不爲臣東征綏厥士女匪厥玄黃紹我周王見休惟臣附于大邑周其君子實玄黃于匪以迎其君子其小人簞食壺漿

以迎其小人救民於水火之中取其殘而已矣

按周書武成篇載武王之言孟子約其文如此然其辭特與今書文不類今姑依此文解之有所不爲臣謂助紂爲惡而不爲周臣者匪與篚同玄黃幣也紹繼也猶言事也言其士女以匪盛玄黃之幣迎武王而事之也商人而曰我周王猶商書所謂我后也休美也言武王能順天休命而事之者皆見休也臣附歸服也孟子又釋其意言商人聞周師之來各以其類相迎者以武王能救民於水火之中取其殘民者誅之而不爲暴虐耳君子謂在位之人小人謂細民也

本義 湯之後有武王。再以武觀之。書云、有所助紂爲虐不爲周臣者。武王以其爲士女之害而東征以安之。但見士女皆用篚篚、盛玄黃幣帛而來迎曰、我民苦商之虐政久矣、今繼事我周王、庶得蒙其恩澤而見休美乎。惟心悅誠服而歸於大邑周也。觀書所言、是武王東征一舉而民心愛戴。商之在位君子則以玄黃之幣實於篚篚、以迎周之君子。其在野之小人則盛簞食壺漿、以迎周之小人。夫民之悅武王如此、果何爲哉。蓋以商紂暴虐、民皆陷於水火。武王東征之師救民於水火之中、惟取其殘民者誅之。除殘之外、未嘗妄有誅戮而已矣。

附解 蒙引 大註紹繼也、猶言事也。紹何以爲事。蓋向日事商、則繼事周矣。○說統 紹我周王、係士女之言。我、親之之詞。大邑周、尊之之詞。○翼註 其君子是商之臣、以迎其君子是周之將帥。其小人是商之民、以迎其小人是周之卒徒。○正解 有攸二句、遡東征之由。匪厥二句、狀民情之悅。有攸至大邑周、皆書詞。其君子以下、是倒釋書詞。

太誓曰、我武惟揚、侵于之疆、則取于殘、殺伐用張、于湯有光。

太誓周書也、今書文亦小異、言武王威武奮揚侵彼紂之疆界、取其殘賊而殺伐之、功因以張大、比於湯之伐桀、又有光焉。引此以證上文取其殘之義

【本義】然所以取殘者果何以見之。書太誓有曰、我武王威武奮揚侵于紂之疆界、則聲罪致討、取其殘民者誅之而殺伐之功、用以張大、比于湯之放桀、以安天下、又有光焉、武王之行王政、而無敵於天下。又如此

【附解】說統引太誓只重則取于殘一句、所以証取其殘之說也○〔蒙合註〕于湯有光、蔡傳所謂武王弔民伐罪于湯之心爲益明白於天下也。舊說謂與湯同有休光、亦說得不妙○〔新安陳氏曰〕此武王行王政而王之事也。

不行王政云爾、苟行王政、四海之內皆舉首而望之、欲以爲君

齊楚雖大、何畏焉

宋實不能行王政、後果爲齊所滅、王偃走死、○尹氏曰、爲國者能自治而得民心、則天下皆將歸往之、恨其征伐之不早也、尚何疆國之足畏哉、苟不自治、而以疆弱之勢言之、是可畏而已矣

本義 觀於湯武、而知今宋所行、惟不是王政、故見惡於大國云爾、苟如湯之爲匹夫匹婦復仇、如武之救民水火、以取殘以行王者之政、則四海之內、皆舉首而望之、欲以爲君、而有後我之怨、玄黃之迎矣、彼齊楚雖大、必不能率戴我之民以攻我也、又何畏哉

附解 〔說統〕不行王政云爾、是直斥之詞、齊楚雖大句、正是抹煞他那小字、○〔蹇合註〕此節正是辯其不得爲王政、乃歸重處、全無勉宋意、四海對齊楚看、望字對惡字看、爲君對上伐字看

孟子謂戴不勝曰章

【總旨】雲峰胡氏曰。此篇言宋事者三章。正好通看。前章謂宋不行王政。後章不能什一去關市之征。見得實不能行王政。此章言小人衆而君子獨。見宋之所以不能行王政也。

孟子謂戴不勝曰。子欲子之王之善與。我明告子。有楚大夫於此。欲其子之齊語也。則使齊人傅諸。使楚人傅諸。曰使齊人傅之。曰一齊人傅之。衆楚人咻之。雖日撻而求其齊也。不可得矣。引而置之莊嶽之間數年。雖日撻而求其楚。亦不可得矣。

戴不勝。宋臣也。齊語。齊人語也。傅。教也。咻。讙也。齊語。齊語也。莊嶽。齊街里名也。楚。楚語也。此先設譬以曉之也。

【本義】孟子謂戴不勝曰、人臣事君。孰不欲引之於當道。然薰陶非一日之功。匡救非一人之力也。吾觀子之事王、豈不欲使王之爲善歟、我明告子以善君之道、譬如有楚大夫於此、欲使其子舍侏㒧而學齊人之語也、則將使齊人教之乎、抑使楚人教之乎、戴不勝曰、欲學齊語、必使齊人傅之、曰使齊人教之誠是矣、然使居荆楚之地、傅之者止一齊人、而讙譁雜遝咻之者有衆楚人、則所聞不專、雖日撻而求其子之齊語、不可得矣、若使引其子而置之齊國莊嶽之閒且至數年之久、則所與居者皆齊人、所熟聞者皆齊語。雖日撻而求其子之楚語、亦不可得矣、學語如此、而況欲善君乎。

【附解】說統、設喻以起下文、專與久兩意並重。

子謂薛居州善士也使之居於王所在於王所者長幼卑尊皆薛居州也王誰與爲不善在王所者長幼卑尊皆非薛居州也王誰與爲善一薛居州獨如宋王何

居州亦宋臣言小人衆而君子獨無以成正君之功

【本義】子謂薛居州立心制行、誠善士也、是必能以善引其君者也多方引進使之居於王所、可謂得以人事君之義矣但王所非一人也誠使在王所者羣臣長幼卑尊皆如薛居州之善也則所聞皆善言所見皆善行王雖欲爲不善其誰與之如使在王所者羣臣長幼卑尊皆非薛居州之善也則善言不入於耳善行不接於目王雖欲爲善又誰與之然則今日子所使者居州雖善、特一薛居州耳、就如一齊人傅而衆楚人咻也即欲引君於善、獨如宋王何哉子其廣善類以成正君之道焉可矣

【脉解】蒙引味謂字及使之字疑居州是戴不勝所引拔也○不勝是得宋柄且有心於國者故孟子告以此欲其旁招羣彦使忠賢畢集庶其成正君之功非徒責其薦居州無益也

不見諸侯何義章

【總旨】【蒙合註通章】是節。不見諸侯之義。段干木節言過。陽貨節言中。曾子節言不及。當依註三平看。○【蒙引】古者不爲臣不見。此句正答不見諸侯之義。然雖不爲臣。苟君求見之切。則亦可以見矣。如孔子之於陽貨。亦何嘗絶之而不見。但自有其節。不至淪於汙賤。必俟其禮之至而後往見之也。此此是數節相承之意。

公孫丑問曰。不見諸侯何義。孟子曰。古者不爲臣不見。

不爲臣。謂未仕於其國者也。此不見諸侯之義也。

【本義】公孫丑問曰。君子以行道爲心。必欲得君而仕。今夫子不肯往見諸侯。不知果何義也。孟子曰。古之爲士者。不曾爲諸侯之臣。則不往見諸侯。此自重之道也。

【附解】【蒙合註】丑之問。暗指孟子見者乃往見之。○【說統】緣古以爲例。

段干木踰垣而辟之。泄柳閉門而不內。是皆已甚。迫斯可以見

矣

段干木、魏文侯時人、泄柳、魯繆公時人、文侯繆公欲見此二人、而二人不肯見之、蓋未爲臣也、已甚、過甚也、迫、謂求見之切也、

【本義】古魏文侯時、有段干木、是未爲臣者。文侯來求見、乃踰垣而避之。魯繆公時、又有泄柳、亦是未爲臣者。繆公來求見、乃閉門而不納、二子之自處如此、是皆守不見之義而未免已甚、蓋不見者、只是我不往見耳、如君往求見、誠意迫切、斯亦可以出而見之矣、可以見而猶不見、二子之高。亦二子之過也

【附解】仁山金氏曰、戰國策有段干綸。段干越人、則段干姓也。

陽貨欲見孔子而惡無禮大夫有賜於士不得受於其家則往

拜其門陽貨矙孔子之亡也而饋孔子蒸豚孔子亦矙其亡也而往拜之當是時陽貨先豈得不見

此又引孔子之事以明可見之節也欲見孔子欲名孔子來見已也惡無禮畏人以已爲無禮也受於其家對使人拜受於家也其門大夫之門也矙窺也陽貨於魯爲大夫孔子爲士故以此物及其不在而饋之欲其來拜而見之也先謂先來加禮也

本義 若夫得禮義之中正者惟孔子昔魯陽貨欲孔子來見而又惡人以已爲無禮因禮有云大夫有所賜於士士若出外不得拜受於其家則往拜謝於大夫之門時陽貨以大夫自處者也於是使人矙孔子之出而以蒸豚饋之正要使孔

子往答、可乘此以相見也、孔子心不欲見陽貨、亦瞯陽貨之出而往拜之、夫貨雖瞯亡而饋、然其饋也、亦禮之先加者也、孔子雖瞯亡而拜、然其拜也、亦禮宜往見者也、當是時、貨先來加禮、孔子豈得不往見之、若不先則不見也、此孔子所爲得其宜也。

【附解】（蒙合註）大夫有賜於士三句、是陽貨見得禮之所言如此、○當是時三句、是孟子斷其可見、○（存疑）孔子瞯亡往拜、貨未嘗見、曰陽貨先、豈得不見者、雖然、不見其名、則欲見之也、此處不重瞯亡意、只重在往見上

曾子曰、脅肩諂笑、病于夏畦、子路曰、未同而言、觀其色赧赧然、非由之所知也、由是觀之、則君子之所養可知已矣

脅肩、竦體、諂笑、強笑、皆小人側媚之態也、病、勞也、夏畦、夏月治畦之人也、言爲此者、其勞過於夏畦之人也、未同而言、與

人未合而彊與之言也、赧赧慙而面赤之貌、由子路名言非己所知甚惡之之辭也。孟子言由此二言觀之、則二子之所養可知、必不肯不俟其禮之至而輒往見之也。○此章言聖人禮義之中正、過之者傷於迫切而不洪、不及者淪於汙賤而可恥。

本義　若不當見而輕見之、不幾爲聖門所譏乎。曾子嘗曰、今有人脅肩諂笑、以求媚悅、其勞苦比夏月治畦之人更有甚焉。子路嘗曰、與人未嘗深交而強與之言、以邀其寵澤、言則言矣、觀其色則心慙面赤、赧赧然若無所容、如此之人、非由之所知也。由二子之言觀之、則其平日之所涵養者、必光明正大、直道不阿、可知矣。如此而欲二子强顏求合、往見諸侯、豈屑爲者哉。此不見諸侯之義也。

【附解】［翼註］脅肩諂笑未同而言。不必指定見諸侯大抵是趨權勢者○赧赧是良心難昧處然即此明知可恥而明自蹈有不可曉解者故曰非由之所知○［四書脉］所養就持身正大立心光明言不肯往見意補在後○［賽合註］由是觀之二句只從註就二子說爲當○［南軒張氏曰］若不當往見而往見是苟賤以求合與脅肩諂笑未同而言者何以異○［慶源輔氏曰］曾子重厚篤實故覵小人側媚之態如病於夏畦之人而深憐之子路剛果勇決故以未同而言赧赧其色者爲非己所知而深惡之二子所守如此雖各因其資質然亦是學力所就也

戴盈之曰章

【總論】［說統］通章以非義二字作斷案而知字速字意俱重蓋因其明而激之以勇也

戴盈之曰什一去關市之征今茲未能請輕之以待來年然後已何如

盈之亦宋大夫也什一井田之法也關市之征商賈之稅也已止也

本義 戴盈之有意革弊而不能決乃問孟子曰什一而賦關市譏而不征古仁政也我今欲於農行什一之法於商去關市之征但積習已久今茲時勢尚有未能驟更者請先從輕減待至來年然後盡罷今之弊政夫子以爲何如

附解 翼註 何如二字自謂更張有漸意。

孟子曰今有人日攘其鄰之雞者或告之曰是非君子之道曰請損之月攘一雞以待來年然後已

攘物自來而取之也損減也

本義 孟子曰子有志於革弊而曰姑待來年此是攘雞之說矣今有人每日攘其鄰之雞者或告之曰取非其有非君子

所爲之道、攘雞者曰、請從此損之、改日攘爲月攘以待來年然後已而不攘何以異於是

【附解】況無回曰竊取非道横征非義道義二字相關映

如知其非義斯速已矣何待來年

知義理之不可而不能速改與月攘一雞何以異哉

【本義】子之欲去重賦與厚征者、亦以其非義也、使不知其非義猶無足怪、如已知其非義在所必已、斯速已之矣、何待來年、夫非義尚能安之於心而待時乎、願子大夫勿以攘雞貽誚可也

【附解】劉上玉曰、不必說到來年未必已、得成等語、即來年果已其如眼前非義何 ○【存疑】此節只就正意說、不必帶攘雞

○【南軒張氏曰】君子之遠不義也、如惡惡臭、其不敢邇也、如探湯、其不敢須臾寧也、如坐塗炭、而其徙義也、如飢渴之於飲食、蓋見之之明、而決之之勇、以爲不如是則不足以自拔而自新也、士之持身於改過遷善之際、而爲盈之之說、則將

終身汨於過失之中人臣之謀國於革弊復古之事而爲盈之之說則終陷於因循苟且之域故自脩身至於治國知仁勇之三德缺一不可也知以知之仁以守之勇以決之可不務哉

外人皆稱夫子好辯章

總旨朱子曰此段最好看見諸聖賢遭時之變各行其道是這般時節其所以正救之者是這般樣子這見得聖賢是甚麽樣大力量恰是天地有缺齾處得聖賢出來補救周全過得稍久又不免有缺又得聖賢出來補這見聖賢是甚力量直有闔闢乾坤之功○說統君父二字是通章大綱領仁義二字是通章大關鍵不得已三字是通章大樞紐

公都子曰外人皆稱夫子好辯敢問何也孟子曰予豈好辯哉予不得已也天下之生久矣一治一亂

生謂生民也一治一亂氣化盛衰人事得失反覆相尋理之

常也。

【本義】公都子問曰、外人皆稱夫子好辯、敢問何爲如此、孟子曰予豈好爲辯說與人爭論哉。蓋不得已而然也。夫天下自生民以來非一日矣。其間氣化人事相爲循環。當其氣化盛人事得。則天下爲之一治。及其氣化衰。人事失。則天下爲之一亂。反覆相尋。理之常也。夫由治之亂。雖聖賢不能止其來。然撥亂反治。在聖賢豈能辭其責。故雖至難至大之事。亦有不得已而爲者。而況於言乎。

【附解】【賽合註】何也之問。爲何故好辯也。○【說統】天下之生二句。是不得已之故。○【翼註】兩一字。見循環意。○【崧庵程氏曰】氣化在天者。有盛有衰。盛焉而治。衰焉而亂也。事理在人者。有得有失。得焉而治。失焉而亂也。治不生於治。而生於亂。亂不生於亂。而生於治。如環無端。此理之常。固無足怪。所貴乎聖賢之生斯世。亦惟以理御氣。庶幾反失而得。反衰而盛。反亂而歸於治焉耳。

當堯之時水逆行氾濫於中國蛇龍居之民無所定下者爲巢上者爲營窟書曰洚水警余洚水者洪水也

水逆行下流壅塞故水倒流而旁溢也下下地上高地也營窟穴處也書虞書大禹謨也洚水洚洞無涯之水也警戒也

此一亂也○

本義 所謂一治一亂者何以徵之當堯之時洪水爲患其水壅塞而逆行以至橫流氾濫於中國雖平陸之地皆爲蛇龍所居民無有定所其地之卑下者則架木爲巢以居其在高原之上者則掘地爲窟而處書舜有言曰洚水警余彼舜所云洚水者正指堯此時之洪水也此氣化衰而天下一亂也

附解 說統爲巢爲窟正是民無所定○因勉錄警余二字雖不可謂不重然只要見洪水之爲害大不重聖人之懼災上

大抵因當時人只知堯時有洪水。而不知洚水之名。故又著洚水者洪水也一句。不然。則只引洚水警余一句足矣。

使禹治之禹掘地而注之海驅蛇龍而放之菹水由地中行江淮河漢是也險阻既遠鳥獸之害人者消然後人得平土而居之

掘地、掘去壅塞也、菹澤生草者也、地中兩涯之間也、險阻謂水之氾濫也、遠去也、消除也、此一治也。

【講義】於是帝堯憂之而舉舜舜使禹治之禹思水之性必有所歸乃掘去壅塞疏通河流將此氾濫之水而注之海驅逐蛇龍而放之菹水乃由地中行不復氾濫地上即今江淮河漢是其處也此時水患盡平險阻旣遠而蛇龍因以遠遁凡鳥獸之害人者皆已消除然後中國之人皆得平土而居之不至上巢下窟而稼穡明倫遂其樂生之願矣此以人事挽

四氣化而天下一治也。

附解 困勉錄 掘地二句。是用功。水由地中行以下。是成功。水由二句。本掘地句來。險阻二句。本驅蛇龍句來。險阻句只是過接語。不重。然後句總承上兩段。但當以治水爲主。而蛇龍帶言。勿平看耳。○家訓 惟掘地而注水於海。蛇龍自放之菹。若驅之然。非眞驅之也。○翼註 江漢。南條之水。河淮。北條之水。味是也。二字。是指今日安流者。以見當時禹功。○賽合註 鳥獸。即蛇龍之類。

堯舜既沒。聖人之道衰。暴君代作。壞宮室以爲汙池。民無所安息。棄田以爲園囿。使民不得衣食。邪說暴行又作。園囿汙池沛澤多而禽獸至。及紂之身。天下又大亂。

暴君。謂夏太康、孔甲、履癸、商武乙之類也。宮室。民居也。沛。草木之所生也、澤水所鍾也、自堯舜沒至此治亂非一。及紂而又一大亂也。

【本義】夫堯舜之時、天下固已治矣。然又不能常治也。堯舜既沒、聖人仁民愛物之道衰、歷夏及商、暴虐之君代作、壞民之宮室以爲池沼、使之無所安息、棄民之田以爲園囿、使之不得衣食、至於後、害民之邪說、害民之暴行又作、園囿汙池沛澤愈多、而禽獸且得其所依而交至、爲害及紂之身、毒痡四海、而天下又大亂、此固人事之失、而亦氣化之衰也。又一亂也。

【四書脉】聖人。即堯舜。道。即仁民育物之道。衰。是不明不行。宮室。即民居。暴君至又作。是人害。禽獸是物害。○【賽合註】壞宮室。棄田。即暴君害民之事。○【雙峰饒氏曰】必有邪說。塗了箇理義。然後暴行始作。○【蒙引】邪說暴行又作。通上下而言。暴行不止。謂上文云云也。如此說。又字方有歸著。○【翼註】沛。即園囿。澤。即汙池。

周公相武王誅紂伐奄三年討其君驅飛廉於海隅而戮之滅國者五十驅虎豹犀象而遠之天下大悅書曰丕顯哉文王謨丕承哉武王烈佑啓我後人咸以正無缺

奄東方之國助紂爲虐者也飛廉紂幸臣也五十國皆紂黨虐民者也書周書君牙之篇丕大也顯明也謨謀也承繼也烈光也佑助也啓開也缺壞也此一治也。

【本義】當紂時天下大亂故周公相武王以伐暴救民乃誅獨夫之紂奄在東方助紂爲虐則興師伐之三年乃得其君而討之飛廉乃紂諛臣則驅之海隅而戮之又滅紂之惡黨五十餘國而後人害乃息且驅紂園囿之中所畜虎豹犀象皆使之遠去而物害以消天下亂極思治之心於是得遂而皆大悅故書曰丕顯哉文王創業之謨丕承哉武王大定之烈

所以佑助開迪我後人者、莫非正大之道、而無一毫之缺畧也、凡此文武貽謀、孰非周公輔相而撥亂爲治以成之者乎、

此一

治也。

附解 蒙引 三年討其君。是承伐奄說。○說統 驅虎豹一句。以紂黨養言。○翼註 誅紂至五十。是除人害。下句是除物害。誅紂一頭。奄是紂之助。飛廉是紂之幸。五十國是紂之黨。三平看。○賽合註 天下大悅。悅其無人物之害。○存疑 丕顯哉文王謨丕承哉武王烈云云。只是說上文撥亂之功。○慶源輔氏曰 正可爲也。無缺爲難。凡所以正德利用厚生之具。無一之不備。防僞禁邪。正慝之法。無一之或隳。夫然後可以爲無缺。○穎達孔氏曰 引書。重武王之烈。上而孟子意專重周公說美武王有繼承文謨之心。而周公相武王以成其業。即所以終文王之謨也

附考 孫疏 鄭玄云。奄國在淮夷之北。史記云。飛廉顓頊之苗裔也、善走。其子惡來、有力、父子俱以材力事紂、

世衰道微。邪說暴行有作。臣弑其君者有之。子弑其父者有之

此周室東遷之後又一亂也

本義　周世既衰而不振文武之道微而不明於是反常逆理之邪說與夫悖理亂倫之暴行又乘之而作以臣而弒其君者有之以子而弒其父者有之天理滅絕彝倫攸斁如此是又一大亂也

附解　賽合註　世衰道微不平道微世便衰矣○說統　邪說暴行有作卽是道微邪正不兩立也有作承上文一治來與又作不同弒父弒君正是暴行然必造出一種行權通變的說話此便是邪說○慶源輔氏曰　前乎此者雖曰世亂然但禽獸繁殖有以戕民之生而猶未至賊人之性至此以後則遂至傷壞人倫將使人盡爲禽獸之歸其禍又慘矣此一亂又甚於前日是亦氣化人事之使然也

孔子懼作春秋春秋天子之事也是故孔子曰知我者其惟春秋乎罪我者其惟春秋乎

胡氏曰仲尼作春秋以寓王法惇典庸禮命德討罪其大要皆天子之事也知孔子者謂此書之作遏人欲於横流存天理於既滅爲後世慮至深遠也罪孔子者以謂無其位而託二百四十二年南面之權使亂臣賊子禁其欲而不得肆則戚矣愚謂孔子作春秋以討亂賊則致治之法垂於萬世是亦一治也

【本義】孔子爲世道人心憂懼乃假魯史舊文而作春秋是春秋也假魯史以寓王法叙先後之倫秩上下之分有德者必褒有罪者必貶其大要皆奉行天子之事也惟春秋爲天子之事所以孔子曰春秋之作予非得已世有以心而知我者其惟是春秋乎世有以迹而罪我者其亦惟是春秋乎蓋使君子有所勸而爲善則知我固所深幸使小人有所懼而不

爲惡則罪我亦所不辭矣。孔子作春秋之意如此。夫春秋作而可以警人心垂萬世，此一治也。

附解家訓孔子懼，懼上篡弑之禍不可長也。此皆由天子之事不明，以至於此，故作春秋以明天子之事。○存疑春秋如何見得是天子之事？如天王下勞晉侯則削而不書，晉侯以臣名君則書天王狩于河陽，皆所以存君臣之分也，可見其惇典也。名宰咺歸賵以譏亂法，書履緰逆女以志變常，所以定衆妾之分，謹大昏之禮，可見其庸禮也。名陵之師，書次書來盟以序其績，城邢之役再序三師以美其善，可見其命德也。討罪意尤明白，凡春秋所貶皆是。○是故二字要有着落，惟春秋爲天子之事，所以知之者以是，罪之者亦以是。知之者以其功也，罪之者以其僭也。○賽合註此節重春秋天子之事句，正見其寓王法以誅亂賊而爲治處。孟子引知我罪我之辭，只以明春秋天子之事，而誅亂賊意已包在天子之事內矣。○問：孔子作春秋，特載之空言，亂賊何緣便懼？恐未是以爲一治。朱子曰：非說當時便一治，只是存得箇治法，使道理光明燦爛，有能舉而行之，爲治不難。當時史書掌於史官，想人不得見，孔子取而筆削之，而其義大明，善惡瞭然在自觀者知所勸懲故亂臣賊子有所懼而不敢犯耳○雲峰胡氏曰集註前言禹與周公之功曰此一治也此當時之治也此言孔子春秋之功曰此亦一治也萬世之治也

聖王不作諸侯放恣處士横議楊朱墨翟之言盈天下天下之言不歸楊則歸墨楊氏爲我是無君也墨氏兼愛是無父也無父無君是禽獸也公明儀曰庖有肥肉廄有肥馬民有飢色野有餓莩此率獸而食人也楊墨之道不息孔子之道不著是邪說誣民充塞仁義也仁義充塞則率獸食人人將相食

楊朱但知愛身而不復知有致身之義故無君墨子愛無差等而視其至親無異衆人故無父無父無君則人道滅絶是

亦禽獸而已公明儀之言義見首篇充塞仁義謂邪說徧滿妨於仁義也孟子引儀之言以明楊墨道行則人皆無父無君以陷於禽獸而大亂將起是亦率獸食人而人又相食也此又一亂也

【本義】孔子既沒聖王久已不作故無以肅紀綱而維世敎列國諸侯力戰相爭放恣於法紀之外於是異端之處士各以其一家之學橫議於下如楊朱墨翟乃橫議之尤者也其言滿天下天下之言學術者不歸於楊則歸於墨橫議之惑人如此彼楊氏主於爲我而不復知有致身之義是無君也墨氏主於兼愛視至親無異於路人是無父也夫人之所以爲人者以其有此君臣父子之大倫也今楊墨無父無君則人道滅絕是亦禽獸而已其害當何如耶昔公明儀嘗曰庖有肥肉廄有肥馬以致民有饑色野有餓莩此率獸而食人也今楊墨之害則又有甚於此者蓋以仁事親以義事君自堯

舜以來。傳之孔子。萬世不易之道也。今楊墨爲我兼愛之道、流而不息。則孔子仁義之道。蔽而不明。是邪說誣惑人心。而仁義遂爲充塞也。仁義充塞。則人皆無父無君。以陷於禽獸是楊墨率獸食人。而人又將相食。亂臣賊子接迹於天下矣其爲生民之亂。又豈特

如春秋之時而已哉

附解 說統。聖王不作二句。相遞說下。原橫議之由。以主持道統者無其人耳。○賽合註。橫議與盈天下。且就楊墨倡議說歸楊墨。方是天下之人靡然從之。○朱子曰。楊墨只是差些子。其末流遂至於無父無君。蓋楊氏見世人營營於名利埋沒其身而不自知。故獨潔其身以自高。然使人皆如此潔身而自高。則天下事教誰理會。此便是無君也。墨氏見世間人自私自利。不能及人。故欲兼天下之人而盡愛之。然不知有一患難。在君親則當先救之。在他人則後救之。若不分先後則是待君親猶他人也。此便是無父。此二者之所以爲禽獸也。○說統。不息則不著。正見得彼此勝負間不容髮處。邪說誣民二句。即是申解上二句。意玩是字自明。○困勉錄。楊墨之道不息四句。只承上無父無君說。以起下食人。○說約。率

獸獸字，卽是禽獸也。獸字實指楊墨，不是空說。〇【困勉錄】節末兩食字一例，作相戕相賊意看，在實事上說，與上文誣民不同。此是由誣民而推其害也。〇問：率獸食人，亦深探其弊而極言之，非眞有此事。【朱子曰】不然，卽他之道便能如此。楊氏自是箇退步愛身不理會事底人，墨氏兼愛又弄得沒合殺，使天下倀倀然，必至於大亂而後已，非率獸食人而何？如東晉之清談，此便是楊氏之學，卽老莊之道，少閒百事廢弛，遂啓夷狄亂華，其禍豈不慘於洪水猛獸之害？又如梁武帝事佛，至於社稷邱墟，亦一驗也。〇【說統】是禽獸也，截上斥楊墨立教之非，下著楊墨爲害之大。道節以處士橫議一句爲綱，以爲我兼愛四字爲案，以無父無君四字爲斷，以禽獸二句爲結局。

吾爲此懼，閑先聖之道，距楊墨，放淫辭，邪說者不得作。作於其心，害於其事；作於其事，害於其政。聖人復起，不易吾言矣。

閑，衞也。放，驅而遠之也。作，起也。事，所行。政，大體也。孟子雖不得志於時，然楊墨之害自是滅息，而君臣父子之道賴以不墜。是亦一治也。程子曰：楊墨之害甚於申韓，佛氏之害甚於楊墨。蓋楊氏爲我，疑於義；墨氏兼愛，疑於仁；申韓則淺陋易見。故孟子止闢楊墨，爲其惑世之甚也。佛氏之言近理，又非楊墨之比，所以爲害尤甚。

【本義】楊墨之流禍以至於此，吾以此深爲天下懼，思欲防衛先聖孔子仁義之道，使之著明於世，不爲異端所塞。故於楊墨之學則深距而痛絕之，以放斥其淫蕩無歸之辭，使天下之人曉然知其爲非，而彼之爲邪說者不得起以誣民。此予衛道之心也。蓋邪說之作，雖發於言論，實本於心。衛既作於其心，則凡舉動應接必不得其常，而害及於事矣；既害於其事，則凡紀綱法度必不得其理，而害及於政矣。端甚微而害甚大，此理之必然。雖聖人復起，亦必不能易吾作心害事作事害政之言矣。

【附解】【賽合註】先聖。指孔子。道。卽君臣父子之道。○【翼註】楊墨。指其人。淫辭。指其言。害事者無父無君之一端也。害政者無父無君之大端也。害則俱害。不分先後。○閑距放三字相映。譬如賊自外侵。須防守家當。此是閑。因拒敵驅逐此賊。此是距放。距放正所以閑也。欲閑故距放。距放故不得作。○【存疑】距楊墨放淫辭。歸於使邪說者不得作。蓋邪說卽楊墨之說。淫辭卽其說之浩瀚放蕩也。○【賽合註】作心字爲主。害事害政。皆本於心來。○三箇作字不同。一指天下言。一是心溺於爲我兼愛之說。一是事偏於爲我兼愛之行。○【四書脈】味聖人復起不易吾言語意。見得聖人必不以今日之言爲無益之辯。不指生心四句。

昔者禹抑洪水而天下平。周公兼夷狄驅猛獸而百姓寧。孔子成春秋而亂臣賊子懼。

抑止也、兼并之也、總結上文也。

【本義】合而觀之。昔者禹抑洪水則人得平土而居、而天下平治。天下微禹不能平也。周公兼夷狄驅猛獸、則人物之害除而百姓安寧。百姓微周公不能寧也。孔子成春秋、以垂法戒、而亂臣賊子有所懼而不敢爲惡、亂賊微孔子不能正也。三聖之功如此。

【附解】存疑。周公戮飛廉。滅五十國。獨曰夷狄者。五十國之中必有夷狄。舉重以見輕也。○前既歷敘三聖之事。以已繼之。至昔者禹抑洪水兩條。又是總舉上文之意。

詩云戎狄是膺荆舒是懲則莫我敢承無父無君是周公所膺也

說見上篇、承、當也。

本義 況今楊墨之害不止如洪水猛獸之災有慘於夷狄亂賊之禍者哉詩有云戎狄是膺荆舒是懲則莫我敢承詩言周公正夷夏之防其嚴如此今楊墨無父無君與夷狄無異正是周公之所必膺者也

附解 蒙引此段直是總起下段以楊墨正是無父無君在所膺者也不連上意○說統引詩不重周公上只申言楊墨當膺意

我亦欲正人心息邪說距詖行放淫辭以承三聖者豈好辯哉予不得已也

詖淫解見前篇辭者說之詳也承繼也三聖禹周公孔子也蓋邪說橫流壞人心術甚於洪水猛獸之災慘於夷狄篡弒之禍故孟子深懼而力救之再言豈好辯哉予不得已也所

以深致意焉，然非知道之君子，孰能眞知其所以不得已之故哉。

本義　故我在今日亦欲講明仁義之道，以正陷溺之人心，於是息楊墨之邪說，距絕其偏詖之行，放斥其淫蕩之詞，以承三聖撥亂反正之功者。然則予之反覆與楊墨辯者，豈好爲之哉？誠憂之深，言之切，有所不得已而然也。

附解　困勉錄：亦欲二字從三聖來。○雙峰饒氏曰：說既邪僻，其行必偏詖，其辭愈見淫蕩。詖行淫辭自邪說上來。○問：孟子欲息邪距詖，而必以正人心爲先，何也？朱子曰：此探本之論也。以聖道不明，人心不正，而邪說得以乘間入之也。曰：然則亦明聖道以正人心而已，何必爲此紛紛而涉好辯之嫌乎？曰：邪說既入，則人心益以不正，聖道益以不明矣。此又其本之不可不理者也。故孟子道性善，稱堯舜，必使天下曉然知仁義之所在者，此所以正人心而爲息邪距詖之本也；排爲我，斥兼愛，必使天下知邪詖之不可由者，此所以息邪距詖而爲正人心之用也。○蒙說：正人心以息邪說，蓋以正人心作息邪說之本也然據本文口氣當把正人心另提起言因爲正人心故欲於邪說息之於詖行距之於淫辭放之蓋上文仁義充塞率獸食人所謂人心不正也惟人心不正故欲距楊墨放淫辭使邪說者不得作惟意在正人心故欲息邪距詖放淫此正前後相應處觀此則息邪距詖放淫爲正人心而設彰彰明矣○自我亦欲正人心至承三聖一氣相連勿斷以承三聖謂已拯人心之陷溺亦猶三聖拯天下之陷溺一般蓋把三聖形出自已維世的意思非謂繼往承先如予私淑諸人語意也

能言距楊墨者聖人之徒也

言苟有能爲此距楊墨之說者則其所趨正矣雖未必知道是亦聖人之徒也孟子既答公都子之問而意有未盡故復言此蓋邪說害正人人得而攻之不必聖賢如春秋之法亂

臣賊子人人得而誅之不必士師也聖人救世立法之意其切如此若以此意推之則不能攻討而又倡爲不必攻討之說者其爲邪詖之徒亂賊之黨可知矣○尹氏曰學者於是非之原毫釐有差則害流於生民禍及於後世故孟子辯邪說如是之嚴而自以爲承三聖之功也當是時方且以好辯目之是以常人之心而度聖賢之心也

本義 此豈獨予一人之責所當與之辯哉使天下有能立爲言論以距楊墨者則其趨向之正是亦爲周孔子諸聖人之徒也此可見異端之教人人得而闢之豈得以好辯自嫌而遂已於言耶外人之論可謂不知予者矣

附解 存疑能言距楊墨謂能立言距楊墨也故曰有能爲此距楊墨之說○朱子曰出邪則入正出正則入邪二者之間

蓋不容髮○雖未知道○而能言距楊墨者○已是心術向正之人○所以以聖人之徒許之○與春秋討賊之意同○纔說道要距楊墨○便是聖人之徒○如人逐賊○有人見之○若說道賊當捉當誅○這便是主人邊人○若說道賊也可恕○這便喚做賊之黨○〔方孟旋曰〕孟子非懼己之力孤○又望人之口舌以闢之○只是引天下之人○共爲聖人之徒○見三聖之道○人人可承○無非正人心○意也○

匡章曰章

總旨〔說統〕此章原不責仲子以中正之廉○亦不責他廢毋兄之倫○止就仲子一偏之操○而推極言之○以見其決非人之可爲耳○〔困勉錄〕圈外註及大全責仲子廢人倫諸條○俱屬此章賓意○

匡章曰陳仲子豈不誠廉士哉居於陵三日不食耳無聞目無見也井上有李螬食實者過半矣匍匐往將食之三咽然後耳

有聞目有見

匡章陳仲子皆齊人廉有分辨不苟取也於陵地名螬蠐螬蟲也匍匐言無力不能行也咽呑也

本義 匡章曰廉美節也若陳仲子者豈不誠廉潔之士哉夫人之切於身者莫如居食仲子則居於陵之地嘗三日不食耳亦無所聞目亦無所見其貧困如此亦不求食於人適井上有李螬食其實者已過半矣乃匍匐往取而食之三咽然後耳有聞目有見以全餘生非至廉其孰能之

脈解 四書脈居於陵是廉其居三日以下是廉其食將取也○説統螬食句不惟與世無競亦且與物無爭

附考 高士傳陳仲子字子終夫妻爲人灌園楚三遣使以金百鎰聘爲相不往

孟子曰於齊國之士吾必以仲子爲巨擘焉雖然仲子惡能廉

充仲子之操則蚓而後可者也

巨擘大指也言齊人中有仲子如衆小指中有大指也充推而滿之也操所守也蚓丘蚓也言仲子未得爲廉也必若滿其所守之志則惟丘蚓之無求於世然後可以爲廉耳

【本義】孟子曰當今齊國之士溺富貴而貪功利者甚多仲子獨以窮約自守而不溺於流俗吾必以仲子爲齊士之巨擘矣雖然據仲子而論亦惡能自遂其廉哉若就仲子如此之操行充之以至於盡則必如蚓而後可成其所爲也

【附解】困勉錄首二句欲抑先揚○存疑仲子惡能廉非謂其不廉也如仲子之所欲廉非人之所能雖仲子亦莫之能也仲子既不能亦不得爲廉矣○說約而後可亦只言而後可成其操不是言而後可爲廉也蚓無求意全不宜露着此一句下節自緊接明之

夫蚓上食槁壤下飲黄泉仲子所居之室伯夷之所築與抑亦盜跖之所築與所食之粟伯夷之所樹與抑亦盜跖之所樹與是未可知也

槁壤、乾土也、黄泉、濁水也、抑、發語辭也、言蚓無求於人而自足、而仲子未免居室食粟、若所從來或有非義、則是未能如蚓之廉也。

本義 吾謂充仲子之操、必蚓而後可者、爲何、蓋蚓之爲物、上而食也惟槁壤耳、下而飲也惟黄泉耳、纔能一無所求於世、若仲子則居必以室、食必以粟、不能無資於人世矣、既不免於居食、則其所從來、豈能逆料其義與非義乎、天下之言義者、必歸之伯夷、言不義者、必歸之盜跖、今仲子所居之室、其果廉如伯夷者之所築與、抑亦貪如盜跖者之所築與、所食之粟果廉如伯夷者之所樹與抑亦盜跖者之所樹與是皆未可知也是仲子既不能無居無食而又不能必皆出於伯夷然則仲子亦惡能自成其為廉者哉

講解 說統此正明其不能如蚓處伯夷盜跖字不可泥但合義的便是伯夷不合義的便是盜跖是未可知重在跖一邊○蒙引註仲子未免居室食粟一句貼在本文上食槁壤二句內

曰是何傷哉彼身織屨妻辟纑以易之也

辟績也纑練麻也

本義 匡章曰仲子之居食雖所從來未必盡出於伯夷是亦何傷其廉哉蓋人只能安貧守約不取諸人此便是廉今仲子之居食乃是親身織屨妻子績纑以易之此皆自食其力非不義而取諸人者則雖不必定出自伯夷然非出於盜跖亦甚明矣

附解 說統何傷句匡章代仲子解脫彼身纖屨二句言自食己力正見其無傷處

曰仲子齊之世家也兄戴蓋祿萬鍾以兄之祿爲不義之祿而不食也以兄之室爲不義之室而不居也辟兄離母處於於陵他日歸則有饋其兄生鵝者已頻顣曰惡用是鶃鶃者爲哉他日其母殺是鵝也與之食之其兄自外至曰是鶃鶃之肉也出而哇之

世家世卿之家兄名戴食采於蓋其入萬鍾也歸自於陵歸也已仲子也鶃鶃鵝聲也頻顣而言以其兄受饋爲不義也

哇吐之也

本義孟子曰子以自食其力遂為廉乎不知處仲子之地亦有不必然者蓋仲子固齊之世家也其兄名戴者食采於蓋有萬鍾之祿此王朝常典非得之不義者也仲子顧以兄所食之祿為不義之祿而不食也以兄所居之室為不義之室而不居也乃辟其兄因離其母挈妻子而處於於陵之地其於天性之親亦既薄矣及他日歸家偶有饋其兄生鵝者是亦交際之常禮已乃頻顣而言曰焉用是鶃鶃者為哉至他日其母殺是鵝與之食而仲子食之其兄適自外至見而譏之曰爾所食者乃是向者所饋鶃鶃之肉也仲子於是出而哇之

附解蒙引仲子齊之世家也兄戴蓋祿萬鍾孟子此數節非為仲子敘世家也所以明其兄之祿為可食兄之室為可居也○是鶃鶃之肉也是其兄譏之之言○

翼註此節只敘事勿斷制下節方斷之

以母則不食以妻則食之以兄之室則弗居以於陵則居之是尚為能充其類也乎若仲子者蚓而後充其操者也

言仲子以母之食兄之室爲不義而不食不居其操守如此至於妻所易之粟於陵所居之室旣未必伯夷之所爲則亦不義之類耳今仲子於此則不食不居於彼則食之居之豈爲能充滿其操守之類者乎必其無求自足如丘蚓然乃爲能滿其志而得爲廉耳然豈人之所可爲哉○范氏曰天之所生地之所養惟人爲大人之所以爲大者以其有人倫也仲子避兄離母無親戚君臣上下是無人倫也豈有無人倫而可以爲廉哉

本義 仲子以母之食爲不義而不食、即無有可食者矣乃以妻之所易者則又食之、以兄之室爲不義而弗居即無有可居者矣。乃以於陵則又居之、舍此取彼、是尚爲能充其不食不居之類也乎。不能充其類則必不能充其操矣。若仲子者、必併其居食而盡廢之、如蚓之無求自足、而後能充其操者也。人安能爲蚓、則亦何至如仲子之廉哉。

附解 〔說約〕按不能充其類。言未能由不食不居而充之於所食所居也。然則欲充其操。亦惟并不居於陵而食妻之食。然後可。然巳斷斷不能矣。○〔蒙引〕若仲子者蚓而後充其操者也。即是上文充仲子之操則蚓而後可者之意。

四書講義尊聞錄卷之十六終